湖南师范大学哲学社会科学名家经典丛书

中国经学史　文字学发凡

马宗霍　著
王婧之 蔡梦麒　点校
马志谦　审校

湖南师范大学出版社

图书在版编目（CIP）数据

中国经学史；文字学发凡／马宗霍著；王婧之，蔡梦麒点校．--长沙：湖南师范大学出版社，2018.1

ISBN 978－7－5648－2202－6

Ⅰ.①中… Ⅱ.①马… ②王… ③蔡… Ⅲ.①经学－历史－研究－中国②汉字－文字学－研究 Ⅳ.①Z126②H12

中国版本图书馆 CIP 数据核字（2015）第 171969 号

中国经学史　文字学发凡

ZHONGGUO JINGXUESHI　WENZIXUE FAFAN

马宗霍　著

王婧之　蔡梦麒　点校

马志谦　审校

◇策划编辑：刘苏华
◇责任编辑：孙雪姣
◇责任校对：程　琳　张晓芳
◇出版发行：湖南师范大学出版社
地址/长沙市岳麓区　邮编/410081
电话/0731－88873070　88873071　传真/0731－88872636
网址/https：//press. hunnu. edu. cn
◇经销：湖南省新华书店
◇印刷：天津画中画印刷有限公司
◇开本：710mm×1000mm　1/16
◇印张：23.75
◇字数：319 千字
◇版次：2018 年 1 月第 1 版
◇印次：2024 年 8 月第 2 次印刷
◇书号：ISBN 978－7－5648－2202－6
◇定价：86.00 元

ISBN 978-7-5648-2202-6

9 787564 822026

总 序

兹编凡九种，皆国师至湖南师大各时期学人之所撰著，涉国学与西学多门。将以纪念我校八十华诞，观澜溯源，回眸往迹，追缅先辈；亦欲以略窥前贤治学门径，砥砺同仁，商量旧学，培养新知，探奇揽胜，再谱新篇。

1938 年，日寇猖獗，狼烟遍地，国运迍邅。著名教育家、心理学家廖世承先生慨然以教育救国为自任，辞病父，别妻子，自上海来吾湘安化之蓝田，筚路蓝缕，以启山林，创建国立师范学院。世承先生以教员为学校之命脉，延揽人才不遗余力。其学识人格、恭谦态度又足以动人，故众多名家大师、学林翘楚不避险难，先后从四方辗转跋涉而至。钱基博、钱锺书、锺泰、谭戒甫、马宗霍、骆鸿凯、高觉敷、孟宪承、皮名举、李剑农、汪梧封、高昌运、沈同洽、储安平、雷敢、唐长孺、张舜徽、吴世昌、周邦式、谢扶雅等，或为家传独诣之士，或出鸿儒硕学之门，或来自海内外知名学府。一时俊彦云集，彬彬称盛。

国师以“仁爱精勤”为校训，尤重人格与道德之养成。士子风操，侠肝义胆，铮铮愕愕，沛然浩然。1944 年，日寇南进，长沙失守，逼近衡阳。战事不利，警烽四起，国师师生临危不乱，处变不惊，作息有序，弦歌不辍。其独立不移、动心忍性之民族正气，于稳定当地社会人心之作用甚巨，当时即为报章所称许。及衡阳城破，学校转迁溆浦，钱基博先生犹欲独自留守，谓“非寇退危解，不赴院召，亦使人知学府中人尚有人站得起也”。孰谓书生怯弱，百无一用，须知国士一人，雄冠万夫！中华民族威武不屈之精神气概，我国师有之矣！

国师由蓝田而溆浦，由溆浦而南岳，播迁流离，殆无宁日。新中国成立初，国师并入湖南大学，1953 年全国高等学校院系调整，成立湖南师范学院。1984 年，湖南师范学院更名为湖南师范大学。1996 年，湖南师范大学进入国家“211”工程重点建设行列。

“余既滋兰之九畹兮，又树蕙之百亩。”八十年，艰苦卓厉，弦歌鼓舞，春华秋实。今日之湖南师大，声望与日月俱来，美誉无羽翼自飞。然而，亦有可深思者。今之论大学者，皆据前辈教育家、清华大学校长梅贻琦先生之说：“所谓大学者，非谓有大楼之谓也，有大师之谓也。”何谓大师？非徒积学储宝、著作繁富之谓也，必得有独立之精神与自由之思想，能引领一代，可薪火相传者也。以此衡之，今人文社科领域之著述非不富矣，而大师之称号，能当之无愧者复有几人？我校学人，能不勉哉！

兹编定名为“湖南师范大学哲学社会科学名家经典丛书”，凡选九种：

廖世承撰《教育心理学》（1925 年）；
锺泰撰《中国哲学史》（1929 年）；
骆鸿凯撰《文选学》（1936 年）；
马宗霍撰《中国经学史》、《文字学发凡》（1937 年）；
钱基博撰《近百年湖南学风》、《经学通志》（1941 年）；
李剑农撰《中国近百年政治史》（1948 年）；
杨树达撰《汉书窥管》（1955 年）；
林增平撰《中国近代史》（1958 年）；
刘重德撰《文学翻译十讲（英中文版）》（1991 年）。

经者，贯穿布帛锦绣之纵线，能一以贯之者也；典者，典籍也，典范也。所谓经典，乃能一以贯之，代相传递，能示人以轨范、法则者也。经典并非无可挑剔，其文献资料或有未逮，其具体观点或有可商，其概念话语或已过时，然其独立之思想，独创之方法，独到之见解，独特之价值，其大本大宗，却能远绍前哲，启示后昆。故其价值不会因时过境迁而衰减，反如深泉之水，随挹随出，老树之花，愈采愈香。

是为序。

蒋洪新

中国经学史

序

经者，载籍之共名，非六艺所得专；六艺者，群圣相因之书，非孔子所得专。然自孔子以六艺为教，从事删定，于是中国言六艺者，咸折中于孔氏；自六艺有所折中，于是学者载籍虽博，必考信于六艺。盖六艺专经之称，自此始也。仲尼没，微言绝；七十子丧，大义乖；遭秦焚书，经籍用熄；汉兴，收摭散滞，书往往颇出；至孝武帝罢黜百家，而后经乃定于一尊，然离于全经固已远矣，缀学之士，保残守阙，分文析字，则章句训诂之学起；由汉以降，垂二千年，儒者转相讲述，学凡屡变，虽有醇有驳，其名氏篇第自前史皆存而不绝也。昔宋章如愚《山堂考索》尝溯诸经授受而为之图，明朱睦㮮《授经图》则剌取各史《艺文志》及《儒林传》，就章氏图而广之者。论者谓条析诸经之源流，朱氏书实为嚆矢，顾弗能辩章得失。清初万斯同《儒林宗派》搜采较博，又仅列名氏，且不限于传经。朱彝尊《经义考》周赡矣，然体大而冗，有存佚而无是非，可谓说经之书目，亦非经学之史也。晚世有皮锡瑞为《经学历史》，始自具裁断，与但事钞疏者稍殊，惟持论既偏，取材复隘，其以经学开辟时代断自孔子，谓“六经”皆孔子作，尤一家之私言，通人盖不能无讥焉。宗霍生当经学放废之后，闵斯道之将丧，惧来者之无闻，爰踵前修，窃有所辑，按时分述，都十二篇，知有愧于甄明，冀或免于诬妄，其于历代经学盛衰异同之故，览之者傥尚有取乎斯。民国二十五年岁次丙子初秋衡阳马宗霍叙于南都寓斋。

目录

第一篇 | 古之“六经”

“六经”先王之陈迹，此为庄生所述老子之言。陈迹者，史实也。后儒“六经”皆史之说，盖从是出。是故伏羲画八卦，以通神明之德，以类万物之情，见《易·系辞》。即《易》之始也；制嫁娶以俪皮为礼，见谯周《古史考》。即《礼》之始也；作瑟五十弦，乐名《立基》，一曰《扶来》，见《世本》及《孝经纬》。即《乐》之始也；造《驾辩》之曲，作《网罟》之歌，见王逸《楚辞注》及元结《补乐歌》。即《诗》之始也。郑玄《诗谱序》，谓“诗之兴也，谅不于上皇之世”，似不信伏羲时为有诗，然自大庭以还，又疑其有。大庭神农之别号，是亦在三皇之世也。是《易》《诗》《礼》《乐》，三皇已肇其端矣。及黄帝时而有书契，于是左使记言，右史记事，亦有其具，事为《春秋》，言为《尚书》。故《白虎通》溯《春秋》之始，谓自黄帝以来；《隋书·经籍志》溯《尚书》之始，谓与文字俱起。盖五帝时“六经”皆有萌芽矣。三皇无文，或由书契已后，仰录其事。若唐虞之世，则焕乎其有文章，故《易》《诗》《礼》《乐》之用尤显。考之《尚书》，言“九江纳锡大龟”；是卜筮之法已行，则《易》之用也；舜修五礼、觐群后，伯夷典三礼、作秩宗，则《礼》之用也；夔典乐教胄子，则《乐》之用也；诗言志，歌永言，则《诗》之用也。逮夫姬周，制作益备，六艺之守，各有司存。见于《周官》经者，大宗伯掌邦礼，以吉礼事邦国之鬼神示，以凶礼哀邦国之忧，以宾礼亲邦国，以军礼同邦国，以嘉礼亲万民，是《礼》有专守矣。大司乐以乐德教国子中和、祗庸、孝友，以乐语教国子兴道、讽诵、言语，以乐舞教国子舞《云门》《大卷》《大咸》《大韶》《大夏》《大濩》《大武》，是《乐》有专守矣。大师教六诗，曰风、曰赋、曰比、曰兴、曰雅、曰颂，以六德为之本，以六律为之音，瞽矇掌九德、六诗之歌以役大师，是《诗》有专守矣。大卜掌三易之法，一曰《连山》，二曰《归藏》，三曰《周易》，其经卦皆八，其别皆六十有四，是《易》有专守矣。小史掌邦国之志，郑众谓"即《春秋传》所谓《周志》《国语》所谓《郑书》之属"；外史掌四方之志，郑玄谓"若鲁之《春秋》、晋之《乘》、楚之《梼杌》"；又掌三皇五帝之书，郑玄谓"即楚灵王所谓《三坟》《五典》"，是《书》与《春秋》亦渐有专守矣。盖五帝殊时，不相沿乐；三王异世，不相袭礼。周监二代，郁郁乎文，虽自为一王之法，实兼存前代之制，故六艺之目，至周而特详。章学诚谓"周公以周礼集羲、轩、尧、舜以来之大成"，殆谓此耳。然六艺虽各有分掌，而咸属于礼官，则又以六艺本先王政典，礼者政典之总持，班固所云"'六经'之道同归，而礼乐之用为急"也。

六艺大备于周。方其盛时，史掌之，故府藏之，龚自珍曰："'六经'者，周史之宗子也。《易》也者，卜筮之史也；《书》也者，记言之史也；《春秋》也者，记动之史也；《风》也者，史所采于民而编之竹帛、付之司乐者也；《雅》《颂》也者，史所采于士大夫也；《礼》也者，一代之律令，史职藏之故府而时以诏王者也；小学也者，外史达之四方，瞽史谕之宾客之所为也。今夫宗伯虽掌礼，礼不可以口舌存，儒者得之史，非得之宗伯；乐虽司乐掌之，乐不可以口耳存，儒者得之史，非得之司乐。故曰：'六经'者，周史之大宗也。"刘师培曰："韩宣适鲁，观书太史，首见易象，则《易》掌于史；五帝三皇之书，掌于外史，传曰：史诵书，则《书》掌于史；《风》诗采于輶轩，《鲁颂》作于史克，祁招闻于倚相，则《诗》掌于史；韩宣观书鲁史，兼见《春秋》，而孟子之解

《春秋》也，亦曰其文则史，则《春秋》掌于史；老聃为周史而明礼，苌弘为周史而明乐，则礼乐掌于史；史籀以篆书诏民，史佚以《尔雅》教子，则小学亦掌于史。”其学在官。惟其在官，故施之于教，则道一而风同，发之为政，则俗成而治定。及周之衰，官守放废，六艺道息，诸子争鸣，自孔子时，即已残缺不完。其在《诗》也，九德、六诗之歌，旧凡十有五流，《史记》称孔子所见古诗，虽尚有三千余篇，然加以去取，仅存风、雅、颂三者。九歌篇什既不可见，比赋兴亦难复别，是三千篇中已无九歌与比赋兴。使诚有之，则大师所教者，孔子不容六去其三，盖合十五流计之，其数当更在三千以上也。《郑志》：“张逸问：‘何诗近于比、赋、兴？’答曰：‘比、赋、兴，吴札观诗已不歌也。’”此语甚是,盖已不歌者，必有缺也。乃又云：“孔子录诗已合风、雅、颂中，难复摘别。”则殊滋后人之惑。世儒因疑风、雅、颂为异体，比、赋、兴为异辞，而六诗之经略遂泯；不知比、赋、兴宜各自有主名区处，不与四始相挐也。详见余杭章君《六诗说》。其在《书》也，旧兼存三皇五帝之书，纬书《璇玑钤》称：“孔子求书，得黄帝玄孙帝魁之书，迄于秦穆公，凡三千二百四十篇。”见《尚书》序《疏》所引。其言虽不尽可信，然今《尚书》起于《尧典》，则知三皇之书，当时不可睹。朱子曰：“《周礼》，外史掌三皇五帝之书，周公所录，必非为伪妄。”若果全备，孔子亦不应悉删去之，或其简编脱落，不可通晓。其在《春秋》也，旧兼存邦国四方之志，则周初所定五等之封，实千七百余国，宜各有史。而太史年表，止存十二诸侯，其他且有无世家言者。若谓因秦火残缺，则十二诸侯之事，又焉得独存？盖孔子时固已不具。《春秋》所存，已不及十之一矣。至若《礼》《乐》二者，则诸侯恶其害已，而皆去其籍，故残缺尤甚。《汉书·艺文志》曰：“帝王质文，世有损益，至周曲为之防，事为之制，故曰‘礼经三百，威仪三千’。及周之衰，诸侯好踰法度，恶其害已，皆减去其籍，自孔子时而不具。”又曰：“礼乐二者相与并行，周衰俱坏，乐尤微眇，以音律为节，又为郑卫所乱，故无遗法。”孔子因乘以如周，问礼于老聃，访乐于苌弘，旁皇求索，粗得绪言。

然其言曰："夏礼吾能言之，杞不足征也；殷礼吾能言之，宋不足征也。文献不足故也，足则吾能征之矣。"是二代之礼，以杞、宋二国夏、殷之后，已不能征，故又曰："殷因于夏礼，所损益可知也；周因于殷礼，所损益可知也。"盖其所谓能言之者，亦由周礼推而上之也。《乐》则旧存六代，而孔子之所称者，曰"《韶》尽美矣，又尽善也；《武》尽美矣，未尽善也"，又曰"乐则《韶舞》"，他则未尝多及，或于时亦不传耳。惟旧之三易，独无所缺。孔子所学者虽为《周易》，而《记》称"孔子欲观夏道，得《夏时》焉；欲观殷道，得《坤乾》焉"，《坤乾》则《归藏》之书也。《连山》首艮，艮者人也。夏以建寅之月为正月，谓之人统，故先儒谓《夏时》即《连山》之用也。《左传·襄九年》："穆姜为筮，遇艮之八。"杜预注云："杂用《连山》《归藏》《周易》。"此亦春秋时三易皆行之证。桓谭《新论》云："《连山》藏于兰台，《归藏》藏于太卜。"则知汉初三易尚存。盖古之"六经"，至孔子时，其存而可考者，约略如此。

孔子兼综六艺，故网罗特富，搜访独勤，古籍大观，宜在孔氏。然见于《春秋》内、外传者，若左史倚相之所读，韩宣适鲁之所见，羊舌肸之所习，申叔时论傅太子之所教，季札观乐之所奏，与夫叔孙穆子、子服惠伯、白公子张、单穆公、闵马父、观射父、郗缺、成鱄诸人之所诵述，亦皆古籍之遗也。而诸子书之所称引者，复所在而有。其前于孔子者，如《管子·法禁篇》称"纣有臣亿万亦有亿万之心，武王有臣三千而一心"，与《书》之《泰誓》同；《小匡篇》言"搜狩之礼"，《八观篇》言"国有蓄积"，与《周官》《戴礼》同；此外同于《左氏传》者尤多。其与孔子并世者，如《晏子春秋》之引《诗》，"哲夫成城，哲妇倾城"、"进退维谷"、"即明且哲，以保其身"、"侧弁之俄"诸文，均与今所传之《诗》同；《谏篇下》言"昔文王不敢盘于游田"，与《书》无佚同；而全书之同于《左氏传》与《戴礼》者亦多。其稍后于孔子而与儒家立异者，墨子最号博闻，墨子南使卫，载书甚多，弦唐子见而怪之。墨子曰：“昔周公旦朝读书百篇，夕见七十二士，相天下犹如此，吾安敢废此也？”《困学纪闻》谓：“外史掌三皇五帝之书，大训在西序读书百篇，谓此类也。”案此亦墨子博学之证。引经更富。《书》则《七患》篇引《夏书》《殷书》《周书》，《尚贤》篇引《汤誓》《吕刑》《距年》之言，《尚同》篇引《吕刑》《术令》《太誓》《距年》，《兼爱》篇引《太誓》《禹誓》《汤说》，《天志》篇引《太誓》，《明鬼》篇引《禹誓》《商书》，《非乐》篇引《汤之官刑》及《武观》，《非命》篇引《禹之总德》《仲虺之告》《召公之执令》及《太誓》。《诗》则《所染》篇引《诗》曰“必择所堪，必谨所堪”，佚诗。《尚贤篇》引《大雅·桑柔章》及《周颂》，《尚同》篇引《周颂·载采章》及《小雅·皇华章》，《兼爱》篇引《小雅·大东章》及《大雅·抑章》，《非攻》篇引《诗》曰“鱼水不务陆将何及乎”，佚诗。《天志》篇引《大雅·皇矣章》，《明鬼》篇引《大雅·文王章》。《礼》则《明鬼》篇引虞夏、商、周三代圣王建国、营都、择坛、置庙之礼，《节葬》篇引古圣王葬埋之法。《乐》则《三辨》篇引“汤放桀，环天下自立，因先王之乐，又自作乐命曰《濩》”，“武王胜殷杀纣，环天下自立，因先王之乐，又自作乐名曰《象》”，“周成王因先王之乐，名曰《驺虞》”。《春秋》则《明鬼》篇称“吾见百国《春秋》”，又称“著在周之《春秋》、燕之《春秋》、齐之《春秋》、宋之《春秋》”。余杭章先生有言：“墨子称《诗》《书》《春秋》，多太史中秘书。”盖谓此也。他若孟、荀、韩、吕诸家，所引经文虽繁，已在孔子删订“六经”之后，大抵以孔子删订之本为主，但可以证秦火以前之经，王充《论衡》曰：“知屋漏者在宇下，知政失者在草野，知经误者在诸子。秦虽无道，不焚诸子，诸子之文具在，可观读以正说。”不足以证古之经矣。

第二篇 孔子之“六经”

世儒咸言孔子述而不作，是固然矣。然《史记·孔子世家》云：“孔子之时，周室微而礼乐废、诗书缺。追迹三代之礼，序《书传》，上纪唐虞之际，下至秦缪，编次其事。曰：‘夏礼吾能言之，杞不足征也；殷礼吾能言之，宋不足征也。足，则吾能征之矣。’观殷、夏所损益，曰：‘后虽百世可知也，以一文一质。周监二代，郁郁乎文哉。吾从周。’故《书传》《礼记》自孔氏。孔子语鲁太师：‘乐其可知也。始作翕如，纵之纯如，皦如，绎如也，以成。’‘吾自卫反鲁，然后乐正，雅、颂各得其所。’古者《诗》三千余篇，及至孔子，去其重，取可施于礼义，上采契后稷，中述殷、周之盛，至幽、厉之缺，始于衽席，故曰‘《关雎》之乱以为《风》始，《鹿鸣》为《小雅》始，《文王》为《大雅》始，《清庙》为《颂》始’。三百五篇，孔子皆弦歌之，以求合《韶》《武》《雅》《颂》之音。礼乐自此可得而述，以备王道，成六艺。孔子晚而喜《易》，序《彖》《系》《象》《说卦》《文言》，读《易》韦编三绝，曰：‘假我数年，若是，我于《易》则彬彬矣。’子曰：‘弗乎弗乎，君子病殁世而名不称焉。吾道不行矣，吾何以自见于后世哉？’乃因史记作《春秋》，上至隐公，下讫哀公十四年，十二公。据鲁，亲周，故殷，运之三代。约其文辞而指博。故吴、楚之君自称王，而《春秋》贬之曰‘子’；践土之会实召周天子，而《春秋》讳之曰‘天王狩于河阳’：推此类以绳当世，贬损之义，后有王者举而开之。《春秋》之义行，则天下乱臣贼子惧焉。”《汉书·儒林传》云：“孔子以圣德遭季世，知言之不用而道不行，究观古今之篇籍，于是叙《书》则断《尧典》，称《乐》则法《韶舞》，论《诗》则首《周南》，缀周之礼，因鲁《春秋》，举十二公行事，绳之以文武之道，成一王法，至获麟而止。盖晚而好《易》，读之韦编三绝，而为之传，皆因近圣之事，以立先王之教。”又《艺文志》，于《易》则云：“孔氏为之《彖》《象》《系辞》《文言》《序卦》之属十篇。”于《书》则云：“《书》之所起远矣，至孔子纂焉，上断于尧，下讫于秦，凡百篇，而为之序，言其作意。”于《诗》则云：“古有采诗之官，王者所以观风俗、知得失、自考正也。孔子纯取周诗，上采殷，下取鲁，凡三百五篇。”于《春秋》则云：“周室既微，载籍残缺，仲尼思存前圣之业。以鲁周公之国，礼文备物，史官有法，故与左丘明观其史记，据行事，仍人道，因兴以立功，败以成罚，假日月以定历数，藉朝聘以正礼乐。”据史汉之文，则知孔子于六艺，《易》则有传，《书》则有序，《诗》则有去取，《礼》则有从违，《乐》则有正，《春秋》则有义。《易》有传而后圣道始明，《书》有序而后作意始显，《诗》有去取而后可迹盛衰，《礼》有从违后可考质文，《乐》正而后可与移风易俗，《春秋》行而后可以劝善惩恶，虽曰述而不作，而作已寓于述之中。故扬雄曰：“《诗》《书》《礼》《春秋》，或因或作，而成于仲尼。”盖古之六艺自经孔子修订，已成为孔门之六艺矣。阮元曰：“‘六经’皆周鲁所遗古典，而孔子述之，传于后世。孔子集古帝王圣贤之学之大成，而为孔子之学。”未修订以前，六艺但为政典；已修订以后，六艺乃有义例。政典备，可见一王之法；义例定，遂成一家之学。法仅效绩于当时，学斯垂教于万祺。《家语》载：“齐太史子与曰：‘孔子生于衰周，先王典籍错乱无纪，而乃论百家之遗记，考正其义，删《诗》述《书》，定《礼》理《乐》，制作《春秋》，赞明《易》道，垂训后嗣，以为法式，何其盛也！'”司马迁曰：“自天子、王侯中国言六艺者，折中于夫子，可谓至圣矣！”洵知言哉！

晚近学者，或则笃信今文家说，尊孔子为素王，谓六艺皆孔子托古改制之书，实为后王立法；或则牢守古文家说，侪孔子于良史，谓六艺皆周公国史之旧，孔子不过传述而已。是二说者，窃以为皆过也。孔子尝言：“吾欲垂之空文，不如见之行事之深切著明。”又言：“非天子不议礼，不制度，不考文。”又言：“盖有不知而作者，我无是也。”则托古改制，夫岂孔子之意?《庄子·天运篇》：“孔子谓老聃曰：'丘治《诗》《书》《礼》《乐》《易》《春秋》六经，自以为久矣，孰知其故矣，以干者七十二君，论先王之道，以明周、召之迹，一君无所钩用。'”是孔子于旧有“六经”，初但治之，欲以用世，及乎周流不偶，始将所治之经，加以修订，以之垂教。故《白虎通》曰：“孔子所以定‘五经’者何?以为居周之末世，王道陵迟，礼乐废坏，强陵弱，众暴寡，天子不敢诛，方伯不敢伐。闵道德之不行，故周流应聘，冀行其道德。自卫反鲁，自知不用，故追定‘五经’，以行其道。”此言“追定”，最得其实，非初挟意为后王立法也。或疑宰我、子贡以孔子“远过尧、舜”，“生民未有”，而其事迹则皆在“六经”，使“六经”不为改制立法，何以比隆王者，此亦似是而实不然。余杭章先生有言：“布彰六籍，令人人知前世废兴，中夏所以创业垂统者，孔氏也。六籍既定，民以昭苏，不为徒役。九流自此作，世卿自此堕，朝命不擅威于肉食，国史不聚歼于故府。故直诸夏覆亡，虽无与立，而必有与毙也。不曰‘贤于尧、舜’，岂可得哉?”可见欲尊孔子，自有其可尊者在，不必系于改制立法矣。虽然，孔子固不改制立法，然遂以良史位孔子，则亦失伦。盖孔子修订六艺，虽本之于史，然史之职，守而弗失而已。所谓良史，亦不过洞见治原，迹其所终始，足以存故实，备咨诹。至如历记成败、存亡、祸福、古今之道，知秉要执本若老聃，斯尤史之上选也。而其所以自处者，善守善持，非同孔子以拨乱反正、继往开来为已任也。且孔子于六艺，既有述有作，作固手定，述亦笔削，其间择改因革，大有经营，则亦自与泛言传述有别。龚自珍曰：“天生孔子，不后周不先周也，存亡续绝，俾枢纽也。史有其官而亡其人，有其籍而亡其统，史统替夷，孔统修也。史无孔，虽美何待？孔无史，虽圣曷庸？”准斯以谈，则史实为孔子所用。孔子固不欲以史自居，而良史又讵足以尽孔子哉？要而言之，以六艺为政者王之业，以六艺为掌者史之职，以六艺为教者师之任，孔子有德无位，盖以六艺为教者也。称曰素王，孔子之道不从而大，是之谓诬；侪之良史，孔子之道，不从而小，是之谓简。夫惟万世之师，则尊莫尚焉，亦即孔子之所以自处也。

第三篇　孔门之经学

孔子虽兼综六艺，然五十始学《易》，见《论语》。七十始作《春秋》。见《公羊传疏》。《易》以寡过，《春秋》以寄志，平居所雅言者，《诗》《书》执礼，二者弗与焉。故其为教，亦始于《诗》《书》而终于《礼》《乐》。子思曰："夫子之教，必始于《诗》《书》而终于《礼》《乐》，杂说不与焉。"又卫将军文子问于子贡曰："吾闻孔子之施教也，先之以《诗》《书》，而道之以孝弟，说以仁义，观之以礼乐，然后成之以文德。"皆不言《易》《春秋》。《史记·孔子世家》曰："孔子以《诗》《书》《礼》《乐》教，弟子盖三千焉，身通六艺者，七十有二人。"可见门艺尽通，惟高弟为能。然又曰："孔子在位听讼，文辞有可与人共者，弗独有也。至于为《春秋》，笔则笔，削则削，子夏之徒，不能赞一辞。"又子贡曰："夫子之文章，可得而闻也；夫子之言性与天道，不可得而闻也。"则《易》与《春秋》，高弟所与知者亦罕矣。孔子既殁，七十子之徒，散游诸侯，大者为师傅卿相，小者友教士大夫，或隐而不见。其六艺传授之可考者，《史记·仲尼弟子列传》仅载孔子传《易》于商瞿。曾参，孔子以为能通孝道，故授之业作《孝经》，则已在六艺之外。《家语·弟子解》亦惟载商瞿传《易》，曾参传《孝经》，漆雕开习《尚书》，他无所纪。盖《弟子传》悉取《论语》弟子问次以为篇，疑者则阙，而《家语》出王肃伪托，亦莫能详。其实孔门四科有文学，六艺之传，应属此科。后汉徐防云：“《诗》《书》《礼》《乐》，定自孔子；发明章句，始于子夏。”子夏本以文学著，徐氏之言，当为可据。司马贞《史记索隐》亦云：“子夏文学，著于四科，序《诗》传《易》。又孔子以《春秋》属商，又传《礼》，著在《礼志》。”而此史并不论，空记《论语》小事，亦其疏也。洪迈《容斋随笔》云：“孔子弟子，惟子夏于诸经独有书，虽传记杂言，未可尽信，然要为与他人不同矣。于《易》则有传，于《诗》则有序。而《毛诗》之学，一云子夏授高行子，四传而至小毛公；一云子夏传曾申，五传而至大毛公。于《礼》则有《仪礼·丧服》一篇，马融、王肃诸儒多为之训说。于《春秋》所云‘不能赞一辞’者，盖亦尝从事于斯矣。公羊高实受之于子夏，穀梁赤者，《风俗通》亦云子夏门人。于《论语》则郑康成以为仲弓、子夏等所撰定也。”大抵子夏居西河教授，故于诸经皆有发明。子游虽同以文学称，而先儒相传，止《礼运》一篇为其所记。黄以周曰：“子夏谨守《礼》文而不夺其伦，子游深知《礼》意而不滞迹。一沉潜，一高明，学各得其性之所近。而北学、南学，俨若山河两戒，其流派由此遂别。”案此言亦足备一说。自余如颜子、闵子、有子、子贡、子张、子路、公西赤、宰我之伦，或问《易》，或问《书》，或问《诗》，或问《乐》，或问《礼》。见于《论语》《尚书》《大传》、大小《戴记》及先秦、汉初诸子者，则多出门人之手，非必高弟自记，欧阳子言受业者为弟子，受业于弟子者为门人。且皆因事发问，见义一端而已。惟曾子不徒传《孝经》，其与夫子问答，较他弟子为详。《小戴记》中《曾子问》，是其专篇。又《大学》一篇，博论为政，朱子亦定为曾子之书。《大戴记》中则有《曾子立事》以下十篇，《曾子立事第四十九》《曾子本孝第五十》《曾子立孝第五十一》《曾子大孝第五十二》《曾子事父母第五十三》《曾子制言上第五十四》《曾子制言中第五十五》《曾子制言下第五十六》《曾子疾病第五十七》《曾子天圆第五十八》。即《汉书·艺文志》《曾子》十八篇之遗也。是故孔门高弟子之学，其流被于后者，要以子夏、曾子为最可溯。子夏博学于文，故兼六艺之传；曾子约之以礼，黄以周曰："曾子之学，尤湛深于礼，本末兼澈，经权并明。其受学孔圣也，内验身心，外究事理，于礼之大本大经，聆之审，体之熟，退而与游、夏诸子互商节目，斟酌损益，即游、夏诸子，亦心服焉。"故得一贯之统。其后承曾子之学者有子思、孟子，则宋学之所祖也；承子夏之学者有荀卿，则汉学之所祖也。博约两派，汉、宋于以分门，经学亦遂由是而歧焉。

《韩非子·显学篇》曰："自孔子之死也，儒分为八：有子张之儒，有子思之儒，有颜氏之儒，有孟氏之儒，有漆雕氏之儒，有仲良氏之儒，有孙氏之儒，有乐正氏之儒。"韩非学出荀卿，此言当有所本。惟自颜氏而下，仅有氏而无名，亦不言所传何学，但谓取舍相反不同而已。陶潜《圣贤群辅录》"八儒"条始云："颜氏传《诗》为道，为讽谏之儒；孟氏传《书》为道，为疏通致远之儒；漆雕氏传《礼》为道，为恭俭庄敬之儒；仲良氏传《乐》为道，以和阴阳，为移风易俗之儒；乐正氏传《春秋》为道，为属辞比事之儒；公孙氏传《易》为道，为洁净精微之儒。"既以"八儒"为目，明是本于韩非，惟"孙氏"作"公孙氏"为异。而"传《诗》"、"传《书》"云云，则固韩非所无，未知何从得之。朱彝尊《经义考》，乃据此考汲冢书，而定传《易》者为公孙段。朱氏曰："儒分八，其一公孙氏，传《易》者也。《群辅录》有明征，而未详其名。"考《晋书》，太康二年，汲郡人不准发魏王冢，得竹书《易》五篇，公孙段与邵陟论《易》二篇，此则公孙氏之《易》矣。顾广圻《韩非校识》则谓"孙氏即孙卿也"，皮锡瑞《经学历史》又疑公孙氏或即公孙尼子，而疑传《春秋》之乐正氏或即乐正克，子思则以孔伋当之。皮氏曰："八儒有子思氏，《子思》二十三篇，列《汉志》儒家，今亡。"沈约谓"《礼记》《中庸》《表记》《坊记》《缁衣》，皆取《子思子》"，故诸篇引《易》《书》《诗》《春秋》，皆可取证古义。窃谓韩非叙八儒承孔子之死而起，虽曰某氏之儒或指在某氏之门者而言，未必即是本人，而所谓某氏者，似应皆指孔子之徒。子张与游夏，各有圣人之一体，阎若璩尝欲广孔门为十二哲，以子张属之文学。则八儒有子张，自不足异。若子思，则《群辅录》谓其“居环堵之室，荜门圭窦，瓮牖绳枢，并日而食，以道自居”，是盖指原宪也。宪亦字子思，司马迁以原宪、季次并称，谓“死而已四百年，而弟子志之不倦”，《汉卫尉卿衡方碑》曰“履该颜原”，是又以宪与回并称。则八儒之子思，其为原宪无疑。伋乃孔子之孙，行辈不相接；公孙段向不见于著录；公孙尼子班固虽以为七十子之弟子，然刘瓛以《缁衣》为公孙尼子作，沈约以《乐记》取《公孙尼子》，亦不言传《易》；孙卿去孔子更远，且韩非尝事之，必不以相厕也；乐正克为孟子弟子，益不相涉：故朱、顾、皮三家之言，殆皆不足据。而寻《仲尼弟子传》与《弟子解》，则颜氏有八，不闻传《诗》者；漆雕氏有三，不闻传《礼》者；公孙氏有名龙者，不闻传《易》也；仲良氏、乐正氏、孟氏皆无其人。惟《毛诗·定之方中传》，引“仲梁子说”。《郑志》：“张逸问：‘仲梁子何时人？’答曰：‘仲梁子先师鲁人，当六国时，在毛公前。’”孔颖达《毛诗正义》因谓“春秋时鲁有仲梁怀，为毛所引，故言‘鲁人’”。王应麟《困学纪闻》谓此即八儒中传《乐》之仲良氏也。是则韩非八儒，容有在七十子之外三千之中者。《群辅录》特就韩非而增益其词，亦难征信。宋庠《陶潜集·私记》，疑“八儒”、“三墨”二条，为后人妄加，非陶公本意，盖又不足深究矣。至若名不在七十子之列、八儒之科而学有可考者，如孺悲之学《士丧礼》，见于《杂记》；《杂记》：“恤由之丧，哀公使孺悲之孔子学《士丧礼》，《士丧礼》于是乎书。”郑玄注云：“士之丧礼已废矣，孔子以教孺悲，国人乃复书而存之。”宾牟贾之论乐，见于《乐记》；《乐记》：“宾牟贾侍坐于孔子，孔子与之言及乐。宾牟贾起，免席而请。子曰：‘居吾语女。’”则贾当为孔子弟子。仲孙说与何忌之学礼，见于《左氏传》；《左氏传》：“孟僖子将死，召其大夫曰：‘孔丘圣人之后也。我若获没，必属说与何忌于夫子，使事之而学礼焉。’”又《孔丛子·论书》篇：孟懿子问《书》“钦四邻”之义。懿子即仲孙何忌也。鞠语之明于礼乐、审于服丧，见于《晏子春秋》，《晏子春秋》：“景公上路寝，闻哭声，曰：‘吾若闻哭声，何为者也？’梁邱据对曰：‘鲁孔丘之徒鞠语者也，明于礼乐，审于服丧。’”固亦孔门经学之传也。

第四篇　秦火以前之经学

秦火以前之经学，大都七十子之遗绪。《庄子·天下篇》所云“其在于《诗》《书》《礼》《乐》者，邹鲁之士、缙绅先生多能明之。其数散于天下而设于中国者，百家之学时或称而道之”，盖谓是也。惟是孔子治经，述而不作；孔子传经，授而不书。刘师培曰：“三代之时，文字勒书于简毕，有漆书刀削之劳。钞胥非易，传播维难。学术授受，多冯口耳之流传。孔子之以‘六经’教授也，大抵仅录经文以为课本，而参考之语、诠释之词，则大抵以口耳相传。”弟子所接闻于师者，互有所记，或举大义，或撢微言，详略偶殊，异同斯出。弟子又各以所得者为传授，承之者其详略、异同亦必如之。故《汉书·艺文志》曰：“昔仲尼殁而微言绝，七十子丧而大义乖。《春秋》分为五，《诗》分为四，《易》有数家之传。”盖源一而流歧，其所由来者久，固不自汉始矣。考《易》自孔子授之商瞿，《史记·仲尼弟子传》称：“瞿传楚人馯臂子弘，弘传江东人矫子庸疵。”《汉书·儒林传》称：“瞿以授鲁桥庇子庸，子庸授江东馯臂子弓。”两书所载虽不同，案“弘”一作“弓”，韩愈曰：“太史公书《弟子传》有姓名曰馯臂子弓。”是“弘”一作“弓”之证。“矫”与“桥”、“疵”与“庇”形近而讹，实即一人，特授受之序互异耳，则子弓之学《易》于商瞿，要无可疑者。商瞿之《易》，传授最广，而瞿之说无闻。唯《齐策》颜斶对宣王言：“《易传》不云乎：‘居上位未得其实以喜其为名者，必以骄奢为行。倨慢骄奢，则凶从之。”此或商瞿之《易传》乎？而应劭又谓子弓是子夏门人，当时商瞿、子夏同受《易》于孔子，王应麟曰：《大戴礼·易本命》篇与《家语》同。但《家语》谓“子夏问于孔子。孔子曰：‘然。吾昔闻老聃亦如汝之言。’子夏曰：‘商闻山书曰’”云云，《大戴》以“子曰”冠其首，疑此篇子夏所著，而《大戴》取以为记也。据此，则子夏于《易》固有说矣。子弓兼师之，固亦理之所许。兼师自必兼承其说，后之《易》学，皆出子弓，子弓复以兼承之说授其徒，则《易》之分自兹起矣。《诗》自孔子授之子夏，子夏遂作序，口以相传，未有章句。徐整云：“子夏授高行子，高行子授薛仓子，薛仓子授帛妙子，帛妙子授河间人大毛公，毛公为《诗故训传》于家，以授赵人小毛公。”一云：“子夏传曾申，申传魏人李克，克传鲁人孟仲子，孟仲子传根牟子，根牟子传赵人孙卿子，孙卿子传鲁人大毛公。”见陆德明《经典释文序录》。此虽专叙《毛诗》源流，后人或仅从一说，万斯同《儒林宗派》从传曾申之说，然安知子夏不分授两人，毛公不兼承两派邪？毛公即或专门，又安知他一派不为齐、鲁、韩三家之所出邪？《唐书·艺文志》有“《韩诗》卜商序”。晁说之曰：“说《韩诗》者，谓其序子夏所作。”夫子夏既有分授，则《诗》之分自兹起矣。《春秋》之传，《史记·十二诸侯年表》云：“七十子之徒，口受其传指，为有所刺讥、褒讳、挹损之文辞不可以书见也。鲁君子左丘明，惧弟子人人异端，各安其意失其真，故因孔子史记，具论其语，成《左氏春秋》。”《汉书·艺文志》谓《春秋》“有所褒讳、贬损，不可书见，口授弟子，弟子退而异言。丘明恐弟子各安其意以失其真，故论本事而作传，明夫子不以空言说经也”。此一支也。据刘向《别录》，丘明授曾申，申授吴起，起授其子期，期授楚人铎椒，铎椒作《抄撮》八卷授虞卿，《汉书·艺文志》《铎氏微》三篇，注云“楚太傅铎椒也”。司马迁曰：“铎椒为楚威王傅，为王不能尽观《春秋》，采取成败，卒四十章，为《铎氏微》。”虞卿作《抄撮》九卷授荀卿，《汉书·艺文志》《虞氏微传》二篇，注云“赵相虞卿”。荀卿授张苍，余杭章君曰：“秦并天下时，张苍为御史，主柱下方书。”计苍以汉孝景五年薨，年百余岁。秦并天下时，苍已三十余矣，而时荀卿尚在。《盐铁论》称“李斯为相，荀卿为之不食”，故苍得从受《春秋》。且其身在柱下，无所不观，所见方书，当在始皇三十四年焚书以前，故其谱牒时有出左氏外者。是为《春秋左氏》之学。《孝经说》云：“《春秋》属商。”此又一支也。据戴宏序，子夏传与公羊高，应劭又谓“穀梁子名赤，亦子夏弟子”，是公羊、穀梁之学，并出子夏。然桓谭《新论》有言：“《左氏传》遭战国寝废。后百余年，鲁人穀梁赤为《春秋》，残略多所遗失；又有齐人公羊高，缘经文作传，弥离其本事。”据此，则公、穀二子，不得直受《春秋》于子夏。《汉书·艺文志》谓“末世口说流行，故有公羊、穀梁、邹、夹之传”，此云“末世”正与《新论》合。二书在戴、应前，当较可信。今考《公羊传》中所引有沈子、司马子、女子、北宫子、鲁子、高子，《穀梁传》中所引有尸子、沈子。命之曰“子”，则或公、穀二家之先师而为子夏之徒欤？何休以沈子等为后师，顾亭林《日知录》已驳之。夫七十子已与左氏异，子夏之徒，又自相异，则《春秋》之分自兹起矣。至如《礼》《乐》，则所重者在乎器度、声容之间，尚于讲习，《史记》：“孔子适宋，与弟子习礼大树下。”又云：“鲁中诸儒讲诵习礼乐。”此皆讲习之证。不尚驰说，故异派不起。孔子没后，七十子之徒，共撰所闻，或录旧礼之义，或录变礼所由，或兼记体履，或杂序得失。见《礼记正义》。《汉书·艺文志》有记百三十一篇，注云“七十子后学者所记也”。《明堂阴阳》三十三篇，注云“古明堂之遗事”。《王史氏》二十一篇，注云“七十子后学者”。师古曰：“刘向《别录》云‘六国时人也’。”《乐记》二十三篇，是皆先秦之遗也。惟《尚书》则授受之迹不详。汉兴言“《尚书》自济南伏生”，伏生故秦博士。郭子横《洞冥记》称：“有李克者，自言三百岁。少而好学，为秦博士，门徒万人。伏生时十岁，就克石壁山中受《尚书》，乃以口传授伏子，四代之事，略无遗脱。伏子因而诵之。”此则言不雅驯，未可信矣。

《史》《汉》儒林传皆言“战国儒术既绌，然齐鲁之间，学者独不废。至于威、宣之际，孟子、荀卿之列，咸遵夫子之业而润色之，以学显于当世”，是知秦火以前，六艺虽传授不绝，而其显学要推孟、荀二子。孟子或谓受业于子思，《孔丛子》《风俗通》及赵岐《孟子注》。或谓受业子思之门人。《史记·孟子传》。以其年考之，去子思时远，恐不得亲事。孟子尝自谓“未得为孔子徒，私淑诸人”，则其学之所出，盖不一师。赵岐《孟子题辞》称孟子“通‘五经’，尤长于《诗》《书》”。苏辙谓“孟子深于《诗》而长于《春秋》”。朱长文亦言：“《春秋》自孔子既没，师说各传，而能其要者，莫如孟子。”孟子曰“《春秋》，天子之事。孔子作《春秋》而乱臣贼子惧”，推是以见抗王法以绳暴乱也。又曰“五霸，三王之罪人；今之诸侯，五霸之罪人；今之大夫，今之诸侯之罪人”，推是以见隐、桓而下讥诸侯之无王，成、襄而下讥大夫之无诸侯也。又曰“春秋无义战”，推是以见诸侯不得专兵也。又曰“子哙不得与人燕，子不得受燕于子哙”，推是以见《春秋》非王命不得擅废置也。盖孟子深于《春秋》，惜哉其不著书也。程子谓：“孟子云：‘可以仕则仕，可以止则止，可以久则久，可以速则速。孔子圣之时者也。’故知《易》者莫如孟子。又云：‘王者之迹熄而《诗》亡，《诗》亡然后《春秋》作。春秋无义战。《春秋》，天子之事。’故知《春秋》者莫如孟子。”王应麟谓孟子“羽翼孔氏，七篇垂训，法严义精。知性知天，《易》之奥也；以意逆志，《诗》之纲也；言称尧舜，《书》之要也；井田爵禄之制，可以知《礼》；王霸义利之辨，可以知《春秋》：故儒者称之曰‘通五经’”。郝敬谓：“孟子言四端，即《易》之四德也。仁义即《易》立人之道也，性善即《易》继善成性也，知性知天即《易》穷理尽性至于命也。兵贵人和得诸师，养大体得诸颐，圣人于天道得诸乾，收放心养夜气得诸复，寡欲得诸无妄，与王驩、稷下诸人处包荒不失其正得诸否，学孔子圣之时得诸先后天。他可类推。则是知《易》诚未有如孟子者矣。”其于《书》也，曰“尽信《书》不如无《书》，于《武成》取二三策”，其辨精矣。其“言道德必称尧、舜，言征伐必称汤、武”，则知《书》诚未有如孟子者矣。《诗三百》古序其来已旧，后儒以辞害志，如咸邱蒙、高叟之辈。孟子教之“不以文害辞，不以辞害志，以意逆志”，此千古学《诗》心法。孔子与赐、商言《诗》意正同，然则知《诗》未有如孟子者矣。世儒说《春秋》，谓“仲尼奖五霸，率诸侯事盟主”，而独孟子谓“五霸，三王之罪人”，《春秋》与《梼杌》同，然则知《春秋》孰有如孟子者乎？至于先王之礼，巡守、述职、班爵禄、井田、学校，皆治天下大经大法。其说明征典要，可信可传。其言曰“非礼之礼，大人弗为”。其论礼惟恭敬、辞让、入孝、出弟，“礼之实，节文斯二者；乐之实，乐斯二者”，则达礼乐之情，又孰有如孟子者乎？是故有“六经”不可以无《孟子》也。观诸所云，于孟子之经学可谓尽之。而近人又以《孟子》一书，论什一而籍，论效死勿去，论以小事大，论《春秋》为天子之事，其义均符于《公羊》。实则孟子与商君及穀梁子同时，在公羊前，乃《公羊》采《孟子》，非《孟子》取《公羊》也。然孟子弟子虽众，而其学多不传。赵岐谓“孟仲子，孟子之从昆弟，从学于孟子”，考《毛诗》《周颂·维天之命》传、《鲁颂·閟宫》传，两引孟仲子说。孔颖达《正义》曰：“《谱》云即郑玄《诗谱》。‘孟仲子者，子思弟子，盖与孟轲共事子思，后学于孟轲，著书论诗，毛氏取以为说。’”据此，则孟仲子或可谓传孟子诗学者，第“共事子思”之说，则亦未确。孟仲子尝受《诗》于李克，盖兼得子夏之传耳。又《韩诗外传》引“高子问孟子：‘卫女何以得编于《诗》？’孟子曰：‘有卫女之志则可，无卫女之志则怠。’”高子齐人，亦孟子弟子。《孟子》书有两高子：其一《小弁》章公孙丑引高子之言以问孟子，其一《去齐》章高子以尹士之语告孟子。《小弁》之问，《毛诗传》亦引之。又《毛诗·丝衣小序》，亦引高子说。王应麟谓“《小弁》章高子，孟子以叟称之，与《去齐》章高子，当另一人”。《去齐》章高子，赵岐注“孟子弟子”。《小弁》章高子，与《诗序》高子，王氏谓“即受诗于子夏之高行子也”。《韩诗外传》高子问孟子，则应为孟子弟子。其余引《孟子》之文尤多，则《韩诗》或亦有渊源于《孟子》者矣。荀卿稍后于孟子，《史记》于其学语焉不详。其书每以仲尼、子弓并称。见《非相》《非十二子》《儒效》三篇。子弓未审何人，韩愈疑为馯臂子弓。《史记·仲尼弟子列传》、张守节《正义》同。杨倞云：“子弓盖仲弓也。”馯臂子弓受《易》者也，传《易》之外，更无所闻。荀卿论说，常与仲尼相配，非馯臂也。吴莱亦曰：“仲弓与子弓同是一人，如季路又称子路然。汪中说同。将荀卿之学实出于子弓之门人，故尊其师之所自出，与圣人同列。”案此言甚似。惟仲弓在德行之科，而刘向《叙》称“孙卿善为《诗》《礼》《易》《春秋》”，则其经学之传，当别有属。考《别录》言“荀卿受左氏之学于虞卿，以授张苍”。《正名》篇之旨，本于《左传》“名不可假人”，《王霸》篇言“公侯失道则幽”本于《左传》“诸侯相执称人”之义，而《致士》篇言“赏僭刑滥”，则全引左氏之文，皆荀卿通《左传》之证。杨士勋《穀梁疏》言“荀卿受穀梁之学于穀梁赤，以授鲁人申公”。《大略》篇言“誓诰不及五帝”，言“诸侯相见使仁居守”，均本于《穀梁》，而区分“四民”说、王者不坏太祖庙，亦用《穀梁》之义，皆荀卿通《穀梁》之证。而《荀子》本书《大略》篇言“春秋贤穆公善胥命”，《王制》篇言“桓公劫于鲁庄”，又言“周公述职事”，悉与《公羊传》合，是荀卿于《春秋》兼通“三传”也。《经典叙录》述荀卿受《诗》于根牟子，上接曾申之传，以授大毛公，是为《毛诗》之学。《大略篇》言“霜降逆女”，与《诗·陈风·东门之杨》毛传同义。《孔疏》引荀子语，并云“毛公亲事荀卿，故亦以秋冬为昏之正时”。又《毛诗传》以平平为辨治，以五十矢为束，皆与《荀子》同。《汉书·楚元王交传》言鲁申公“受《诗》于浮邱伯，伯者孙卿门人”，《儒林传》言“申公以《诗经》为训故以教”，是为鲁诗之学。《非相》篇引《角弓》诗“宴然聿消”，王先谦曰：“此诗毛作‘见晛’，韩作‘曣晛’，鲁作‘宴然’。”是鲁出于荀之证。而《韩诗外传》引“荀卿子以说《诗》者四十有四”，是荀卿于《诗》兼开三家也。公羊、穀梁之《春秋》，曾申之《诗》，并出子夏，左氏亦曾申所传，则是子夏者，固荀卿经学之所自出矣。《礼》则《大戴记·曾子立事》篇载荀子《修身》《大略》二篇文，《小戴记》《三年问》《乡饮酒义》《乐记》载荀子《礼论》《乐论》二篇文，而《非相》《大略》二篇，又《易》义存焉。《非相》篇引《易》“括囊无咎无誉”以喻腐儒；《大略》篇说“《易》之咸见夫妇”，又引《易》“复自道何其咎”以美能变。由是言之，荀卿兼善诸经，信有而征。故汪中《荀卿子通论》曰：“自七十子之徒既殁，汉诸儒未兴，中更战国、暴秦之乱，六艺之传，赖以不绝者荀卿也。周公作之，孔子述之，荀卿子传之，其揆一也。盖深于经学，孟、荀所同。然孟子虽醇乎醇，而身没之后，大道遂绌，徒党旋尽。见《孟子题词》。传经之功，宜莫能与荀卿比隆矣。”

第五篇 | 秦火以后之经学

秦以法治致富强，自商君为政，已目《诗》《书》《礼》《乐》为六虱，见《商君·靳令》篇。而不欲民之贵学，谓“民不贵学则愚，愚则无外交，国安不殆”。见《恳令》篇。韩非称“商君教孝公燔《诗》《书》而明法令”。见《和氏》篇。其事虽不见于史，《困学纪闻》云：“《史记·商君传》不言焚《诗》《书》，盖《诗》《书》之道废。”与李斯之焚之无异也。然燔书之议，要自商君发之。及始皇统一天下，三十四年，置酒咸阳宫，博士淳于越所议异趣。丞相李斯乃上言：“请史官非秦纪皆烧之。非博士官所职，天下敢有藏《诗》《书》、百家语者，悉诣守尉杂烧之。有敢偶语《诗》《书》者弃市。令下三十日不烧，黥为城旦。所不去者，医药、卜筮、种树之书。若有欲学者，以吏为师。”始皇可其议，收去《诗》《书》、百家之语，以愚百姓，使天下无以古非今。见《史记·秦始皇本纪》及《李斯传》。翌年又坑诸生四百六十余人于咸阳，诸生亦皆诵法孔子者也。扶苏语。故《史记·儒林传》曰：“秦之季世，焚《诗》《书》，坑术士，六艺从此缺焉。”《汉书·儒林传》作“秦始皇兼天下，燔《诗》《书》，杀术士，六学从此缺矣”。刘歆亦曰：“陵夷至于暴秦，焚经书，杀儒士，设挟书之法，行是古之罪，道术由此遂灭。”然秦虽燔书，意在愚民，其在朝廷，犹有藏书之府。博士官之所职，柱下史之所主，是其事也。汉高入关，萧何但知收秦丞相御史律令图书藏之，此之图书，犹版籍也。以具知天下阨塞户口多少强弱之处，未遑收《诗》《书》。及项羽引兵西屠咸阳，烧秦宫室，火三月不灭，于是秘府之书，又随之以俱烬。重以高祖不好儒，尝溺儒冠、憎儒服，陆贾时时前说称《诗》《书》，骂之曰："乃公居马上而得之，安事《诗》《书》？"故汉初挟书之令，犹未除也。六艺之道，用是不兴。刘歆曰："天下惟有《易》卜，未有它书。"《史记·儒林传》曰："秦时燔《书》，伏生壁藏之。其后兵大起，流亡，汉定，伏生求其《书》，亡数十篇，独得二十九篇，即以教于齐、鲁之间。"是《书》因秦火而缺之证也。扬子《法言》云："若《书》之不备者过半矣，而习俗[①]不知。"孔颖达亦云："《尚书》遭秦而亡，汉初不知篇数。"又曰："《礼》固自孔子时而其经不具，及至秦焚书，书散亡益多，于今独有《士礼》，高堂生能言之。"凡十七篇，即《仪礼》也。是《礼》因秦火而缺之证也。又《六国表》曰："秦既得意，烧天下《诗》《书》，诸侯史记尤甚，为其有所刺讥也。"《隋书·经籍志》亦曰《春秋传》"遭秦灭学，口说尚存"。夫《春秋》亦诸史记之一，是《春秋》因秦火而缺之证也。惟《易》与《诗》，则据《汉书·艺文志》，"秦燔书而《易》为筮卜之事，传者不绝。《诗》遭秦而全者，以其讽诵不独在竹帛故也"。然"笙诗"六篇，《南陔》《白华》《华黍》《由庚》《崇邱》《由仪》。《毛传》谓"有其义而亡其辞"。郑康成笺云："孔子论《诗》，《雅》《颂》各得其所，时俱在耳。遭战国及秦之世而亡之，其义则与众篇之义合编故存。"孔颖达《正义》引"始皇燔《诗》《书》"以释郑说。是《诗》亦有缺矣。《隋书·经籍志》谓"《易》以卜筮得存，唯失《说卦》三篇"，是《易》亦有缺矣。六艺皆缺，斯其明征，乃马端临谓"秦燔经籍"，"《易》与《春秋》二经本末具存。《诗》亡其六篇，或以为'笙

① 《法言》作"习者"，非"习俗"，按文意似乎也应作"习者"。

诗’元无其辞，是《诗》亦未尝亡。《礼》本无成书，《戴记》杂出汉儒所编，《仪礼》十七篇及《六典》最晚出，《六典》仅亡《冬官》，然其书纯驳相半，其存亡未足为经之疵。独虞、夏、商、周之《书》亡其四十六篇尔。然则嬴秦所燔，除《书》之外，俱未尝亡也。”见《文献通考·经籍考》序。此则从汉兴大收篇籍以后而言，固非当日之情事矣。而晚世学者，竟有持诸经皆全之说，疑秦火烧残为刘歆辈所妄托者。如廖平谓：“经残秦火一说，为庠序洪水猛兽，遗害无穷。授初学一经，必首告之曰：经皆全文。力反残佚俗说，然后专心致志。精诚所至，金石为开。专一之余，鬼神相告。故学者必持经全，札硬营，打死仗。心思一专，灵境忽辟，大义微言，乃可徐引。”案此所谓武断不顾事实者也。以不妄为妄，斯妄也已。

经既燔于秦火，汉初尚有干戈，平定四海，亦未皇庠序之事也。至孝惠之世，始除挟书之律。文、景继之，渐开献书之路。逮乎孝武，乃建臧书之策，置写书之官，于是天下众书往往颇出。略考其原，厥有三途：其一曰传自故老。《史记·叔孙通传》云：“通秦时以文学征，拜为博士。汉五年，已并天下。”《通说上》曰：“臣愿征鲁诸生与臣弟子共起朝仪，愿颇采古礼与秦仪杂就之。”又《儒林传》云：“汉兴，然后诸儒始得修其经艺，讲习大射、乡饮之礼。叔孙通作《汉礼仪》，因为太常，诸生弟子共定者，咸为选首。”夫曰“杂就”，则《汉仪》中固有古礼存焉。《张丞相传》云：“苍好书律历。秦时为御史，主柱下方书。明习天下图书计籍，又善用算律历。”又《十二诸侯年表》云：“汉相张苍，历谱五德。”又《汉书·儒林传》云：“北平侯张苍，修《春秋左氏传》。”又许慎《说文解字序》云：“北平侯张苍献《春秋左氏传》。”夫张苍左氏之学，本受之荀卿，其历谱之学，亦自《春秋》中来也。《汉书·艺文志》云：“汉兴，制氏以雅乐声律，世在乐官，颇能纪其铿锵鼓舞，而不能言其义。六国之君魏文侯最为好古，孝文时，得其乐人窦公，献其书，乃《周官·大宗伯》之《大司乐》章也。”据桓谭《新论》，窦公时年已百八十岁矣。《汉书·儒林传》云：“伏生故为秦博士。孝文帝时，求能治《尚书》者，天下亡有，闻伏生治之，欲召。时伏生年九十岁，老不能行，于是诏太常使掌故朝错往受之。”按伏生所传，即二十八篇也。《传》作二十九篇，疑后人窜改。《大誓》后得，伏生书中无之。《楚元王交传》云：“元王少时尝与鲁穆生、白生、申公俱受《诗》于浮丘伯。及秦焚书，各别去。《儒林传》曰：“汉兴，高祖过鲁，申公以弟子从师入见于鲁南宫。”高后时，浮丘伯在长安，元王遣子郢客与申公俱卒业。申公始为《诗》传，号《鲁诗》。元王亦次《诗》传，号曰《元王诗》，世或有之。”据服虔注：“浮丘伯秦时儒生也。”由上观之，叔孙通、张苍、制氏、窦公、伏生、浮丘伯诸人，或为秦之博士，或为秦之御史，或为秦之儒生，或为六国时乐人，其于《礼》《乐》《春秋》《诗》《书》，皆讲诵于秦火以前，而传授于秦火以后。虽显晦各殊，传经之功一也。其一曰发自孔壁。《孔子家语》云；“孔腾字子襄，畏秦法峻急，藏《尚书》《孝经》《论语》于夫子旧堂壁中。”《汉志》颜师古注引。孔丛子云：“陈余谓子鱼曰：‘秦将灭先王之籍，而子为书籍之主，其危矣。’子鱼曰：‘吾不为有用之学，知吾者惟友。秦非吾友，吾何危哉？然顾有可惧者，必或求天下之书焚之，书不出，则有祸。吾将先藏之，以待其求，求至无患矣。’”颜师古曰：“《汉记·尹敏传》云‘孔鲋所藏’。”案鲋即子鱼之名。案二说不同，然子襄即子鱼之弟，实为一家。《隋书·经籍志》《经典释文·叙录》又以为孔子之末孙惠壁藏之，《史通》亦谓孔惠所藏，则未知孰是。或以《家语》孔丛子皆伪书不足据者。然孔氏藏书，则固事实也。惟有藏书，故复出于汉。刘歆《移太常博士书》曰：“鲁恭王坏孔子宅，欲以为宫，而得古文于坏壁之中。逸《礼》有三十九篇，《书》十六篇，及《春秋》左氏丘明所修，皆古文旧书，多者二十余通。”《汉书·艺文志》

云："武帝末，鲁共王坏孔子宅，欲以广其宫，而得古文《尚书》及《礼记》《论语》《孝经》凡数十篇，皆古字也。"《尚书》古文经四十六卷为五十七篇，《礼》古经五十六卷，《论语》古二十一篇，《孝经》古孔氏一篇二十二章，并见《汉志》。又云："《礼》古经者，出于鲁淹中及孔氏，学七十篇文相似，多三十九篇。"刘敞曰："'学七十篇'当作'与十七篇'。"五十六卷除十七，正多三十九也。又《鲁恭王传》云："恭王好治宫室，坏孔子旧宅以广其宫，于其壁中得古文经传。"王充《论衡》云："鲁恭坏孔子宅以为宫，得佚《尚书》百篇，《礼》三百，《春秋》三十篇，《论语》二十一篇。"《佚文篇》。又云："鲁共王坏孔子教授堂以为殿，得百篇《尚书》于墙壁中。"《正说篇》。又云："《春秋左氏传》者，盖出孔子壁中。孝武皇帝时，鲁共王坏孔子教授堂以为宫，得佚《春秋》三十篇，《左氏传》也。"《案书篇》。《说文解字叙》云："鲁恭王坏孔氏宅，而得《礼记》《尚书》《春秋》《论语》《孝经》。"段玉裁《说文解字注》，疑春秋经传皆张苍所献。此处"春秋"二字衍文。又谓："《论衡》说：'《左传》三十篇出恭王壁中，恐非事实。'"案《春秋左氏》与《书》《礼》同出孔壁，刘歆《移博士》书中已言之。故一则曰"三事"，再则曰"三学"，不自王充始。盖《左氏传》既出孔壁，又出张苍，段氏偶未审耳。综兹所述，固不无详略异同之处，然皆可为经出孔壁之证。而刘、班所言，尤为近之。参稽以求，自得其概矣。其一曰得自民间。《汉书·河间献王传》曰："献王德修学好古，实事求是。从民得善书，必为好写与之，留其真，加金帛赐以招之。繇是四方道术之人，不远千里，或有先祖旧书，多奉以奏献王者，故得书多与汉朝等。所得书皆古文，先秦旧书《周官》《尚书》《礼》《礼记》《孟子》《老子》之属，皆经传说记七十子之徒所论。"郑玄《六艺论》云："河间献王古文《礼》五十六篇，《记》百三十一篇，《周礼》六篇。"《隋书·经籍志》云："《礼》古经出于淹中，而河间献王好古爱学，收集余烬，得而献之，合五十六篇。”案《汉书·艺文志》称“《礼》古经者，出于鲁淹中及孔氏”，刘敞谓“孔氏则安国所得壁中书也”。今据此，则淹中《礼》即河间献王之所得也。盖《礼》古经五十六篇，孔壁与河间献王并得其书，故后人或系之孔壁，或系之献王。又云：“汉时有李氏得《周官》，上于河间献王，独阙《冬官》一篇。献王购以千金不得，遂取《考工记》以补其处，合成六篇奏之。”又云：“汉初河间献王又得仲尼弟子及后学者所记一百三十一篇献之。”《经典释文·叙录》云：“景帝时，河间献王好古，得古《礼》献之，或曰河间献王开献书之路。时有李氏上《周官》五篇，失《事官》一篇，乃购千金不得，取《考工记》以补之。”《礼记正义》引作“《汉书》说”，惟不言李氏，而此作“或曰”，未知孰是。然今《汉书·献王传》《儒林传》及《艺文志》均无此文。案《六艺论》《隋志》及《经典释文·叙录》所言，可作献王本传注释：其云“古《礼》”者，即本传所谓“《礼》”也；其云“《记》”者，即本传所谓“《礼记》”也。惟《周官》六篇，《礼记正义》所引《六艺论》兼系之壁中，而《汉书·艺文志》叙壁中书无《周官》，则亦当仍从献王之说。戴震《河间献王传经考》，亦言“《周官》得自献王无疑”。又郑玄《诗谱》云：“鲁人大毛公为《诗》训诂，传于其家，河间献王得而献之。”盖献王所献书信多矣，然固皆来自民间也。其不由献王者，则刘向《别录》云：“武帝末，民有得《泰誓》于壁内者献之。”《论衡》云：“孝宣皇帝之时，河内女子发老屋，得逸《易》《礼》《尚书》各一篇奏之，然后《易》《礼》《尚书》各益一篇，而《尚书》二十九篇始定。”《正说篇》。《六艺论》云：“民间得《泰誓》。”房宏云：“宣帝泰和元年，河内女子有坏老子屋，得古文《泰誓》三篇。”见《书序正义》。《隋书·经籍志》云：“《易》失《说卦》三篇，后河内女子得之。”又云：“河内女子得《泰誓》一篇献之。”又云：“《孝经》遭秦焚书，为河间人颜芝所藏。汉初芝子贞出之，凡十八章。”《经典释文·叙录》云：“汉宣帝本始中，河内女子得《泰誓》一篇献之。”王应麟据《别录》为定，谓“不得云宣帝时始出”。又云：“《孝经》亦遭焚烬，河间人颜芝为秦禁藏之。汉氏尊学，芝子贞出之。”凡此亦皆民间所得之经也。最括三端，校论六艺，残整之迹，居然可知，散而复集，宜后儒钻研罔既矣。

第六篇 | 两汉之经学

自"六经"燔于秦而复出于汉，以其传之非一人，得之非一地，虽有劝学举遗之诏，犹兴书缺简脱之嗟，既远离于全经，自弥滋乎异说，荀悦《申鉴》曰："秦之灭学也，书藏于屋壁，义绝于朝野。逮至汉兴，收摭散滞，固已无全学矣。文有磨灭，言有楚夏，出有先后。或学者先意有所借定，后进相放，弥以滋蔓。故一源十流，天水违行而讼者纷如也。"是故从其文字言，则有古、今之殊；从其地域言，则有齐、鲁之异；从其受授言，则有师法、家法之分；从其流布言，则有官学、私学之别。所谓今文、古文者，初本皆指字体，盖依类象形谓之文，形声相益谓之字，古曰"文"犹今曰"字"。其经之书以古体字者，即为古文；其经之书以今体字者，即为今文。皮锡瑞《经学历史》曰："今文者今所谓隶书，古文者今所谓籀书。隶书汉世通行，故当时谓之今文。籀书汉世已不通行，故当时谓之古文。"案以隶书为今文是也，以籀书为古文则非，《说文序》既曰"《史籀》篇与古文或异"，继之曰"至孔子书'六经'皆以古文，厥意可得而说"，明孔子不以籀文书"六经"也。郑玄亦曰："书初出屋壁，皆周时象形文字，今所谓科斗书。"以形言之为科斗，指体即周之古文，若籀书则在汉时无科斗之号。故古、今文为汉儒所恒言。然在秦以前，通行古体，故孔子书"六经"，左丘明述《左氏传》，皆以古文。其时今体未兴，则亦无所谓古。自秦并天下，同一文字，罢其不与秦文合者，又造隶书以趣约易，体乃大变，故司马迁谓“秦拨去古文”，扬雄谓“秦划灭古文”，许慎谓“古文由此绝矣”。汉代通行隶书，诸儒传经，自必亦以隶体书之，然使古文不出，则亦无所谓今。故古、今之名，实相对而立，古文为汉人所追称，今文则汉人所自别。《汉书·儒林传》曰：“汉兴，言《易》自淄川田生，言《书》自济南伏生，言《诗》于鲁则申培公，于齐则辕固生，燕则韩太傅，言《礼》则鲁高堂生，言《春秋》于齐则胡毋生，于赵则董仲舒。”《史记·儒林传》同，惟次序微异。此皆今文家也。孔壁之所藏，河间献王之所得，北平侯张苍之所献，此则皆古文也。惟古文初出，知者甚少，藏于秘府，伏而未发，时师传读，大抵今文。惟民间有《费氏易》为古字，号《古文易》。故在西汉之初，未尝别立今文之名。《史》《汉》儒林传，仅于叙《尚书》中，言孔氏有《古文尚书》，孔安国以今文读之。《汉书·儒林传》又言：“世所传百两篇者，出东莱张霸，分析合二十九篇以为数十，又采《左氏传》《书叙》为作首尾，凡百二篇。篇或数简，文意浅陋。成帝时，求其古文者，霸以能为百两征，以中书校之非是。”案此则当时之伪古文也。其他诸经，皆不言今文，盖古文虽出，既未施行，其通行者，自无庸冠以今文二字也。及孝成帝时，陈发秘藏，命光禄大夫刘向校理旧文，于是古文始显，《汉书·艺文志》所谓中古文是也。然志于诸经，亦但别出古文，不别出今文，以古文既别，则其余为今文可知也。嗣后古、今文并行，学者各就所传，援文生训，从而为之说。至乎东汉，遂有今学、古学之名。许慎《五经异义》一书，分别甚明：今学则有今《易》孟京、施雠等说，今《尚书》欧阳、夏侯说，今《诗》齐、鲁、韩说，今《礼》戴说，今《春秋》公羊、穀梁说，今《论语》说，今《孝经》说；古学则有《古尚书》说，《古毛诗》说，《古周礼》说，《古春秋左氏》说，《古孝经》说。盖古、今之分，至是已由字体之异而转为说解之异矣。《公羊疏》云：“《左氏》先著竹帛，故汉时谓之古学。《公羊》汉世乃兴，故谓之今学。”是以《五经异义》云：“古者《春秋左氏》说，今者《春秋公羊》说。”案此以先后分今、古学，甚谬，不可信从。《五经异义》之分别古、今，自缘古、今文之异，非缘先著与后出也。齐学、鲁学者，由于齐人、鲁人而起。鲁为孔子讲学之邦，流风遗化，濡渐固深。齐有稷下，亦学士所集。自孟子、荀卿之徒，皆尝往游。齐修列大夫之缺，而荀卿三为祭酒，故战国儒术虽绌，齐、鲁学者犹弗废，太史公所谓“齐、鲁之间于文学，自古以来，其天性也”。是故汉代传经之儒，不出于齐，则出于鲁。刘师培曰：“《易经》一书有田氏学，为田何所传，乃齐人之治《易》者也；有《孟氏学》，为孟喜所传，乃鲁人之治《易》者也：是《易》学有齐、鲁之分。济南伏生传《尚书》二十八篇于鼂错，乃齐人之治《尚书》者也；孔安国得《古文尚书》，以《今文尚书》校之，乃鲁人之治《尚书》者也：是《书》学有齐、鲁之分。《齐诗》为辕固所传，匡衡诸人传之，乃齐人之治《诗》者也；《鲁诗》为申公所传，楚元王等受之，刘向诸人述之，乃鲁人之治《诗》者也：是《诗》学亦有齐、鲁之分。《公羊》为齐学，董仲舒传之，著有《春秋繁露》诸书；《穀梁》为鲁学，刘向传之，时与子歆相辩难：是《春秋》学亦有齐、鲁之分。传《礼》学者，以孟卿为最著，此齐学也；而孔壁兼得逸《礼》，古《礼》复得之淹中，则鲁学也：是《礼》学亦有齐、鲁之分。《齐论》多《问王》《知道》二篇，而音读亦与《鲁论》大异；若萧望之诸人，则皆传《鲁论》，至张禹删《问王》《知道》二篇，合《鲁论》与《齐论》为一，而《齐论》以亡：是《论语》学亦有齐、鲁之分。”案此于齐、鲁二派，言之颇悉。然郑康成有言：“汉承秦焚书，口相传授。其始书之也，仓卒无其字，或以音类比方假借为之，趣于近之而已。受之者非一邦之人，人用其乡，同言异字，同字异言，于兹遂生。故一经之学，数家竞爽。”据此，则知齐、鲁之别，初殆皆由字音，亦犹古、今文之由于字体也，其后由字音之异而衍为异说，亦与古、今文同。故《艺文志》于《诗》则曰“鲁最为近之”，于《论语》则曰“汉兴有齐、鲁之说”。至若明标齐学、鲁学之名者，惟有《春秋》一经，

《汉书·儒林传》云："宣帝即位，闻卫太子好《穀梁春秋》，以问丞相韦贤、长信少府夏侯胜及侍中乐陵侯史高，皆鲁人也，言：'穀梁子本鲁学，公羊氏乃齐学也，宜兴《穀梁》。'"齐学、鲁学始见于此。然诸人自以鲁人，遂谓鲁学宜兴，则未免囿于乡土之见，示人以不广矣。师法者，鲁丕所谓"说经者传先师之言，非从己出。法异者各令自说师法，博观其义"是也。扬雄亦云："譊譊之学，各习其师。"家法者，范晔所谓"专相传祖，莫或讹杂，繁其章条，穿求崖穴，以合一家之说"是也。又《后汉书·左雄传》注："儒有一家之学故称家。"或谓前汉多言师法，而后汉多言家法。师法、家法，名可互施，然学必先有所师，而后能成一家之言。若论其审，则师法者溯其源，家法者衍其流，其间盖微有不同。章帝建初四年诏曰："汉承暴秦，褒显儒术，建立'五经'，为置博士，其后学者虽曰承师，亦别名家。"案此即师法与家法不同之证。今以《汉书·儒林传》证之：凡言某经有某氏之学者，大抵皆指师法；凡言某家有某氏之学者，大抵皆指家法。如《易》有施、孟、梁丘之学，此为师法；施家有张、彭之学，孟有翟、白之学，梁丘有士孙、邓、衡之学，则家法也。《尚书》有欧阳、大小夏侯氏学，此为师法；欧阳有平、陈之学，大夏侯有孔、许之学，小夏侯有郑、张、秦、假、李氏之学，则家法也。《诗》有鲁、齐、韩，此为师法；《鲁诗》有韦氏学，又有张、唐、褚氏之学，《齐诗》有翼、匡、师、伏之学，《韩诗》有王、食、长孙之学，则家法也。《礼》有大戴、小戴、庆氏之学，此为师法；大戴有徐氏，小戴有桥、杨氏之学，则家法也。《公羊春秋》有颜、严之学，《穀梁春秋》有尹、胡、申章、房氏之学，此为师法；颜家有泠、任之学，复有筦、冥之学，则家法也。惟师又有师，如施、孟、梁丘同祖丁宽，故丁宽为《易》之祖师；《汉书·外戚传》："定陶丁姬，《易》祖师丁将军之玄孙。"师古注云："祖，始也。"《儒林传》："丁宽《易》之始师。"家又有家，如山阳张生本《鲁诗》之一家，而张家又有许氏学。推之各经，莫不皆然，真如干既分枝，枝又分枝，子既生孙，孙又生孙。而先师皆出西汉，东汉但有后师，则宜其一多言师法、一多言家法矣。官学、私学者，以立于学官与不得立为别。立于学官者，设博士，置弟子；不得立者，自相传授而已。汉自孝文时，颇征用文学之士，申公、文帝时，闻申公为《诗》最精，以为博士。见《汉书·楚元王传》。韩婴，皆以《诗》为博士，翟辅所谓“文帝始置一经博士者也”。而辕固生亦以治《诗》，孝景时为博士。董仲舒、胡母生则以治《春秋》，孝景时为博士。并见《史》《汉》儒林传。故文、景之际，列于学官者，有《诗》与《春秋》两经。《困学纪闻》曰：“考之汉史，文帝时，申公、韩婴以《诗》为博士。“五经”列于学官者，唯《诗》而已。景帝以辕固生为博士，而余经未立。”今案景时已立《春秋》，则不止《诗》一经。然孝文本好刑名之言，孝景复不任儒者。而窦太后又好黄老之术，虽置博士，具官待问，未有进者。逮乎孝武建元五年，五经博士始备。据《汉书·儒林传》赞：“初《书》唯有欧阳、《礼》后、《易》杨、《春秋》公羊而已。”《困学纪闻》曰：“武帝立‘五经’而独举其四，盖《诗》已立于文帝时，今并《诗》为五也。”戴震亦曰：“仅胪四经者，鲁、齐、韩三家之《诗》已立文、景间矣。”案玩《传》赞词意，以此四经初所立者，止欧阳、后、杨、公羊四家，后又增立他家，而《诗》无所增，故但举四。王、戴二氏之言，似失班旨。至孝宣世，复立大小夏侯《尚书》，大小戴《礼》，施、孟、梁丘《易》，《穀梁春秋》。至元帝世，复立《京氏易》。平帝时，又立《左氏春秋》《毛诗》《逸礼》《古文尚书》。刘歆《移太常博士书》曰：“往者博士，《书》有欧阳，《春秋》公羊，《易》则施、孟，孝宣皇帝复广立《穀梁春秋》、梁丘《易》、大小夏侯《尚书》。”此与《汉书》略同，惟施、孟《易》先后少异。此盖西京官学之大较也。而刘歆又有“孝文时诸子传说立于学官”之语，赵岐《孟子题辞》亦谓：“孝文皇帝欲广游学之路，《论语》《孝经》《孟子》《尔雅》皆置博士。”此则《史记》《汉书》并未之及，其为实录以否，不可知矣。《经学历史》曰：“《史记》《汉书》儒林传皆云文帝好刑名，博士具官，未有进者。”既云具官，岂复增置？“五经”未备，何及传记？恐非实录。光武中兴，爱好经术，亦立五经博士，各以家法教授。据《续百官志》：“博士十四人：《易》四，施、孟、梁丘、京氏；《尚书》三，欧阳、大小夏侯氏；《诗》三，鲁、齐、韩氏；《礼》二，大小戴氏；《春秋》二，公羊严、颜氏。”《后汉书·儒林传》：“《易》有施、孟、梁丘、京氏，《尚书》欧阳、大小夏侯，《诗》齐、鲁、韩、毛，《礼》大小戴，《春秋》严、颜。”较《百官志》，《诗》多一“毛”，则博士之数凡十五矣。但下文又明言凡十四博士，故《日知录》以为衍一“毛”字。愚谓“毛”与“氏”形相近，或“氏”字之讹耳。且《百官志》皆依官簿为之，当可据也。又《徐防传》注引《汉官仪》曰：“《易》有施、孟、梁丘贺、京房，《书》有欧阳和伯、夏侯胜、建，《诗》有申公、辕固、韩婴，《春秋》有严彭祖、颜安乐，《礼》有戴德、戴圣，凡十四博士。”亦与《百官志》同。此十四博士，皆今文之学，与西京宣元间略同，惟无《穀梁春秋》。而古文之学，则并废而不立，以平帝时王莽当政，其制不足循也。然至章帝建初中，仍诏高才生受《古文尚书》《毛诗》《穀梁》《左氏春秋》，则虽不立学官，固已网罗遗逸，博存众家矣。若夫私学，据《汉书·艺文志》：《易》则“民间有费、高二家之说”，“费氏经与古文同”；《诗》则“有毛公之学，自谓子夏所传，而河间献王好之，未得立”；《春秋》则有“邹、夹之传”，“邹氏无师，夹氏未有书”。据刘歆《移博士书》，《古文尚书》《春秋左氏》，民间“则有鲁国桓公、赵国贯公、胶东庸生之遗”。考之《儒林传》，贯公盖受《左氏传》于贾谊者，庸生盖受《古文尚书》于都尉朝，朝又受之于孔安国者也。然河间献王学举六艺，尝立《毛氏诗》《左氏春秋》博士，而膺博士之选者，即毛公与贯公，则此二家虽曰私学，在当时已显矣。又《儒林传》称韩婴亦“以《易》授人，推《易》意而为之传。燕、赵间好《诗》，故其《易》微，唯韩氏自传之”，斯又一私学也。

古文、今文虽殊，然在汉初，古文不为官学，所立博士，皆今文家，故争论不起。自刘歆欲建立《左氏春秋》及《毛诗》《逸礼》《古文尚书》皆列于学官，哀帝令歆与五经博士讲论其义，诸博士或不肯置对，歆因《移书太常博士》责让之，其言甚切，诸儒皆怨恨。见《刘歆传》。平帝时，王莽持政，莽好古文，又素重歆，于是歆之议始得申。东汉嗣兴，寻复见废。然其学既明，诸儒治者遂多，而争论亦遂烈。建武中，尚书令韩歆上疏，欲为《费氏易》《左氏春秋》立博士，诏下其议。博士范升对曰："《左氏》不祖孔子，而出于丘明，师徒相传，又无其人，且非先帝所存，无因得立。"遂与韩歆及太中大夫许淑等互相辨难，退而奏曰："近有司请置《京氏易》博士，群下执事，莫能据正。《京氏》既立，《费氏》怨望，《左氏春秋》，复以比类，亦希置立。《京》《费》已行，次复《高氏》，《春秋》之家，又有《邹》[①]《夹》。如今《左氏》《费氏》得置博士，《高氏》《邹》《夹》，'五经'奇异，并复求立，各有所执，乖戾分争，将恐陛下必有厌倦之听。今《费》《左》二学，无有本师，而多反异，虽设学官，无有弟子。奏立《左》《费》，非政急务。谨奏《左氏》之失凡十四事。"时难者以太史公多引《左氏》，升又上太史公违戾"五经"，谬孔子言，及《左氏春秋》不可录三十一事。见《范升传》。陈元闻之，乃诣阙上疏曰："陛下知丘明至贤，亲受孔子，而《公羊》《穀梁传》闻于后世，故诏立《左氏》。今论者沉溺所习，玩守旧闻，固执虚言传受之辞，以非亲见实事之道。《左氏》孤学少与，遂为异家之所覆冒。臣元窃见博士范升等所议《左氏春秋》不可立，及太史公违戾凡四十五事。案升等所言，前后相违，所谓'小辨破言，小言破道'者也。留思圣艺，眷顾儒雅，分明黑白，建立《左氏》，使后进无复狐疑，则天下幸甚。"书奏，下其议，范升复与元相辨难，凡十余上。帝卒立《左氏》学，以李封为博

---

① 原文作"驺"，前言《春秋》则有"邹、夹之传"，"驺"为"邹"异体字，宜统一。后同。

士，于是诸儒以《左氏》之立，论议谨哗，自公卿以下，数廷争之，《左氏》复废。见《陈元传》。讫于建初，肃宗特好《古文尚书》《左氏传》，时贾逵治古学，诏逵出《左氏传》大义长于二传者。逵于是具条奏之，擿出《左氏》三十事尤著明者，以为斯皆君臣之正义、父子之纪纲。又言《左氏》与图谶合，书奏，帝嘉之。逵又为帝言《古文尚书》与经传《尔雅》诂训相应，诏令撰欧阳、大小夏侯《尚书古文》同异。逵集为三卷，帝善之，复令撰齐、鲁、韩《诗》与毛氏异同，并作《周官解故》。见《贾逵传》。而李育者，少习《公羊春秋》，尝读《左氏传》，虽乐文采，然谓不得圣人深意，以为前世陈元、范升之徒，更相非折，而多引图谶，不据理体，于是作《难左氏义》四十一事。建初四年，诏与诸儒论"五经"于白虎观，育又以《公羊》义难贾逵，往返皆有理证。见《李育传》。其后何休亦治《公羊》，作《解诂》，尝以《春秋》驳汉事六百余条，妙得《公羊》本意。又与其师博士羊弼，追述育意以难二《传》，作《公羊墨守》《左氏膏肓》《穀梁废疾》。见《何休传》。而服虔又以《左传》驳何休之所驳汉事六十条，见《服虔传》。郑玄亦作《发墨守》《针膏肓》《起废疾》，何休见而叹曰："康成入吾室操吾矛以伐我乎！"见《郑玄传》。许慎撰《五经异义》，多从古文说，康成复作《驳五经异义》以难之。凡此皆古、今学争论之大略也。虽然，自其末流观之，古、今学固若不相入矣。而当古文未出之先，汉初故老，其传授虽以今文，其诵习多在秦火以前，虑无不通古文者，如张苍之治《春秋左氏》《历谱五德》，窦公之献乐书为《周官·大司乐》章，此明为古文无论矣。即如叔孙通制礼，天子无亲迎之礼，宗庙有日祭之礼，与《左氏》义同。《五经异义》云："《礼戴》说天子亲迎；《春秋公羊》说自天子至庶人皆当亲迎；《左氏》说天子至尊无敌，故无亲迎之礼，诸侯有故，若疾病，则使上卿逆，上公临之。谨案高祖时，皇太子纳妃，叔孙通制礼，以为天子无亲迎，从《左氏》义。"又云："古《春秋左氏》说，古者先王日祭于祖考，月荐于曾高，时享及二祧，岁祷于坛，禘及郊宗石室。谨案叔孙通宗庙有日祭之礼，知古而然矣。”朝仪，廷陛陈步骑之卫，文武正东西之乡，与《周官》义同，《史记·叔孙通传》：“长乐宫成，诸侯群臣皆朝十月。仪：先平明，谒者治礼，引以次入殿门，廷中陈车骑步卒，卫宫设兵张旗志，传言‘趋’，殿下郎中夹陛，陛数百人。”案此即《周礼》所谓“虎贲诸士”之制也。又：“功臣、列侯、诸将军、军吏以次陈西方东乡，文官、丞相以下陈东方西乡，大行设九宾，胪句传，于是皇帝辇出房，百官执职传警。”案此即《周礼》所谓“司士朝士之职，正朝仪之位，辨贵贱之等”也。是亦用古文也。《伏生大传》内多佚《礼》之文，贾子《新书》中多左国之说，是亦用古文也。古文既出之后，虽不立学，而今文诸师杂采古文，则往往而有。如尹更始以治《穀梁春秋》为议郎，又受《左氏传》，胡常亦以治《穀梁》为博士，又传《左氏》及《古文尚书》，此明为古文无论矣。即如翼奉、师丹治《齐诗》者也，而奉上书言《春秋》忌子卯，此说见《左传·昭九年》。丹上书引“天威不违颜咫尺”，此语见《左传·僖九年》。并出《左氏》。韦孟、龚胜治《鲁诗》者也，而孟《讽谏诗》称“肃肃我祖，国自豕韦”，即用《左传》刘为尧后之义。胜论事言《春秋》书叔孙侨如，此事见《左传·成公十六年》。亦出《左氏》，则皆古文也。贡禹治《公羊》，而《五经异义》引禹说，谓“王者宗有德庙不毁，宗而复毁，非尊德之义”，与《古文尚书》同。李寻治《齐诗》，而引《经》曰“三戴考绩，三考黜陟”，读至“黜陟”为句，与《史记》同，亦《尧典》古文之说也。《汉书·儒林传》：“司马迁从孔安国问故，迁书载《尧典》《禹贡》《洪范》《微子》《金縢》诸篇，多古文说。”而《伏生大传》云：“《书》曰：‘三载考绩，黜陟幽明。’”是今文读至“幽明”为句，与古文异。可见西京今文虽盛，而与古文未尝不可通。讫乎东汉，争论既起，其界始严。然争论自争论，而古、今学兼治者，则较西京为尤多。如孙期习《京氏易》，又习《古文尚书》；张驯能诵《春秋左氏传》，又以《大夏侯尚书》教授；尹敏初习《欧阳尚书》，后又受《古文》，兼善《毛诗》《穀梁》《左氏春秋》；郑兴少学《公羊春秋》，晚又善《左氏传》；乃至贾逵、许慎，专以古学名者也，而逵则兼通五家《穀梁》之说，又以《大夏侯尚书》教授。慎之《五经异义》，其说九族，则不从《古尚书》说，而从今《礼戴》《尚书欧阳》说；其论诸侯无去国之义，则不从《左传》说，而从《公羊》说。李育、何休，专以今学名者也，而育既涉猎古学，休之《公羊解诂》，亦多本《毛诗》，兼引佚《礼》。至于郑玄，更大破古、今之界。初造太学受业，师事京兆第五元先，通《京氏易》《公羊春秋》，又从东郡张恭祖受《周官礼记》《左氏春秋》《韩诗》《古文尚书》，复因涿郡卢植事扶风马融。从质诸疑义，故其注《仪礼》则并存古、今文，注《周礼》则多用王制，笺《毛诗》则多用三家之说，注《古文尚书》则多用《尚书欧阳氏》说，以今文注古文，盖又前此诸儒所未有也。大抵守文之徒，滞固所禀，而通人则鄙其固，贾、马、许、郑号大儒，正以其不囿一端耳。荀悦《申鉴》有言："仲尼作经，本一而已，古、今文不同，而皆自谓真本经。古、今先师，义一而已，异家、别说不同，而皆自谓古、今。仲尼邈而靡质，昔先师没而无闻，将谁使折之者？"明乎此，则知古、今本出一源，立言惟求其当。比而论之，必有可参，苟各习其师而莫之或徙，则真荀子所谓"古为蔽，今为蔽"者矣。

齐学、鲁学之名，虽见于西京，然惟宣帝甘露中，尝召"五经"名儒平《公羊》《穀梁》同异，各以经处是非。余如《诗》论固亦有齐、鲁之说，而不闻异同之辨，不如古、今文之聚讼纷如也。顾一加寻绎，则两派亦微有不同，大抵齐学尚恢奇，鲁学多迂谨。案太史公讲业齐、鲁之都，其作《世家》，于齐曰"洋洋乎固大国之风也"，于鲁曰"洙泗之间，龂龂如也"。以"洋洋"称齐，以"龂龂"称鲁，亦即一恢奇一迂谨之证。齐学喜言天人之理，鲁学颇守典章之遗。盖当战国时，齐有邹衍善说天，深观阴阳消息，而作怪迂之变。其语闳大不经，先序今以上至黄帝，因载其禨祥度制，称引天地剖判以来，五德转移，治各有宜，于是流风所被，至汉不替。故《易》则孟喜得《易》家候阴阳灾变书，诈言其师田王孙且死时，枕其膝独传之。京房以明灾异得幸，其《易》受之焦延寿，而延寿独得隐士之说，又托之孟氏。梁丘贺从京房受《易》，颜师古曰："自别一京房，非焦延寿弟子。"房者，杨何弟子，而贺则宣帝时以善筮有应，繇是近幸。别有高相治《易》，专说阴阳灾异，自言出于丁将军。并见《汉书·儒林传》。夫丁宽、杨何、田王孙，其学皆出于齐之杜田生，虽诈言、托言、自言，非必本真，然必由《易》经齐学有灾异之说，故诸家缘传以为名也。《尚书》则《伏生大传》有《鸿范五行传》，夏侯氏衍之于前，刘向叙之于后。而倪宽初见武帝语经学，上曰："吾始以《尚书》为朴学，弗好，及闻宽说，可观。"乃从宽问一篇。可知宽说必有新异可喜者，故上言云然。宽之学即传自伏生，而欧阳、夏侯之所从出也。《诗》则《齐诗》五际，翼奉以之言政。陈乔枞曰："《齐诗》之学，宗旨有三：曰四始，曰五际，曰六情，皆以明天地、阴阳、终始之理，考人事盛衰、得失之原，言王道治乱、安危之故。齐先亡，最为寡证，独翼奉存其百一，且其说多出《诗》纬。察躔象，推历数，征休咎，盖齐学所本也。"《春秋》则董仲舒以《公羊》灾异之变，推阴阳所以错行，居舍著灾异之记，斯并上探象纬，下明人事，或经之以八卦，或纬之以九畴，或测之以九宫，或验之以九数，虽所执各殊，而其同为天人之学则一也。鲁当秦汉之际，陈涉为王，鲁诸儒则持孔氏礼器往归之。及高帝诛项籍，引兵围鲁，鲁中诸儒尚讲诵习礼，弦歌之音不绝，所谓"圣人遗化，好学之国，愈于它俗"，故虽处危乱，犹能守而弗失。惟叔孙通善变，既降汉，乃服短衣楚制，其后欲起朝仪，征鲁诸生，鲁有两生不肯行，叔孙通笑曰："若真鄙儒也，不知时变。"见《史记·叔孙通传》。此即鲁学迂谨之证。惟其迂谨，故动必依礼。鲁穆生为楚元王客，醴酒不设，遂谢病去。见《汉书·楚元王传》。王式治《鲁诗》，征为博士，诸大夫博士共持酒肉劳之，江公心嫉式，谓歌吹诸生曰：“歌《骊驹》。”式曰：“闻之于师，客歌《骊驹》，主人歌客毋庸归。今日诸君为主人，日尚早，未可也。”江翁曰：“经何以言之？”式曰：“在曲礼。”江翁曰：“何狗曲也！”式亦谢病免归。见《汉书·儒林传》。然鲁学之胜于齐学处，亦在谨守。是以申公为《诗》经训故，疑者则阙弗传。王式以《鲁诗》授弟子，问经数篇，式谢曰：“闻之于师具是矣。”故其弟子亦颂礼甚严，诵说有法，疑者丘盖不言。《艺文志》称齐、韩二诗，“或取《春秋》采杂说，咸非其本义，与不得已，鲁最为近之。”盖谓是也。而谙习典章，则亦以鲁学为胜。鲁高堂生传士礼，而鲁徐生善为容。孝文帝时，徐生以容为礼官大夫，是后能言《礼》为容者由徐氏。申公本以《诗》名，而赵绾请立明堂朝诸侯，不能就其事，乃言师申公。于是上使使迎申公，舍鲁邸，议明堂事。并见《史》《汉》儒林传。事虽旋废，申公必谙习可知。盖不独叔孙朝仪为汉立一代之法也，其后刘歆请立《古文尚书》《左氏春秋》及《逸礼》诸经，亦为鲁学，故至东京，鲁学之绪，赖以不坠。惟此之鲁学，以得自鲁壁，皆为古文，又与今文鲁学有殊。而谶纬之说，则滥觞于齐学。何休、郑玄，并援纬书以说经。休治《公羊》，本为齐学。玄注《易》阐爻辰，注“三礼”引纬书尤多，其于纬或称为传，或称为说，且为之作注。世或以此为康成诟病者，不知康成亦齐人，其涵濡固有素也。近人乃遂有谓齐学多今文家言，鲁学多古文家言，齐学存微言，鲁学明故训者，专以此为别，又非笃论已。

师法、家法，为汉儒所最重，其见于两《汉书》者。《张禹传》：“诸儒荐禹。诏萧望之问禹，对《易》及《论语》大义，望之善焉，奏禹经学精习有师法，可试事。”《吴良传》：“东平王苍上疏荐良曰：‘齐国吴良治《尚书》，学通师法，经任博士，行中表仪。’”此荐举重师法也。《翼奉传》：“元帝问奉善日邪时孰与邪日善时，奉对引师法。”《五行志》：“朱博为丞相受策，有大声如钟鸣。上问李寻，寻对引师法。”此对问重师法也。《左雄传》：“雄上言郡国所举孝廉，请皆先诣公府，诸生试家法。”此察孝廉重家法也。《质帝纪》：“本初元年夏四月，令郡国举明经，年五十以上、七十以下诣太学。自大将军至六百石，皆遣子受业。四姓小侯先能通经者，各令随家法。”此举明经重家法也。又《宦者·蔡伦传》：“元初四年，帝以经传之文，多不正定，乃选通儒谒者刘珍及博士良史诣东观，各雠校家法，令伦监典其事。”是则正定经文亦重家法矣。至若互相传习，则尤非有师法不足以名其学，故《胡毋生传》① 云：“董生弟子，唯嬴公守学不失师法。”《李寻传》云：“寻治《尚书》，与张孺、郑宽中同师。宽中等守师法教授。”《卓茂传》云：“茂元帝时学于长安，事博士江生习《诗》《礼》，究极师法，称为通儒。”《刘宽传》注引《谢承书》云：“宽少学《欧阳尚书》《京氏易》，尤明《韩诗外传》，皆究极师法。”是其证也。其不守师法者，则同门相与攻之，朝廷亦不用，如《儒林传》称：“孟喜得《易家候阴阳灾变书》，诈言师田生且死时，枕喜膝，独传喜，诸儒以此耀之。而同门梁丘贺疏通证明之曰：‘田生绝于施雠手中，时喜归东海，安得此事？’后博士缺，众人荐喜。上闻喜改师法，遂不用喜。”又：“蜀人赵宾好小数书，后为《易》，饰《易》文，以为‘箕子明夷，阴阳气亡箕子；箕子者，万物方荄兹也’。宾持论巧慧，《易》家不能难，皆曰‘非古法也’。云受孟喜，喜为名之。后宾死，莫能持其说。喜因不肯仞，以此不见信。”又：“京房受《易》焦延寿，延寿云：‘尝从孟喜问《易》。’会喜死，房以为延寿《易》即孟氏学，翟牧、白生不肯，皆曰非也。”即此可见师法之严矣。而徐防永元十四年上疏云：“伏见太学试博士弟子，皆以意说，不修家法，以遵师为非义，意说为得理，诚非诏书实选本意。”则更专以家法责之博士，盖以家法之明，本明于博士

① 原文作“胡母生”，“胡母生”还是“胡毋生”，学界尚有争议，全书多处出现，亦未统一，现统一为“胡毋生”。

也。惟刘歆《移博士书》有曰："缀学之士，不思废绝之阙，苟因陋就寡，分文析字，烦言碎辞，学者罢老且不能究其一艺，信口说而背传记，是末师而非往古。"观此，其意虽在立古文，实欲学者治经宜返求诸本经，而不可专信师说。《论衡》曰："儒者说'五经'，多失其实。前儒不见本末而生虚说，后儒信前师之言，随旧述故，滑习辞语。苟名一师之学，趋为师教授，及时蚤仕，汲汲竞进，不暇留精用心，考实根核。故虚说传而不绝，实事没而不见，'五经'并失其实。"案此亦谓师说之不可尽从也。宜其书出为众儒所讪，罪以改乱旧章矣。然如范史所云"经有数家，家有数说"，"分争王庭，树朋私里"，至"有私行金货定兰台漆书经字以合其私文"者，则家法末流之弊，盖亦不胜其慨。子骏之言，讵可夺哉！

官学、私学之分，既视博士为定，则汉之博士，实兼官师之职，综政教之权，与周之以司徒掌邦教、秦之以吏为师，其制略同。《论衡》曰："夫'五经'亦汉家之所立，儒生善政大义，皆出其中。"案此言甚得立博士之意。当文、景之时，博士犹少，尚为具官。及武帝罢黜百家，表章"六经"，学乃定于一尊；备立五经博士，教乃归于一律；登进人材，以通经为第，仕乃出于一途。著之功令，颁为教条，自此以来，则公卿、大夫、士吏斌斌多文学之士矣。《汉书·儒林传》赞曰："自武帝立五经博士，开弟子员，设科射策，劝以官禄，讫于元始，百有余年，传业者浸盛，支叶蕃滋。一经说至百余万言，大师众至千余人。"《申公传》云："申公归鲁，退居家教，弟子自远方至，受业者千余人。"盖禄利之路然也。观此，可知当时上以官禄而劝经，下为禄利而习经，故经之官学，遂为梯荣致显之捷经。凡儒生之肄经者，莫不游学京师，受经博士。武帝时，为博士官置弟子五十人；昭帝时，增满百人；宣帝末，增倍之；元帝更为设员千人；成帝末，增弟子员三千人。其由是而出者，行虽不备，犹得补官；《申公传》云："其学官弟子行虽不备，而至于大夫、郎、掌故以百数。"非是者，虽经明行修，名亦不显。故终西汉之世，惟官学大昌。而位愈高者，则徒众亦愈盛，治《尚书》者有许商，其弟子唐林、王吉，王莽时为九卿，自表上师家、大夫、博士、郎吏为许氏学者，各从门人会，车数百辆[①]。又炔钦、吴章皆为博士，徒众尤盛。治《齐诗》者有满昌，为詹事。昌授张邯、皮容，皆至大官，徒众尤盛。治《韩诗》者有栗丰、长孙顺，顺为博士，丰部刺史。丰授张就，顺授发福，皆至大官，徒众尤盛。治《公羊春秋》者有左咸，咸为郡守九卿，徒众尤盛，官至大司徒。治《穀梁春秋》者有申章昌，至长沙太傅，徒众尤盛。以上并见《汉书·儒林传》。以为可籍以相援也。东汉亦甚崇官学，分立十四博士，太常差次总领。修起太学，稽式古典，服方领习矩步者，委它乎其中。顺帝本初中，游学增盛至三万余生，名师教授，动以百千万计，其见于《后汉书·儒林传》者：刘昆以《施氏易》教，弟子恒五百余人。洼丹以《孟氏易》教，徒众数百人。杨政、张兴并以《梁丘易》教，政亦数百人，兴弟子自远至者著录且万人。欧阳歙世传《伏生尚书》，教授数百人；曹曾从歙受《尚书》，门徒三千人。牟长习《欧阳尚书》，诸生讲学者常有千余人，著录前后万人；长子纡又以隐居教授，门生千人。宋登亦传《欧阳尚书》，教授数千人。魏应以《鲁诗》教，徒众常数百人，著录者数千人。薛汉世习《韩诗》，教授常数百人；杜抚受业于汉，弟子千余人。丁恭、周泽、甄宇、楼望、程曾并习《公羊严氏春秋》，恭诸生自远方至者著录数千人；泽与宇门徒，常数百人；宇传子普，普传子承，讲授亦数百人；望教授诸生，著录九千余人；曾讲授，顾奉等数百人常居门下。张玄习《颜氏春秋》，弟子著录千余人。蔡玄学通"五经"，门徒常千人，其著录者万六千人。而《儒林传》外，《方术传》载：廖扶习《韩诗》《欧阳尚书》，教授数百人。唐檀习《京氏易》《韩诗》《颜氏春秋》，教授常百余人。又《姜肱传》：肱博通"五经"，兼明星纬，士之远来就学者三千余人。《桓荣传》：荣习《欧阳尚书》，教授徒众数百人；荣孙焉，焉孙典，传其家学，弟子传业者亦各数百人。《丁鸿传》：鸿从桓荣受《尚书》，门下益

---

① 原文作"两"，疑误，据文意改作"辆"。

盛，远方至者数千人。《王良传》：良习《小夏侯尚书》，教授诸生千余人。《承宫传》：乡里徐子盛者，以《春秋》经授，诸生数百人。《张奂传》：奂学《欧阳尚书》，以党罪禁锢，闭门不出，养徒千人。其他见于荀悦、谢承之书及汉碑者，尚多有之。以上诸儒，或出或处，或显或隐，固各不同，而其所传授之经，则皆掌之博士，立于学官者也，量其流布之广，视西京盖有加焉。惟董钧习庆氏《礼》，教授门生百余人。曹充及其子褒亦习庆氏学，而传授不同。孔僖世传《古文尚书》《毛诗》，其子季彦守其家业，门徒数百人。杨伦亦习《古文尚书》，讲授于大泽中，弟子至千余人。颍容善《春秋左氏》，避乱荆州，聚徒千余人。谢该亦明《春秋左氏》，为世名儒，门徒数百人。并见《儒林传》。马融兼通《费氏易》《古文尚书》《毛诗》《周官》《左氏春秋》，门徒四百余人，升堂进者五十余生。见《郑玄传》。此之诸经，惟《庆氏礼》为今文，西京尝立学官，余皆为古文。在东京皆未得立，《左氏》尝立，旋废。殆可谓之私学，而传授亦颇盛，特不可与官学较耳。然至季世，则《易》之施、孟、梁丘、京氏微而费氏显，《尚书》之欧阳、大小夏侯微而古文显，《诗》之齐、鲁、韩三家微而《毛诗》显，《礼》之大小戴、庆氏微。此大小戴谓其所传之《仪礼》，非大小《戴记》。而《周官》《古礼》显，《春秋》之公羊、穀梁微而左氏显。凡东、西两京之官学，盛极于一时者，转不逮不得立者之能永其传，其故何哉？盖自安帝览政，薄于艺文，博士倚席不讲，朋徒相视怠散。顺帝时，学虽增盛，而章句渐疏，多以浮华相尚，儒者之风衰矣。见《儒林传》。官学既衰，私学自代之而兴。刘师培曰："东汉之后，凡两汉博士之家法，悉湮没不传，其传者转在古文，盖博士之学，利禄之学也。上者奉之以进身，下者持之以糊口，与后世科举之学略同。故治其学者，只期利禄之及身，岂果有发明经义之心哉！通经致用，不过自欺之词，故其学愈趋而愈陋。若古文之学兴于举世不为之日，治其学者，不以显晦易其心，故研精殚思，实事求是。此其故一。且汉代说经之儒，心之所希，不过以得立学官而止。今文之书，既立博士，治其学者，一若所求已获，遂生自懈之心，故传者愈多精者愈鲜。若古文之学，自西汉至东汉，争立博士，未克施行，或甫立而旋废，治其学者，希其得立于学官，而争竞之心以起，故其说愈降而愈精。此其故二。”案此言虽似偏于古文，然颇中官学之失。重以郑玄晚出，括囊大典，网罗众家，既集古、今学之大成，而其所注之经，则皆以古学为主，自是学者咸宗郑学。郑学益昌，宜博士之学一蹶而不复振也，经学得汉儒而始明。王通云：“九师兴而《易》道微，“三传”作而《春秋》散；齐、韩、毛、郑，《诗》之末也；大戴、小戴，《礼》之衰也。《书》残于古、今，《诗》失于齐、鲁。”郑樵云：“秦人焚书而书存，汉儒穷经而经绝。”案此等皆夸言欺人耳。汉儒说经之书，具见两《汉书·儒林传》及《艺文志》，综其立名，各有不同。其在西汉，则有曰“传”者，孔颖达曰：“‘传’谓传述为义，或亲承圣旨，或师儒相传，故云‘传’。”陆德明曰：“‘传’即注也，以传述为义，旧说汉以前称‘传’。”贾公彦曰：“‘传’者，取传述之意。”长孙无忌曰：“圣人制作，谓之为‘经’；传师所说，则谓之为‘传’。”成伯瑜曰：“‘传’者，注之别名也，传承师说谓之为‘传’。”刘知几曰：“‘传’之时义，以训诂为主，亦犹《春秋》之传，配经而行也。”如王同、周王孙、丁宽、服生皆著《易传》，《诗》有《齐后氏传》《孙氏传》，《礼》有《周官传》是也。有曰“故”者，颜师古曰：“‘故’谓经之旨趣也。”又曰：“‘故’者，通其指义也。”如《诗》有《鲁故》《韩故》《齐后氏故》《孙氏故》是也。一称“解故”，又或称“故训传”，如《书》有大小夏侯《解故》，《诗》有《毛诗故训传》是也。有曰“微”者，颜师古曰：“‘微’，谓释其微旨。”如《春秋》有《左氏微》《铎氏微》《张氏微》《虞氏微传》是也。案铎氏、虞氏皆战国人，非汉儒。有曰“说”者，章怀太子曰：“‘说’犹今之疏也。”如丁宽作《易说》，《诗》有《鲁说》《韩说》，《礼》有《中庸说》，《论语》有《齐说》《鲁说》，《孝经》有《长孙氏说》《江氏说》《翼氏说》《后氏说》是也。一或称“说义”，如《书》有《欧阳说义》是也。有曰“记”者，如《书》有刘向、许商《五行传记》，《乐》有

《王禹记》，《春秋》有《公羊杂记》《公羊颜氏记》是也。有曰“章句”者，如《书》有欧阳、大小夏侯《章句》，《春秋》有公羊、穀梁《章句》是也。至于东汉，立名益繁，传、故、说、记、章句而外，有曰“注”者，孔颖达曰：“‘注’者著也，言为之解说，使其义著明也。”又曰：“秦汉之际，多名为‘传’。于后儒者以其传多，或有改之别云‘注解’者。”皇侃以为“自汉以前为‘传’，自汉以后为‘注’，其义非也”。贾公彦曰：“‘注’者注义于经下，若水之注物。亦名为‘著’，取著明经义者也。”又曰：“‘注’者于经之下自注己意，使经义可申，故云‘注’也。”刘知几曰：“‘传’者转也，转授于无穷。‘注’者流也，流通而靡绝。惟此二名，其归一揆。”如张楷作《尚书注》，郑玄作《周易》《尚书》《仪礼》《周官》《礼记》注是也。有曰“通”者，如《易》有《洼君通》，杜抚作《韩诗题约义通》是也。有曰“笺”者，如郑玄《毛诗笺》是也。《六艺论》曰：“注《诗》宗毛为主，毛义若隐略，则更表明，如有不同，即下己意，使可识别也。”孔颖达曰：“郑以毛学审备，遵畅厥旨，所以表明毛意，记识其事，故特称为‘笺’。余经无所遵奉，故谓之‘注’。”《后汉书》注曰：“‘笺’荐也，荐成毛义也。”又案《博物志》谓：“毛公尝为北海郡守，玄是郡人，故以为敬。”《四库提要》云：“推张华所言，盖以为公府用记郡将用笺之意，然康成生于汉末，乃修敬于四百年前之太守，殊无所取。”有曰“学”者，如何休《公羊解诂》又称《何休学》是也。《博物志》曰：“何休注《公羊》云《何休学》，有不解者，或答曰：‘休谦辞受学于师，乃宣此义不出于己也。’”徐彦曰：“学者言为此经之学，即注述之意。”有曰“释”者，如谢该《左氏释》是也。建安中，河东人乐详条《左氏疑滞》数十事以问该，皆为通解之，名为《谢氏释》。有曰“删”者，如郑众作《春秋删》，孔奇作《春秋左氏删》是也。《孔奋传》注：“删定其义也。”《连丛子》：“奇字子异，删撮《左氏传》之难者，集为义诂。”有曰“略”者，如景鸾《礼略》是也。鸾撰《礼内外记》，号曰“礼略”。有曰“问”者，如荀爽作《公羊问》是也。有曰“难”者，如曹充作《庆氏礼章句辨难》，张奂著《尚书记难》是也。有曰“解”

者，如伏黯作《齐诗解说》，服虔作《春秋左氏传解》是也。有曰“条例”者，如郑兴、贾徽、颖容并作《左氏条例》是也。有曰“训旨”者，如卫宏从杜林受《古文尚书》，为作《训旨》是也。有曰“异同”者，如贾逵撰欧阳、大小夏侯《尚书古文同异》，马融著《三传异同说》是也。其他若赵晔《诗细》、何休《公羊墨守》《后汉书》注：“言《公羊》之义不可攻，如墨翟之守城也。”《左氏膏肓》《榖梁废疾》，名颇殊诡。而景鸾作《易说》及《诗解》，文句兼取河、洛，以类相从，名为《交集》，尤为仅见。要之立名虽繁，而通行之体，则不外乎传、注、章句三者，别有谱学、图学，如郑玄《诗谱》《三礼图》之类。纲举目张，力鲜思寡，盖亦与经说相发明者也。

汉儒治经，固各有其师法、家法，而释经之体，则大约可分为数类。其一以经解经。如费直治《易亡章句》，徒以《彖》《象》《系辞》十篇文言解说上下经，见《儒林传》。刘歆治《左氏》，引传文以解经，经传相发明，由是章句、义理备焉，见《楚元王传》。此以本经解本经者也。又如毛公诂《诗》，多用《尔雅》，郑玄笺《诗》，广引《礼经》，此以他经解本经者也。其一以字解经。如孔氏有《古文尚书》，孔安国以今文读之，见《儒林传》。考论其文义，定其可知者为隶古定，见《尚书》孔序。刘陶明《尚书》，推三家《尚书》及古文，是正文字三百余事，名曰《中文尚书》，见《刘陶传》。皆是此例。而段玉裁谓：“汉人作注，于字发疑正读，其例有三：一曰读如、读若，二曰读为、读曰，三曰当为。读如、读若者，拟其音也，古无反语，故为比方之词。读为、读曰者，易其字也，易之以音相近之字，故为变化之词。当为者，定为字之误、声之误而改其字也，故为救正之词。”案此于以字解经，言之尤析。观夫贾逵定弟、圛之异字，《诗》“齐子岂弟”笺，《古文尚书》以弟为圛，《正义》云：“《洪范·稽疑》论卜兆有五，曰‘圛’。注云，圛者，色泽光明。盖古文作‘悌’，今文作‘圛’。贾逵以今文校之，定以为‘圛’。郑依贾氏所奏。”何休辨登、得之同声，《公羊·隐五年传》曰："'公曷为远而观鱼，登来之也。'注：'登读言得来。得来之者，齐人语也。齐人名求得为得来。作登来者，其言大而急，由口授也。'"《周官》故书，必存于注，《仪礼》古文，尽著之篇，则其大较可知也。其一以师说解经。如《毛公诗传》，则有仲梁子、孟仲子、高子之说；《公羊》《穀梁》二传，则有子沈子、司马子、女子、北宫子、尸子之说。《公》《穀》二传，初皆口授，至汉始著竹帛，故二传亦可谓汉儒之学。而郑玄注《周官》，亦多引杜子春说、郑司农说，是其证也。其一以事义解经。如韩婴推诗人之意而作内、外《传》，又推《易》意而为之传。今《易传》《诗内传》虽无可考，《韩诗外传》尚存，大抵先立一事，而引《诗》语为案断，盖发挥经旨，成一家言，虽依经以立论，固离经而为书者也。又如赵晔作《诗细》，蔡邕读之而叹息，以为长于《论衡》。今《诗细》虽无可考，然邕以《论衡》拟之，则亦必博洽可资谈助，或与《韩诗外传》之体同矣。虽然，释经之体，虽两汉多同，而或繁或简，则得失互见。《汉书·艺文志》曰："古之学者耕且养，三年而通一艺，存其大体，玩经文而已，是故用日少而畜德多，三十而"五经"立也。后世经传既已乖离，博学者又不思多闻阙疑之义，而务碎义逃难，便辞巧说，破坏形体，说五字之文，至于二三万言。后进弥以驰逐，故幼童而守一艺，白首而后能言，安其所习，毁所不见，终以自蔽。此学者之大患也。"范晔《后汉书》亦曰："自秦焚'六经'，圣文埃灭。汉兴，诸儒颇修艺文。及东京，学者亦各名家，而守文之徒，滞固所禀，异端纷纭，互相诡激，遂令经有数家，家有数说，章句多者，或乃百余万言，学徒劳而少功，后生疑而莫正。"盖经说过繁，经义或反因之而晦。观申公《诗训》，疑者弗传；后仓《说礼》，止数万言；丁将军《易说》，亦仅三万言：训故举大谊而已。鲁丕所谓"浮华无用之言，不陈于前"，汉初诸儒，尚足以当之。惟小夏侯建师事夏侯胜及欧阳高，左右采获，又从"五经"诸儒问与《尚书》相出入者，牵引以次章句，具文饰说。胜非之曰："建所谓章句小儒，破碎大道。"建亦非胜为学疏略，难以应敌，卒自颛门名经。见《汉书·夏侯胜传》。而信都秦恭延君，受小夏侯说文于张山拊，复增师法至百万言。见《汉书·儒林传》。桓谭《新论》亦言："秦近君能说《尧典》，篇目两字之说至十余万言，但说'曰若稽古'三万言。"延与近形相似，实即一人。孟坚之言，殆为秦恭而发。夫说经而以应敌为务，小夏侯之见已差，恭又从而增之，斯去道愈远矣。王充《论衡》称："王莽之时，省'五经'章句，皆为二十万。博士弟子郭路，夜定旧说，死于烛下。"则知西汉末年，各经经说，盖无不繁者。故光武即位之后，亦有减省"五经"章句之议。《后汉书·章帝纪》引中元元年诏书："'五经'章句烦多，议欲减省。"又《儒林传》："光武召见钟兴，诏令定《春秋章句》，去其复重，以授皇太子。"东汉则袁京习《京氏易》，作《难记》三十万言。周防受《古文尚书》，撰《尚书杂记》四十万言。朱普《欧阳尚书章句》四十万言，桓荣以普《章句》浮辞繁长，减为二十三万言，荣子郁复删省，定成十二万言。牟氏《尚书章句》有四十五万余言，《后汉书·张奂传》注："此即牟卿。"案前书《儒林传·周堪事夏侯胜》："经为最高，授牟卿为博士。"不言卿有《章句》，恐此《牟氏章句》为牟长作，长世祖时为博士，固尝著《尚书章句》者也。张奂亦以其浮辞繁多，减为九万言。然奂自著《尚书记难》亦三十余万言。伏恭治《齐诗》，以父黯章句繁多，乃省简浮词，定为二十万言。张霸就樊儵受《严氏公羊春秋》，以儵删《严氏春秋》犹多繁辞，乃减定为二十万言。是虽未至一经说到百余万言，而一删再删，犹有此数，所以通人恶烦，羞学章句也。《扬雄传》："雄少而好学，不为章句，训诂通而已。"《桓谭传》："谭遍习'五经'，皆训诂大义，不为章句。"《班固传》："固所学无常师，不为章句，举大义而已。"《王充传》："充好博览而不守章句。"此数君皆汉之通儒也。夫以郑玄大儒，遍注韦经，凡百余万言，通人犹讥其繁，则一经以过繁蒙讥，固其宜矣。徐干《中论》有曰："凡学者大义为先，物名为后，大义举而物名从之。然鄙儒之博学也，务于物名，详于器械，矜于诂训，摘其章句，而不能统其大义之所极，以获先王之心，此无异乎女史诵诗、内竖传令也。故使学者劳思虑而不知道，费日月而无成功，故君子必择师焉。”见《治学篇》。嗟乎！汉代为经学昌明之代，汉儒多通经致用之儒，徒以经说之繁，遂使孟坚戒之于前，伟长申之于后。然则后之拾汉儒之绪余，支离漫衍，矜奇炫博，而以汉学为名高者，可不知所反乎？

第七篇 | 魏晋之经学

两汉经学之盛，初本皆在官学。官学掌之博士，博士传之太学诸生。及桓、灵之间，党议祸起，太学首离其难，所诛党人，十九皆太学生也。官学之徒，一时几尽。党人既诛，其高名善士，多坐流废，或隐居乡里，闭门授徒。从初平之元，至建安之末，天下分崩，人怀苟且。纲纪既衰，儒道尤甚，于是学乃不在朝而在野，教乃不在官而在师。先是郑玄亦坐党锢，教授不辍，弟子数百人。见《后汉纪》。讫党禁解而玄已年近六十，最为大师，弟子河内赵商等自远方至者数千，赢粮景从，如细流之赴巨海，京师谓康成为经神。见《拾遗记》。王粲曰："世称伊雒以东，淮汉以北，康成一人而已。咸言先儒多阙，郑氏道备。"张融为魏博士。曰："玄注渊深广博，两汉四百余年，未有伟于玄者。"见唐元行冲《释疑》所引。范晔亦曰："郑玄经传洽孰，称为纯儒，齐、鲁间宗之。"见《玄本传》。故汉魏之交，郑学之势，几奔走天下。皮锡瑞云："郑君闳通博大，无所不包，众论翕然归之，不复舍此趋彼。于是郑《易注》行而施、孟、梁丘、京之《易》不行矣，郑《书注》行而欧阳、大小夏侯之《书》不行矣，郑《诗笺》行而鲁、齐、韩之《诗》不行矣，郑《礼注》行而大小戴之《礼》不行矣，郑《论语注》行而齐、鲁《论语》不行矣。"刘师培曰："郑君博稽六艺，粗览传记，所治各经，不名一师，参酌今、古文，与博士之经，不尽合，然尊崇纬书，不背功令。又以著述浩富，弟子众多，故汉魏之间，盛行郑氏一家之学。”仕吴则有程秉，逮事郑君。秉著《周易摘》《尚书驳》《论语弼》凡三万余言，见《吴志》。入蜀则有昭烈帝，尝自言周旋郑康成间。而姜维武夫亦好郑氏学。见《蜀志》。虽吴有虞翻《奏郑玄解尚书违失》四事，又谓玄《易注》“未得其门，难以示世”，又言“玄所注‘五经’，违义尤甚者百六十七事，不可不正”，见《吴志·虞翻传》注。然其说不行于中州。《颜氏家训》称《王粲集》中有难郑玄《尚书》事，然其事不详，今《集》亦不载。今仅见唐元行冲《释疑》谓：“王粲尝求玄所学，得《尚书注》，退而思之，以尽其意，意皆尽矣，所疑之者犹未谕焉，凡有两卷，列于其集。”而据《隋书·经籍志》，有王粲《尚书释问》。《唐·艺文志》云：“王粲问，田琼、韩益正。”田琼者，固康成弟子，魏时尝为博士者也。见《郑志》。盖郑学之所以特盛，实由门人众多，足以应敌。其后王肃善贾、马之学，不好郑氏，其所论驳朝廷典制、郊祀、宗庙、丧纪、轻重，凡百余篇，专与郑氏立异，复集《圣证论》以讥短玄。而郑学之徒，孙炎、王基、马昭等，则驳王申郑。《魏志·王肃传》云：“乐安孙叔然，授学郑玄之门人，称东州大儒。肃集《圣证论》以讥短玄，叔然驳而释之，及作《周易》《春秋例》《毛诗》《礼记》《春秋三传》《国语》《尔雅》诸注。”又《王基传》云：“王肃著《诸经传解》及《论定朝仪》，改易郑玄旧说。而基据持玄义，常与抗衡。”《经典释文·叙录》叙诗云：“郑玄作《毛诗笺》，王肃更述毛非郑，王基驳王肃申郑义。”元行冲《释疑》云：“子雍规玄数十百件，守郑学者，时有中郎马昭，上书以为肃谬。”他如蒋济亦尝难郑玄注《祭法》，义旨虽有可求，而语似俳谐，未为典据。见《魏志·蒋济传》注。郑学初不因是少衰，乃至魏晋朝贤，辨论时事，郑氏诸注，无不撮引者，见《孝经·序》疏。遑论说经矣。惟王肃以托姻司马氏之故，肃女适司马文王，即文明皇后，生晋武帝。所为《尚书》《诗》《论语》、“三礼”、《左氏解》，肃著《周易注》《尚书传》《尚书驳议》《毛诗注》《毛诗义驳》《毛诗问难》《毛诗奏事》《周官》《礼注》《丧服经传注》《丧服要记》《礼记注》《明堂议》《春秋左氏传注》

《春秋外传章句》《孝经解》《论语注》《论语释驳》等书。及撰定父朗所作《易传》，朗著《易》《春秋》《孝经》《周官传》。魏时皆列于学官。又刘子玄曰：“王肃《孝经传》首有司马宣王之奏：并奉诏令，诸儒注述《孝经》，以肃说为长。”是其时肃之《孝经》，亦必得立。故正始六年，诏故司徒王朗所作《易传》，令学者得以课试。甘露元年，高贵乡公临幸太学，问诸儒经义，帝虽执郑说，而博士之对，则以肃义为长。《魏志》：“帝命讲《尚书》，问曰：‘郑玄云：“稽古同天，言尧同于天也。”王肃云：“尧顺考古道而行之。”二义不同，何者为是？’博士庾峻对曰：‘《洪范》称“三人占，从二人之言”。贾、马及肃皆以为“顺考古道”。以《洪范》言之，肃义为长。’帝曰：‘仲尼言“唯天为大，唯尧则之”。尧之大美，在乎则天，顺考古道，非其至也。’峻对曰：‘臣奉遵师说，未喻大义。’”又蜀有李譔，著《古文尚书》《毛诗》、“三礼”、《左氏传》，皆依准贾、马，异于郑玄，与王氏殊隔。初不见其所述，而意归多同，见《蜀志》。是亦足为王学张目。故于此际，王学几欲夺郑学之席。然康成既雅有重名，子雍以后进而思攘袂，恐不相胜，乃伪造《孔子家语》《孔丛子》以为其《圣证论》之根据，斯则欲盖弥章，宜贻讥于后世耳。

当郑、王两派相攻之际，而鱼豢《魏略》所推为当代儒宗者，则为董遇、贾洪、邯郸淳、薛夏、隗禧、苏林、乐详等七人。此七君者，邯郸淳、苏林、乐详黄初中皆为博士。淳善《苍》《雅》虫、篆、许氏字指。林亦博学多通古、今字指，凡诸书传文间危疑，林皆释之。详当从谢该问《左氏》疑难诸要，撰《左氏、乐氏问七十二事》。于时太学初立，有博士十余人，学多偏狭，又不孰悉，略不亲教，备员而已。惟详五业并授，以是独擅名于远近，门徒数千人。董遇、贾洪并特精《左氏传》。遇更为作《朱墨别异》，于治经开一新法，又撰《周易章句》。隗禧所习较博，鱼豢从问《左氏传》，禧答：“左氏直相斫书耳，不足精意。”豢因从问《诗》，禧说：“韩、齐、鲁、毛四家义，不复执文，有如讽诵。”又撰作《诸经解》数十万言。惟薛夏其学不详。比而观之，邯郸、苏氏，皆为古文之学，诸通《左氏传》者，亦古学也，隗氏则古、今学兼通之，要皆自足名家，无与于郑学也。七君而外，周生烈学精不仕，著有《春秋左氏传注》《论语义例》。杜宽于经传之义，多所论驳，皆草创未就，其就者有《删集礼记》及《春秋左氏传传解》。见《魏志》斐注。糜信著《春秋穀梁传注》《左氏传说要》及《理何氏汉议》，其《穀梁注》晋泰元立《穀梁》博士用之，至齐犹然。见《南齐书·陆澄传》。今《穀梁》疏于范注之略者，每引糜注补之。则三君固亦当时名儒矣。至王弼、何晏出，祖尚玄虚，以老庄之说释经，则又别为一派。晏撰《周易私记》《周易讲说》，见《册府元龟》。裴徽谓其"神明精微，言皆巧妙，巧妙之志，殆破秋豪"。自言不解《易》九事，而管辂见晏，则谓"晏说《易》生义美而多伪"。今其书已佚。王应麟曰："晏以老、庄读《易》，系小子观朵颐，所不解者，岂止七事哉！"弼作《周易注》，虽所据者为《费氏易》，与郑君同，而舍象数以言理，说解迥异。世传王弼注《易》，刻木偶为郑玄象，见其所误，辄呼叱之。此则不经之谈，不足信也。孙盛谓："弼以附会之辨，而欲笼统玄旨。虽有可观焉，恐将泥夫大道。"是在当时亦有违言，然其书则大显。余如钟会、刘邠、嵇康、阮籍之流，莫不喜谈《易》，各有著作，钟著《周易尽神论》《周易无互体论》，刘著《易注》，嵇著《周易言不尽意论》，阮著《通易论》。皆扇老、庄之风者也。何晏又与郑冲、孙邕、曹义、荀顗等撰《论语集解》，杂采众说，并下己意，正始中上之，亦盛行于世。自王《易》、何《论》行，郑学二书转为所掩，是则王、何虽不似王肃之明攻郑君，而实隐为郑敌。盖训诂之难精，不如义理之易了，承学之士，避难趋易，势有固然。然而汉儒家法，自王、何乃大破矣。其时吴、蜀学者，则犹有守家法者。吴如虞翻以纳甲、卦气之说解《易》，上书自言高祖父光少治《孟氏易》，曾祖父成缵述其业，祖父凤为之最密。考歆受本于凤，最有旧书，至翻五世，世传其业。尝以所著《易注》示孔融，融答书以"探赜穷通"许之。见

《吴志》。近儒或谓其“升降卦变本诸荀慈明者”，惠栋说。荀书固亦为翻所取，然其家学夙承，盖有绪也。翻又为《论语》《国语》训注，皆传于世。陆绩《易注》，则为京氏之学。京氏自言其《易》即孟氏学，故绩所述六爻发挥、旁通卦爻之变，有与孟氏相出入者。绩与虞翻友善，或当有相咨讨者已。姚信《易注》言“乾坤致用，卦变旁通，九六上下”，亦与虞氏之注，若应规矩，则亦治孟氏之《易》者也。陆、姚二书皆佚，并见《经典释文》。又士燮少游学京师，事颍川刘子奇，治《左氏春秋》，为之注解。陈国袁徽《与荀彧书》，称“燮于《左氏传》简练精微，皆有师说”，“又《尚书》兼通古今，大义详备”。张昭从白侯子安受《左氏春秋》，著《春秋左氏传解》及《论语注》。诸葛瑾少游京师，治《毛诗》《尚书》《左氏春秋》。张纮少入太学，事博士韩宗，治《京氏易》《欧阳尚书》，又于外黄从濮阳闿受《韩诗》及《礼记》《左氏春秋》。严畯善《诗》《书》、“三礼”，又好《说文》，著《孝经传》。征崇治《易》《春秋左氏传》，射慈撰《丧服图》及《变除》，唐固著《国语》《公羊穀梁传注》，韦昭注《孝经》《国语》，并见《吴志》裴注及《隋书·经籍志》。此虽不必专以经学名，而所治者多有师承可考。蜀则杜琼著《韩诗章句》十余万言。许慈师事刘熙，善郑氏学，治《易》《尚书》、“三礼”、《毛诗》《论语》。先主定蜀，慈与胡潜并为博士，潜亦通丧纪五服之数。孟光好《公羊春秋》，来敏善《左氏春秋》，尤精于《仓》《雅》训诂，好是正文字。尹默从司马德操、宋仲子等受古学，皆通诸经、史，又专精于《左氏春秋》。自刘歆条例郑众、贾逵父子、陈元方、服虔注说，咸略诵述，不复按本。谯岍治《尚书》，兼通诸经及图纬。并见《蜀志》。史称“益部多贵今文而不崇章句”，殊不尽然也。综观吴、蜀经学，虽不能与中土比隆，而两汉古、今学师说，则间存一二。惜诸家著作，后世多佚，莫由窥其梗概矣。

晋承魏绪，武帝崇儒兴学，先儒典训，贾、马、郑、杜、服、孔、王、何、颜、尹之徒，章句传注众家之学，置博士十九人。见《荀崧上疏》。然尤重王肃，故晋初郊庙之礼，皆用王肃说，不用郑义。而孔晁之于《书》《礼》，孙毓之于《诗》，复党于王。陈统虽难孙申郑，《隋书·经籍志》云：“《尚书义问》三卷，郑玄、王肃及晋‘五经’博士孔晁撰。”又《通典》载马昭论《周礼》“仲春令会男女”，持郑玄义难王肃，孔晁则申王说以答之。《经典释文·叙录》云：“晋豫州刺史孙毓为《诗评》，评毛、郑、王肃三家同异，朋于王。徐州从事陈统，难孙申郑。”莫能损也。王弼《易注》，亦为时所重。顾夷等亦有《难辅嗣易义》，见《隋志》。其说不传。是二王者，立说虽殊，而一则以椒房之戚，势之所趋，一则以名理之谈，俗之所尚，故并盛于时。其后肃学渐衰，而弼学犹如故。终晋之世，言《易》者无不援老、庄以为说。张璠《集解》所录凡二十二家，钟会为《易无互体论》，向秀为《易义》，庾运为《易义》，一云《易注》，应贞为《明易论》，荀辉为《易义》，《七志》云“注《易》十卷”，张辉、王宏、阮咸、阮浑并为《易义》，扬乂为《易卦序论》，王济、卫瓘为《易义》，栾肇为《易论》，邹湛为《易统略》，杜育、杨瓒、张轨并为《易义》，宣舒为《通知来藏往论》，邢融、裴藻、许适、杨藻并为《易义》。或为《易义》，或为《易论》，大抵与王、何沆瀣一气。惟刘兆撰《周易训注》，以正动二体互通其文。见《晋书》。干宝《易学》，以卦爻配月或配日时，传诸人事，以前世已然之迹证之。见《中兴书目》。此则似别为家，要亦与汉学绝异。至若杜预为《春秋左氏经传解》，又参考众家谱第，谓之《释例》；又作《盟会图春秋长历》，备成一家之学，而所据前人之说，则皆没其名，攘为己有。范宁为《穀梁传集解》，其义精审，为世所重，而多存旧说，不主一家，且序于“三传”并诋其失。今二书皆存，诚为博洽通贯之作，然固不可以汉儒家法律之也。王接谓“《左氏》辞义赡富，自是一家书，不主为经发。《公羊》附经立传，经所不书，传不妄起，于文为俭，通经为长。何休训释甚详，而黜周王鲁，大体乖硋，且志通《公羊》，而往往还为《公羊》疾病”，乃更注《公羊春秋》，多有新义。见《晋书》。斯则明攻汉学，其谓《左氏》不主说经，尤异说也。又若刘兆以《春秋》一经，三家殊涂，诸儒是非之议，纷然互仇敌，乃思三家之异，合而通之，作《春秋调人》七万余言，皆论其首尾，使大义无乖，时有不合者，举其长短以通之。又为《春秋左氏解》，名曰《全综》，《公羊》《穀梁》解诂，皆纳经传中，朱书以别之。刘寔兼精“三传”，正《公羊》，以为卫辄不应辞以王父命，祭仲失为臣之节，举此二端，以明臣子之体，遂行于世。又撰《春秋条例》二十卷。氾毓合“三传”为之解注，撰《春秋释疑》。并见《晋书》。王长文以为《春秋》三传，传经不同，每生讼议，乃据经摭传，著《春秋三传》十二篇。见《华阳国志》。此皆兼治“三传”之学者，乃或调之，或正之，或通释之，亦自我为法，不同前人矣。即郭璞之注《尔雅》，自谓“缀集异闻，会萃旧说”，“错综樊孙，博关群言”，则亦以杂比成书。是故魏晋经学，王、何既以名理易诂训，杜范复以博采破颛门，持较两汉，得失诚未易评，然其自成为魏晋之学，则可断言，盖亦经学之一大变也。虽然，入晋以来，笃守汉学者，亦非绝无人也，如文立治《毛诗》、“三礼”，常勖治《毛诗》《尚书》，何随治《韩诗》《欧阳尚书》，王化治“三礼”、《公羊》，陈寿治《毛诗》、“三传”，李密治《春秋左氏》，任熙治《毛诗》《京易》，寿良治《春秋》、“三传”，李毅通《诗》《礼》训诂，常宽治“三礼”、《春秋》，并见《华阳国志·后贤志》。董景道明《春秋》三传、《京氏易》《尚书》《韩诗》、“三礼”之义，专遵郑氏，郭琦注《穀梁》《京氏易》，范隆著《春秋》三传，撰《三礼吉凶宗纪》，虞喜释《毛诗略》，注《孝经》，陈邵撰《周礼评》，崔游撰《丧服图》，孟陋长于“三礼”，注《论语》，孔坦通《左氏传》。并见《晋书》。是其书虽不传，学虽不显，而史志所载，不闻创新立异，足证犹是汉学之遗也。自经永嘉之乱，《易》之梁丘、施氏、高氏亡，孟氏、京氏有书无师。《经典释文·叙录》谓“孟、京、费之《易》，人无传者"。案王弼所注，亦《费氏易》也。《尚书》之欧阳、大小夏侯亡。《齐诗》魏代已亡，《鲁诗》不过江东，《韩诗》虽存，无传之者。《礼》则庆、戴诸家，并多散亡，又无师说。并见《隋志》及《经典释文·叙录》。于是两京博士之学，殆无嗣响。逮江左中兴，元帝修学校，简省博士，皆三分置二，旧员十九人，省为九人：计《周易》王氏，《尚书》郑氏，《古文尚书》孔氏，《毛诗》郑氏，《周官》《礼记》郑氏，《春秋左传》杜氏、服氏，《论语》《孝经》郑氏，博士各一人。太兴四年，太常荀崧上疏，请增置郑《易》博士一人，郑《仪礼》博士一人，《春秋公羊》博士一人，《穀梁》博士一人。诏以《穀梁》肤浅不足置博士，余如奏，值王敦之乱不果立。《宋书·百官志》曰："魏及晋西朝，置博士十九人，江左初减为九人，皆不知掌何经。元帝末，增《仪礼》《春秋公羊》博士各一人，合为十一人。后又增为十六人，不复分掌'五经'，而谓之太学博士。国子助教十人，《周易》《尚书》《毛诗》《礼记》《周官》《仪礼》《春秋左氏传》《公羊》《穀梁》各为一经，《论语》《孝经》为一经，助教分掌。晋初助教十五人，江左以来损其员。"案此于魏晋官学，言之颇详。观此，则其时官学，辅嗣元凯，已与康成、子慎并峙，《南齐书·陆澄传》称："泰元立王肃《易》，《左氏》泰元取服虔而兼取贾逵经，《穀梁》泰元用麋信注。"案泰元晋孝武帝时也，较中兴之初略增。且服、郑虽汉学，亦非博士之绪，后儒谓今文师法由是遂绝者此也。其中《古文尚书》孔氏，《隋志》谓"东晋梅赜始得安国之传奏之"，《经典释文·叙录》亦同。案武帝所置博士，已有孔氏，而王肃所注《今文尚书》，其解大与《古文》相类，故或疑其书出王肃伪造。见丁晏《尚书余论》。惠栋、江声亦有此疑。然考孔颖达《书正义》，引《晋书·皇甫谧传》云："晋太保郑冲以《古文》授扶风苏愉，字休预；预授天水梁柳，字洪季，即谧之外弟也；季授城阳臧曹，字彦始；始授郡守子汝南梅赜，字仲真，为豫章内史，遂于前晋奏上其书而施行焉。"据此，则《古文尚书》本出郑冲，梅赜之献本传自臧彦始。《隋志》《释文》所言，皆不若《正义》之有源委。今《晋书》无此文。《正义》所引，或王隐、臧荣绪等所撰之书。郑冲与王肃同时，恐未必出于肃也。惟安国本绝已久，其书之为依托，要无可疑。自宋迄今，真伪之争，殆同聚讼，是又魏晋经学可议之一端也。

自典午南渡，河北沦于五胡，然衣冠世族之留仕北庭者，大有人在，故虽日寻干戈，而犹不废庠序。考《晋书·载记》，刘曜立太学于长乐宫东、小学于未央宫西，简百姓年廿五已下、十三已上神志可教者千五百人，选朝贤宿儒、明经笃学以教之。此汉之制也。石勒在襄国立太学，简明经吏为文学掾，选将佐子弟三百人教之；又增置宣文、宣教、崇儒、崇训十余小学于襄国四门，简将佐豪右子弟百余人以教之；又以裴宪、傅畅、杜嘏领经学祭酒，勒亲临大、小学，考诸生经义，立秀孝试经之制。既称帝，命郡国立学官，每郡置博士祭酒二人，弟子百五十人。石季龙又令诸郡国立五经博士。初勒置大、小学博士，至是复置国子博士助教；又遣国子博士诣洛阳写石经，校《中经》于秘书；国子祭酒聂熊注《穀梁春秋》，列于学官。此赵之制也。慕容廆以平原刘赞儒学该通，引为东庠祭酒，命世子皝率国胄束脩受业。皝尚经学，及即位，立东庠于旧宫，学徒甚盛，至千余人；复亲临考试学生，其经通秀异者，擢充近侍。此燕之制也。苻坚广修学宫，召郡国学生通一经以上充之，公卿以下子孙，并遣受业；亲临太学，考学生经义优劣，品而第之；问难五经博士，禁老庄、图谶之学。此秦之制也。又韦逞母宋氏，家世以儒学称，世学《周官》，传业相继。逞仕苻坚为太常，坚尝幸太学，悯礼乐遗阙，博士卢壶对曰："废学已久，书传零落，比年缀撰，正经粗集，惟《周官》《礼注》，未有其师。逞韦母宋氏，传其父业，得《周官音义》，自非此母，无可以传授后生。"于是就宋氏家立讲堂，置生员百二十人，《周官》学复行于世。姚苌立太学，下书令留台诸镇各置学官，勿有所废。姚兴时，天水姜龛、东平淳于岐、冯翊郭高等，皆耆儒硕德，经明行修，各门徒数百，教授长安，诸生自远而至者万数千人。凉州胡辨，苻坚之末东徙洛阳，讲授弟子千有余人，关中后进多赴之请业，兴勅关尉曰："诸生谘访道艺，往来出入，勿拘常限。"于是学者咸劝，儒风盛焉。此后秦之制也。乃至冯跋据燕，规模已隘，亦营建太学，以长乐刘轩、营丘张炽、成周翟崇为博士郎中，简二千石已下子弟教之。秃发据凉，祚为尤促，亦用史暠之言，以田冲、赵诞为博士祭酒，以教胄子。慕容德袭有三齐，亦建立学官，简公卿以下子弟及二品士门二百人为太学生。凡此诸国，其博士之所掌，学官之所立，史虽不详，然如石赵之写石经，苻秦之禁老庄，则知微尚所契，犹在汉学。玄虚之习，无自而染，伪托之书，不得而乱也。其后南学、北学各异其趣，盖已肇端于此时矣。

第八篇 | 南北朝之经学

五胡乱华而后，南北已成分立之局：南则宋、齐、梁、陈，递为禅代，上承东晋之绪；北则十六国互相兼并，拓拔氏奄而有之，遂开北魏之基。史家既有南朝、北朝之目，经学因亦有南学、北学之分。然江左疆理殊隘，规模不宏，人尚清谈，家藏释典，故《宋书》《南齐书》儒林无传，《梁》《陈》二书有之，其源流授受，亦莫若《魏书》《北齐书》详也。焦循曰："正始以后，人尚清谈，迄晋南渡，经学盛于北方，大江以南，自宋及齐，遂不能为儒林立传。梁天监中，渐尚儒风，于是《梁书》有儒林传。《陈书》嗣之，仍梁所遗也。"李延寿采摭诸书为南、北《史》，观其所叙，梗概可知。《南史·儒林传》序云："自中原横溃，衣冠道尽，江左草创，日不暇给，以迄宋、齐，国学时或开置，而劝课未博，建之不能十年，盖取文具而已。"《宋书·百官志》云："宋世若不置学，则助教唯置一人，而祭酒博士常置。"《南齐书·礼志》云："建元四年，诏立国学，置学生百五十人。永明三年，诏立学，创立堂宇，召公卿子弟下及员外郎之胤，凡置生二百人。建武四年，诏立学。永泰元年，尚书符依永明旧事废学。"又《南齐书·百官志》云："宋太始六年，以国学废，初置总明观，玄、儒、文、史四科，科置学士各十人。齐建元四年，有司奏置国学祭酒一人、博士二人、助教十人。选经学为先，若其人难备，给事中以还明经者以本位领。"案：宋、齐二代学制之可考者如此。是时乡里莫或开馆，公卿罕通经术，朝廷大儒独学而弗肯养众，后生孤陋，拥经而无所讲习，大道之郁也久矣乎。至梁武创业，深愍其弊，天监四年，乃诏开五馆，建立国学，总以“五经”教授，置五经博士各一人。《梁书》诏曰：“二汉登贤，莫非经术，服膺雅道，名立行成。魏、晋浮荡，儒教沦歇，风节罔树，抑此之由。朕日昃罢朝，思闻俊异，收士得入，实惟酬奖。可置五经博士各一人，广开馆宇，招内后进。”于是以平原明山宾、吴郡陆琏、吴兴沈峻、建平严植之、会稽贺玚补博士，各主一馆。馆有数百生，给其饩廪，其射策通明经者，即除为吏，于是怀经负笈者云会矣。又选学生遣就会稽云门山受业于庐江何胤，分遣博士祭酒到州郡立学。七年又诏皇太子、宗室、王侯始就学受业。《梁书》诏曰：“建国君民，立教为首，砥身砺行，由乎经术。朕肇基明命，光宅区宇，虽耕耘雅业，傍阐艺文，而成器未广，志本犹阙。非以镕范贵游，纳诸轨度；思欲式敦让齿，自家刑国。今声训所渐，戎夏同风，宜大启庠敩，博延胄子，务彼十伦，弘此三德，使陶钧远被，微言载表。”武帝亲屈舆驾，释奠于先师先圣，申之以谦语，劳之以束帛，济济焉，洋洋焉，大道之行也如是。及陈武创业，时经丧乱，衣冠殄瘁，寇贼未宁，敦奖之方，所未遑也。天嘉以后，稍置学官，虽博延生徒，成业盖寡。案此即南朝学制之大略也。盖南朝诸帝，大都短祚，惟梁武享国最永，而又雅好儒术。大同中尝立士林馆，朱异、贺琛、孔子袪等，递相讲述，所为《孝经义》《周易讲疏》及《六十四卦》、二《系》《文言》《序卦》等义，《毛诗答问》《春秋答问》《尚书大义》《中庸讲疏》等凡二百余卷。倡之自上，下必赴焉，四方承流，遂成风气，故史于梁学叙之独详。然武帝晚耽禅悦，信道不笃，自三度舍身，于是所临幸者，同泰、重云、爱敬、开善、善觉等寺，所开说者，《涅盘》《般若》《大品》《净名》《三慧》诸经，竺乾之典日密，周孔之言日疏。寻遘乱亡，圣业用替，南学之所以卒未大昌者，斯盖其一因也。《北史·儒林传》序云：“魏道武初定中原，始建都邑，便以经术为先。立太学，置五经博士，生员千有余人。天兴二年春，增国子太学生员至三千人。明元时，改国子为中书学，立教授博士。太武始光三年春，起太学于城东，后征卢玄、高允等，而令州郡各举才学，于是人多砥尚，儒术转兴。献文天安初，诏立乡学，郡置博士、助教、学生有差。太和中，改中书学为国子学，又开皇子之学。及迁都洛邑，诏立国子、太学、四门小学。孝文稽古，笃好坟籍。刘芳、李彪诸人以经术进，崔光、邢峦之徒以文史达。于是斯文郁然，比隆周汉。宣武时，复诏营国学，树小学于四门，大选儒生以为小学博士，员四十人。虽黉宇未立，而经术弥显。时天下承平，学业大盛，故燕、齐、赵、魏之间，横经著录，不可胜数，大者千余人，小者犹数百”。“暨孝昌之后，海内淆乱，四方学校，所存无几。齐则神武以范阳卢景裕置之宾馆，以经教授。景裕卒，又以赵郡李同轨继之。同轨云亡，复征中山张雕武、勃海李铉、刁柔、中山石曜等。及天保、大宁、武平之朝，亦引进名儒。然国学博士，徒有虚名，惟国子一学，生徒数十人耳。诸郡并立学，置博士、助教，授经学生。坟籍固不关怀，又多被州郡官人驱使，纵有游惰，亦不检察，皆由上非所好之所致也。”《北齐书》：“文宣天保元年，诏郡国修立黉序，国子学生依旧铨补。孝昭皇建元年，诏国子寺可备立官属，依旧置生，讲习经典。外州大学，亦仰典司勤加督课。”周文受命，雅重经典；卢景宣学通群艺，修五礼之缺；长孙绍远才称洽闻，正六乐之坏。由是朝章渐备，学者向风。明皇纂历，敦向学艺，内有崇文之观，外重成均之职，征沈重于南荆，待熊安生以殊礼，是以天下慕向，文教远覃。衣儒者之服，挟先王之道，开黉舍延学徒者比肩；励从师之志，守专门之业，辞亲戚甘勤苦者成市。虽通儒盛业，不逮晋魏之臣，而风移俗变，抑亦近代之美也。案此即北朝学制之大略也。其间如魏孝文、周武帝，崇奖尤至，视南朝盖有过焉。道散在夷，自昔所叹，史序誉之，不徒然矣。

南北朝经学，据《北史·儒林传》言：“所为章句，好尚互有不同。江左：《周易》则王辅嗣，《尚书》则孔安国，《左传》则杜元凯。河洛：《左传》则服子慎，《尚书》《周易》则郑康成，《诗》则并主于毛公，《礼》则同遵于郑氏。”此盖就其大较言之也。后儒因谓两汉经学行于北朝，魏、晋经学行于南朝。然一加寻索，则有不尽然者。《诗》《礼》既同，姑不具论。《易》则宋元嘉建学之始，郑玄、王弼两立。逮颜延之为祭酒，始黜郑置王。至齐陆澄《与王俭书》，谓：“众经皆儒，惟《易》独玄，指王弼注也。玄不可弃，儒不可缺，谓宜并存，所以合无体之义。且弼于注经中已举《系辞》，故不复别注。今若专取弼《易》，则系说无注。”俭答书亦谓：“《易》体微远，实贯群籍，岂可专据小王，便为该备？依旧存郑，高同来说。”于是王、郑皆置博士。下及梁、陈，郑、王二注犹并列于国学。是南朝于《易》非专崇辅嗣也。《书》则梅颐所得孔传，原阙《舜典》一篇。齐明帝建武中，吴兴姚方兴采马、王之注，造孔传《舜典》一篇，云“于大航头买得”，上之，比马、郑所注多二十八字，于是始列国学。然梁武时为博士，议曰：“‘孔序称伏生误合五篇，皆文相承接，所以致误。’舜典首有‘曰若稽古’，伏生虽昏耄，何容合之？”遂不行用。故梁、陈所讲有孔、郑二家。见《经典释文·叙录》及《隋书[1]·经籍志》。是南朝于《书》，非专崇安国也。《左传》则陆澄书谓“东晋泰元取服虔而兼取贾逵经。今留服而去贾，则经有所阙”。案杜预注《传》，祖述前儒，特举其违，又释例之作，所引惟深。王俭《答书》云：“元凯注《传》，超迈前儒，若不列学官，其可废矣。”玩陆、王书意，知自泰元以至宋、齐，必皆专立服氏。东晋元帝时则服、杜并立。及齐用陆澄言，始立杜氏。然梁代诸儒，相传为《左氏》学者，犹皆以贾逵、服虔之义难驳杜预。见《王元规传》。故《隋书·经籍志》亦称“后学‘三传’通讲，而《左氏》唯传服义”，是南朝于《左传》非专崇元凯也。陆澄书又云：“《穀梁》泰元旧有麋信注，颜益以范宁，谓颜延之。麋犹如故。常谓《穀梁》劣，《公羊》为注者又不尽善，竟

① 原文作“隨”，疑误，改作“隋”。

无及《公羊》之有何休，恐不足两立。必谓范善，便当除麋。”王俭答云：“《穀梁》小书，无俟两注，存麋略范，率由旧式。”观此，则又知南朝实“三传”并立，亦不止《左传》矣。且《公羊》立何，《穀梁》立麋、范，明有其义，特通其义者少，故二传浸微耳。北朝诸经，信皆汉学。然《易》则王肃《易》亦间行焉。河南及青、齐之间，儒生又多讲王辅嗣所注。《左传》则杜预玄孙坦、坦弟骥于宋朝并为青州刺史，传其家业，故齐地多习之。其河外儒生，俱伏膺杜氏。此并见《北史·儒林传》。他若阚骃则注王朗《易传》，刘芳则所撰诸经音义中，有干宝所注《周官音》、王肃所注《尚书音》、范宁所注《穀梁音》。见《北魏书》。是知魏晋之学，北朝亦未尝绝也。或又谓江南第立五经博士，而《论语》《孝经》河北诸儒能言之。考之《隋志》，《孝经》梁代孔安国及郑氏二家并立国学。陆澄曰：“世有一《孝经》，题为郑玄注，观其用辞，不与注书相类。案玄自序，所注众书，亦无《孝经》。且为小学之类，不宜列在帝典。”王俭答曰：“仆以此书明百行之首，实人伦所先，《七略》《艺文》并陈之“六艺”，不与《苍颉》《凡将》之流也。郑注虚实，前代不嫌，意谓可安，仍旧立置。”是则《孝经》宋、齐以来已立国学矣。而安国之本，亡于梁乱，陈及周、齐，唯传郑氏。《论语》梁、陈之时，郑玄、何晏立于国学，而郑氏甚微，周、齐郑学独立。据此，则二经南朝不惟立学，即所尚亦与北朝相同矣。要之南方水土和柔，兼被清谈之风，其学多华；北方山川深厚，笃守重迟之俗，其学多朴。华故侈生新意，朴故率由旧章，以是为分，庶几得其大齐。必谓南为魏晋之学，北为汉学，见失之固。而如唐人所云“南人约简，得其英华；北学深芜，穷其枝叶”，又失之偏矣。

南朝之学，世咸目为大畅玄风。考自宋立总明观，始有玄学之名，《宋书·何尚之传》：“尚之为丹阳尹，立宅南郭外，置玄学，聚生徒。东海徐秀，庐江何昙、黄回，颍川荀子华，太原孙宗昌、王延秀，鲁郡孔惠宣，并慕道来游，谓之南学。”案以玄学为南学，始见于此。然与儒学分立，固无涉于经术也。诸经中惟《易经》与《老》《庄》在梁世总谓“三玄”。见颜之推《家训》。故诸治《易》者，如雷次宗、祖冲之、沈驎士、顾欢、伏曼容、周弘正、朱异、贺玚、孔子袪、何胤、褚仲都、张讥、全缓等，咸以王弼注为宗，亦莫不兼善《老》《庄》，惟顾悦之难王弼《易》义四十余条，关康之复申王难顾。而太史叔明则以尤精“三玄”称。余经并去玄甚远，未尝以玄学之义乱之，亦不得蒙以玄名也。经学之最可称者，要推“三礼”。故《南史·儒林传》：何佟之、司马筠、崔灵恩、孔佥、沈峻、皇侃、沈洙、戚衮、郑灼之徒，或曰“少好‘三礼’”，或曰“尤明‘三礼’”，或曰“尤精‘三礼’”，或曰“尤长‘三礼’”，或曰“通‘三礼’”，或曰“善‘三礼’”，或曰“受‘三礼’”。而晋陵张崖、吴郡陆诩、吴兴沈德威、会稽贺德基，亦俱以礼学自命。“三礼”之中，又有特精者，如沈峻之于《周官》，见举于陆倕；陆倕与徐勉书荐峻曰：“《周官》一书，为群经源本。此学不传，多历年世。助教沈峻，特精此书。谓宜即用此人，令其专此一学。”勉从之。贺德基之于《礼记》，见美于时论；《仪礼》则专家尤众：鲍泉于《仪礼》号最明，分类撰著者，有明山宾《吉礼仪注》《礼仪》《孝经》《丧礼》《服仪》，司马褧《嘉礼仪注》，严植之《凶礼仪注》，贺玚《宾礼仪注》，而沈不害则总著《五礼仪》。盖南朝礼学，晋、宋之间，已多善者。先是《礼论》有八百卷，何承天删减并合，以类相从，凡为三百卷。即隐逸之士如雷次宗、周续之，虽从慧远游，而次宗“三礼”之学，与郑君齐名，时有雷、郑之目，续之《礼记》，亦称该通。齐世宏奖儒学之权，在朝操诸王俭，在野共推刘瓛。《南齐书》曰：“刘瓛承马、郑之后，一时学徒，以为师范。”俭亦长于《礼经》，瓛则所著文集皆是《礼》义。梁、陈继之，斯绪益宏。此则魏晋视之，犹当逊其详洽，更非北朝之所能望矣。惟南朝《典礼》，亦间采用王肃之说，未必一遵郑义耳。《魏书·李业兴传》：“业兴使梁，梁散骑常侍朱异问曰：‘魏洛中委粟山是南郊耶？圆丘耶？’业兴曰：‘委粟是圆丘，非南郊。’异曰：‘比闻郊、丘异所，是用郑义。我此中用王义。’”案此即江左《典礼》采王肃说之证。礼学而外，治《毛诗》者，有周续之、伏曼容、关康之、严植之、崔灵恩、何胤、张讥、龚孟舒。而顾越说《毛氏诗》，傍通异义。许懋撰《风雅比兴义类》，乃《诗》学之自出新裁者也。治《左传》者，有严植之、沈洙、虞僧诞、僧诞精杜学，作《申杜难服》以答崔灵恩。王元规、梁代诸儒，以贾逵、服虔之义难驳杜预，凡一百八十条。元规引证通析，无复疑滞。陆庆。而谢庄分《左氏经传》，随国立篇，制《木方丈图》，山川土地，各有分理，离之则州别郡殊，合之则宇内为一，乃左氏学之自出新裁者也。其通《公羊传》者，则有周续之。兼通“三传”者，则有崔灵恩、沈文阿。而刘之遴著《春秋大意》十科、《左氏》十科、《三传同异》十科，合三十事，亦可自成一体。独《尚书》一经，时虽孔、郑并行，而治之者如姜道盛、孔子袪等，则所注皆古文孔传，费甝复为古文作疏，甝为梁国子助教。见《经典释文·叙录》。是乃伪书，固当不如北朝专崇郑学之为得正耳。若夫诸儒师承，虽南史所叙较北史为简略，然试绎之，则授受之迹，亦昭然可考。伏曼容之学，传其子暅、孙挺；贺德基之学，受于其父淹、祖文发；贺玚之学，受于其祖道力，而传于其子革与从子琛，并累世不替，见重于时；许懋之学，传其子亨；司马筠之学，传其子寿；沈峻之学，传其子文阿；孔佥之学，传其兄子元素。此皆家学也。沈峻与舅太史叔明师事宗人沈麟士，传峻业者，又有刘岩、沈宏、沈熊、张及、孔子云；沈文阿既习父业，其祖舅太史叔明舅王慧兴之学，亦颇传之；范缜、司马筠师事刘瓛；戚衮、张崖师事刘文绍；郑灼师事皇侃；侃又师事贺玚；全缓师事褚仲都；张讥师事周弘正；王元规师事沈文阿。此皆师学也。其不言学之所出者，如沈洙史称其父山卿为梁国子博士，则洙之学亦必有承于家矣；卞华史称其与明山宾、贺玚同业友善，则华之学亦必有受于师矣。惟何佟之史称其师心歔学，孔子袪史称其勤苦自励，而亦并为硕儒，是或无师自通者，然要为仅见也。后之论者，因南朝经学不纯守汉师家法，遂并其学之优者而亦忽之，渊源之可溯者而亦略之，且谓唐人偏重南学，为大惑，为寡识，无乃失之过甚欤！

北朝传经之儒，北史所载，多于南朝。然其间号为大儒、能立宗开派者，当推徐遵明。遵明初师王聪，受《毛诗》《尚书》《礼记》。一年辞聪，师事张吾贵。伏膺数月，以吾贵义无检格。吾贵先未多学，乃从郦诠受《礼》、牛天祐受《易》。览读一遍，便即别构户牖。其所解说，不本先儒之旨。又就孙买德受业，一年复欲去之，指其心曰："吾今知真师所在矣。"乃诣平原唐迁，居于蚕舍，读《孝经》《论语》《毛诗》《尚书》、"三礼"，不出门院，凡经六年。又知阳平馆陶赵世业家有《服氏春秋》，是晋世永嘉旧写，乃往读之。复经数载，手撰《春秋义章》为三十卷。是后讲学于外二十余年，海内莫不宗仰。盖遵明师则择良而事，书则择善本而读，而卒要之于自得，故能博综兼览，不为一派一家所囿。虽手撰之书，止《春秋》一种，清儒王鸣盛谓"《公羊疏》亦遵明所作，非徐彦也"，然本传不言传《何氏公羊》，其弟子亦无传《公羊》者，未可遽定。而诸经之传，多自遵明开之。《易》则以传卢景裕、景裕注《周易》《尚书》《孝经》《论语》《礼记》，其《毛诗》《春秋》《左氏》未讫，所注《易》大行于世。崔瑾，景裕传权会、会少受郑《易》，妙尽幽微；《诗》《书》、"二礼"，文义该洽。注《易》一部行于世。郭茂，其后能言《易》者，多出郭茂之门。《尚书》则以传李周仁、张文敬、李铉、权会。"三礼"则以传李铉、铉又从李周仁受《毛诗》《尚书》，刘子猛受《礼记》，房虬受《周官》《仪礼》，鲜于灵馥受《左氏春秋》。祖儁、田元凤、冯伟、伟少从李铉游，多所通解，尤明《礼传》。纪显敬、吕黄龙、夏怀敬，李铉又传刁柔、张买奴、鲍季详、季详兼通《左氏春秋》，少时恒为李铉都讲。邢峙、刘昼、熊安生，安生少从陈达受"三传"，从房虬受《周礼》，事徐遵明，服膺历年，后受《礼》于李铉，遂博通"五经"。安生又传孙灵晖、郭仲坚、丁恃德，其后生能通《礼经》者，多是安生门人，诸生尽通《小戴礼》，于《周》《仪礼》兼通者十二三焉。以上《易》

《书》《礼》三经，并以郑注为主。《春秋》则服氏所注，遵明以传张买奴、马敬德、敬德初从遵明学《诗》《礼》，略通大义而不能精，遂留意于《春秋左氏》。邢峙、张思伯、思伯善说《左氏传》，为马敬德之次，撰《左氏传刊例》。张奉礼、张雕、《北齐书》作张雕，《北史》作张雕武，少从王元则学，遍通“五经”，尤明“三传”。刘昼、昼从李铉受“三礼”，又就马敬德习《服氏春秋》，俱通大义。鲍长暄、长暄兼通《礼传》王元则，并得服氏之精微。案徐氏传经，见于《北史·儒林传》序者如此。而乐逊亦从遵明受《孝经》《丧服》《论语》《诗》《书》《礼》《易》《左氏春秋》大义。逊著《孝经》《论语》《毛诗》《左氏春秋》序论十余篇，又著《春秋序义》，通贯、服说，发杜氏违，辞理并可观。其不言所受何经而出于其门者，尚有吕思礼、思礼长于论难，诸生为之语曰：“讲《书》论《易》，其锋难敌。”杨元懿、宗惠振、李业兴。业兴博涉百家，尤长算历。时鲜于灵馥亦聚徒教授，业兴尝以《左传》大义相难，灵馥不能对，自此生徒倾学而就遵明。徐门学徒大盛，实业兴之为也。次于遵明者有刘献之。海内诸生，经有疑滞，亦咸就之取决。献之曾受业于程玄，善《春秋》《毛诗》，亦通“三礼”。其讲《左氏》尽隐公八年便止，云“义例已了，不复须解”，弟子不能究竟其说。其《毛诗》之学，则传诸李周仁，周仁传董令度、程归则，归则传刘敬和、张思伯、刘轨思，轨思少事刘敬和。其后能言《诗》者，多出二刘之门。而董征亦从献之遍受诸经。征少师监伯阳受《论语》《毛诗》《周易》，就高望崇受《周官》。是故“五经”遵明传其四，献之传其一。虽《公羊》《穀梁》，儒者多不厝怀，而《论语》《孝经》，学徒莫不通讲。懿兹两儒，允式一代。遵明虽蒙鲜于灵馥“羌博士”之诮，而承学者益增其景行。张吾贵虽与献之齐名，而有识者能辨其优劣。师道所在，莫能易也。惟史称献之“六艺之文，虽不悉注，所标宗旨，颇异旧义”，则知其于汉学亦不能毫[1]无出入，恪守不移，或当稍逊遵明耳。遵明见郑玄《论语》序云

① 原文作“豪”，根据上下文意，改作“毫”。

“《书》以八寸策”，误作“八十宗”，因曲为之说，是亦好僻之过。至若刘、徐二派而外，以经学著者，如高允之治《左氏》《公羊》《毛诗》，著《左氏公羊释》《毛诗拾遗》《论杂解》《议何郑膏肓事》凡百余篇。游肇之治《周易》《毛诗》、“三礼”，撰《易集解》及《冠婚仪》。李彪之述《春秋》三传，梁祚之善《公羊春秋》《郑氏易》，邢虬之为“三礼”郑氏学，刘兰之习《春秋》《诗》《礼》，樊深之治《孝经》《丧服》，沈重之明《诗》《礼》《左氏春秋》，卫觊、陈达、潘叔虔之通解《服氏左传》，刘昺之注《周易》，卢辨之注《大戴礼》，李公绪之撰《丧服章句》，刁冲之学通诸经，遍修郑说，大抵皆不能踰汉学之矩。又如辛子馥以“三传”经同说异，遂总为一部，传注并出，校比短长；其书未就。李谧鸠集诸经，广校同异，比“三传”事例，名《春秋丛林》，则治《春秋》之别派也；索敞以《丧服》散在众篇，遂撰比为《丧服要记》，则治《礼服》之别派也；而刘芳特精经义，兼览《苍》《雅》，尤长音训，辨析无疑，疑者皆往询访，时人遂号为“刘石经”矣。虽然，北朝经学之偏尚汉学固已。然在魏初，崔浩当政，尝奉敕遍解诸经，著作令史闵湛、郄标素谄事浩，见浩所注《诗》《论语》《尚书》《易》，遂上疏言马、郑、王、贾，虽注述“六经”，并多疏谬，不如浩之精微，乞收境内诸书，藏之秘府，班浩所注，命天下习业，并求敕浩注《礼传》，令后生得观《正义》。见《高允传》。而陈奇亦常非马融、郑玄解经失旨，志在著述“五经”，始注《孝经》《论语》，其义多异郑玄，往往与崔浩同，颇传于世，为搢绅所称。见《陈奇传》。是知郑学之在河北，初亦甚见排斥。幸崔氏旋败，奇所注书又为游雅所烧，否则崔学既兴，郑学息矣。《服氏左传》，本北朝诸儒所通习，然卫冀隆为服氏之学，上书难《杜氏春秋》六十三事，而贾思同则驳冀隆乖错者十一条，互相是非，积成十卷。诏下国学，集诸儒考之。事未竟而思同卒，卒后姚文安、秦道静复述思同意。冀隆亦寻物故，文安又难服虔《左传解》七十七条，名曰“驳妄”。虽刘休和又持冀隆说，李崇祖亦申明服氏，名曰“释谬”，卒之未能裁正。见贾思伯及李业兴传。是则服学之在河北，始终未能专行，此亦论北学者所当知也。

南北经学，虽趣尚互殊，而诸儒治经之法，则大抵相同。盖汉人治经，以本经为主，所为传注，皆以解经。至魏晋以来，则多以经注为主，其所申驳，皆以明注。即有自为家者，或集前人之注，少所折衷；或隐前人之注，迹同攘善；其不依旧注者，则又立意与前人为异者也。至南北朝，则所执者更不能出汉魏晋诸家之外，但守一家之注而诠解之，或旁引诸说而证明之，名为经学，实即注学。于是传注之体日微，义疏之体日起矣。缘义疏之兴，初盖由于讲论。两汉之时已有讲经之例。石渠阁之所平，宣帝甘露三年，诏诸儒讲“五经”同异，萧望之等平奏其议。又施雠等论“五经”于石渠阁。并见《汉书》。白虎观之所议，章帝建初三年，诏博士、议郎、郎官及诸生、诸儒会白虎观，讲议“五经”同异，使五官中郎将魏应承旨问，侍中淳于恭奏，帝亲称制临决，作《白虎奏议》。见《后汉书》。即今所传《白虎通义》也。是其事也。魏晋尚清谈，把麈树义，相习成俗。移谈玄以谈经，而讲经之风益盛。南北朝崇佛教，敷座说法，本彼宗风，从而效之。又有升座说经之例，初凭口耳之传，继有竹帛之著，而义疏成矣。南朝讲经，如宋明帝集朝臣于清暑殿之讲《周易》，齐高帝幸国学之听讲《孝经》，文惠太子亦讲《孝经》于崇正殿。少傅王俭摘句，令太仆周颙撰为义疏。梁武帝则更自撰《五经讲疏》，朝臣奉表质疑，皆为解释；立士林馆，命朱异、贺琛、孔子祛等递相讲述。异、琛于士林馆讲制旨义，常使沈洙为都讲。帝又亲与岑之敬论难《孝经》，武帝召之敬升讲座，敕朱异执《孝经》唱《士孝》章，帝亲与论难。之敬剖释纵横，而应对无滞。与张讥辨议《周易》。帝尝于文德殿释《乾》《坤》文言，张讥与袁宪等预焉。敕令论议，诸儒莫敢先出。讥乃整容而进，谘审循环，辞令温雅。帝甚异之。皇太子宣城王亦于东宫宣猷堂及扬州解开讲，简文升座，尝许张正见决疑。简文尝自升座说经，正见预讲筵，请决疑义。元帝居藩，亦敕贺革讲《礼》，此亦髣髴石渠、白虎之规焉。其诸儒中，如伏曼容讲于瓦官，曼容宅在瓦官寺，施高座于听事，有宾客辄升高座为讲说，生徒常十百人。严植之讲于潮沟，梁天监中，置五经博士，各开馆教授。植之馆在潮沟，生徒常百数。讲说有区段次第，析理分明。每当登讲，五馆生毕至，听者千余人。沈峻之讲《周官》，峻特精《周官》，时开讲肆。群儒并执经下坐，北面受业，莫不叹服，人无间言。及为博士，于馆讲授，听者常数百人。戚衮之讲朝聘，衮梁时为大学博士，简文在东宫，召衮讲论。尝宴集玄儒之士，徐摛驰骋大义，间以剧谈，辞辨从横，难以答抗，诸儒慑气。时衮说朝聘义，摛与往复，衮精采自若，领答如流。何佟之之讲《丧服》，佟之仕齐，初为国子助教，为诸生讲《丧服》，结草为绖，屈手巾为冠，诸生有未晓者，委曲诱诲。虞僧诞之讲《左传》，僧诞以《左氏》教授，听者数百人。该通义例，当世莫及。太史叔明之讲“三玄”，叔明每讲说，听者五百人。皇侃之讲“三礼”，侃于学讲说，听者常数百人。周弘正之倾朝野，梁立士林馆，弘正居以讲授，听者倾朝野焉。卞华之冠当时，华聚徒教授，博涉，有机辨，说经析理，为当时之冠。斯并史传所称讲经之上选也。而梁时百济国表求讲《礼》博士，诏遣陆诩往，则讲经之风被于四夷矣。北朝诸帝，虽曰非我族类，然颇存情经术：魏、周二代欲用夏变夷无论矣，北齐所谓学在乡邑不在帝都者。然文襄尝集朝士，命卢景裕讲《易》，孝武亦于显阳殿诏刘廞讲《孝经》、李郁说《礼记》、卢景宣讲《大戴礼·夏小正》篇，亦差可谓好学。至于大儒如徐遵明，每临讲座，先持经疏，然后敷讲，学徒相与慕之。权会则临机答难，酬报如响，为诸儒所推。贵游子弟，或就其宅，或寄宿邻家，昼夜承间受业，会欣然演说，未尝懈怠。张吾贵每一讲唱，门徒千数。熊安生岁岁游讲，从之者倾郡县。樊深以博物闻，深经学通赡，每解书多引汉魏以来诸家义而说之。后生听其言者，不能晓悟，背而讥之曰：“樊生讲书多门户，不可解。”然儒者推其博物。张雕武以强辨著，雕武弟子远方就业者以百数，诸儒服其强辨。固亦南朝之亚也。夫南北诸儒既同重讲经，故诸经义疏，亦于时为盛。南则伏曼容有《论语义》，崔灵恩有《三礼义宗》《左氏经传义》《公羊穀梁文句义》，沈文阿有《春秋》《礼记》《孝经》《论语》义记，孔子祛有《尚书义》，皇侃有《论语》《礼记》义，戚衮有《礼记义》，张讥有《周易》《尚书》《毛诗》《孝经》《论语》义，顾越有《丧服》《毛诗》《孝经》《论语》义疏，王元规有《春秋》《孝经》义记，何胤有《毛诗》《礼记》隐义，贺玚有《礼》《易》讲疏，朱异有《礼》《易》讲疏，周弘正有《周易》《论语》《孝经》疏；并见《南史》。北则刘芳有《毛诗笺音义证》《礼记》《周官》《仪礼》证，刘献之有《三礼大义》《毛诗序义》，徐遵明有《春秋义章》，李铉有《孝经》《论语》《毛诗》、“三礼”义疏、《周易义例》，沈重有《周礼》《仪礼》《礼记》《毛诗》《丧服》经义，熊安生有《周礼》《礼记》义疏、《孝经义》，乐逊有《春秋序义》。并见《北史》。今其书虽皆亡佚，然唐人《五经正义》，盖不能无本于诸家也。乃仅皇、熊二家，其名犹见于《礼记正义》，余则可考者少。惜哉！

第九篇 隋唐之经学

南北分立，至隋统一，学术政教，于焉混同。虽享国不永，其道未弘，然上拾周陈之坠绪，下启李唐之始规，当绝续之交，隋实介其中而为之系。《隋书·经籍志》云："开皇三年，秘书监牛弘表请分遣使人搜访异本书。每书一卷，赏绢一匹，校写既定，本即归主。"于是民间异书，往往间出。及平陈以后，经籍渐备，检其所得，总集编次，存为古本。召天下工书之士，于秘书内补续残缺，为正副二本，藏于宫中，其余以实秘书，内、外之阁，凡三万余卷。炀帝即位，秘阁之书，限写五十副本，分为三品，于东都观文殿东西厢构屋以贮之。案此则南北经籍有所萃矣。《隋唐·儒林传》序云："自正朔不一，将三百年。师说纷纶，无所取正。高祖膺期纂历，平一寰宇，顿天网以掩之，贲旌帛以礼之，设好爵以縻之，于是四海九州强学待问之士，靡不毕集。京邑达于四方，皆启黉校。齐、鲁、赵、魏，学者尤多，负笈追师，不远千里，讲诵之声，道路不绝。中州儒雅之盛，自汉魏以来，一时而已。"炀帝即位，复开庠序，国子郡县之学，盛于开皇之初。征辟儒生，远近毕至，使相与讲论得失于东都之下，纳言定其差次，一以闻奏焉。案此则南北学者有所归矣。夫收集散亡，敦奖隽彦，研核同异，有所折衷，此南北经学所以亦至隋而皆会于一也。惟杨氏发迹于北，本以北并南。而经学之合，据《经籍志》所言，

《毛诗》、“三礼”、《孝经》《论语》，尚行郑注；《易》至隋，王注盛行，郑学浸微；《书》至隋，孔、郑并行，而郑氏甚微；《春秋左氏》至隋，杜氏盛行，服义浸微。《易》之王氏，《书》之孔氏，《左传》之杜氏，皆南学也，实为以南奄北。皮锡瑞谓：“北学所以并入于南之故，因南朝衣冠礼乐，文采风流，北人常称羡之。高欢谓江南萧衍老公，专事衣冠礼乐，中原士大夫望之，以为正朔所在。是当时北人称羡南朝之证。经本朴学，非颛家莫能解，俗目见之，初无可悦。北人笃守汉学，本近质朴，而南人善谈名理，增饰华词，表里可观，雅俗共赏。故虽以亡国之余，足以转移一时风气，使北人舍旧而从之。”案此言固自成理。然在隋之前，北儒之来南者，有崔灵恩、卢广、孙详、蒋显，南儒之北往者有沈重。戚衮亦两度入北，初衮随沈泰镇南豫州。泰之奔齐，逼衮俱行，后自齐逃还。又随程文季于吕梁，军败入周，久之得归。后虽还南，然先尝就宋怀方质《仪礼》义。怀方亦北人，自魏携《仪礼》《礼记》疏以入梁者也。是南北学之沟通，其来已早。且沈重入周，甚为周武所礼重，诸儒亦共推之。崔、卢、孙、蒋之入梁，虽并聚徒讲说，而孙、蒋音革楚夏，学徒不至。卢广以言论清雅，不类北人，故为仆射徐勉所赏。灵恩先习《左传》服解，不为江东所行，后乃改说杜义。虽其所著《左氏条例》，每文句常申服以难杜，然既云改说，是固以杜为名，仍迁就南人也。夫南儒在北，一致见推，北儒来南，不免依违，则南学势力之潜滋，亦不俟隋而已然矣。其后南朝儒者，如张讥、沈德威、王元规、张冲等，陈亡多入仕于隋。而《隋书·儒林传》中，元善、何妥，虽由周入隋，然善少随父至江南，通涉“五经”，妥亦少游梁国子学，长事湘东王，则皆习于南学者。文帝时，善为国子祭酒，妥为国子博士。而褚辉、顾彪、鲁世达，复以南人为炀帝所征。辉为太学博士，彪为秘书学士，世达为国子助教。《唐书·儒学传》云：“隋大业初，礼部侍郎许善心，荐徐文远、褚徽、陆德明、鲁达为学官，擢文远为国子博士，余为太学博士。世称《左氏》有文远，《礼》有褚徽，《诗》有鲁达，《易》有陆德明，皆一时冠云。”案《隋》《唐》二书，所载略殊。褚徽即褚辉，鲁达即鲁世达，徐文远父祖以上，并仕齐梁，陆德明仕于陈，皆南方之学者，入隋同为学官，且所学并见称于时，则隋代之重南学，于兹益信。可见隋之官学，大抵操诸南人或为南学者之手，则其经学之折入于南不亦宜乎。

《隋书·儒林传》称：“开皇初，高祖征山东义学之士。马光、张仲让、孔笼、窦士荣、张黑奴、刘祖仁等，并授太学博士，时人号为六儒。”案六儒中，光、笼、黑奴、士荣皆出熊安生之门，类北方之学者，是此时北学犹盛也。然朝廷以诸人鄙野无仪范，不之贵，士荣寻病死，仲让坐诛，孔笼、黑奴、祖仁亦被谴去，惟马光独存。山东“三礼”学者，自熊安生后，唯宗光一人。则已有轻北方学者之意。故平陈已后，南学遂得以乘之。不兼通南北学，几不能胜博士之任。《房晖远传》云：“上尝令国子生通一经者，并悉荐举，将擢用之。既策问讫，博士之不能时定臧否。祭酒元善怪，问之，晖远曰：‘江南、河北义例不同，博士不能遍涉。学生皆持其所短，称己所长，博士各各自疑，所以久而不决也。’祭酒因令晖远考定之，晖远览笔便下，初无疑滞。或有不服者，晖远问其所传义疏，辄为始末诵之，然后出其所短，自是无敢饰非者。所试四五百人，数日便决。”盖晖远治“三礼”、《春秋》三传、《诗》《书》《周易》，本以北之学者而兼通南学，牛弘所称为“五经库”者也。别有张文诩，特精“三礼”，其《周易》《诗》《书》及《春秋》三传，并皆通习。每好郑玄注解，以为通博，其诸儒异说，亦皆详究。时游太学，晖远等莫不推伏之，学内翕然宗仰，多诣文诩请质疑滞，文诩辄博引证据，辨说无穷，唯其所择，见《隐逸传》。是又一兼通南北学者，故能为其所择也。其时大儒，则共推刘焯、刘炫。时人称曰：“二刘，天下名儒后进，质疑受业，不远千里而至者，不可胜数。”而史赞二刘，亦曰“拔萃出类，学通南北”。考二刘同受《诗》于刘轨思，受《左传》于郭懋，常问《礼》于熊安生，此皆渊源于北学。惟《尚书》北朝下里诸生，初略不见孔氏注解。武平末，二刘始得费甝义疏，乃留意焉，此则南学也。炫复自状其学，于《周礼》《礼记》《毛诗》《尚书》《公羊》《左传》《孝经》《论语》、孔、郑、王、服、杜等注，凡十三家，虽义有精粗，并堪讲授。《隋书·经籍志》云："《孝经》梁代孔安国及郑氏二家并立国学，而安国之本亡于梁乱。至隋秘书监王劭于京师访得孔传，送至河间刘炫。炫因序其得丧，述其议疏，讲于人间，渐闻朝廷，后遂著令，与郑氏并立。儒者喧喧，皆云炫自作之，非孔旧本。"案此事炫本传不载，然铉尝伪造书百余卷，题为《连山易》《鲁史记》等，录上送官取赏，则宜启人之疑也。焯亦于贾、马、王、郑所传章句，多所是非。是知二刘不独《书》主孔氏为南学，其王、杜二家，即子雍、元凯，亦南学也。夫晖远、文诩，虽多所通涉，而著作无闻。余若何妥撰《周易讲疏》《孝经义疏》，褚辉撰《礼疏》，顾彪撰《古文尚书疏》，鲁世达撰《毛诗章句义疏》，张冲撰《春秋义略》《丧服》《孝经》《论语》义，此有著作矣，而但专精一二。独二刘则诸经皆有义疏，焯著《五经述议》，炫著《论语》《孝经》《春秋》《尚书》《毛诗》述议、《春秋攻昧》《五经正名》《注诗序》，并行于世，搢绅咸师宗之。宜论者以为数百年来，博学通儒，无出其右，而以集南北学之大成归于之于二刘也。

唐有天下，儒教聿兴。贞观四年，太宗以经籍去圣久远，文字多讹谬，诏颜师古于秘书省考定"五经"，多所厘正。及功毕，复诏房玄龄集诸儒重加详议。时诸儒传习师说，舛谬已久，皆共非之，异端蜂起。师古辄引晋宋以来古本，随方晓答，援据详明，皆出其意表，诸儒莫不叹伏。七年，颁其书于天下，命学者习焉，是为新定"五经"。太宗又以儒学多门，章句繁杂，诏孔颖达与诸儒撰定《五经义疏》。贞观十六年书成，凡一百八十卷。博士马嘉运驳正其失，至相讥诋。有诏更令裁定，功未就。永徽二年，诏中书门下与国子三馆博士、弘文馆学士考正之，于是长孙无忌、于志宁、张行成、高季辅等，就加增损，四年书始布下，是为《五经正义》。自“五经”定本出，而后经籍无异文。自“五经”正义出，而后经义无异说。每年明经，依此考试，天下士民，奉为圭臬。盖自汉以来，经学统一，未有若斯之专且久也。二书，“五经”定本颁行在前，故《正义》亦尝引之。惟师古、颖达，并以隋儒入唐，隋代已重南学。师古之祖之推，初亦南人，晚始归北，其作《家训·书证篇》引江南、河北本，多以江南本为优。《书证篇》曰：“诗云：‘有杕之杜。’江南本并木傍施大，而河北本皆为夷狄之狄，读亦如字，此大误也。‘駉駉牡马。’江南书皆作牝牡之牡，河北本悉为放牧之牧，恐失毛生之意。”案此即重江南本之证。师古承其家学，故新定“五经”，亦断从南本。案：宋初，史馆先有宋臧荣绪、梁岑之敬所校《左传》，诸儒引以为证。祭酒孔维上言，其书来自南朝，不可案据。章下有司检讨，杜镐引贞观四年敕：“经籍讹舛，今后并以六朝旧本为正。”观此又知定本“五经”之从南盖亦出诏旨，非专由师古意也。颖达《正义》本奉敕而作，观贞观十四年表章先儒之诏，为梁皇侃、褚仲都，周熊安生、沈重，陈沈文阿、周弘正、张讥，隋何妥、刘炫等。中惟熊安生纯为北学，余多南人或北人而兼通南学者，此《五经正义》所以亦多从南学也。又参加修疏之人，据颖达《序》，《易》有马嘉运、赵乾叶，《新唐书·艺文志》所载，除马、赵外，尚有颜师古、司马才章、王恭、王谈、于志宁。《书》有王德韶、李子云，《诗》有王德韶、齐威，《礼记》有朱子奢、李善信、贾公彦、柳士宣、范义頵、张权，《春秋左传》有谷那律、杨士勋、朱长才。至参加覆审者，则为赵弘智、苏德融、隋德素、王士雄、贾普曜、周玄达、赵君赞等，而嘉运、乾叶、德韶、长才亦与焉。颖达但总其成耳，徒以位高望重，故孔得专其名。然颁布时复经增损，盖亦非孔氏之旧矣。

《五经正义》依据之本，孔颖达《序》分述甚明，其于《易》曰：“王辅嗣之注，独冠古今。其《江南义疏》十有余家，皆辞尚虚玄，义多浮诞，既背其本，又违其注。今考察其事，必以仲尼为宗，义理可诠，先以辅嗣为本。”其于《尚书》曰：“《古文》安国注之，虽然早出，晚始得行，其辞富而备，其义弘而雅。其为正义者，蔡大宝、巢猗、费甝、顾彪、刘焯、刘炫等，诸公旨趣，多或因循，怗释注文，义皆浅略。惟刘焯、刘炫，最为详雅。”其于《诗》曰：“近代为义疏者，有全缓、何胤、舒瑗、刘轨思、刘丑、刘焯、刘炫等。然焯、炫并聪颖特达，于其所作疏内，特为殊绝，今故据以为本。”其于《礼记》曰：“爰从晋、宋，逮于周、隋，其为义疏者，南人有贺循、贺玚、庾蔚之、崔灵恩、沈重、皇侃等，北人有徐遵明、李业兴、李宝鼎、侯聪、熊安生等。其见于世者，惟皇、熊二家而已。今据皇氏以为本，其有不备，以熊氏补焉。”其于《春秋左传》曰：“杜元凯为《左氏集解》，今校先儒优劣，杜为甲矣。其为义疏者，则有沈文何、苏宽、刘炫。然沈氏于义例粗可，于经传极疏。苏氏则全不体本文，唯旁攻贾、服，使后之学者，钻仰无成。刘炫于数君之内，实为翘楚，今据以为本，其有疏漏，以沈氏补焉。”观此，可知颖达《易》宗王注，惟《系词》为晋韩康伯注。而疏无所主；《书》宗孔传；《诗》宗毛传、郑笺，而疏并主二刘；晁公武谓《尚书正义》因梁费甝疏广之者，盖以二刘尝得费疏也。《礼记》宗郑注，而疏主皇、熊；《左传》宗杜注，而疏主刘、沈。其为偏重南学，事实显然。惟考《唐书》颖达本传，则固素习服氏《春秋传》、郑氏《尚书》，今《正义》于《尚书》《春秋传》宗孔、杜，是与其素所习者相违。后人因有以此为疑者，不知《五经正义》乃官学，功令所悬，颖达固不得而异同也。又案《五经正义》，率皆传述而非创造。郑氏《书》《易》，服氏《左传》，南北朝时，未有为之作疏者。前无所承，则创始为难。此亦《正义》不用郑、服之一因也。其继《五经正义》而作者，有贾公彦《周礼》《仪礼》义疏，并宗郑注。公彦礼学，受之张士衡，士衡礼学受之刘轨思、熊安生及刘焯，是亦渊源于北学。董逌谓“《周礼疏》据陈邵《周礼异同评》及沈重《周礼义》为之”，但公彦未尝自言。《仪礼疏》则自序称前人章疏有齐黄庆、隋李孟悊二家，殆其所据矣。贾序又云："仍取四门助教李玄植详论可否。"则《仪礼疏》实与李氏同撰。又有杨士勋《穀梁传疏》，宗范宁注，徐彦《公羊传疏》，宗何休注，徐彦疏《唐志》不载，《崇文总目》始著录，称不著撰人名氏，或云徐彦。董逌《广川藏书志》亦称世传徐彦，不知时代，意其在贞元、长庆之后。《四库提要》从逌说定为唐人。皆不闻所本，盖二传南北朝时治者亦甚少也。然此四经疏，虽非奉敕而作，而贞观九年敕："自今以后，明经兼习《周礼》若《仪礼》者，于本色内量减一选。"开元八年，国子司业李元瓘又上言："'三礼'、'三传'及《毛诗》《尚书》《周易》等，并圣贤微旨。""《周礼》经邦之轨则，《仪礼》庄敬之楷模，《公羊》《穀梁》，历代宗习。今两监及州县，以独学无友，四经殆绝，事资训诱，不可因循。其学生请停各量配作业，并贡人预试之日，习《周礼》《仪礼》《公羊》《穀梁》，并请帖十通五，许其入第。以此开劝，即望四海均习，九经该备。"从之。据此，则四经在唐实并立于学官，其用此四家疏以否，虽无明文，而四疏之体，则亦同《正义》。盖贾、杨二氏于撰定《正义》本尝亲与其役，或有意效之而冀与之同尊以广其传欤?

诸经义疏，《朱子语录》谓："《周礼疏》最好，《诗》与《礼记》次之，《春秋》《左传》又次之，《仪礼疏》说得不甚分明，《易》书为下。"此论最为公允，非深于义疏之学者不能道。清儒以汉学植名，颇薄魏晋以来经说。因唐人义疏之多主魏晋也，益从而诋之。如阎若璩、阎之言曰："秦汉大儒，专精雠校、训诂、声音。魏晋以来，颇改师法，《易》有王弼，《书》有伪孔，杜预之《春秋》，范宁之《穀梁》，《论语》何晏解，《尔雅》郭璞注，皆昧于声音训诂、疏于校雠者也。疏于校雠，则多讹文脱字，而失圣人之本经；昧于声音训诂，则不识古人语言文字，而失圣人之真意。若是，则学者之大患也。隋唐以来，如刘焯、刘炫、陆德明、孔颖达等，皆好尚后儒，不知古学，于是为义疏、为释文，皆不能全用汉人章句，而经学有不明矣。"戴震、戴之言曰："唐初汉时书籍存者尚多，作正义者，不能广为搜罗，得所折衷，于《春秋》专取杜预，于《易》专取王弼，于《尚书》专取孔安国，遂使士人所习不精。即“三礼”用郑注矣，而其疏纰缪不少，亦只可有四五分也。”段玉裁、段之言曰：“魏晋间师法尚在，南北朝时，说经义者虽多，而罕习要领。至唐人作《正义》，自以为六艺所折衷，其去取甲乙，时或倒置。”江声、江之言曰：“唐初陆、孔专守一家，又偏好晚近。《易》不用荀、虞而用王弼，《书》不用郑氏而用伪孔，《左氏春秋》则舍贾、服而用杜预。汉学之未坠，惟《诗》《礼》《公羊》而已。《穀梁》退麋氏而用范氏解犹可也，《论语》用何晏，而孔、包、周、马、郑之注仅存，《尔雅》用郭璞，而刘、樊、孙、李之注尽亡，尤可惜者。庐侍中《礼记注》，足与康成媲美，竟湮没无传。承斯学者，欲正经文，岂不难哉？”江藩、藩之言曰：“唐太宗命诸儒萃章句为《义疏》。惜乎孔冲远、朱子奢之徒，妄出己见，取去失当。《易》用辅嗣而废康成，《书》去马、郑而信伪孔，《穀梁》退麋氏而进范宁，《论语》则专主平叔。弃尊彝而宝康瓠，舍珠玉而收瓦砾，不亦慎哉！”沈钦韩，沈之言曰：“孔冲远奉敕撰定《五经正义》，以昏耄之年，任删述之任，尚江左之浮谈，弃河朔之朴学，《书》《易》则屏郑，《春秋》则废服义。”诸氏莫不皆然。其实唐人义疏之学，虽得失互见，而瑕不掩瑜。名宗一家，实采众说，固不无附会之弊，亦足破门户之习。今就孔疏论之，《易》宗王、韩，诚多空诠，然于马、郑、荀、虞诸家之古义，间亦有所援引，其取以补辅嗣之阙漏者，固可以存汉学，即其祖王而以古说为非者，亦未尝不可辨其非而观其是也。至所引庄氏、张氏、褚氏之说，虽无当于奥旨，亦足以广谀闻。矧《易》道广大，象数义理，各有《易》之一体，则王氏与先儒，孰为轩轾，尚未敢知也。《书》宗孔传，信为伪书。然如《虞书》作服十二章，州十有二师，则述郑注以补传所未备；立政三亳非文王时官，吕刑九黎非蚩尤，则径纠孔传之失；解“祖乙圮于耿”，则直以孔传“圮相迁耿”之说为必不可通，而引司马迁《史记·殷本纪》以相证。变文起例，类此者众。又如释“钦明文思”以顾氏为得，释“关石和钧”以费氏为长，则义又不囿于二刘矣。后人谓《书疏》名物制度赖之以有考，不其然乎！《左传》宗杜，论者谓杜之精义，皆从贾、服窃来，其浅处正复不少。孔氏惟杜之从，刘炫规杜，理精辞辨，孔氏复加评驳，不复遵用，此固中其病矣，然细寻之，则疏中考证之言，既多凭贾、服，旁采之说，亦时取刘规。又如桓七年谷伯、邓侯，则兼存卫冀隆、秦道静难杜申杜之词，不为分别。桓九年宾以上卿，则并著膏肓郑箴之义，藉资博证，虽曰杜之功臣，亦可谓杜之诤友也。刘文淇《左传旧疏考证》，谓《左传正义》经唐人所删定者，仅驳刘炫说百余条，余皆光伯述议也。今案"元妃、孟子"及"华督赐族"二条引沈氏，"考仲子之宫"、"仍叔之子"二条引苏氏，特本于刘氏者多耳。此三经在孔疏本非其至者，而已若是。及乎《诗》《礼》，所宗皆郑氏，故疏益发舒。《诗》则训诂本诸《尔雅》，而参以犍为舍人樊光、李巡、孙叔然诸家之注，使《尔雅》古义，赖是以存，陆玑《毛诗草木虫鱼疏》亦间及焉。制度本诸群经，而益之以王肃之难、王基之驳、孙毓之评、崔灵恩之集注，佐之以郑氏《易注》《书注》，贾、服《左传注》。他若《郑志》驳《五经异义》诸书，亦咸萃焉。虽有二刘在前，足备采择，而取舍之间，实具卓识。终唐之世，人无异词，固其宜也。《礼记》郑注已详实，疏复广援古《左氏说》《公羊说》《周礼说》《五经异义》及郑氏、张逸、赵商答问，一一疏通而证明之。而卢植之《礼记解诂》、郑氏之《丧服变除》、阮谌之《三礼图》、射氏之《音义隐》，亦复触类引入，故能词富礼博，使说《礼》之家，钻研莫尽。陈澧云："孔冲远于"三礼"惟疏《礼记》，而实贯串"三礼"及诸经。有因《礼记》一二语而作疏至数千言者，其一千余字者则尤多，元元本本，殚见洽闻，非后儒所能及矣。"又如疏《缁衣》而疑《孝经序》非郑氏作，足为陆氏《经典释文·叙录》言"《孝经》注与郑注五经不同"之证。疏《乐记》而谓"《乐记》入《礼记》在刘向前"，足见《隋唐·经籍志》言"马融增益三篇"之误。斯又因事而陈，堪资旁证者已。若夫曲徇注文，杂引谶纬，彼此互异。是三端诚孔疏之可议者，然疏不驳注，体则使然。谶纬之传，其来已古，虽语多怪诞，而律历之数，典礼之遗，六书之旧训，秦火后或赖纬书以传，《四库提要》曰："纬书不尽可据，亦非尽不可据，在审别其是非而已。"取以释经，亦非巨失。至彼此互异，如"祭感生帝之为禘"，郑说也，《礼疏》是郑而非王，《春秋疏》又是王而非郑。七朝之制，《书疏》则申孔而难郑，《王制疏》又尊郑而陋孔。此类甚多。则又以所作非一人，所采非一书，体之大者裁难密，亦势之无可如何者也。及贾疏《周礼》，成于一手，则抵牾便少，其发挥郑学，亦最详明，阮元曰："贾疏《周礼》，半用六朝礼例，于礼乐军赋诸大端，皆能引据明瞻，所考证者，多在九经诸纬。"故朱子称为最好。《仪礼疏》本同出贾氏，然经既残阙之余，注又止郑一家，黄、李二疏，复有修短，公彦虽欲择善而从，终不逮《周礼疏》之博核也。杨、徐《公》《穀》二书，因乏凭藉，难言赅洽，以视孔、贾，遂觉去之弥远。

唐人经说，正义一派而外，其最足以资后学挹注者，前有陆德明《经典释文》，后有李鼎祚《周易集解》。陆氏南人，初受学于周弘正，善言玄理，其作《经典释文》，创始于陈后主至德元年，尚在未入隋之先。故所主《易》则王氏，《系辞》已下王不注，用韩康伯注。《书》则伪孔，《舜典》一篇，用王肃本。《左传》则杜氏，纯为南学。许宗彦曰："《五经正义》之作，元朗于时最为老师，未必不预其议，故《正义》用南学与释文合。"《序录》中于"王晓《周礼音》"，注云"江南无此书，不详何人"。又于《论语》云："北学有杜弼注，世颇行之。"而北方大儒如徐遵明诸人，皆不一引，盖犹未见诸儒之书也。其书本主于作音，然前此为诸经音者如李轨、徐邈、刘芳、沈重，皆止于音，且止于音经。而陆氏则不惟作音，兼释经义，不惟音经，亦且音注，故体例独别，而能集诸家之成，自谓"古今并录，括其枢要，经注毕详，训义兼辨，示传一家之学"，洵非夸语。又陆氏夙以《易》称，故《周易释文》，尤为精博，虽主于辅嗣，而所采有子夏、孟喜、京房、马融、荀爽、郑玄、刘表、虞翻、陆绩、董遇、王肃、姚信数十家。

余如《诗》之韩婴，《书》之马融，亦存其概。独惜服之《春秋》，郑之《书》《易》，江左不行，不得赖以流传。然汉魏古音古注、片义单言，藉此而存者，已如碎金屑玉。嘉惠来学，良非浅鲜，固不得以南学而忽之也。鼎祚之书，集子夏、孟喜、焦赣、京房、马融、荀爽、郑玄、刘表、何晏、宋衷、虞翻、陆绩、干宝、王肃、王弼、姚信、王廙、张璠、向秀、王凯冲、侯果、蜀才、翟玄、韩康伯、刘瓛、何妥、崔憬、沈驎士、卢氏、崔觐、伏曼容、孔颖达等凡三十余家，而以九家《易乾凿度》附焉，故名曰“集解”。隋唐以上《易》家诸书佚不传者，于是书可见其一二。鼎祚自序称：“刊辅嗣之野文，补康成之逸象。”盖宗郑学者也。又序于众家之中，独标虞翻、荀爽，故全书所取荀、虞之说亦特多。张惠言谓：“王弼注行而古师说废，孔颖达《正义》行而古《易》书亡。”其见于《释文·叙录》者，自晋以前三十有二家，李鼎祚《集解》所引二十有三焉，可见李书虽专为《易》作，而存古之功，实与陆氏并伟。此后之治《易》欲以古学自别者，所以咸摭李书从而推衍其例也。其他经学知名之士，如徐文远明《左氏春秋》，每说经遍举先儒异论，分明是非，乃出新意以折衷，撰有《左传音》及《义疏》。许叔牙精于《毛诗》《礼记》，尤善讽咏，所撰《毛诗纂义》，御史大夫高智周尝谓人曰：“凡欲言《诗》者，必须先读此书。”盖文达受学刘焯，尤明“三传”，窦抗誉为“冰生于水而寒于水”。盖文懿开讲《毛诗》，发扬风雅，甚得诗人之致，故与文远时称二盖。并见新、旧《唐书·儒学传》。此数君者，行辈并与孔颖达相接，贞观中皆为学士博士，而不获参修《正义》。又如王恭讲“三礼”，别为义证甚精博。盖文懿、文达皆当时大儒，每讲遍举先儒义，而必畅恭所说。朱子奢从顾彪受《左氏春秋》，出使新罗，为讲大谊，传经学于远人。李玄植受“三礼”于贾公彦，兼习《春秋左氏传》于王德韶，受《毛诗》于齐威，撰《三礼音义》。并见新、旧《唐书·儒学传》。此三君虽尝与修《正义》之役，而恭所参修者为《周易》，子奢所参修者为《礼记》，玄植所刊定者为《尚书》，见《唐书·艺文志》。咸与其所素习者不同。是知当时《正义》开馆，盖有遗才，即参与者又未必人用其专长。故上述诸儒，亦不得以《正义》一派范围之也。

《五经正义》颁行而后，学固定于一尊，然至武后长安中，王元感上其所撰《尚书纠谬》《春秋振滞》《礼记绳愆》，则皆与《正义》立异。诏令弘文、崇贤两馆学士及成均博士详其可否。学士祝钦明、郭山恽、李宪等，皆专守先儒章句，深讥元感掎摭旧义。元感随方应答，竟不之屈。时魏知古、徐坚、刘知几、张思敬雅好异闻，每为元感申理其义，知古且称其书为“五经指南”，联疏荐之。遂下诏褒美，以为儒宗。见新、旧《唐书·儒学传》。盖官学虽尊，而执守一家之言，每不足以厌通人之望。缘罅思难，亦其势也。其后玄宗刊定《礼记·月令》一卷，命李林甫、陈希烈、徐安贞等注解。自第五易为第一，见《唐书·艺文志》。擅改旧本之次，魏光承复请用魏征《类礼》列于经。《旧唐书》云：“魏征以戴圣《礼记》编次不伦，遂为《类礼》廿卷，以类相从，删其重复，采先儒训注，择善从之。”帝命元行冲与诸儒集义作疏，将立学官，张说奏驳而止。此则经亦几欲以新者乱之矣。及乎大历之间，啖助、赵匡、陆质本名淳，避宪宗名改。以《春秋》，施士匄以《诗》，仲子陵、袁彝、韦彤、韦茝以《礼》，蔡广成以《易》，强蒙以《论语》，皆自名其学，益不复守旧说。见《唐书·儒学传》。仲袁、韦强不闻有书，蔡氏之《周易启源》《周易外义》，《唐志》未著录，仅见《宋志》，晁公武曰：“《周易外义》有德恒、德言、德肤、德翰四目，皆作问对，凡三十六篇。”今已佚。施氏《诗说》亦佚，惟韩愈为志墓，言“士匄明毛、郑《诗》，通《春秋左氏传》，善讲说，朝之贤士大夫从而执经考疑者继于门”。《唐语林》又载刘禹锡与柳八、韩七诣施氏听《毛诗》，说《毛传》之失及毛、郑不注数事，说“维鹈在梁”，梁人取鱼之梁也，言鹈自合求鱼，不合于人梁上取其鱼。譬之人自无善事，攘人之美者，如鹈在人之梁。毛注失之。又说“山无草木曰岵”，所以言涉彼岵兮，言无可岵也，以岵之无草木，故以譬之。又说《甘棠》之诗“勿翦勿拜，召伯所憩”，“拜”言如人身之拜，小低屈也。上言“勿翦”，终言“勿拜”，明召伯渐远，人思不可得也。毛注“拜尤伐”非也。又言“维北有斗，不可以挹酒浆”，言不得其人也。毛、郑不注。颇近穿凿。其《春秋传》未甚传。后文综喜经术，宰相李石因言士匄《春秋》可读，帝曰：“朕见之矣，穿凿之学，徒为异同。”见《唐书·儒学传》。则知《春秋传》亦其《诗说》之流也。今可见者，惟陆质所作《春秋纂例》《辨疑》《微旨》三书。其说本之啖助、赵匡，质与赵匡同师啖助。助撰《春秋集传总例》，质为褒录，请匡损益，匡随而疏之，质又纂会之，号“纂例”。以为《左传解义》多谬，其书乃出于孔氏门人，非《论语》之丘明，公、穀口受子夏所传，密于《左氏》。但后人据其大义，散配经文，亦多乖谬，失其纲纪。此等议论，前世范升、王接、刘兆等虽尝发其端，而“三传”并攻，不如此甚。且诸治《春秋》者，大抵颛门名家，尊传过于尊经，苟有不通，宁言经误。啖、赵、陆氏，则援经击传，自谓契于圣人之旨，故其书一出，好异者骛之。柳宗元至以得执弟子礼于陆氏为荣。同时卢仝撰《春秋摘微》，解经亦不用传，故韩愈赠仝诗，有“《春秋》三传束高阁，独抱遗经究终始”之句；成伯玙撰《毛诗指说》，述作《诗》大旨及师承次序，以《诗》“众篇之小序，子夏惟裁初句”，其余为毛公所续；伯玙又撰《毛诗断章》，《崇文总目》谓“大抵取春秋赋诗断章之义，抄取诗语，汇而出之”。亦《春秋》《毛诗》之新派也。嗣是李翱《易诠》，论八卦之性；陆希声《易传》，削去爻象；高重《春秋经传要略》，分诸国各为书；陈岳《春秋折衷论》，以“三传”异同三百余条，参求其长，以通《春秋》之义，并以己意说经。以上书今皆不传，惟《山堂考索》载有《春秋折衷论》廿七条。而大中时陈商立《左氏》学议，以孔子修经为法家，左丘明作传为史家，杜元凯参贯经传殊失旨。案令狐澄《大中遗事》、孙光宪《北梦琐言》、王谠《唐语林》并载此议。其略曰：“孔子修经，褒贬善恶，类例分明，法家流也。左丘明为鲁史载述时政，惜忠贤之泯灭，恐善恶之失坠，以日系月，修其职官，本非扶助圣言，缘饰经旨，盖太史氏之流也。举其《春秋》，则明白而有实；合之左氏，则丛杂而无征。杜元凯曾不思孔子所以为经，当与《诗》《书》《周易》等列；丘明所以为史，当与司马迁、班固等列。取二义乖刺不侔之语，参而贯之，故微旨有所未尽，婉章有所未一。”其议实啖、赵有以启之，故陆龟蒙亦引啖、赵为证，与商议同。盖自大历而后，经学新说日昌，初则难疏，继而难注，既则难传。于是离传言经，所谓犹之楚而北行，马虽疾而去愈远矣。

第十篇　宋之经学

自唐以九经取士，历五代迄宋，其制不改。五代虽曰乱离，而镂板之术，于时始行。据《石林燕语》，引唐柳玭《训叙》，中和三年，在蜀见字书雕本。是唐时已有印板。后唐长兴三年，中书门下冯道、李愚奏请依石经文字刻九经印板。敕儒臣马镐、陈观、段颙、路航、田敏等详勘，先成“五经”。汉乾祐元年，国子监奏在雕印板九经内，有《周礼》《仪礼》《公羊》《穀梁》四经未有印板，今欲集学官校勘四经文字镂板。从之。周广顺三年，九经皆成，见《五代会要》。而田敏始终其事。据《宋史》敏本传，敏尝以印本经书遗高从诲，从诲谢曰：“祭酒所遗经书，仆但能识《孝经》耳。”传又称：“敏虽笃于经学，亦好为穿凿，所校九经，颇以独见自任，如改《尚书·盘庚》‘若网在纲’为‘若纲在纲’，重言‘纲’字。《尔雅》‘椵，木槿’注曰‘日及’，改为‘白及’。如此之类甚众。”是则九经之外，尚有《孝经》《尔雅》，且既依石经，当有《论语》，合之凡十二经。言九经者，以三书向附于经耳。惟此所镂者，但有经注而无疏。至宋太宗端拱时，始以孔颖达《五经正义》诏国子监镂板行之，命孔维、李觉等校定。淳化初，上又以经书板本有田敏辄删去者数字，命觉维评定。玉海云：“端拱元年三月，司业孔维等，奉敕校勘孔颖达《五经正义》百八十卷。《易》则维等四人校勘，李说等六人详勘，又再校，十月板成以献。《书》亦如之，二年十月以献。《春秋》则维等二人校，王炳等三人详校，邵世隆再校，淳化元年十月板成。《诗》则李觉等五人再校，毕道升等五人详勘，孔维等五人校勘，淳化三年四月以献。《礼记》则胡迪等五人校勘，纪自成等七人再校，李至等详定，淳化五年五月以献。”寻判国子监李至上言：“本监先校正诸经音疏，其间文字讹谬尚多。盖前所遣官多专经之士，或通《春秋》者未习《礼记》，或习《周易》者不通《尚书》，至于旁引经史，皆非素所传习。以是之故，未得周详。望重加刊正，冀除舛谬。”从之。见《宋史》。惟史称李至上书在雍熙中。据《玉海》则校勘《五经正义》始于端拱，毕于淳化，而至又明言“本监先校订诸疏”，是上此书必在淳化以后、咸平以前，非雍熙也。真宗咸平元年，又有学究刘可名言诸经板本多舛误。上命崔颐正详校。可名奏《诗》《书》正义差误事，孙奭等改正九十四字。二年，命祭酒邢昺领其事，舒雅、李维、李慕清、王涣、刘士元与焉，《五经正义》始毕。见《玉海》。李至又尝上言：“‘五经’书既已板行，惟“二传”、“二礼”、《孝经》《论语》《尔雅》七经疏未修，望重加雠校，以备刊刻。”从之。见《宋史》。咸平三年，邢昺复受诏，与杜镐、舒雅、孙奭、李慕清、崔偓佺等校定《周礼》《仪礼》《公羊》《穀梁传》正义，又重定《孝经》《论语》《尔雅》正义。四年表上，命摹印颁行，于是九经疏义悉备矣。见《玉海》。盖“二传”、“二礼”，已有贾公彦、杨士勋、徐彦之疏在前，唐已通行，故但校定；《孝经》《论语》《尔雅》不用旧疏，故重定也。景德二年，真宗幸国子监阅库书，问邢昺经板几何。昺曰：“国初不及四千，今十余万，经传正义皆具。臣少从师业儒，时经典有疏者百无一二，今板本大备，士庶家皆有之。”见《宋史·儒林传》。盖自有镂板，学者无复笔札之劳，经籍流布，由是益广，吴澂曰：“宋三百年间，锓板成市，板本布满于天下，而中秘所储，莫不家藏而人有。无汉以前耳受之艰，无唐以前手抄之勤，读书者事半而功倍，何其幸也！”斯实文艺上一大发明。且各经皆详加校定而后颁行，则舛误亦自较传钞为少，宋椠之见宝于后世，实在于此。卢文弨曰：

“唐人之为义疏也，本单行不与经注合，故单行经注，唐以后尚多善本。自宋后附疏于经注，而所附之经注，非必孔、贾诸人所据之本也，则两相龃龉矣。南宋后，又附《经典释文》于注疏间，而陆氏所据之经注，又非孔、贾诸人所据也，则龃龉更多矣。浅人必比而同之，则彼此互改，多失其真，幸有改之不尽以滋其龃龉、启人考核者。故注疏释文合刻，似便而非古法也。”钱大昕曰：“唐人撰九经疏，本与注别行，故其分卷亦不与经注同。自宋以后，刊本合注疏为一，而疏之卷第遂不可考。”案此言皆甚有见，读宋椠书者，不可不知。”是故唐以前但有官学，宋以来又有官书，其于扶翼圣道，岂曰小补之哉？

宋初经学，大都遵唐人之旧，九经注疏既镂板，国学著为功令矣。即重定《孝经》《论语》《尔雅》三疏，亦确守唐人正义之法，三疏皆定于邢昺。其《论语》以何晏集解为主，为之疏者，唐代所传有皇侃本。邢疏亦因皇侃所采诸儒之说，刊定而成，见《晁公武读书志》。虽稍传以义理，而章句、训诂、名器、事物之际亦详，故论者谓汉学宋学，兹其转关。《孝经》以唐玄宗御注为主，为之疏者有元行冲，唐代尝立于学官，故邢疏即取行冲本约而修之。见《宋会要》。惟疏中未尝标举，孰为旧文，孰为新说，今已不可辨别矣。《尔雅》以郭璞注为主，为之疏者，俗间有孙炎、高琏。昺以为皆浅近俗儒，不经师匠，因与杜镐等共相讨论，别为疏释，见《尔雅疏序》。虽注所未及，不复旁搜，亦尚多能引证。惟三书所主，一魏一晋一唐，则犹南学之余波耳。别有《孟子疏》，以赵岐注为主。旧本题宋孙奭撰，然考之宋史，奭与邢昺等校定诸经义疏中无《孟子》，《涑水纪闻》载奭定著之书，有《论语》《孝经》《尔雅》正义，亦无《孟子正义》，故《朱子语录》谓“邵武士人假托，非出奭手”。且语气敷衍，全不似疏体，则其所主虽汉学，尚不能与邢昺抗行也。案孙奭别有《孟子音义》，乃大中祥符间奉敕校刊《孟子》时所作。其序文前半与今传《孟子正义》同，盖《正义》伪序，即缘此序而点窜，并因以托名于奭也。又《孟子》自《汉书·艺文志》以下皆入子部，本不与经同科，宋儒尊《孟子》，遂与《孝经》

《论语》《尔雅》并参九经之列，亦以之试士，是又宋代官学增于前代者也。惟是因袭雷同，既不出唐人《正义》之范，则宋初经学，犹是唐学，不得谓之宋学。钱大昕云："宋初经生帖括，遵守汉唐注疏，音义异同，必准诸陆氏释文，无敢少有出入。"又云："当宋盛时，谈经者墨守注疏，有记诵而无心得。"余杭章君亦曰："邢昺、杜镐、孙奭之流，所习不出《五经正义》，上不足理群经，下犹不入颖达、公彦之室，学愈媷陋，以滋后生口实。"讫乎庆历之间，诸儒渐思立异。欧阳修《论经学劄子》曰："唐太宗时，始诏名儒撰定九经之疏，号为'正义'，案《五经正义》系奉诏作，余四经非诏撰。凡数百篇。自尔以来，著为定论，凡不本《正义》者，谓之异端。然其所载既博，所择不精，多引谶纬之书，以相杂乱，怪奇诡僻，所谓非圣之书，异乎'正义'之名也。臣欲乞特诏名儒学官，悉取九经之疏，删去谶纬之文，使学者不为怪异之言惑乱，然后经义纯一，无所驳杂。其用功至少，其为益则多。"案此则欲删诸经之疏矣。而孙复上范仲淹书："欲召天下鸿儒硕老，识见出王、韩、左、穀、公、杜、何、毛、范、郑、孔之右者，重为注解，俾'六经'廓然莹然，如揭日月以复虞夏商周之治。"案此则并诸经之传注而亦欲拨弃之。夫疏定于唐人，欧请删疏，仅为不慊唐学。传注乃成于春秋战国与汉魏晋诸子，孙欲改注，直是自我为法，前无古人。方回云："近世以《老》注《易》，以六典传《尚书》，以"三礼"笺《诗》，以司马法释《周官》，以灾异谶纬说《春秋》，以郑卫淫声制《乐》，直学者之大不幸也！"案此亦攻注疏之论也。虽孙论徒高，欧议不行，然自是风气一变，学者解经，互出新意，视注疏如土苴。所谓宋学者，盖已见其端矣。司马光云："近岁公卿大夫，务为高奇之说，流及新进后生，口传耳剽。读《易》未识卦爻，已谓《十翼》非孔子之言；读《礼》未知篇数，已谓《周官》为战国之书；读《诗》未尽《周南》《召南》，已谓毛、郑为章句之学；读《春秋》未知十二公，已谓"三传"可束之高阁。循守注疏者，谓之腐儒；穿凿臆说者，谓之精义。"观温公此言，则当时风会所趣，可见其概。陆游亦云：“唐及国初学者不敢议孔安国、郑康成，况圣人乎？自庆历后，诸儒发明经旨，非前人所及。然排《系辞》，毁《周礼》，疑《孟子》，讥《书》之《胤征》《顾命》，黜《诗》之序，不难于议经，况传注乎？”盖议传注，唐季已肇其端，尚不始于宋人。至于昌言议经，则宋儒实始优为之，故放翁虽非经生，于此亦不能无微词也。

昔司马迁《史记》特立《儒林传》，位置经生，班范诸书，仍其成法。至宋而有所谓道学，撰《宋史》者，乃又于《儒林传》外，立《道学传》以尊之。如周敦颐、程颢、程颐、张载、邵雍、朱熹、张栻及程、朱门人，程、朱门人皆甚多，程门惟列刘绚、李吁、谢良佐、游酢、张绎、苏昞、尹焞、杨时、罗从彦、李侗，朱门惟列黄榦、李燔、张洽、陈淳、李方子、黄灏。皆入之《道学传》，以谓“凡《诗》《书》、六艺之文，与夫孔、孟之遗言，颠错于秦火，支离于汉儒，幽沉于魏晋六朝者，至是皆焕然而大明，秩然而各得其所”。后之论者，遂谓宋学即道学。其实《周官》“太宰以九两系邦国”，“四曰儒以道得民”，古者儒与道固不分也。而考宋之道学，初盖本于图书，图书出于陈抟，抟以道士居华山，搜采道书，得九宫诸术，倡先天后天之说，此乃道家之学，与儒学无与。及抟以《易龙图》授种放，放授许坚，坚授范谔昌，谔昌授刘牧，牧作《易数钩隐图》，于是道家之说始与《周易》相传，而混于儒学矣。毛奇龄《道学辨》曰：“道家者流，自《鬻子》《老子》而下，凡书七十八部，合五百二十五卷。虽传布在世，而官不立学，只以其学私相授受以阴行其教，谓之‘道学’。是以道书有《道学传》，专载道学人，分居道观，名曰‘道士’。逮宋陈抟以华山道士与种放、李溉辈，张大其学，竟搜道书《无极》等经及张角《九宫》，倡河洛、太极诸教，作道学纲宗，而周敦颐、邵雍、程氏兄弟师之，遂纂道教于儒书之中。至南宋朱熹直匄史官为陈抟特立一名臣大传，而周、程诸子，则又倡道学，总传于《宋史》中，使道学变作儒学。”黄黎献受学刘牧，摭为《略例》《隐诀》，吴秘又受于黎献作《通神》，皆释《钩隐图》者。王应麟说。故牧之学，盛行于庆历时，晁公武曰："刘牧《钩隐图》，仁宗时言数者皆宗之。"陈振孙曰："牧易学盛行庆历时。"宋咸曰："刘牧既为《钩隐图》，尽刊王文，直以己意代之。业刘者实繁，谓刘可专门，王可焚窜。"邵雍稍后于牧，其图书之学，得之李之才，之才得之穆修，修亦得之种放，与牧本同渊源，而言《易》则颇殊，牧以九为河图，十为洛书，与邵异。然皆象数一派也。惟之才先示雍以陆淳《春秋》，意欲以《春秋》表仪"五经"，既可语"五经"大旨，则授《易》而终焉。见《宋史·李之才传》。故雍虽以《易》显，而《皇极经世》一书，观其命名，亦兼有《春秋》之志。同时周敦颐作《太极图说通书》，不言所出，《朱子通书跋》曰："茂叔自少即以学行有闻于世，而莫知其师传之所自。"亦隐与陈抟相应，故宋人有谓敦颐之学亦出于抟者。晁公武曰："朱震言敦颐之学，得之穆修，修亦本于陈抟，与邵雍之学大同。"景迂云："胡武平、周茂叔同师润州鹤林寺僧寿涯，其后武平传于家，茂叔则授二程。"与震之言不同。然其书言理甚精，所论入德之方，经世之具，又皆亲切简要，不徒非刘牧辈支离破碎之比。即视邵雍，亦醇而约，故《宋史》以周子冠《道学传》之首。二程受业敦颐，亦尝侍其父与邵雍论议，顾程颐《易传》，则专阐义理，不及象数。张载讲《易》，亦与二程不谋而合，自是义理又自为一派。程子尝谓"圣人作经，本欲明道。今人若不先明义理，不可治经"，故道学中之义理派，程子实倡之。及朱熹出，私淑二程，得其正传，但所作《易本义》，首列河洛、九图，实欲合义理、象数为一。盖宋之道学，同源于希夷，而刘为异说，邵为别宗，至周子始渐醇，而与儒学为近，张子羽翼之，二程扩充之，至朱子而始大，然要不外乎象数与义理两派。两派之于经学，初不外乎《周易》一经。就《周易》论，则两汉诸儒，已言象数，京、孟、马、郑、荀、虞皆然。魏晋诸儒，已主义理，王、何皆然。实非宋儒之创获。徒以图书之传，传自道士，遂有道学之目，不知谶纬即图书之滥觞也。既而援道入儒，则又以传孔孟之道统者为道学，不知传道本儒之所有事也。《宋史》

必分儒与道为二，是传经与传道有别。然则孔孟之道，讵有不在“六经”之中者乎？名之不正，莫此为极矣。然程、朱既以倡明道学自任，因复表章《大学》《中庸》二篇，与《论语》《孟子》并行，以为此道统之所在。二程于《学》《庸》《语》《孟》皆有说，出其门者，如谢良佐有《论语说》，游酢有《中庸义》《论语》《孟子》新解，杨时有《中庸解》《论语解》[①]《孟子义》。尹焞侍讲经筵，奉诏作《论语孟子解》，大抵发挥师说，一以义理为归。朱子则作《大学》《中庸》章句、或问，《论语》《孟子》集注，合称曰“四子书”，益萃群贤之言而折衷之。且于《大学》分别经传，于《中庸》定著章节，遂使二篇离《礼记》而独自成学。朱子没，朝廷以其“四书”训说立于学官，于是“四书”亦为一经。自有“四书”，而后道学之门户正；自朱子“四书”立于学官，而后道学之壁垒坚。此黄榦所谓“道之正统，由孔子而后，曾子、子思继其微，至孟子而始著。由孟子而后，周、程、张子继其绝，至朱子而始著也”。惟《宋史》称程子“出入老、释几十年”，称张子“访诸释、老累年”，朱子亦谓程子门人说《中庸》淫于老、佛者有之，而后人谓朱子于佛、老亦不能无所取，则知宋之道学，象数一派，既托于道士，义理一派，又杂以佛学，虽依经以立说，亦适成为宋学而已矣。

道学之传，以周、程、张、朱五子为正宗。五子之学，大都以《周易》《学》《庸》《语》《孟》为体用，然如程颐、张载、朱熹，则皆兼治诸经。张子自作虽止《横渠易说》，而门人所集，尚有《诗》《礼记》《春秋》说。程子则于《易传》外别有《春秋传》，刘绚、罗从彦传之。绚作《春秋解》，明正简切，多出于颐书。见陈振孙说及《中兴国史志》。从彦于颐传中掇其至当者，作《春秋指归》以授李侗。他若《伊川书说》《诗说》，亦门人所记也。见晁公武《读书志》。朱子于经学撰著更多，《易》则本义外又有《易学启蒙》《蓍卦考

① 原文作《语论解》，疑误，改作《论语解》。

误》，《诗》有集传，《礼》有《仪礼经传通解》。其于《易》主复古本；其于《诗》虽疑大、小序而自为说，然早年多用毛、郑说，亦不废序；其于《礼》以《仪礼》十七篇为经，而取大小《戴记》及诸经史书所载有及于《礼》者，附于本经之下，具列注疏诸儒之说，补其阙遗而析其疑晦。书未脱稿而卒，黄榦续成之。《尚书》《春秋》虽无训释，然尝疑孔安国《书》是假，《书》序是魏晋间人作，谓："《书》凡易读者皆古文，伏生所传皆难读。如何偏记其所难，而易者全不能记？"此皆精识卓见。门人黄士毅集其遗说为《书说》。《春秋》自谓于义例"不能自信于心，故未敢措一辞"，然观其与人问答，则实深于《春秋》，惟其研之深，故出之愈矜慎。盖朱子之学，博综旁通，不欲以道学自限。程敏政曰："朱子说经以诏来学，于《易》、于《诗》，皆手笔也，于《书》、于《礼》、于《乐》，则指授其及门之士，而《学》《庸》《语》《孟》四书所以为治经之阶梯者，又皆焕乎炳如，无复遗憾。"其平居教人治经宜先看注疏，尤非空谈性命、屏汉唐之学为不足取、假道学以自饰其浅陋者，所可同日而语。且不徒有取于汉唐注疏也，即同时之人，如胡瑗、欧阳修、晁说之、程迥、蔡元定之于《易》，王安石、苏轼、林之奇、史浩、张栻、吕祖谦之于《书》，吴棫、欧阳修、吕祖谦之于《诗》，方悫、马晞孟、吕大临、吴仁杰之于《礼记》，张淳之于《仪礼》，陈传良之于《周官》，孙复、苏辙、吕本中、胡安国、程迥之于《春秋》，亦莫不择善而从，绝无门户之见。是故从其游者，义理固所涵泳，名物诂训，亦所兼撢。"五经"传授，皆有专门，举其著者，若蔡渊撰《周易经传训解》，是书今已残缺，其阐发名理，多本师传。蔡沈撰《尚书集传》，此书为朱子属沈所作，沈序称"'二典'、'三谟'，经朱子点定"，董鼎则谓"朱子亲集《书传》，自孔序止于《大禹谟》正月朔旦。其他大义，悉口授蔡氏，并亲稿百余段，俾足成之"。辅广撰《诗童子问》，大旨主子羽《翼诗集传》，以述平日闻于朱子之说，又备录诸儒辨说，以明读《诗》之法。黄榦撰《续仪礼经传通解》，张洽撰《春秋集注》，洽自言"于汉唐以来诸儒之议论，莫不考核研究，取其足以发明圣人之意者，附于每事之左，名曰《春秋集传》。既又因此书之粗备，复仿先师文公《语》《孟》之书，会其精意，诠次其说，以为《集注》”。皆能申述师说，自成一家，卓然有以树立于后。世谓朱子集宋学之大成，虞集曰：“惟朱子为能集宋学之大成。”彭勖曰：“濂洛关闽之学，非朱子裒集诸子之言而注释‘六经’，则其学不明，所谓集群贤之大成也。”犹汉学之有郑康成，非过誉也。至于邵雍，《东都事略》本列之隐逸，与陈抟、种放等同传，《宋史》以程子重其人，朱子采其说，始入之道学。雍于书虽无所不读，然其志不在传道，更不在传经。易数号最精，而其子伯温谓“平时亦未尝妄以语人。王天悦、张子望尝从学，又皆早死。秦玠、郑夬欲从学，皆不之许”，邵伯温曰：“秦玠、郑夬尝欲从先君学，先君以玠颇好任数，夬志在口耳，多外慕，皆不之许。玠尝语夬以王天悦传先君之学，夬力求之，天悦不许。天悦感疾且卒，夬赂其仆于卧内窃得之，遂以为己学。著《易传》《易测》《明范》《五经明用》数书，皆破碎妄作，穿凿不根。”是故邵子之学，得其传者盖少。惟陈瓘《了翁易说》，伯温称其得于康节，张行成《周易通变》，王应麟亦谓其述康节之学，然学亦不显。邵传既少，故象数一派亦因之而微。余若张浚、著《紫严易传》。朱震、著《汉上易传》。程大昌著《易原》。之流，虽亦言象数，又皆主于刘牧，颇为诸儒所议。且义理为各经所同具，故以义理说经，其所施广；象数仅可以说《易》，故以象数说经，其所施颛，偶有以象数解《尚书》之《洪范》《礼记》之《月令》者，益牵强无足观。此程、朱义理一派，所以不徒为道学不祧之祖，即论经学，有宋一代亦莫能与之并也。

道学诸儒固自以为承圣人之心传，而得经学之大义微言矣。然当神宗时，王安石当国，其立于学官颁之天下用以取士者，则王氏之新经义也。安石尝作《字说》，及乎解经，多援《字说》为训诂，虽富新意，颇伤穿凿。熙宁中，诏置经义局，以安石为提举，其子雱为修撰，所撰《三经义》，遂皆本安石说。三经者，《尚书》《毛诗》《周礼》

也。三经皆以熙宁八年颁之国子监，置《周礼义》于义解之首。又安石尝目《春秋》为断烂朝报，故当时黜之，不以试士。据蔡絛《铁围山丛谈》，《诗》《书》两经，盖多出雱及诸门弟子手，惟《周礼新义》，安石亲为之笔削。晁公武《读书志》亦于新经《尚书义》题王雱撰，新经《毛诗义》题王雱训其辞、安石训其义，而新经《周礼义》则题安石撰，且谓安石“以《周礼》书理财者居半，爱之，所以自释其义者，盖以其所创新法，尽傅著经义，务塞异议者之口”也。“三经”而外，安石所撰，尚有《易解》《论语解》《孟子解》。晁氏谓“《易解》安石自谓少作未善，不专以取士。故绍圣后，复有龚原、耿南仲注《易》，三书偕行于场屋”。据《东都事略》，龚原亦为王氏之学者也。《东都事略》曰：“龚原力学，以经术尊敬王安石，始终不易，著有《易传》《春秋》解、《论语》《孟子》解。”《论语解》晁氏谓“绍圣后亦行于场屋”。《孟子解》晁氏谓“其子雱与其门人许允成皆有注释。崇、观间场屋举子宗之”。考绍圣间章惇用事，崇、观间蔡京用事，两人皆安石之党，是以其说犹行，故陈振孙曰：“王学独行于世者六十年，科举之士，熟于此乃合程度，前辈谓如脱墼然，按其形模而出之尔。”吕祖谦亦曰：“熙宁中，王安石以新义颁天下，其后章、蔡更用事，概以王氏说律天下士，尽名老师宿儒之绪言余论为曲学，学辄覆斥。当是时，内外校官非《三经义》《字说》不登几案。他书虽世通行者，或不能举其篇帙。”其时援王学以解经者，则有蔡卞《尚书解》及《毛诗名物解》、陆佃《尔雅新义》《诗物性门类》陈振孙谓即《埤雅》稿。及《礼记解》。卞为安石之婿，佃受经于安石，自不足异。他如王昭禹《周礼详解》、陈振孙曰：“近世为举子业者多用之，其学皆宗王氏新说也。”王与之曰：“其书用荆公而加详。”林之奇《周礼讲义》，王与之曰：“祖荆公、昭禹所说。”亦多据此说。而方慤又以王氏父子《礼记》独无解义，因取所撰《三经义》及《字说》申而明之，著《礼记解》。马晞孟《礼记解》亦宗王氏。是则王学在当时，不惟行于场屋，其流亦颇广矣。乃至道学中人如程子则取其《易解》，伊川尝令学者先看王弼、胡瑗、王安石三家《易》。朱子则取其《尚书义》，朱子曰："王氏书说伤于凿，然其善亦有不可掩处。"可见王学当非全无是处。薛应旂曰："介甫《三经义》，皆颁之学官，既而诛绝之甚，遂泯其传。自今思之，或不无一二可取，当时不以人废言可也。"后人谓"安石解经之说与所立新法各为一事"，殊为持平之论。然攻其新法者，遂并新经义而攻之，杨时、王居正，且著为专书，杨撰《书义辨疑》《诗辨疑》《周礼辨疑》，王撰《毛诗辨学》《尚书辨学》《周礼辨学》，皆黜王学者。南渡而后，王学遂罕为人道。今则诸经义解并佚，独《周礼新义》，从《永乐大典》中录出，尤存其概耳。陆佃、王昭禹之书，亦尚有存者，欲观王学，可于是而得其略也。

宋人经学，其有不守陈义、自辟新术、非一家一派所得而囿者。《易》则有胡瑗《易解》、为门人倪天隐所述，亦称《口义》，程子《易传》采之，为义理说《易》之宗。司马光《温公易说》、深辟虚无玄渺之说，于古今事物之情状，无不贯澈疏通，推阐深至。苏轼《东坡易传》、续其父洵之绪，推阐理势，多切人事。朱子作《杂学辨》，虽以是书为首，然又尝谓其于物理上亦有看得着处。李光《读易详说》、杨万里《诚斋易传》、李杞《用易详解》、以上三家，皆博采史籍以相证明。耿南仲《周易新讲义》、大致因象诠理，随事示戒。郑刚中《周易窥余》、兼明象义，不主一家。赵彦肃《复斋易说》、即象数以求义理，以六画为主，朱子谓其或伤简易之趣。易祓《周易总义》。兼通理数，折衷众论。《书》则有苏轼《东坡书传》、明于事势，长于议论，于治乱兴亡，披抉明畅。晁公武谓其书驳异王氏新经义为多，朱子称为诸家《书》解之最好者。林之奇《尚书全解》、辨析异同，贯穿史事，覃思积悟，卓然成家，然颇多异说。《玉海》谓吕祖谦《书说》，即续是书而作者。盖之奇受学于吕居仁，祖谦又受学于之奇也。郑伯熊《敷文书说》、其书虽为科举而作，然于经世立教之义，颇多阐发。夏僎《尚书详解》。是书集二孔、王、苏、陈、林、程、张及诸儒之说，反覆条畅，深究详绎，不失为说《书》之善本。《诗》则有欧阳修《毛诗本义》、是书于毛、郑二家，虽未尝轻议，亦不曲徇，其所训释，往往得诗人之本志。苏辙《诗集传》、其说于毛氏之学，不激于随，务持其平。王质《诗总闻》、多出新意，不循旧传，毅然自用，别成一家。吕祖谦《家塾读诗记》、博采诸家，存其名氏，先列训诂，后陈文义，翦截贯穿，如出一手，有所发明，则别出之。严粲《诗缉》。以吕氏《读诗记》为主，而杂采诸说以发明之，有未安者，断以己意，与吕氏书并称说《诗》善本。《礼》则有叶时《礼经会元》、其书括《周礼》以立论，大旨醇正，多能阐发体国经野之深意。李如圭《礼仪集释》。全录郑玄注，而旁征博引以为之释，多发贾公彦疏所未备，又为纲目以别章句之旨。《春秋》则有孙复《春秋尊王发微》、大约本于陆淳而增新意，以深刻为主，常秩谓其书犹商鞅之法。王晳《春秋皇纲论》、发明夫子笔削之旨，而考辨"三传"及啖助、赵匡之得失。刘敞《春秋权衡》《春秋意林》《春秋传》、陈振孙曰："原父始为《权衡》以平三家之得失，然后集众说，断以己意而为之《传》，《传》所不尽者，见之《意林》。"孙觉《春秋经解》、其书大旨以抑霸尊王为主，以《穀梁》为本，其说是非褒贬，则杂"三传"及历代诸儒、啖、赵、陆氏之说，长者从之，其所未闻，则以胡安定之说解之。苏辙《春秋解集》、其说以左氏为主，左氏之说不可通，乃取公、穀、啖、赵诸家以足之。崔子方《春秋解经》、推本经义，于"三传"多所纠正，大略皆从《左氏》，而亦间有从《公》《穀》者。叶梦得《春秋传》参考"三传"以求经，不得于事，则考于义，不得于义，则考于事，更相发明，颇为精核。《春秋谳》抉摘"三传"是非，主于信经不信传，犹沿啖助、孙复之余波，于公、穀尤多所驳诘。《春秋考》、大旨申明所以攻排"三传"者，实本周之法度制作以为断，自序称"自其《谳》推之，知吾所正为不妄，而后可以观吾《考》；自其《考》推之，知吾所择为不诬，而后可以观吾《传》"。胡安国《春秋传》、其书事按《左氏》，义取《公》《穀》之精者，采孟子、庄周、董仲舒、王通、邵雍、程颢、程颐、张载之说以润色之。惟作于南渡之后，故感激时事，往往借《春秋》以寓意。陈傅良《春秋后传》、其书以公、穀之说参之左氏，以其所不书实其所书，以其所书推见其所不书，得学《春秋》之要。吕祖谦《春秋左氏传说》《左氏博议》、《博议》随事立义以评其得失。《传说》持论与《博义》略同，而推阐更为详尽。程公说《春秋分纪》、以传文类聚区分，使本末源流，犁然具见。黄仲炎《春秋通说》、大旨直书事迹，立义明白正大，深得圣人之意，不主褒贬之说。赵鹏飞《春秋经筌》。主于据经解经，不泥“三传”，亦孙复之流派，立论较平允。群经总义则有刘敞《七经小传》。是编乃杂论经义之语，其曰：“七经者，一《尚书》，二《毛诗》，三《周礼》，四《仪礼》，五《礼记》，六《公羊传》，七《论语》也。”王应麟云：“自汉儒至于庆历间，谈经者守故训而不凿，《七经小传》出而稍尚新奇矣。”凡兹所举，皆其著者，以上诸家书皆存，有从《永乐大典》中录出者，或非完帙耳。或折衷古训，或独抒别裁，或以议论相高，或以综比矜富，或陈往以讽今，或明体而达用，既异汉唐之诂训，复殊道学之义理，斯又极宋学之变而不相统摄也。其间《易》与《春秋》，作者尤繁，盖《易》本隐以之显，《春秋》推见至隐，一明天道，一明人事。惟人所说，不必征实。故自王弼废象数，而谈《易》者日增，自啖助废“三传”，而谈《春秋》者日盛。空言易骋，亦不独宋儒为然矣。又南渡而后，国势不振，士大夫愤夷祸之日亟，痛恢复之难期，情殷中兴，念切雪耻，无以寄志，退而著书，则垂戒莫显乎《易》象，复仇莫大乎《春秋》，趋治二经，殆亦有不获已者焉。至若学生于尊德性、不以道问学为事、在南宋亦自为一派者，则为陆九渊。或劝九渊著书，曰：“‘六经’注我，我注‘六经’。”又曰：“学苟知道，‘六经’皆我注脚。”是陆子本人，于经学原无所撰述，但其教人为学以求心为主，故门人杨简、袁燮，皆本师说以解经。简有《杨氏易传》《尚书》《五诰解》《慈湖诗传》《春秋解》，此书朱彝尊《经义考》注云未见，但存其序，《四库全书》亦未录。燮有《絜斋家塾书钞》《絜斋毛诗经筵讲义》，并多推本于心学。而《杨氏解易》，尤大开易学入禅之涂。别有王宗传撰《童溪易传》，力斥象数之弊，惟冯心悟，宗旨亦与慈湖同。《四库提要》谓“以禅言《易》，起于南宋之初，而始于王宗传及杨简”，又谓“杨、王等引《易》以归心学，引心学以归禅学，务屏弃象数，离绝事物，遁于恍惚窅冥，以为不传之秘”。陈经撰《尚书详解》，自序谓“以古人之心求古人之书，吾心与是书相契而无间，然后知典、谟、训、诰[①]、誓、命皆吾胸中之所有，亦吾日用之所能行”，此又近于陆子“‘六经’注我”之说。是则二家虽非陆门，亦传金溪之学派者也。朱子尝言“世之解经者有三：一儒者之经，一文人之经，一禅者之经”。儒者盖以况道学。文人之经，朱子举苏东坡、陈少南少南名鹏飞，撰《书解》《诗解》，今已佚。朱子谓其“于经旨疏略，不通点检处极多，不足据”，叶适则谓“其于经，不为章句新说，至君父人伦、世变风俗之际，必反复详至而趋于深厚”。辈为例，则上述诸家无派可归者，实多属之。禅者之经，朱子举张子韶辈为例。子韶学本出伊川，书不尽传。子韶名九成，撰《尚书详说》，时澜称其书该而华，王应麟称书说于《君牙》《冏命》《文侯之命》，其言峻厉激发，读之使人愤惋。又撰《论语解》，周必大谓以程氏为主。又有《孟子解》《中庸解》，朱子《杂学辨》谓其《中庸解》以佛语释儒书，其迹尤著。据陈振孙《书录解题》称无垢诸经解，大抵援引详博，文意澜翻，而务欲开广后学之见，似又非尽禅学者。然则禅者之经，其将属之金溪一派乎？尔其广甄群言，意在存古，类于陆德明、李鼎祚之为者。又有房审权《周易义海》，所采上起郑玄，下迄王安石，凡百家。审权病谈《易》诸家，或泥阴阳，或拘象数，乃斥去杂学异说，摘取专明人事者百家，编为一集。李衡因其义意重复，文辞冗琐，又删削之为《撮要》，而加入程子、苏轼、朱震三家之说。《义海》原书当时已佚，今所存者，惟《义海撮要》。黄伦《尚书精义》，其所征引，自汉迄宋，亦极赅博。其书荟萃诸说，依经胪载，不加论断，间有同异，亦两存之，而宋人所采尤多。王与之《周礼订义》，所采旧说，凡五十一家。唐以前仅杜子春、郑兴、郑众、郑玄、崔灵恩、贾公彦等六家，其余四十五家，则皆宋人。卫湜《礼记集说》，自《郑注》而下，所取凡一百四十四家。其他书之涉于《礼记》者，所采录尚不在此数。今自郑注、孔疏而外，原书无一存者，可云礼家之渊海矣。吕本中《春秋

① 原文作“诘”，疑为“诰”之误。

集解》，自“三传”而下，所集陆氏、两孙氏、两刘氏、苏氏、程氏、许氏、胡氏凡九家。采择颇精，全无自己议论。高元之《春秋义宗》，所采前后凡三百余家。此书《经义考》注云未见，《四库全书》亦未录。据楼钥志墓，称其搜抉无遗，订其指归，删其不合者，荟萃为一书。其间褒录当代诸儒之说，尤为特多。后之考宋学者，固可于数书而观其汇也。而魏了翁《九经要义》，取诸经注疏之文，据事别类而录之，每条之前，各为标题，系以先后次第，此其意亦在存古。然前主于博，此主于约，体例盖迥殊焉。又如陈祥道之《礼书》，贯通经传，缕析条分，前说后图，考订详悉，则后世考通《礼》者之所自出也。王应麟之《三家诗考》《周易郑康成注》，则后世辑佚书者之所取法也。贾昌朝之《群经音辨》，其书凡分五门：一曰辨字同音异，二曰辨字音清浊，三曰辨彼此异音，四曰辨字音疑浑，五曰辨字训得失。断自《易》《书》《诗》《礼》三经、《春秋》三传暨《孝经》《论语》《尔雅》。丝牵绳贯，同异粲然，俾学者易于寻省，则钱大昕所谓“熙宁以后，儒者竞以己意说经，音戾于古者多，此书亦中流之一壶也”。然则宋之经学，固极驳杂之观，而亦尽品汇之盛矣。

宋儒治经，不惟喜新好奇为异于前也，尚有二事颇足以启后人之议：其一曰疑经，其一曰改经。疑经者，如欧阳修不信河图、洛书，又言“《系辞》《文言》《说卦》而下，皆非圣人之作”。修撰《易童子问》。陆希声亦深病爻辞之不类，辄欲去取。赵汝楳疑《说卦》《序卦》《杂卦》皆为汉儒窜入，又以《系辞》多称“子曰”，疑为门人所记，非夫子之书。此疑《易》者也。吴棫渐觉《古文尚书》之伪，棫撰《书裨传》。朱子疑之益甚。至赵汝谈并《今文》而疑之，于伏生所传诸篇，亦多所掊击抵排。汝谈撰《南塘书说》。又张子尝谓金縢文不可信，是亦疑《今文》者。此疑《书》者也。欧阳修谓“《诗序》非子夏之作”，又谓各诗所系类例不一，未可尽从。苏辙谓《诗》之小序，反复繁重，类非一人之词，疑为毛公之学，卫宏之所集录。杨简亦据《后汉书》之说，以小序为出自卫宏，不足深信。郑樵、朱子、王质，并攻小序。程大昌不惟辨大、小序，又论古有二《南》，而无国风，国风之名，出于左、荀，《豳诗》非《七月》。大昌撰《诗论》。此疑《诗》者也。刘敞疑《礼记》“若夫坐如尸”一节有脱简，“人喜则斯陶”九句有遗文，“礼不王不禘及庶子王亦如之”有倒句。赵汝谈谓《周礼》为傅会女主之书。欧阳修、苏辙、胡宏亦并疑《周官》。此疑《礼》者也。而李觏、司马光、晁说之并《孟子》而疑焉。改经者，如冯椅《厚斋易学》，改“彖曰”、“象曰”为赞，以《系辞》之卦即为彖，系爻之辞即为象。王弼本“彖曰”、“象曰”乃孔子释《彖》《象》，又改《系辞传》上下为《说卦》上中。此本于吴仁杰。李过《西溪易说》，于《乾卦》彖辞下便掇入《彖传》，《彖传》内便掇入《文言》，释彖处继以《大象》，又分爻辞附于《小象》，又附入《文言》。赵汝楳《周易辑闻》，以《大象》移于卦画之后、彖辞之前，以《文言》散附乾、坤《彖传》及《小象》后，又去“彖曰”、“象曰”、“文言曰”等字，使经传混淆，茫然莫辨。此改《易》者也。程子亦改《易·系辞》“天一地二”一节于“天数五地数五”一节之上，后世读本从之。龚鼎臣改定《洪范》，见所作《东原录》。刘敞改定《武成》。见《七经小传》。王柏《书疑》，动以脱简为辞，并《舜典》于《尧典》，删除姚方兴所撰二十八字，合《益稷》于《皋陶谟》，以《大禹谟》《皋陶谟》为《夏书》，以《论语》“咨尔舜”二十二字补“舜让于德，弗嗣”之下，以《孟子》“劳之来之”二十二字补“敬敷五教在宽”之下，至于《尧典》《皋陶谟》《说命》《武成》《洪范》《多士》《多方》《立政》八篇，则纯以意为易置，一概托之于脱简，有割一两节者，有割一两句者。此改《书》者也。东坡亦改《书·洪范》“王省惟岁”一节于“五曰历数”之下，又改《康诰》“惟三月哉生魄”一节于《洛诰》周公“拜手稽首”之上。苏辙《诗集传》，小序仅存发端一言，余文悉从删汰。郑樵《诗传》及《诗辨妄》，尽削去小序而以己意为之序。见《直斋书录解题》。陈鹏飞《诗解》，去商、鲁二《颂》，以为《商颂》当阙而《鲁颂》可废。见《书录解题》。王柏《诗疑》，以《行露》首章为乱入；以《小弁》“无逝我梁”四句为汉儒妄补；以《下泉》末章为错简，谓与上三章不类；又删《召南》删《野有死麕》。《邶风》删《静女》。《鄘风》删《桑中》《卫风》删《氓》《有狐》。《王风》删《大车》《丘中有麻》。《郑风》删《将仲子》《遵大路》《有女同车》《山有扶苏》《萚兮》《狡童》《褰裳》《丰》《东门之墠》《风雨》《子衿》《野有蔓草》《溱洧》。《秦风》删《晨风》。《齐风》删《东方之日》。《唐风》删《绸缪》《葛生》。《陈风》删《东门之池》《东门之枌》《东门之杨》《防有鹊巢》《月出株林》《泽陂》之诗，都三十余篇；又谓“《小雅》中凡杂以怨诽之语者，宜归之《王风》”；又谓“《桑中》当曰《采唐》，《权舆》当曰《夏屋》，《大东》当曰《小东》”，则篇名亦欲易之。此改《诗》者也。刘敞谓《周礼》“诛以驭其过”，“过”当作“祸”，“士田买田”，“士”当作“工”，“九簭五曰巫易”，当作“巫阳”；谓《礼记》“诸侯以貍首为节”，“貍首”当作“鹊巢”。俞廷椿《周礼复古编》，谓五官所属皆六十，不得有羡，其羡者皆取以补《冬官》；厥后邱葵、吴澄皆袭此说，于是说《周礼》者，遂有《冬官》不亡之一派。又谓《天官·世妇》与《春官·世妇》《夏官·环人》与《秋官·环人》，为一官复出，当省并之。二程则更定《礼记·大学》篇，朱子又分为经、传。此改《礼》者也。刘敞《春秋传》，其经文杂用“三传”，不主一家，每以经、传连书，不复区画，又好减损“三传”字句，往往失真。如《左传》“惜也，越竟乃免”句，后人本疑非孔子之言，敞改为“讨贼则免”，而仍以“孔子曰”冠之。此改《春秋》者也。而程子于《论语》，改“乡党必有寝衣”一节于“斋必有明衣布”之下。朱子于《孝经》，取古文《孝经》分为经一章、传十四章，删旧文二百二十三字。亦有所改焉。夫自秦火而后，经有残脱，本是事实，《史》《汉》所言，昭昭可考，故刘歆、荀悦，皆有不全之叹。必谓经无可疑，未免失之过拘，惟当疑而不改，付诸盖阙，或如汉儒作注，遇有可疑者，但存其说于注下，而不更易正文，以俟学者之心通其意，则自无诬古之嫌。宋儒不此之效，往往喜奋私意，矜为创获，轻肆翦伐，尽变面目，至王鲁斋辈而已极。刘师培曰："自宋儒以臆说改经，而流俗昏迷，不知笃信好古，认宋儒改订之本为真经，不识邹鲁遗经之旧，可谓肆无忌惮者矣。"纵极补缀之工，其能免割裂之诮乎！

第十一篇　元明之经学

宋学集大成于朱子。自宝庆而后，朱学盛行，凡治经者，莫不崇尚朱说。惟其时宋室偏安，南北道绝，载籍不相通，朱学所渐，止于南土，北人虽知有朱夫子，未能尽见其书也。及元兵下江汉，姚枢奉命即军中求儒士，得赵复以归。复以所记程、朱所著诸经传注，尽录以付枢。自复至燕，学子从者百余人。元世祖与枢谋建太极书院，立周子祠，以二程、张、杨、游、朱六君子配食，请复讲授其中。复作《传道图》，而以书目条列于后，别著《伊洛发挥》以标其宗旨。朱子门人散在四方，则以见诸登载与得诸传闻者，共五十有三人。作《师友图》，以寓私淑之志。枢既退隐苏门，乃即复传其学，由是许衡、郝经、刘因皆得其书而尊信之。北方知有程、朱之学，自赵复始也。见《元史·儒学传》。宋室既亡，南中士大夫张𩔗、从王柏受业。金履祥、事同郡王伯，从登何基之门。许谦、受业金履祥之门。胡一桂、一桂之学，出于其父方平，方平及从沈贵宝、董梦程学，董、沈又受朱子之学于黄榦。胡炳文、陈栎之流，咸得朱子之传，相与教授讲习。史称"𩔗俨然朱氏之尸祝，谦为朱氏之世适，一桂得朱氏源委之正，栎刊去诸儒之说有畔于朱氏者，于是朱子之说大明于世。炳文辨正与朱氏抵牾者，于是朱子未尽之蕴因之而发"。凡此诸儒，虽多屏迹不仕，新朝并重其学，礼而褒之。是故宋、元之交，朱学几如日中天，亦犹郑学之于汉、魏间也。皮锡瑞《经学历史》云："汉学至郑君而集大成，于是郑学行数百年；宋学至朱子而集大成，于是朱学行数百年。以经学论，郑学、朱学，皆可谓小统一时代。"其后许衡为元议学校、科举之法，罢诗赋，重经学，定为新制。事虽未及行，而衡于经学既表章朱子，朱学因之益尊。虞集谓许文正公一倡，"朱子之书，遂衣被海内"。苏天爵亦曰："国家初有中夏，士踵宋、金余习，以记诵词章相夸尚。许文正公始以孔孟之书、程朱之训倡明斯道。"殆谓是也。至仁宗延祐间，始定科举条制，乃采前议，取士以德行为本，试艺以经术为先。其经之所主，《大学》《论语》《孟子》《中庸》并用朱氏《章句集注》；《诗》以朱氏为主，《尚书》以蔡氏为主，《周易》以程氏、朱氏为主，以上三经，兼用古注疏；《春秋》许用"三传"及胡氏传；《礼记》用古注疏。见《元史·选举志》。邱葵称"圣朝新制以'六经'取士，当时盖以'四书'亦为一经也"。观诸经所主，显为侧重朱学。《春秋》《礼记》朱子无所作，故不获采用耳。然《易》《书》《春秋》犹与古注疏相参，是元人尚不废汉唐之学。且《礼记》专用古注疏，又见其时老师宿儒犹有存者，知《礼》不可以空言解也。此则论元学者不可不知。

元代举业，虽兼用古注疏，但元儒解经，则仍不能出朱子之范。如胡一桂《易本义附录纂疏》以朱子《本义》为宗，取文集语录之及于《易》者附之，谓之"附录"；取诸儒《易》说之合于《本义》者纂之，谓之"纂疏"。其去取别裁，惟以朱子为断。《易学启蒙翼传》、以朱子启蒙为宗，主于辨异学、发明朱子之说。胡炳文《周易本义通释》、据朱子《本义》，折衷是正，复采诸家《易》解，互相发明。熊良辅《周易本义集成》，大旨主于羽翼朱子《本义》，而与《本义》异者亦颇有之。此皆墨守朱子之《易》者也。赵采《周易程朱传义折衷》、用注疏本，节录程子《易传》、朱子《本义》之说，益以《语录》诸书，列之于前，而各以己说附于后，所谓折衷也。龙仁夫《周易集传》、根据程、朱者多，反覆推阐，颇能抒所心得。梁寅《周易参义》，大旨以《程传》主理，《本义》主象，因融会参酌，合以为一，又旁采诸儒之说以阐发之。则兼采程、朱而略抒己见也。陈栎《尚书集传纂疏》、是编以疏通蔡《传》之意，故命曰“疏”；以纂辑诸家之说，故曰“纂”。董鼎《尚书辑录纂注》、以蔡沈《集传》为宗，而《集传》之后，续以朱子语录，及他书所载朱子语，谓之“辑录”；又采诸说之相发明者，附列于末，谓之“纂注”。陈师凯《书蔡传旁通》、是书于名物度数蔡《传》所引而未详者，一一博引繁称，析其端委。其蔡《传》歧误之处，则不复纠正。朱祖义《尚书句解》，多宗蔡义，不复考证旧文。此皆墨守蔡沈之《书》者也。许谦《读书丛说》，虽博考典制，不与蔡《传》苟同，亦不能尽攻蔡《传》之失。蔡《传》本出朱子指授，则亦无异朱子之书矣。刘瑾《诗传通释》、大旨在于发明朱子《集传》，与辅广《诗童子问》相同。梁益《诗传旁通》、凡朱子《集注》所引故实，一一引据出处，辨析源委。朱公迁《诗经疏义》、为发明朱子《集注》而作，如注有疏，故曰“疏义”。刘玉汝《诗缵绪》、体例与辅广《童子问》相近，凡《集传》中一二字之斟酌，必求其命意所在。梁寅《诗演义》，推衍朱子《诗传》之义，故以“演义”为名。此皆墨守朱子之《诗》者也。许谦《诗集传名物钞》，所考名物、音训，颇有根据，足以补《集传》之阙遗。则虽未尝专本一家，而既以“集传”为名，固亦依朱书以为说者矣。又如陈栎《礼记集义详解》，书虽不传，据其自序，则因习朱子《大学》《中庸》，窃有所闻，即其所已闻，推其所未究，不无所得，乃因众说之纷纭而折衷去取之。王元杰《春秋谳义》，虽兼采程子、朱子、胡安国三家，而全书之内，独于朱子无一异辞，则又《礼记》《春秋》之朱学也。至于“四书”，乃宋儒道学之所寄，自朱子作《章句》《或问》《集注》后，黄榦、真德秀、祝洙、蔡模、赵顺孙、吴真子诸人，皆踵而释之、疏之。顾炎武《日知录》曰：“黄氏有《论语通释》，而采《语录》附于朱子《章句》之下，则始自真氏。名曰《集义》，止《大学》一书，祝氏乃仿而足之，为《四书附录》，后有蔡氏《四书集疏》、赵氏《四书纂疏》、吴氏《四书集成》。昔之论者，病其泛滥。”元儒赵悳遂有《四书笺义纂要》，刘因遂有《四书集义精要》，陈栎作《四书发明》，胡炳文作《四书通》，而栎之门人倪士毅，又合二书为一，颇有删正，名曰《四书辑释》，斯更朱子一家之学矣。惟有黄泽、吴澄，所资较博，不为朱学所囿。泽好覃思，于《易》以明象为先，而其机括则尽在十翼，作《十翼举要》《忘象辩》《象略辩同论》；于《春秋》以明书法为主，而脉络尽在《左传》，作《三传义例考》《笔削本旨》，又惧学者得于创闻，不复致思，乃作《易学滥觞》《春秋指要》，示人以求端用力之方；其于《礼》学，则谓"郑氏深而未完，王肃明而实浅"，作《礼经复古正言》；其辨释诸经，则有《六经补注》；诋排百家，则有《翼经罪言》。吴澄尝观其书，以为平生所见明经士，未有能及之者，惜其书之多失传也。澄于当时号大儒，天下学者，四面而归之，诸经皆有述作，有《易纂言》《书纂言》《仪礼逸经传》《礼记纂言》《春秋纂言》。《易》则援引古义，具有源流；《书》则专释今文，亦尚有合于古；《仪礼》《礼记》则始终先后，条理殊为密察；《春秋》则采摭诸家传注，间以己意论断之。今诸书皆存，信能自成一家言者。惟于经文率皆有所点窜，颇蹈宋季陋习。而《礼记》以意改并，迹尤近于删述，故或以僭圣讥之，此则为可议耳。他若王申子《大易辑说》，虽于陈、邵、程、朱之说，一概辨其有误，而不能不取于周子。王天与《尚书纂传》，虽以孔安国传、孔颖达疏居先，而不能不断于朱、真。大旨以朱子为宗，而以真德秀说为羽翼，其注疏或删或存，亦以二家之说为断。俞皋《春秋集传释义大成》，则以胡传与"三传"并列，为胡传日尊之渐，而所定十六例，又悉宗程子。程端学《春秋三传辨疑》，则兼孙复、刘敞、叶梦得三派之法，孙氏一派，弃传而不驳传者也；刘氏一派，驳"三传"之义例者也；叶氏一派，驳"三传"之典故者也。而变本加厉。赵汸《春秋属辞》《春秋左氏传补注》，则既宗杜预，而复本于陈傅良。汪克宽《春秋胡传附录纂疏》，则又专疏胡传之所出，而裨其疑阙。凡此诸家，有醇有驳，虽不与墨守同科，其为宋学则一耳。而陈澔《礼记集说》，浅显简便，又籍考亭之余荫得以行于后世者也。《四库全书提要》曰："澔父大猷师饶鲁，鲁师黄榦，榦为朱子之婿，遂藉考亭之余荫，得独列学官。"独有敖继公《仪礼集说》，虽似与康成立异，然于郑注之中，录其所取而不攻其所不取，犹有先儒谨严之遗。褚寅亮曰："敖继公撰《集说》，虽云采先儒之言，其实自注疏而外，皆自逞私意，专攻郑氏，学者苦注疏之难读，而喜其平易，乃盛行于世。""盖君善之意，不在解经，而有意与康成立异；特其巧于立言，含而不露，若无意于排击者，是以入其彀中而不悟。至于说有不通，甚且改窜经文，曲说其义，不几于无所忌惮乎！"按此言固中敖书之失，然《仪礼》自宋以还，治之者少，故敖书在元代犹为可取。陈应润《周易爻变义蕴》，能毅然破陈抟之学，因古占法而推原其变通之意，在元儒《易》解中，亦翘然自异者已。由上观之，元人经学，可见其概。程敏政有言："宋末元盛之时，学者于'六经''四书'，纂订编缀，曰集义，曰附录，曰纂疏，曰集成，曰讲义，曰通考，曰发明，曰纪闻，曰管窥，曰辑释，曰章图，曰音考，曰口义，曰通旨，棼起猬兴，不可数计。'六经'注脚，抑又倍之。"相兹立名，则其依人成学，鲜所心得，不待读其书而固可知也。

明初官学，略承元旧，而稍有增益。观洪武间所定举式，"四书"主朱子《章句集注》，《易》主《程传》、朱子《本义》，《书》主蔡沈《传》、夏僎《详解》，案太祖尝亲验天象，知蔡《传》不尽可据，因命学士刘三吾等作《书传会选》，参考古义以纠其失，颁行天下，故洪武中尚不专以蔡《传》为主。《诗》主朱子《集传》，《春秋》主《左氏》《公羊》《穀梁》三传及胡安国《传》、张洽《集注》，《礼记》主陈澔《集说》，其古注疏亦兼用之。见《明史·选举志》及杨慎《丹铅总录》。此郑晓《今言》所谓"洪武开科，'五经'皆主古注疏及宋儒也"。逮永乐十二年，敕胡广、杨荣、金幼孜等，修《五经四书大全》，同时预纂修者，尚有叶时中等三十九人。乃就前儒成编，杂为钞录，而去其姓名。《周易大全》，则取材于董楷之《周易传义附录》、董真卿之

《周易会通》、胡一桂之《周易本义附录纂疏》、胡炳文之《周易本义通释》；《书传大全》，则大旨本于陈栎之《尚书集传纂疏》、陈师凯之《书蔡传旁通》；《诗经大全》，则全袭刘瑾之《诗传通释》，而微变其例；《春秋大全》，则全袭汪克宽之《胡传纂疏》，而稍去其冗；《礼记大全》，则以陈澔注为宗，采掇诸儒之说凡四十二家以足之；陆元辅谓："当日诸经《大全》，皆攘窃成书。此亦必元人之成书，非诸臣所排纂。"《四书大全》，则剽剟倪士毅之《四书辑释》，特小有增删。以上并见朱彝尊《经义考》、顾炎武《日知录》及《四库提要》。自是而后，经义试士，奉此为则，不惟古注疏尽废，即宋儒之书，学者亦不必寓目矣。吴任臣谓："《大全》虽奉敕纂修，而实未纂修。朝廷可罔，月给可糜，赐予可要，天下后世，讵可欺乎？"顾炎武亦曰："当日儒臣奉旨修《四书五经大全》，颁餐钱，给笔札，书成之日，赐金迁秩，所费于国家者，不知凡几。将谓此书既成，可以章一代教学之功，启百世儒林之绪。而仅取已成之书，抄誊一过，上欺朝廷，下诳士子，唐、宋之时有是事乎？经学之废，实自此始。"又曰："自八股行而古学弃，《大全》出而经说亡。""洪武、永乐之间，亦世道升降之一会。"盖皆深见《大全》之陋，而慨乎其言之也。夫明修《大全》，与唐修《正义》，其为官学同也。然《正义》所据者，皆汉魏六朝之遗，且历时十余年，修改两三次，而后颁行，综其事者，又为经术湛深之大儒，故其书不徒该洽可观，抑亦渊源有自，然以颇杂谶纬，欧阳修犹有"不正"之讥。《大全》所据者，乃仅元人之遗耳，其去正义所据，已不可以道里计，《四库提要》曰："元人笃守师传，有所阐明，皆由心得。明则靖难以后，著儒宿学，略已丧亡。胡广等无可与谋，乃剽窃旧文以应诏。"而又不及一年，书即告成，据《明成祖宝录》，胡广等受诏于永乐十二年十一月甲寅，至十三年九月己酉，《五经四书大全》皆成，广等以进，上览而嘉之，亲造序于卷首，御奉天殿受之，命礼部刊赐天下。无暇甄择，自亦势所必至，宜朱彝尊亦有"《大全》乃至不全"之讥也。论者谓宋元明三朝之经学，元不及宋，明又不及元，每况愈下，非无故矣。明自永乐后，以《大全》取士，四方秀艾，困于帖括，以讲章为经学，以类书为策府。其上者复高谈性命，蹈于空疏，儒林之名，遂为空疏藏拙之地。故《明史儒林传序》曰："有明诸儒，专门经训，授受源流，则二百七十余年间，未闻以此名家者。"黄宗羲亦曰："明人讲学，袭《语录》之糟粕，不以'六经'为根柢，束书不观，但从事于游谈。"阮元亦曰："终明之世，学案百出，而经训家法，寂然无闻。"盖科举盛而儒术衰，理学昌而经学微，亦其势然也。今略就其可考者述之。明人于《易》，言数者入道家，而不出陈、邵；言理者近释氏，而不越程、朱。其有觉宋《易》不合，去而为汉《易》者，则有熊过之《周易象旨决录》、其说以象为主，虽未能全复汉学，而义必考古，实胜支离恍惚之谈。陈士元之《易象钩解》。其说以京房之学，授受有自，疑为太卜所藏。又谓"《易》以卜筮为用，卜筮以象为宗"，虽或近于穿凿，而匣然有当者为多。而胡居仁《易象钞》，其说简明确切，不涉支离元渺之谈。钱一本《像象管见》，是书不取京、焦、管、郭之说，亦不取陈抟、李之才之义，惟即卦爻以求象，即象以明人事，故曰"像象"。吴桂森《周易像象述》、桂森从钱一本学《易》，此书即本师说而推阐之。魏濬《易义古象通》，大旨谓文周之《易》即象著理，孔子之《易》以理明象。又于汉魏晋唐诸人所论象义，取其近正者，故名"古象通"。而冠以"易义"，言即象以通义也。朱谋㙔《周易象通》，大旨欲稍还古义，不用陈抟《先天图》，亦不用周子《太极图》，惟多出臆见，未为定论。亦皆以象为主。于是于数理外专言象者，又自为一派。即来知德《周易集注》，当时推为绝学者，虽不以象名，实亦取《系辞》中错综其数以论《易》象者也。他若陈祖念之《易用》、其书不载经文，但于每卦详论其义，系辞诸传，则各标章目而诠释之，务以切于人事为主，故名曰"用"。张次仲《周易玩辞困学记》，其书不侈谈象数，亦不信谶纬之说，惟于语言文字间求其谛当有益身心者，大旨切于人事。又欲舍象数而专主辞，此虽似宗义理，要亦与谈空理者稍别矣。明人于《书》，李维桢谓“今之解《书》者，有古义，有时义”。高皇帝《御注洪范》，命刘三吾等为《书传会选》，后有直指、辑注、会通、纂义、疏意、书绎数十家，是为古义；而经生科举之文不尽用，自《书经大全》布在学官，独重蔡氏注，经生习之，其主蔡氏而为之说者，坊肆所盛行亦数十家，皆便科举之文，是为时义。案此言足括有明一代之《书》学。其与蔡氏异者，惟袁仁《尚书砭蔡编》、是编专纠蔡《传》之误。马明衡《尚书疑义》、自序谓蔡《传》未必尽得，“其有所疑于心而不敢苟从者，辄录为篇”。陈泰交《尚书注考》，其书皆考订蔡《传》之讹。然皆从蔡《传》中条摘，不能自成家也。若梅鷟《尚书考异》《尚书谱》，辨正古文之伪，《考异》引据精核，《谱》则颇伤诋肆。陈第《尚书疏衍》，有笃信古文，力排梅氏，自序称“少受《尚书》，读经不读传注，得其意于深思者颇多。后乃参取古今注疏，而以素得于深思者附著之”。两家立说虽不同，但既非蔡学，又与李氏所谓“古义”者殊，则信能别树矣。明人于《诗》，莫不推衍朱子，或申或补，罔或违之。其有主毛《序》抑朱《传》者，则有袁仁《毛诗或问》、诋朱子解《诗》，如盲人扪象，大旨主于伸小序。吕柟《毛诗说序》。每章标举大义，主于疏通毛义而止。而朱谋㙔《诗故》，确宗汉训；其书以小序首句为主，而参用旧说以考证之，多以汉学为主。何楷《诗经世本古义》《旁摭史传》，其书专主孟子“知人论世”之旨，依时代为次，故名“世本古义”。引援赅洽，考证详明，非宋以来诸儒所及。季本《诗说解颐》，不袭前人；大抵多出新意，而征引该洽，亦颇足以自申其说。李先芳《读诗私记》，折衷众说；大抵多从毛、郑，毛、郑有所难通，则参之吕氏《读诗记》、严氏《诗辑》诸书。陈第《毛诗古音考》，发明古音之例，大旨谓古人之音原与今异，凡今所称叶韵，皆即古人之本音，非随意改读，辗转迁就。亦异乎朱《传》者也。明人于《春秋》，大抵范围于胡《传》。其好为议论者，益持苛说，弥用推求，巧诋深文，尤失笔削之微旨。其明攻胡氏者，惟有张以宁《胡传辨疑》《春王正月考》，史称“以宁以《春秋》致高第，故所学尤专《春秋》，多所自得。撰《胡传辨疑》最辨博，今辨疑已佚。惟《春王正月考》存”。其书征引“五经”，参以《史》《汉》，决数百载之疑案，颇具卓识。陆粲《胡氏传辨疑》、自序谓“胡氏说经，或失于过求，词不厌烦而圣人之意愈晦，故著此以辨论之”。大旨主于信经而不信例。袁仁《胡传考误》、自序谓“安国之传承君命而作，志在匡时，多借经以申其说，其意则忠，而于经未必尽合”。杨于庭《春秋质疑》，其书以胡《传》意主褒，讳抑损，不无附会，又于《左氏》《公》《穀》或采或驳，亦不能悉当，因条举而论辨之。而湛若水《春秋正传》、大旨以《春秋》本鲁史之文，不可强立义例，以臆说汨之，惟当考之于事，求之于心，因取诸家之说厘正之。其曰“正传”者，谓正诸传之谬也。熊过春《春秋明志录》、其书多自出新意，辨驳前人，于左氏、公羊、穀梁及胡安国俱有所纠正。高拱《春秋正旨》、大旨以宋以来说《春秋》者，欲尊圣人而不知所以尊，欲明书法而不知所以明，乃推原经意以订其谬。王介之《春秋四传质》，其书取“三传”及胡安国《传》异同，断以己意。则又并他家而攻之。余如王樵《春秋辑传》之主朱子，以朱子为主，博采诸家，附以论断，大旨醇正。高攀龙《春秋孔义》之宗仲尼，其意主于以经解经，凡经无传有者不敢信，传无经有者不敢疑，故名曰“孔义”，明为孔子之义而非诸儒之臆说也。冯时可《左氏释》之发明本传训诂，其书间有臆断，而精核者多亦赵汸《补注》之亚也。亦自为一家也。至于“三礼”，本征实之学，汉唐注释，无以上之。然《周礼》自宋王荆公作《新义》，学者多推寻于文句之间，由考证渐变为论辨，且自朱申以后，苟趣简易，以《叙官》为无用而删之，经遂有目无纲。自俞廷春、邱葵以后，窜乱五官以补《冬官》之阙，经遂更无完简。沿及明代，弥逐颓波，破碎支离，益非其旧，若何乔新、陈凤梧、舒芬诸人，率各以己意更定。王应电作《周礼传诂》《图说》《翼传》，自谓“覃研十数载”，“因显探微，因细绎大”，非“诸儒之《周礼》”，然仍不免有所割裂。其《传诂》虽略于考证，而义理多所发明。柯尚迁《周礼全经释原》亦然。其书训诂经义，尚条畅分明，有所阐发，故唐顺之、姜宝皆有取焉。惟王志长《周礼注疏删翼》，其书于郑注、贾疏多刊削其繁文，故谓之

“删”；又杂引诸家之说以发明其义，故曰之“翼”。恪守古本耳。《仪礼》至明亦成绝学，张凤翔《礼经集注》，主朱子《仪礼》为经之说，大旨以郑注为主。间出新义，多所未允。朱朝瑛《读仪礼略记》，于经文不全录，所采多敖继公、郝敬之说。取材颇俭，益无以立也。《礼记》则有徐师曾《礼记集注》，于郑、贾注疏间能体会，然訾斥经文者不一而足。以陈澔《集说》为未得经义，故别采先儒旧说以为之，但于“三礼”未能融合，仅随文生义，说亦多误。黄道周《礼记解五篇》，《月令明义》《表记集传》《坊记集传》《缁衣集传》《儒行集传》凡五篇，皆官少詹事时所注以进于上者。其意主于格正君心，又不能尽以章句训诂绳之矣。凡兹所举，皆明儒经学之较可称者，然固不可于举业中求之也。说者谓《五经大全》一出，应举穷经，应分为两事，理或然与。若夫郝敬解经，好冯私意，敬所著有《周易正解》《尚书辨解》《毛诗原解》《春秋直解》《周礼完解》《仪礼节解》《礼记通解》《孟子说解》诸书。丰坊作伪，妄托世学，坊所造有《古易世学》《春秋世学》《鲁诗学》《子贡诗传》《申培诗说》《石经大学》，皆窜乱篇第，别为训诂，诡言古本。其《大学》《诗传》《诗说》三书以篆籀写之，一时颇为所惑。一务求胜于古人，一欲售欺于后世，斯则说虽富，术虽工，更无当已。

第十二篇　清之经学

有清一代，论者号为经学复兴，以为承元明积衰之后，而能轹宋超唐以上跻两汉之盛也。然考之《清通典》，顺治二年所定试士之例，“四书”主《朱子集注》，《易》主程、朱二《传》，《诗》主《朱子集传》，《书》主蔡《传》，《春秋》主胡《传》，《礼记》主陈氏《集说》。此视元明初之兼用古注疏者尚有间，盖虽不用《大全》，而实袭《大全》所本之陋也。逮于康熙，《啸亭杂录》礼亲王昭梿撰。称“仁皇夙好程、朱”，“尝出《礼学真伪论》以试词林，又刊定《性理大全》《朱子全书》等书，特命朱子配祠十哲，故当时宋学昌明”。据此，知清之初叶，皆重宋儒之学。观其时《御纂周易折中》，康熙五十四年敕撰。虽不全用程《传》及朱子《本义》，而仍以程《传》本义居先；《钦定书经传说汇纂》，康熙六十年敕撰，雍正八年告成。虽不全用蔡《传》，而仍以蔡《传》居先；《钦定诗经传说汇纂》，康熙六十年敕撰，雍正五年告成。虽不全用朱《传》，而仍以朱《传》居先；《钦定春秋传说汇纂》，康熙三十八年敕撰。虽于胡《传》多所驳正刊除，而仍以胡《传》标题，列“三传”之次。至乾隆四年，定各省拔贡生应试经解例，学政考试拔贡，将御纂诸经中摘取先儒异同之说，令其条分缕析详对。见《清通考》。此所谓御纂诸经，即指康熙时之所撰也。惟《啸亭杂录》又称纯皇“初即位时，一时儒雅之臣，皆帖括之士，有罕通经学者。上特下诏命大臣保荐经术之士。辇至都下，课其学之醇疵”，《清通考》曰：“乾隆十四年奉谕旨：‘夫穷经不如敦行，然知务本则于躬行为近。崇尚经术，良有关于世道人心。今海宇升平，学士大夫举得精研本业，其穷年矻矻宗仰儒先者，当不乏人，奈何令终老牖下，而词苑中寡经术士也。内大学士、九卿、外督抚，其公举所知，不拘进士、举人、诸生以及退休闲废人员，能潜心经学者，慎重遴访，务择老成敦厚、淳朴淹通之士，以应精选。’至十六年，大学士、九卿等保举经学人员。”“又特刊《十三经注疏》，颁布学官，而汉学始大著”，则知乾隆之世，渐不局于宋学。故其时《御纂周易述义》，于宋《易》、汉《易》酌取其平；《钦定诗义折中》分章多准康成，征事率从小序；以上两经皆乾隆二十年敕撰。《钦定三礼义疏》，乾隆十三年敕撰。《周官》虽采掇群言，《仪礼》虽多宗敖说，而郑注兼用，《礼记》则更博采汉唐遗文，而于陈澔《集说》，仅弃瑕录瑜，杂列诸儒之中，不以冠首，与《易》《诗》《书》三经异例；《御纂春秋直解》，乾隆二十三年敕撰。则并明揭胡《传》之传会臆断于序文之中。是故七经虽同为御纂，而康熙、乾隆，前后又稍有殊，但大体不相远耳。要之此等官学，摭拾固勤，理解终少，名为折中，实持两可，余杭章君曰：“康熙、雍正、乾隆三世纂修七经，辞义往往鄙倍，虽蔡沈、陈澔为之臣仆而不敢辞；时援古义，又椎钝弗能理解，譬如薰粪杂糅，徒睹其污点耳。”以较明之《大全》，诚为过之，尚未能望唐之《正义》也。所谓经学复兴，当不在是；清世经学之盛，盖在私学。先是明季遗儒，越在草莽，惩空谈心性之足以亡国，思以征实之学挽末俗，虽无救于宗邦之沦，实开清学风气之始。而其闻望最隆者，北则推容城孙奇逢、盩厔李颙、博野颜元，南则推余姚黄宗羲、昆山顾炎武、衡阳王夫之。孙、李犹纯为理学，于经学无与，颜氏所谓“欲上追《周官·保氏》六艺之教”者，然其所得于经者仍甚疏也。惟黄、顾、王三氏，始合经学、理学为一，而启汉、宋兼采之派。黄氏尝谓“学者必先穷经”，“读书不多，无以证理之变化，多而不求于心，则为俗学”，故其教人说经则宗汉儒，立身则宗宋学。

所著有《易学象数论》《授书随笔》《礼记深衣考》《春秋日食历》，持论皆有依据，而能正前人之谬。顾氏则谓："古今安得别有所谓理学者？经学即理学也。自有舍经学以言理学者，而邪说以起，不知舍经学，则其所谓理学者禅学也。"故自少至老，无一刻离书，虽据鞍亦必默诵诸经注疏。所著有《左传杜解补正》《石经考》《九经误字》《五经异同》，尤精韵学，撰《诗本音》《易音》《唐韵正》，古韵由是始明。王氏论学，以汉儒为门户，以宋五子为堂奥，著述更富：于《易》则有《稗疏》《内传》《外传》《大象解》《考异》，于《书》则有《稗疏》《引义》，于《诗》则有《稗疏》《广传》《考异》《叶韵辨》，于《礼》则有《礼记章句》，于《春秋》则有《稗疏》《家说》《世论》《续左氏传博议》，于"四书"则有《稗疏》《考异》《训义》《读大全说》。其说《易》，不信陈抟之学，亦不信京房之术，于先天诸图及纬书、杂说，排之甚力，而亦不空谈玄妙附合老庄之旨；其说《尚书》，诠释经文，多出新意，驳苏轼《传》及蔡《传》之失，大都辞有根据，不同游谈；其说《诗》，辨正名物、训诂，以补传笺诸说之遗，不为臆断，《辨叶韵》一篇，持论明通足解诸家之轇轕；其说《礼》，通其异以会其同，辨其显以达其微，于先王穷理尽性、修己治人之道，尤为曲尽；其说《春秋》，考证地理，多可纠杜注之失。邓显鹤谓"当代经师后先生而起者，无虑百十家。然诸家所著，有据为新义辄为先生所已言者"，信不虚也。曾国藩《船山遗书序》亦云："先生殁后，巨儒迭兴，或攻良知捷获之说，或辨易图之凿，或详考名物、训诂、音韵，正《诗集传》之疏，或修补"三礼"时享之仪，号为卓绝，先生皆已发之于前。"惟王氏平生痛诋党人标榜之习，不欲身隐而文著，故其书久而始章。黄氏则尝设讲经会，浙东西学者多往归之。顾氏虽以聚徒讲学为非，然足迹遍南北，声气益复旁达。是故三儒之学，其影响于清初经学者，顾为最，黄次之，王则甚微。继是而作，如万斯大、阎若璩、胡渭、张尔岐、朱鹤龄、陈启源之流，其学皆汉、宋杂治，莫不与顾、黄相涉。

斯大本从宗羲游，尤精《春秋》、“三礼”，著有《春秋随笔》《学礼质疑》《仪礼商》《礼记偶笺》《周官辨非》，于《春秋》有专传论世、属词比事、原情定罪诸义，于“三礼”有论郊、论社、论禘、论祖宗、论明堂泰坛、论丧服诸义。其辨正商周改月、改时，周诗周正及兄弟同昭穆，皆极确实。《宗法》十余篇亦颇见推衍。其根柢“三礼”以释“三传”，较宋元以后空谈书法者殊。若璩长于考证，于顾、黄之书皆加指摘，然实尝问业于宗羲，宗羲《授书随笔》即答若璩之问者。或谓亦执贽炎武之门。顾千里云：“曾见初印亭林所刊《广韵》前有校刊姓氏，列受业阎若璩名。”所著有《古文尚书疏证》《四书释地》《释地》而外，兼及人名、物类、训诂、典制。《毛朱诗说》其说《诗》亦以王柏《诗疑》为然，谓郑、卫为可删。《丧服翼注》，而《疏证》一书，引经据古，一一陈其矛盾之故，使古文之伪，大白于世，其续更伟。渭精舆地之学，所作《禹贡锥指》博稽载籍，考其同异而折衷之。山川形势，郡国分合同异，道里远近平险，讨论详明。宋以来傅寅、程大昌、毛晃而下，注《禹贡》者数十家，经核典赡，此为之冠。最有名。又撰《易图明辨》，专为辨定图书而作，于河图、洛书、五行、九宫、参同、先天太极、龙图易数、钩隐图、启蒙图、书，先天、后天、卦变、象数流弊，引据旧文，互相参证，以箝依托之口，使学者知图书之说，乃修炼、术数二家旁分易学之支流，非作《易》之根柢。论者谓“视《锥指》尤为有功经学”。他著尚有《洪范正论》、谓汉人专取灾祥推衍五行，穿凿附会，乱彝伦攸叙之经。《大学翼真》，大旨以朱子为主，仅谓《格致》一章不必补传，力辟王学改本之误。所论一轨于正，汉儒傅会之谈，宋儒变乱之论，扫而除焉。然其易学亦有本于宗羲之说。尔岐著《易周说略》此书专发明朱子本义之旨。《诗说略》《夏小正传注》，而尤覃心《仪礼》，为《仪礼》郑注句读，以郑康成注文古质，贾公彦释义曼衍，学者不能寻其端绪，乃取经与注章分之，定其句读，疏其节，录其要，取其明注而止，有疑义则以意断之，亦附于末。炎武读而善之，称其“根本先儒，立言简当”，“书实可传”，因为之序。鹤龄初本为文章之学，及与炎武友，勖以本原，乃湛思覃力于诸经注疏及儒先理学。著

《易广义略》以易理至宋儒已明，然《左传》《国语》所载占法，皆言象也，本义精矣，而多未备，故为此书。《尚书埤传》以蔡氏释《书》未精，斟酌于汉学、宋学之间。《诗经通义》以朱子掊击小序太过，乃参考诸家之说，疏通序义。《春秋集说》以胡氏传《春秋》多偏见凿说，乃合唐宋以来诸儒之解而为集说。《读左日钞》以杜氏注《左传》未尽合，俗儒复以林氏注紊之，因详证参考而为此书。《禹贡长笺》，作于胡渭《禹贡锥指》之前，虽不及渭书，而备论古今利害，旁引曲证，亦多创获。世尤称其《诗义》《读左》二书。启源与鹤龄同邑相善，尤深于《诗》，著《毛诗稽古编》，其诠释经旨，一准《毛传》，而郑笺佐之，训诂声音以《尔雅》为主，草木虫鱼以陆疏为则，惟颇参佛学。鹤龄从而采焉。凡此诸人，虽未可概语于精博，并清初经学之选也。皮锡瑞谓："国初诸儒治经，取汉唐注疏及宋元明人之说，择善而从，由后人论之，为汉宋兼采一派。而在诸公当日，不过实事求是，非必欲自成一家。"斯言可谓允矣。江藩作《国朝汉学师承记》，乃登阎、胡、张于卷首，而附黄、顾于册末，谓"两家之学，皆深入宋儒之室，但以汉学为不可废，多骑墙之见，依违之言，非真知灼见者"。余虽以《诗》许陈启源，以《礼》许万斯大，以《春秋左传》许朱鹤龄，然俱以微玼削其名氏。见所附《国朝经师经义》目录。夫黄、顾艰贞自守，本不欲侪于清儒，诡弹之以全其志，宜也。彼阎、胡、张者，率诵法朱子，又何尝以汉学专门自名哉！其时不染宋学者，则有臧琳、毛奇龄。琳著《尚书集解》《经义杂记》，阎若璩以"深明两汉之学"称之。钱大昕校定其书，亦云"实事求是，别白精审，而未尝轻诋前哲，真务实而不近名者"。奇龄《易》《书》《诗》《礼》《春秋》皆有所撰，著《仲氏易》《推易始末》《春秋占筮书》《易小帖》《易韵》《河图洛书原舛编》《太极图说遗议》《古文尚书冤词》《毛诗写官记》《诗劄》《国风省篇》《白鹭洲主客说诗》《诗传诗说驳议》《春秋毛氏传》《春秋简书刊误》《春秋属辞比事记》，昏丧祭礼、宗法庙制、郊社禘祫、明堂学校诸问答，"四书"改错、《大学证文》《孝经问》凡数十种。又作《经问》，于顾、阎、胡三君咸指"明攻驳，大抵他人所已言，必力反之以求胜，其性则然。江记于毛氏以屏不录，臧氏但附见而已，亦少隘矣”。又若俞汝言、著《春秋平义》《四传纠正》。顾栋高著《春秋大事表》。之于《春秋》，王文清、著《周礼会要》《仪礼分节句读》《三礼图》《丧服解》《祭礼解》。任启运、著《礼经章句》蔡德晋著《礼经》《礼传本义》及《通礼》。之于《礼》，徐文靖、著《周易拾遗》。吴鼎著《易例举要》《易象集说》。之于《易》，兹则虽时有善言，而颇挠俗说，凌杂芜序，不足论也。

治经确收汉师家法，不入元明人谰言者，实始于乾隆时。分堋树帜，则有东吴、皖南两派，吴学惠栋主之，皖学戴震主之。惠氏三世传经，栋上承其祖周惕、著有《易传》《诗说》《三礼问》《春秋问》。父士奇著有《易说》《春秋说》《礼记说》《大学说》。之学，于诸经熟恰贯串。撰《古文尚书考》《春秋左传补注》，尤邃于《易》，撰《易汉学》《易例》《周易述》，论者谓“汉学之绝者千有五百余年，至是而粲然复章”。又因学《易》而悟明堂之法，撰《明堂大道录禘说》。其《九经古义》，则讨论古音古字，所以博异闻、正俗学也。钱大昕谓：“惠氏世守古学，而先生所得尤深，拟诸汉儒，当在何邵公、服子慎之间，马融、赵歧辈不能及也。”惟王引之颇讥惠氏“考古虽勤，而识不高，心不细，见异于今者则从之，大都不论是非”，盖惠氏意在扶植微学，故以掇拾为主，不复加以裁断也。同时与栋友善者有沈彤，群经皆有撰述，于《礼》更精。而王鸣盛、钱大昕、王昶，亦皆与栋相接。鸣盛治《尚书》《周礼》，昶治《易》，大昕博综群籍，不专治一经而无经不通。二王及钱，兼治史乘、金石之学，钱尤深于音韵、历算，皆非专门经学家。栋弟子著者，则有江声、余萧客。声读栋《古文尚书考》及阎氏《古文疏证》，有会于心，所作《集注音疏》，能补二君之所未及。萧客辑《古经解钩沉》，凡唐以前旧说，自诸经解所引旁及史传类书，片语单词，悉著其目，有网罗放失之功。江声之友有褚寅亮，早岁为《公羊》何休之学，从事《礼经》几三十年。江藩则受业萧客，又从声受惠氏

《易》，续惠氏未竟之绪。藩籍甘泉，于是惠学稍被江北，钟怀、李宗泗、徐复辈，均闻风兴起，虽学无可观，亦吴派之支流也。戴震生休宁，其学出于婺源江永。永深思独造，长于比勘，于声律、音韵、历数、典礼之学，咸观其会通，其经学著述有《周礼疑义举要》《礼记训义择言》《深衣考误》《礼经纲目》《春秋地理考实》《乡党图考》《四书典林》。震称其学"自汉经师郑康成后，罕其俦匹"。从游者十余，惟震能得其全。震之学由声音文字以求训诂，由训诂以寻义理，凡治一学立一说，必参互考验，曲证旁通，以辨物正名为基，以同条共贯为纬。刘师培曰："戴氏论历算则淹贯中西，论音韵则精穷声纽，论地舆则考订山川，咸为前人所未发。而研求古籍，复能提要钩玄，心知其意。凡古学之湮没者，必发挥光大，使绝学复明；凡古义之钩棘者，必反复研寻，使疑文冰释；凡俗学之误民者，必排击防闲，使卮言日绝。且辨章名物，以类相求，则近于归纳；会通古说，匡违补缺，则异于拘墟；辨名析词，以参为验，则殊于棱模；实事求是，以适用为归，则异于迂阔。而说经之书，简直明显，尤近汉儒。"所著有《毛郑诗考正》《诗经二南补注》《尚书义考》《仪礼考正》《考工记图》《春秋即位改元考》《大学中庸补注》《孟子字义疏证》《尔雅文字考经说》，其他小学、历算、舆地之作尚多。汪中谓"国朝古学之兴，顾炎武开其端，及震而集其大成"云。震乡里同学有金榜、程瑶田，稍后有凌廷堪及三胡，三胡者，匡衷、承珙、培翚也，并善治《礼》，而瑶田兼通水地、工艺、谷食之学，震自言逊其精密。及震北游京师，学乃远被。传形声、训诂之学者，有高邮王念孙、金坛段玉裁，传典章、制度之学者，有兴化任大椿。而念孙子引之及同里李惇、刘台拱、朱彬，大椿同里顾九苞及子凤毛，并闻其学。甘泉焦循少从凤毛游，又与凌廷堪友善，最精《易》数。仪征阮元则尝从凌氏问故，与焦氏相切磋，而友于任氏、王氏者也。而黄承吉、凌曙、刘宝楠、刘文淇亦以次起，故戴学之传，以扬州为最盛。时句容陈立、丹徒柳兴恩、旌德姚配中，并寓扬州，立受学凌曙治《公羊》，兴恩攻《穀梁》，配中通汉《易》，均互相观摩讲习。

段玉裁既传戴学，其门下知名者，则有长洲陈奂、元和朱骏声，奂精《毛诗》，骏声精《说文》，其婿仁和龚丽正独精《春秋外传》。他若河间纪昀、余姚卢文弨、邵晋涵，并震同志之友，从而问业；曲阜孔广森，则以姻娅执弟子之礼。广森以《公羊》名，晋涵以《尔雅》著。栖霞郝懿行亦治《尔雅》，则又出阮氏之门而尝就正于王念孙。而偃师武亿，为河南经生冠，常从大兴二朱筠、珪。诸客游。二朱固亦折节交震，以汲引汉学之士为己任者。厥后阮元执节浙粤，树之风声，而临海金鹗以《礼》，番禺侯康以《穀梁》，林伯桐以《毛诗》，复皆有闻。盖戴学所被，不徒由皖而苏而浙，且及齐、鲁、燕、豫岭海之间矣。江藩《汉学师承记》谓戴震亦尝执经问难于惠栋，是吴、皖两派，本同出一源。乃惠学转不逮戴学之盛者，则以惠学好博而尊闻，信古过笃，戴学综形名，条理密瑮，能断以己之律令也。至若文士说经，如汪中、孙星衍、洪亮吉、张惠言之流，则又大抵回翔两派之间，左右采获，而多与惠学为近。余杭章君曰："大湖之滨，苏常、松江、太仓诸邑，其民佚丽，自晚明以来，喜为文辞比兴，饮食会同，以博依相问难，故好浏览而无纪纲。其流风遍江之南北，惠栋兴，犹尚该洽百氏，乐文采者相与依违之。及江永、戴震起徽州，徽州于江南为高原，其民勤苦善治生，故求学深邃，言直核而无温籍，不便文士。故诸为俪辞者，或阳奉震氏，实不与其学相容，独汪中称颂戴氏，学已不类。其他率多辞人，或略近惠氏，戴则绝远。"故知自乾隆以迄嘉、道，言经学者莫能外汉学，言汉学者莫能外吴、皖两派焉。其时欲摧汉学之垒，援宋学以自壮者，则为桐城派，始于方苞、姚范，而以姚鼐为大师。苞亦颇言"三礼"，范校核群籍，尚不惑于空谈，鼐则初欲从戴震学，为震所谢，始持论诋汉学为破碎。至方东树作《汉学商兑》，汉宋之争乃如水火。然鼐之甥马宗琏[①] 及子瑞辰，犹从戴氏弟子游。自余衍桐城之派者，但以古文义法相高，于经学仍不能损汉学之毫末也。然惠、戴末流之弊，英华既竭，枝叶是穷，义鲜宗极，语乏归宿，诚有如焦循所

① 原文作"梿"，据《清儒学案》改作"琏"，与后文统一。

讥为拾骨学、本子学者。《理堂家训》，以摭拾之学为拾骨学，以校勘之学为本子学，排斥甚力。于是常州今文之学，乃乘之而起。初武进庄存与博通六艺，而善于别择，诸经皆有撰述，尤喜公羊家言，为《春秋正辞》，然犹杂治古文，撰《毛诗说》《周官记》《周官说》。不执守今文之说。其从子述祖，亦遍治群经，撰《夏小正经传考释》《古文甲乙篇》，发明夏时《归藏》之义，谓"《说文》始一终亥，即古之《归藏》"，为六书条例所由出，复引《古籀遗文》，分别部居，以瑰玮蔓衍炫俗，故常州学者说经必宗西汉，解字必宗籀文。自庄氏始，述祖之甥有武进刘逢禄、长洲宋翔凤，皆传其学。逢禄作《公羊何氏释例》《解诂笺》《答难》，又推原穀梁氏、左氏之得失，为《申何难郑》。复作《论语述何》《夏时经传笺》《中庸崇礼论》《议礼决狱》，皆比傅《公羊》之义。又谓《虞易》"精象变而罕大义"，撰《易虞氏变动表》《六爻发挥旁通表》《卦象阴阳大义》《虞氏易言补》。《毛诗》"详故训而略微言"，初治《毛诗》，后治"三家诗"。马、郑注书，颇多讹谬，撰《尚书古今文集解》。左氏别行，不传《春秋》，撰《左氏春秋考证》。论者谓其"由董生《春秋》以窥六艺家法"。别作《纬略》，则稍邻恢诡。翔凤之学，略次于刘，述祖有"刘甥可师，宋甥可友"之语。而饰说过之。作《拟汉博士答刘歆书》，又作《汉学今文古文考》，以《公羊》义说群经，以古籀证群籍，以为"微言之存，非一事可该；大义所著，非一端足竟"，会通众家，自辟蹊径，而精力所贯，尤在《论语》。撰《论语说义》《论语发微》。至是今文之学，遂以大明。刘氏弟子有仁和龚自珍，丽正子。宋氏弟子有德清戴望，并治《公羊》。自珍作《五经大义终始论》，咸通以三世之义。望撰《论语注》，演刘氏《论语述何》之微。而仁和邵懿辰，撰《尚书通义》《礼经通论》，又以《礼经》十七篇为完书，且信东晋古文，《逸礼》《逸书》则指为刘歆伪造。由是浙中有今文学。邵阳魏源，素善自珍，作《两汉经师今古文家法考》，谓"西汉之学胜于东汉，东汉之学兴，而西汉博士之家法亡"，大旨与宋氏同。又作《董子春秋发微》《诗古微》《书古微》，其说《诗》斥《毛传》，宗三家，其说《书》斥马、郑，宗《史记》大传及《汉书》所载欧阳夏侯、刘向疑说。湘潭王先生继之，各经皆有笺注，所著有《周易说》《尚书笺》《诗经补笺》《礼经笺》《礼记笺》《春秋公羊传笺》《周官笺》《论语训》《尔雅集解》。亦折衷于《公羊》之义，自称眇通。善化皮锡瑞，撰《经学通论》，则以《易》《礼》皆孔子作，其笺《王制》，亦谓素王所定，通于《春秋》。由是湘中有今文学。王氏弟子井研廖平，初作《今古学考》，谨守汉法，已乃自名其学，颇闳大不经。案廖氏之学凡六变，三变以前，尚有指归，至四五变以《礼》《春秋》《尚书》三经为人学，以《周官》《王制》为之传，《易》《诗》《乐》三经为天学，以灵素、《山海经》、庄列楚词为之传，各有皇、帝、王、霸四等，最后得王冰素问读之，复以五运六气之说为孔门《诗》《易》师说，遂据以说《诗》《易》，斯益流于怪迂，与朴学异趣矣。而南海康有为，乃窃其绪，作《新学伪经考》《孔子改制考》。由是蜀中、粤中亦有今文学。别有闽县陈乔枞，承其父寿祺遗训，治“三家诗”、《今文尚书》，撰《三家诗遗说考》《齐诗翼氏学疏证》《诗纬集证》《今文尚书经说考》《欧阳夏侯经考》。谓“凡古文《易》《诗》《书》《礼》《论语》《孝经》所以传，悉由今文为之先驱，今文所无辄废”。是又为闽中之今文学。而江北、皖南学者，亦见异思迁，如泾包慎言欲以《公羊》义疏证《中庸》，谓《中庸》为春秋纲领。宝应刘恭冕宝楠子。发明《公羊》新周之义，又剌取《公羊解诂》引《论语》者，作《何休论语注训述》。盖自道、咸而后，今文之学日昌，惠、戴之绪，或几乎息矣。独德清俞樾、瑞安孙诒让犹守高邮王氏之矩矱。诒让晚颇淫于金文龟甲，而治《周官》则甚精。樾著群经平议，虽时以臆见改本经，或失之凿，其善者固不可易也。然当今文方张之际，又有调齐汉宋不欲以一端自局者，如山阳丁晏，于《诗》《礼》皆宗郑注，撰《毛郑诗释》《三礼释注》。于《易》则述程《传》，撰《周易述传》。尝谓“汉儒正其诂，诂正而义以显；宋儒析其理，理明而诂以精。二者不可偏废”。番禺陈澧则谓：“汉儒言义理无异于宋儒，宋儒轻蔑汉儒者非也，近儒尊汉儒而不讲义理亦非也。”著《汉儒通义》及《读书记》，多采郑玄、朱熹遗说。案陈氏之学，长于声律切韵，于经术所得甚浅。定海黄式三，说经亦不拘汉宋，择是而从。撰《论语后案》《尚书启蒙》《诗丛说》《诗序说》《通诗传笺考》。其子以周，综治“三礼”，更谓：“三代下经学，郑君、朱子为最。而汉学家破碎大道，宋学家弃经臆说，不合郑、朱，何论孔、孟？”因守顾炎武经学即理学之训，以追讨孔门之博文约礼。兹数君者，虽不得为派，观其势之所趋，殆将欲复于清初诸故老之所为。语曰“九变复贯”，岂是之谓乎？及夫学制改，新说滋，群以经为无用，方议废之，则清社未屋而经学已大衰。

清儒说经之书，前世莫与比盛。阮刻《皇清经解》，王刻《续皇清经解》，搜辑略备，后出者或未得入，卷帙多者容有去取，然已渊乎大观，可于是而揽其胜也。若夫专门名家者，如惠栋《周易述》、以荀爽、虞翻为主，而参以郑康成、宋咸、干宝之说，约其旨为注，演其说为疏。书垂成而疾革，遂阙革至未济十五卦及序卦、杂卦两传。江藩《周易述补》、续惠氏之书，凌廷堪谓“栋犹不免用王弼之说，藩悉无之，方之惠书有过之无不及也”。则《易》之新疏也。江声《尚书集注音疏》、存今文二十九篇，以别梅氏所上二十八篇之伪造。取《书传》所引《汤征》《秦誓》诸篇逸文，按《书》序录入，又取《说文》经子所引《书》古文本字，更正秦隶及唐开元改易古字之谬，辑郑康成残注及汉儒逸说，附以己见而为之疏。孙星衍《尚书今古文注疏》，刺取《书传》升为注者五家三科之说：一司马迁从孔安国问故，是古文说；一《书大传》伏生所传欧阳高、大小夏侯，是今文说；一马融、郑玄虽有异同，多本卫宏、贾逵，是孔壁古文说。皆疏明出典。其先秦诸子所引古书说，及纬书《白虎通》等汉魏诸儒今文说，许氏《说文》所载孔壁古文，注中存其异文异字，其说则附疏中。其书意在网罗放失旧闻，故录汉魏人佚说为多，不取赵宋以来诸人注。则《尚书》之新疏也。陈奂《毛诗传疏》，以《毛传》一切礼数名物，自汉以来，无人称引，韬晦不彰，乃博征古书，发明其义，大抵用西汉以前旧说，而与东汉人说《诗》者不苟同。又以毛氏之学，源出荀子，而善承毛氏者，惟郑仲师、许叔重两家，故于《周礼注》《说文解字》多所取说。则《诗》之新疏也。孙诒让《周礼正义》，以郑注简奥，贾疏疏略，乃以《尔雅》《说文》正其诂训，以《礼经》、大小《戴记》证其制度，博采汉唐以来迄乾、嘉诸经儒旧说，参互译证，以发郑注之渊奥，裨贾疏之遗缺，较旧疏为淹贯。则《周礼》之新疏也。胡培翚《仪礼正义》，约有四例：一曰疏经以补注，二曰通疏以申注，三曰汇各家之说以附注，四曰采他说以订注。则《仪礼》之新疏也。刘文淇《春秋左氏传旧注疏证》，先取贾、郑、服三君之注，疏通证明，凡杜氏所排击者纠正之，剿袭者表明之，其沿用韦氏《国语》注者，亦一一疏记。他如《五经异义》《说文》所载左氏说，经疏史注、《御览》等书所引《左传注》，不载姓名而与杜注异者，皆贾、服旧说。凡若此者，皆称为旧注，而加以疏证，其近人释左之书有可采者，咸与登列，末始下以己意。则《左传》之新疏也。陈立《公羊义疏》，博稽载籍，凡唐以前《公羊》古义，及清代诸儒说《公羊》者，左右采获，择精语详，长编具，乃整齐排比，融合贯通。则《公羊传》之新疏也。刘宝楠《论语正义》，病皇疏芜陋，乃搜辑汉儒旧说，益以宋人长义及近世诸家，仿焦循《孟子正义》例，先为长编，次乃荟萃而折衷之，未卒业，其子恭冕续成。则《论语》之新疏也。皮锡瑞《孝经郑注疏》，专主郑注，为之疏通证明，虽多持纬候之说，然文句隐没者，钩深而致之显，有扶微继绝之功。则《孝经》之新疏也。邵晋涵《尔雅正义》、以郭璞为宗，而兼采舍人樊、刘、李、孙诸家，郭有未详者，摭他书附之。郝懿行《尔雅义疏》，于古训同异、名物疑似，必详加辨论，疏通证明，论者谓“所造较晋涵为深”。则《尔雅》之新疏也。焦循《孟子正义》，以古之精通《易》理、深得羲、文、周、孔之恉者，莫如孟子；生孟子后，能深知其学者，莫如赵氏。伪疏踳驳，未能发明，因为《正义》。又谓：“为《孟子》作疏，其难有十，然近代通儒，已得八九。因博采诸家之说，而下以己意。”则《孟子》之新疏也。诸此新疏，惟《周易》所主不同，不必与旧疏较，《毛诗》疏用毛弃郑，亦稍胶固，其余取精用闳，往往有过旧疏者。独治《礼记》者，如江永《礼记训义择言》、自《檀弓》至

《杂记》，于注家异同之说，择其一是，为之折衷。朱彬《礼记训纂》，凡虎观诸儒所论议、郑志弟子之问答，以及魏晋以降诸儒之训释、书钞通典御览之涉是书者，一以注疏为主，撷其精要，纬以古今诸说，其附以己意者，亦皆援据精确。治《穀梁》者，如钟文蒸《穀梁经传补注》、网罗众说，折衷一是，其未经人道者，自比于梅鷟之辨伪书、陈第之谈古韵，略引其绪，以待后贤。许桂林《穀梁传时日月书法释例》、有引《公羊》而互证者，有驳《公羊》而专主者，孙星衍称为条理精密、论辨明允。柳兴恩《穀梁春秋大义述》、以六艺论云“穀梁子善于经”，遂专从善经入手，而善经则以属辞比事为据，事与辞则以《春秋》日月等例定之。《述日月例》第一，《述礼例》第二，《述异文》第三，《述古训》第四，《师说》第五，《经师》第六，《长编》第七。陈澧见其书，叹为精博。侯康《穀梁礼证》，以《穀梁》证“三礼”，因《公羊》杂出众师，时多偏驳，排诋独多，其书未完，仅成二卷。或短促不能具大体，或义不师古，或专明一端，故此二经无新疏。马宗琏有《穀梁传疏证》，邵晋涵有《穀梁正义》，但其书未之见。其为诸新疏所取资者，《书》则有王鸣盛之《尚书后案》、专述郑康成之学，若郑注亡佚，采马、王注补之，孔传虽出东晋，其训诂犹有传授，间一取焉。又谓东晋所献之《太誓》伪，而唐人所斥之《太誓》非伪，故附书今文《太誓》一篇，存古之功，自谓不减惠氏《周易述》也。段玉裁之《古文尚书撰异》，广搜补阙，正晋唐之妄改，存周汉之驳文。《周礼》则有惠士奇之《礼说》，疏通古音古字，俱使无疑似，复援引诸子百家之文，或以证明周制，或以参考郑氏所引之汉制以递观周制，而各阐其制作之深意。《左传》则有惠栋之《左传补注》，自序谓“刺取经传，附以先世遗闻，宗韦、郑之遗，前修不揜，效乐、刘之意，有失必规，而于古今文之同异，辨之尤悉”。《公羊传》则有刘逢禄之《公羊何氏释例及解诂笺》、《释例》之作，寻其条贯，正其统纪，又析其疑滞为笺。凌曙之《公羊礼疏》、以《春秋》之义存于《公羊》。又以宋元以来，学者空言无补，惟实事求是，庶几近之，而事之切实，无过于《礼》，因为《礼疏》。包慎言之《公羊历谱》，而姚配中《周易姚氏学》、以郑为主，而参以汉魏经师，成《周易》参象，后复定为此书。刘逢禄《书序述闻》

《尚书今古文集解》、大旨主于匡正马、郑。马瑞辰《毛诗传笺通释》、以三家辨其异同，以全经明其义例，以古音义证其讹互，以双声叠韵别其通借，笃守家法，义据通深。胡承珙《毛诗后笺》，主于申述毛义，自注疏而外，于唐宋元诸儒之说，及近人为诗学者，无不广征博引。而于名物训诂，及毛与三家诗文有异同，类皆剖析精微，折衷至当。而其最精者，能于《毛传》本文前后，会其指归，又能于西汉以前古书中反复寻考，贯通诗义，证明毛旨。此则虽不纯为疏体，而精深博大，或高出新疏上矣。他如张惠言《周易虞氏义》，自序谓求其条贯，明其统例，释其疑滞，信其亡阙，庶以探赜索隐，存一家之学。阮元称为孤经绝学；孔广森《公羊通义》，凡诸经籍义有可通于《公羊》者著录之，旁通诸家，兼采《左》《穀》，择善而从，于胡毋子都、董仲舒、何邵公条例师法不坠。阮氏亦谓读其书始知圣智之所在；焦循《易通释》，不拘守汉魏各师法，取诸卦爻中文字声类相比者，通以六书九数之义，从其方部，触类而长，所到冰释。王引之以为精锐凿破混沌；褚寅亮《周礼公羊异义》，因何邵[1]公言礼有殷制，有时王之制，与周礼不同，故为此书。世称绝业；李贻德《春秋左氏解贾服注辑述》，援引甚博，字比句栉，于义有未安者，亦加驳难。或谓“虽使冲远复生，终未敢专树征南之帜而尽弃旧义”；陈乔枞《今文尚书经说考》，谓“二十九篇今文具存，十六篇既无今文可考，遂莫能尽通其义”。曾国藩以为可传；黄式三《论语后案》，广收众说，附以己意，而以郑君、朱子为主。见者以为汉宋持平之著，可垂国胄，皆足采也。至于博综典礼，则有金榜《礼笺》、专尊康成，然博稽而精思，慎求而能断，故郑义所未衷者，必纠正之，于郑氏家法不敢诬也。金鹗《礼说》、发明“三礼”，不拘墨守，其精审亚于江、戴。江永《礼经纲目》、广摭博讨，大纲细目，一从吉、凶、军、宾、嘉五礼旧次，引据诸书，厘正发明，实足终朱子《仪礼经传通解》书未竟之绪。凌廷堪《礼经释例》、区为八例以明异同：曰通例，曰饮食例，曰宾客例，曰射例，曰变例，曰祭例，曰器服例，曰杂例。黄以周《礼书通故》，自序称高密笺《诗》而屡易《毛传》，注《礼》而屡异先郑，识已精通乎六艺，学不

---

① 原文作“何劭公”，前作“何邵公”，统一作“何邵公”。

专守于一家。是书之作，窃取兹意。论者谓其博学详说，去非求是，足以窥见先王制作之堂奥。而秦蕙田《五礼通考》，所征引尤富，盖欲自比于《通典》也。审定音读，则有段玉裁《周礼汉读考》《仪礼汉读考》、以汉人作注，于字发疑正读，其例有三：读如读若者，拟其音者；读为读曰者，易其字也；当为者，定为字之误、声之误而改其字也。三者分而汉注可读，而经可读，因述《汉读考》。陈寿祺《汉读举例》。在《左海经辨》中，不别为书。辨证文字，则有胡承珙《仪礼今古文疏义》、以郑君注《仪礼》，参用古今文二本，撮其大例，有必用其正字者，有即用其借字者，有务以存古者，有兼以通今者，有因彼以决此者，有互见而并存者，闳意妙旨，有关于经实夥，遂取注中叠出之字，并读如、读为、当为各条，排比梳栉，考其训诂，明其假借，参稽旁采，疏通而证明之。宋世荦《周礼故书疏证》《仪礼古今文疏证》，熟于谐声假借之例。吕飞鹏《周礼古今文义证》。自谓取郑氏之学，证郑氏之注，则辞易瞭然，即彼此互歧前后错出亦不烦辞费而得失已明。至许氏《说文解字》征引《周礼》，彼此互异，取以推广郑义，不嫌抵牾。校雠异同，则有卢文弨《群书拾补》中之经部数种、文弨校书甚多，择其最切要者，件别条系，梓而行之，合经史子集凡三十余种。阮元《十三经注疏校勘记》。取汉唐宋石刻暨各宋元板本，选长于校经之士，详加校勘，自唐以后，单疏分合之不同，明闽附音之有别，皆使异同毕录，得失兼明。而李富孙《七经异文释》，就经史传注、诸子百氏所引，以及汉唐宋石经，宋元椠本，校其异同，正其讹谬，辨其得失，折衷以求一是。凡《易》六卷、《尚书》八卷、《毛诗》十六卷、《春秋》三传十二卷、《礼记》八卷，冯登府称其详核奥博，为诂异义者集其大成。凡字有古今，音近通假，或沿讹袭谬者，悉据古谊而疏证之，则又欲兼审订、辨证、校雠三者之业焉。《十三经》外，尚有《尚书大传》《逸周书》《大戴礼记》《国语》，为唐宋以来经生所不甚理者。至是亦有治之者，如陈寿祺《尚书大传笺》、谓“《伏生大传》，条撰大义，因经属恉，其文辞尔雅深厚，最近大小《戴记》七十子之徒所说，非汉诸儒传训之所能及”，故为之笺。朱右曾《周书集训校释》、以《逸周书》孔晁注疏略，乃集诸家之说，正其训诂，详其名物，为之校释。直称《周书》，不言逸亦不言汲冢书者，复《汉志》之旧题也。孔广森《大戴礼记补注》、博稽群书，参会众说。王聘珍《大戴礼记解诂》、阮元曰："其校经文，专守古本为家法，有惩于近日诸儒妄据他书径改经文之失。其为解诂，义精语洁，恪守汉法，多所发明，为孔扮约诸家所未及，能使三千年孔壁古文，无隐滞之义，无虚造之文。"龚丽正、董增龄《国语韦昭注疏》，斯亦有扶微辅弱之功云。乃若单篇通论醇美确固者，盖又不可一二数，可谓盛已。

论者谓清世经学之所由盛，在于考证，考证之所由精，在于深通小学，是固然矣。往者臧琳教人先以《尔雅》《说文》，尝言："不解字，何以读书？不通训诂，何以明经？"已导考证之先路。至东吴惠氏，遂以汉学植名。戴震出，律令益严，谓："经之至者道也，所以明道者辞也，所以成辞者字也。必由字以通其辞，由辞以通其道，乃可得之。"又云："治经之难，虽一事必综其全而核之：诵《尧典》数行，至'乃命羲和'，不知恒星七政所以运行，则掩卷不能卒业；诵《周南》《召南》，自《关雎》而往，不知古音，徒强以协韵，则龃龉失读；诵古《礼经》，先《士冠礼》，不知古者宫室、衣服等制，则迷于其方，莫辨其用；不知古今地名沿革，则《禹贡》《职方》失其处所；不知少广旁要，则《考工》之器，不能因文而推其制；不知鸟兽、虫鱼、草木之状类名号，则比兴之意乖；而字学、故训、音声，未始相离。一字之义，当贯群经、本六书，然后为定。"于是承学之士，闻戴氏之论，咸以小学为治经入手，而从事于考证。其徒王念孙、段玉裁，至专以小学名家，然小学通而精力已竭，无暇及于经学。王氏所为《广雅疏证》、段氏所为《说文解字注》皆小学一家之言。王引之述其父说为《经传释词》《经义述闻》，此可谓经学矣，然仍小学之绪余，但可资以说经，于经之大义无当也。下及俞樾、孙诒让，斯道弗畔。樾为《古书疑义举例》，虽辨古人称名抵牾者，各从条例，使人无所疑眩，然离经学益远，故余杭章先生言："世多以段、王、俞、孙为经儒，卒最精者乃在小学。”又谓：“王氏《述闻》一编，诚多精诣，然其改易旧说亦有可已而不已者。其《经传释词》，明三古辞气，骤聆其说，虽宿儒无以自解，而卤莽灭裂处亦多，肆意造词，视为习贯，且有旧解非误而以强词夺之者，亦有本非肊造，而不能援古训、比声音以自证者。”又谓：“信如戴氏所举诵《尧典》之说，是古人三年通一经，今必十年然后通《尧典》，以是教人，则是以有厓之生随无厓之知也。”先生精小学，且出曲园之门，而其言若此，盖惧夫学者误以小学即经学，溺于其中而不知返也。湘潭王先生亦云：“说经以识字为贵，而非识《说文解字》之字为贵。”此语虽近于讽，要亦有为而发。廖平亦谓：“江、段、王、朱诸家，以声音、训诂、校勘提倡天下，经传遂遭蹂躏。不读本经，专据《书钞》《艺文》隐僻诸书，刊写误文，据为古本，改易经字，白首盘旋，不出寻丈。诸家勘校，可谓古书忠臣，但毕生勤劳，实未一饱藜藿。”又曰：“段氏《说文》、王氏《经传释词》《经义述闻》，即使全通其说，不过资谈柄、绣鞶悦，语之政事经济，仍属茫昧。国家承平，藉为文饰休明之具，与吟风嘲月之诗赋，事同一律，未为不可。若欲由此致用，则炊沙作饭，势所不行。”案廖氏之言，未免诋之过甚，然于小学家之弊，可谓尽之。夫《汉书·艺文志》次小学于六艺之末，则以小学为治经入手，其术本正。又自宋儒以义理说经，不复究心于故训，举汉人之师法、家法而一荡决之。元明以降，遵而弗远，元人株守宋人之书，明人复株守元人之书，小学之不讲久矣。则惠、戴诸儒之揭橥小学以为士林倡，亦实足以救空疏之弊。以小学所函形声义训之啧，又当久放不讲之后，而欲通神怡、达奥谊，其事良难，是段、王诸儒殚毕生之心力于此而不遑他为，更不容施以訾謷。然而小学之业，至是已造其极。功成者去，诸儒既运而往矣。后来者有辙可循，自当体诸儒津逮之苦心，以蕲至于通经畜德之大道，使犹旁皇歧路，罢老尽气，上下而求索，则是以保氏胜衣所就之业，为终身托命之学，将见幼童而守一艺，白首而不能言，其不蹈锢聪明于无用之讥者几何哉！

文字学发凡

目录

卷首 | 绪论

论文字学一称小学

颜师古曰："小学谓文字之学也。《周礼》八岁入小学，保氏教国子以六书，故因名云。"《汉书·杜邺传》注然考其实，保氏所掌者，六艺在所并习，司徒教万民亦然。六艺者，一曰五礼，二曰六乐，三曰五射，四曰五驭，五曰六书，六曰九数，是则文字特六艺中之一艺，小学科目中之一科耳。以一科而命之曰小学，盖亦有故。据《礼记·内则》称：六年，教之数与方名；九年，教之数日；十年，学书记；十有三年，学乐，诵《诗》，舞《勺》；成童，舞《象》，学射御；二十而冠，始学礼，舞《大夏》。此即示以六艺肄习之次第。大约射御弛张，礼乐繁缛，尚非儿稚所胜。惟书数不出刀笔口耳之间，长幼宜之。故十年以内，仅习书、数二者，而理财正辞，则二者之中，尤莫重于文字。故《周官》又有外史掌达书名于四方，瞽史谕书名听声音。名亦字也，达、谕云者，即使知书之文字得能读之。盖文字不惟以教国子，抑且颁之天下矣。许氏《说文序》曰："保氏教国子先以六书。"此"先"字甚得《礼记》之意，而明为教之节，故李焘谓学无小学。而古称字书之学为"小"何哉？亦志乎学当由此始尔。罗愿亦言古者学童六岁至十岁，教之数与方名，及朔望、六甲、书计之事。

盖自末以穷本，由艺以达道，滥觞乎小学之原，而涵泳乎大学之海也。可知文字虽不足以概小学，而小学实以文字为始，因为小学之所习，即以小学称之。举小学则文字在其中，举文字即知其为小学。自刘歆《七略》、班固《汉书·艺文志》列小学为专门，于是其名遂定，其绪亦日宏矣。

论文字学即形声义之学

文字之学不外三端：其一体制，谓点画有衡从曲直之殊；其二训诂，谓称谓有古今雅俗之异；其三音韵，谓呼吸有清浊高下之不同。见《玉海》。简而言之，即字形、字音、字义而已。王安石有言："衡衺曲直，耦重交析，反缺倒仄,自然之形也；发敛呼吸，抑扬合散，虚实清浊，自然之声也；可视而知，可听而思，自然之义也。"以此自然之形声义，合而著于竹帛谓之书。故六书之目，象形属诸形者也，指事、会意属诸义者也，形声属诸音者也，转注、假借则又兼形音义而为用者也。戴震曰："造字之始，无所冯依，宇宙间事与形两大端而已。指其事之实曰指事，象其形之大体曰象形。文字既立，则声寄于字，而字有可调之声，意寄于字，而字有可通之意，是又文字之两大端也。因而博衍之，取乎声谐曰谐声，声不谐而会合其意曰会意，四者书之体止此矣。由是之于用，数字共一用者，其义转相为注曰转注，一字具数用者，依于义以引申，依于声而旁寄，假此以施于彼曰假借，所以用文字者，斯其两大端也。"许宗彦曰："六书之来古矣，指事、象形、形声、会意，皆指造字之始言之，则假借、转注亦出于造字之始可知也。或分事、形、声、意为体，假借、转注为用者，非也。假借者，假此字为彼字，假其体也。转注者，由一字为数字，由数字为数十百字，从偏旁转相注，亦言体也。"案此似与戴立异，其实不殊。段玉裁曰："六书者，文字、声音、义理之总汇也。有指事、象形、形声、会意，而字形尽于此矣；字各有音，而声音尽于此矣；有转注、假借，而字义尽于此矣。”案此一则分析言之，一则隐括言之，理亦同致。又《易》称“观乎天文”“观乎人文”，天文者，昭垂以示，有形可象；人文者，措施而成，有事可指，故言“文”则可统形与事。文为独体，字为合体，取譬相成之谓声，比类合谊之谓意，故言“字”则可统声与意，言“文字”则形、音、义皆统之矣。故郑樵亦曰：“文字之本，出于六书。象形、指事，文也；会意、谐声、转注，字也；假借者，文与字也。”周伯琦曰：“《说文解字》五百四十，象形、指事者，文也；会意、谐声者，字也；转注、假借者，文字之变也。”赵㧑谦曰：“象形、指事，文也。象形，文之纯；指事，文之加也。会意、谐声，字也。谐声，字之纯；会意，字之闲也。假借、转注，则文字之俱也。”惟是形有繁杀，而点画之迹易淆；音有时地，而弇侈之势易变；义有本借，而引申之意易掍。自非得其分理，通其条贯，则厥谊不昭。若夫拘滞一端，主音而以为形可忽者，忽则言语道窒，而越乡如异国矣；主形而以为音可遗者，遗则形为糟粕，而书契与口语益离矣；知形与音而不能推寻，故言得其经脉者，犹非达夫神旨者也。王筠有云：“字之有形声义也，犹人之有神影形也，不能离形而为影与神，更不能以他人之影与神附此人之形也。”斯言得之。

论文字学为根本之学

昔者仓颉造书，期于百工乂、万品察。孔子正名，期于礼乐兴、刑罚中。文字程效，大莫与京。昧者不察，见《汉书·艺文志》次小学于六经之末，遂以小学为经学之附庸，实则精研小学，非仅通经而已。

周秦诸子，迁、固诸史，汉魏诸家词赋，皆多古音古字。《后汉书·曹大家班昭传》称，《汉书》始出，多未能通者，同郡马融，伏于阁下，从昭受读。《隋书·经籍志》称，隋时有释道骞，善读《楚词》，能为楚声，音韵清切，至今传《楚词》者，皆祖骞公之音。宋孙觌自谓少时读司马相如《上林赋》，间遇古字，读之不通，始得颜师古音义，从老先生问焉，累数十日而后能终一赋。此可证欲读古书，不通文字学，则不能洞识了解。终军之对鼮鼠，卢若虚之辨鼩鼠，南唐进士之问天鸡，刘原父之识六驳，人皆谓之博。蔡谟误“彭蜞”以为“蟹”，田敏改“日及”为“白及”，人皆笑其陋。此可证欲资多识，不通文字学，则不能物来能名。曾子诏人，出辞气贵远鄙倍。陆机《文赋》则曰“选义按部，考辞就班”。刘勰《文心雕龙》则谓：“人之立言，因字而生句，积句而成章，积章而成篇。篇之彪炳，章无疵也；章之明靡，句无玷也；句之清英，字不妄也。”韩愈亦云：“凡为文辞，宜略识字。”此可证欲作诗文，不通文字学，则不能文从字顺。

上世从质，无取词华；史官记言，在能晓谕。《书》之《盘》《诰》，即通俗之告语；《记》之《考工》，即工程之规制；《传》之《公》《穀》，先儒以为即师弟子问答之词。后世尚文，渐事藻饰，喜用代词，好为俪体，因事著称，缘物生义，言与文离，日以益远。然而音之转变，皆有枢纽，语之歧异，非无根株。苟能探其本始，各得准绳，自尔闿闡，无虑格塞。班固有云：“古文读应《尔雅》，故解古今语而可知也。”此可证欲合语文，不通文字学，则不能期于画一。

《周官》象胥掌蛮、夷、闽、貉、戎、狄之国，使掌传王之言而谕说焉，以和亲之，若以时入宾，则协其礼，与其辞，言传之。《礼记·王制》曰：“五方之民，言语不通，耆欲不同。达其志，通其欲，东方曰寄，南方曰象，西方曰狄鞮，北方曰译。”《大戴记》亦曰：“传言以象，反舌皆至。”象、译、寄、鞮者，即古通事之官也。盖刚柔燥湿，风土互殊，习俗所囿，声气随异，而欲宣我文教，知彼情实，不有传人，其何能济。此在今日，舟车所至，万国为通，各有所长，可资补短，欲得交输之益，更赖翻译之功。然通行文字，所用词语，数不逾万，其字则仅三四千而已。外来新理，讵足兼赅？若非深明故训，则或妄相影附，得其仿佛，或臆造新文，饰所不知，义既欠确，意自晦矣。昔晋唐之世，译佛典者，大抵精于文字，观玄应、慧琳二家所作《一切经音义》，慧苑所作《华严经音义》，征引小学书多至数十种，是当时沙门皆能博览泛取，而文人之从事润色者。复知遵修旧文而不穿凿，故微旨奥谊，咸得宣昭。此可证欲事翻译，非通文字学，则不能恣意融会。

凡兹所举，荦荦数事，文字之重，可见一斑。许君曰："文字者，经艺之本，王政之始，前人所以垂后，后人所以识古。故曰：'本立而道生。'知天下之至啧而不可乱也。"洵知言哉！

论历代文字学之盛衰

古者设教，皆重小学。周号郁郁，节目更备。及夫政衰文弊，官师失守，匪惟礼乐违度，文字亦且异形。秦有李斯、赵高、胡毋敬作《仓颉》《爰历》《博学》等篇，自诩同文。然天下方学法令，以吏为师，《诗》《书》《六艺》之言弃不习，学者进无所依，退无可翫，自童幼鄙之，以为足记姓名而已。又其篇虽名祖仓颉，而实异史籀。时益多事，而徒隶之字方起，人趋简便，莫之能易也。

汉兴，尉律著法：学僮十七以上始试，讽籀书九千字乃得为史，又以八体试之，《说文序》："八体：一曰大篆，二曰小篆，三曰刻符，四曰虫书，五曰摹印，六曰署书，七曰殳书，八曰隶书。"郡移太史并课最者，以为尚书史，书或不正，辄举劾之。而闾里书师复合秦时三篇为一，断六十字以为一章，凡五十五章并为《仓颉篇》。武帝时，司马相如作《凡将篇》。宣帝时，又征齐人能正《仓颉》读者，张敞从受之。元帝时，史游作《急就篇》。成帝时，李长作《元尚篇》，皆《仓颉》中正字也。平帝时，征天下通小学者以百数，各令说文字未央庭中，杨雄采以作《训纂篇》，顺续《仓颉》，凡八十九章。诸家所作，大抵词或三字四字以至七字为句，取便幼童循诵，尚粗存周代小学之遗制。中经新莽居摄，颇改定古文。逮于东京，小学不修，人用其私，文字又寖不正。故光武时，马援尝上书请正之。《东观汉记》援上书曰："臣所假伏波将军印，书'伏'字'犬'外向，成皋令印'皋'字为'白'下'羊'，丞印'四'下'羊'，尉印'白'下'人'、'人'下'羊'。即一县长吏，印文不同，恐天下不正者多。符印所以为信也，所宜齐同。为晓古文字者，事下大司空，正郡国印章。"及和帝时，申命贾逵修理旧文，于是许慎乃作《说文解字》，合以古籀，博采通人，分别部居，不相杂厕。故顾炎武曰："自隶书以来，其能发明六书之指，使三代之文尚存于今日，而得以识古人制作之本者，许叔重《说文》之功为大。"孙星衍曰："微许叔重，则世人习见秦时徒隶之书，不睹唐虞三代、周公、孔子之字，窃谓其功不在禹下。惟其书虽经表上，当时未见颁行，故魏晋之间，惟有《急就篇》颇为学童所习。"

晋吕忱尝依托《说文》作《字林》，多所补益，亦私家之书耳。南北朝时，竞尚浮辞，不务探本，颜之推《家训》谓："世之学徒，多不晓字：读五经者，是徐邈而非许慎；习赋颂者，信褚诠而忽吕忱；明《史记》者，专皮、邹而废篆籀；学《汉书》者，悦应、苏而略《仓》《雅》。不知书音是其支叶，小学乃其宗系也。"观此可知其概。

唐制，国子博士掌教国子，五分其经以为之业，其习经有暇者，命习隶书并《国语》《说文》《字林》《三仓》《尔雅》，书学博士掌教士庶人之子，以《石经》《说文》《字林》为颛业，余字书亦兼习之，而礼部、吏部掌天下贡举之职，凡举试之制，其科有六，五曰书，凡明书试《说文》《字林》，取通训诂，兼会杂体，是犹汉初之律，故张参谓亦古之小学也。

自宋以还，又复不讲，洪迈谓当时虽士大夫作字，亦不能悉如古法，遑论学童。王应麟亦谓昔以字为童蒙之学，今有皓首未觌者，俗书溢于简牍，俗音流于讽诵，袭浮踵陋，视名物数度若弁髦，而大学之基不立，加以安石《字说》不本《说文》，穿凿傅会，贻误尤巨。又淳熙以后，更以《弟子职》《少仪》等凡言小学仪节如洒扫、应对、进退之类为小学，朱熹别撰书一篇，颁诸学官。元明遵而弗改，于是士子并有不知文字学为小学者。功名之流，习四子书，粗通一经，便足应举。故苏伯衡曰："学士、大夫率谓书非切己事，高谈性命者，慕远大而忽近细，游心艺事者，较工拙而论媸妍。班、杨、贾、许、陆、薛、二李、二徐之说，虽有存焉，几何人能尽其心也？昧形、声、事、意、转、借之辨，迷文字、母子、声音之原，夫岂独后生小子哉！"杨慎亦曰："今日此学景废响绝。谈性命者，不过剿程朱之糟魄，工文辞者，止于拾《史》《汉》之赘牙。示以形、声孳乳，质以《仓》《雅》《林》《统》，反不若秦时刀笔之吏、汉代奇觚之童，而何以望古人宫墙哉！"观苏、杨之论，则元明文字之荒废甚矣。

胜清中叶，通儒辈出，穷经考古，从事钩稽，文字之学，可谓中兴。惟自命为文学家者，则仍忽视，即有略窥《说文》、微明故训者，亦仅知渔猎以供修词之用，终不能冰释理解也。驯至今日，莘莘学子，百科杂习，入大学而不通小学者，比比皆然。是以读则讹音，解则乖义，书则谬形，陈陈相因，积非胜是。偶见不讹不乖不谬者，反以为异。其好奇者，震于远西诸国，文语无殊，且欲改我华风，同之彼土。或则谓旧文艰深，不利施教，乃采俗字，号曰简体，将铸模型，以颁小学。许君有言："翫其所习，蔽所稀闻，不见通学，未尝睹字例之条，怪旧艺而善野言，其迷误不谕，岂不悖哉？”吾读是重有感矣！世有知德君子，苟欲辨章风谣而区分，曲通万殊而不杂，绵《雅》训之将绝，昭《夏》声于不坠，其必自修明文字学始。

论治文字学之先后

文字既括形、音、义三者而为学，是则董治之法，固宜兼综，尤贵循序。何先何后，其说遂殊。

主由义而入者，以为有情志而后有声音，有声音而后有语言，有语言而后有文字，故文字实代语言而起，语言乃冯声音而生，声音又缘情志而发。《传》曰：“言以足志，文以足言。”《诗序》曰：“在心为志，发言为诗，情动于中，而形于言。”《易》曰：“书不尽言，言不尽意。”此所谓情、志、意即义也，言即音也，文与书即形也。惟有义乃有音，惟有音乃有形。盖上古人民，未具分辨事物之能，故观察事物，多以义象相别，不以质体为区。及事物日緐，始增益其形以为界。如“日”训为“实”，必先有“实”字之义，因日形圆实，遂以“实”字训之；“月”训为“缺”，必先有“缺”字之义，因月形半缺，遂以“缺”字训之。推之先有“上下”之义，而后有“天地”之字。以天体为在上，因以“上”字训“天”，以地体为在下，因以“下”字训“地”。故《说文》每解一字，必先说其义，次说其形，诚以造字之源，义先而形后也。

主由音而入者，以为义固在音之先，然非音则义无由见，故古人于天地万物皆先有以名之。《说文》曰：“名，自命也。从口从夕。夕者，冥也。冥不相见，以口自名。”盖名者即以声音为事物之识别也。《大戴记》曰：“发志为言，发言为名。”《尹文子》曰：“形以定名，名以定事，事以验名。”《荀子》曰：“名闻而实喻，名之用也；

累而成文，名之丽也。用丽俱得，谓之知名。”是则音者乃义之所以依，而形之所以附也。故造字之初，大都先有右旁之声，后有左旁之形，而字义皆起于右旁之声。任举一字，闻其声即可知其义，又彼字右旁之声同于此字右旁之声者，其义亦必相同。如“仑”字有分析条例之义，最初止有“仑”字。就言语而言，则加言而作“论”；就人事而言，则加人而作“伦”；就丝而言，则加糸而作“纶”；就水而言，则加水而作“沦”。是“论伦纶沦”等字皆由后起，然以同从仑声，其义亦不相远，且不必右旁所从之声同而后义同也。即别一同声之字，亦可用为同义。如“门”字训“闻”，谓外可闻于内、内可闻于外，有间可入也。引申之，则凡事物有间可进、进而靡已者，其音皆读若门，如“勉每亹黾敏孟没懋劢勖莫卯”等字是也。故王引之曰：“古字通用，存乎声音。”钱塘曰：“文字惟宜以声为主，声同则其性情旨趣殆无不同。”若夫形特加于其旁以识其为某事某物而已，固不当以之为主也。

主由形而入者，以为义虚而形实，声自呼也，可治以耳而不可治以目。《传》曰：“物生而有象。”斯形为最可据。故八卦为文字之权舆，而画卦者必仰观天象，俯察地法。八卦进而为书契，而作书者因见鸟兽蹄迒之迹，知分理之可相别异，初必依类象形，盖无形则文不立。有实形者无论矣，即无实形可状者，亦必以虚形拟之。班固于形、事、声、意四者皆谓之象，殆即此意。故郑樵曰：“六书也者，象形为本。”段玉裁曰：“圣人造字，实自象形始。”陈澧曰：“天下事物之象，人目见之，则心有意，意欲达之，则口有声。意者，象乎事物而构之者也。声者，象乎意而宣之者也。声不能传乎异地、留于异时，于是乎书之为文字。文字者，所以为意与声之迹也。”刘师培曰：“《韩非子》谓人希见生象，而案其图以想其生，故凡人之所意想者皆谓之象。盖形者有实状可指者也，象者无实状可指而以虚形拟之者也。”

综上观之，则形音义三者，任从其一而入，皆无不可。盖就文字之构造言，必先有义而后有音，有音而后有形；就文字之成立言，则音寓于形，义寓于音。相籍相关，循环求之，而推衍于不尽，惟在学者之自为贯通耳。

论治文字学之涂径

探究文字学，亦不外乎三宗。言字形者，以许慎《说文解字》为宗。《说文》为篇十五，为部五百四十，为文九千三百五十三，重文一千一百六十三，为解十三万三千四百四十一字。六艺群书之诂，皆训其意，而天地、鬼神、山川、草木、鸟兽、蛇虫、杂物、奇怪、王制、礼仪，世间人事，莫不毕载。惟训诂简质，猝不易通。又音韵改移，古今异读，谐声诸字，亦每难明，故传本往往讹异。唐大历中，李阳冰刊定《说文》，修正笔法，然颇排斥许氏，自为臆说。宋雍熙三年，诏徐铉、葛湍、王惟恭、句中正等，重加刊定。凡字为《说文》注义、序例所载，而诸部不见者，悉为补录，又有经典相承，时俗要用，而《说文》不载者，皆附益之，题曰新附字。其本有正体而俗讹变者，则辨于注中。其有义理乖舛、违戾六书者，并序列于后。音切则一以孙缅《唐韵》为定。以篇帙繇重，每卷各分上下。今所行者，为毛晋刊本，即世所称大徐本也。钱大昕曰："《说文》一书，传写已久，多错乱遗脱。今所存者，独徐铉等校定之本。铉等虽工篆书，至于形声相从之例，不能悉通，妄以意说。古人四声相转之法，古音相通之例，徐亦未之知。其它增入会意之训，大半穿凿附会。王荆公《字说》，盖滥觞于此。"铉弟锴，又撰《说文系传》八篇。首《通释》三十卷，以许氏十五篇，篇析为二，凡锴所发明及征引经传者，悉加"案曰"以为别。继以《部叙》二卷，《通论》三卷，《祛妄》《类聚》《错综》《疑义》《系述》各一卷。总名

“系传”者，盖遵许氏为经，而自比于丘明之为《春秋》作传也。《祛妄》，斥李阳冰臆说；《疑义》，举《说文》偏旁所有而阙其字及篆体笔画相承小异者；《部叙》，拟《易·序卦传》，以明《说文》各部先后之次；《类聚》，则举字之相比为义者，如一二三四之类；《错综》，则旁推六书之旨，通诸人事，以尽其意；终以《系述》，则犹《史记》之自叙也。其书在宋时已残阙不完，《困学纪闻》吕祖谦曰：“元本断烂，每行减去数字，故尤难读。”相传仅有钞本，脱误特甚，多取铉书窜入，实则锴书成于铉书前，故铉多引其说，惟音切则朱翱所为，与铉书不同。今所行者出于宋苏颂所传，又经张次立更定，即世所称小徐本也。

《说文》原本既不可见，故治《说文》者皆宗二徐，而大徐毛刻，小徐张定，亦非真面目矣。段玉裁曰：“毛氏刊本，校改特多，往往取诸小徐《系传》，亦间用他书。夫小徐、大徐二本，字句驳异，当并存以俟定论。况今世所存小徐本，乃宋张次立所更定，而非小徐真面目。小徐真面目，仅见于黄氏公绍《韵会举要》中，而斧季据次立剜改，又识见驽下。凡小徐佳处远胜大徐者，少所采掇，而不必从者，乃多从之。今坊肆所行，即弟五次校改本也。”清儒段玉裁作《说文注》，凡大小二徐本之窜改者、漏落者、失其次者，一一考而复之。又为《六书音韵表》，立十七部以综核之，凡《说文》形声、读若，一以十七部之远近分合述之，而声音之道大明。于《说文》之说正义、借义，知其曲要，观其会通，而引经与今本异者，不以本字废借字，不以借字易本字，揆诸经义，例以本书，若合符节，而训诂之道大明。故王念孙谓“千七百年来无此作”。卢文弨谓：“自有《说文》以来，未有善于此书者。匪独为叔重之功臣，抑亦可砭诸家之失，可解后学之疑，真能推广圣人正名之旨，而其有益于经训者，功尤大也。”是则学者欲从事《说文》，宜莫先于《段注》。次于《段注》者，有桂馥之《说文义证》。王筠称其书：“征引虽富，脉络贯通，前说未尽，则以后说补苴之，前说有误，则以后说辨正之，凡所称引，皆有次第，取足达许说而止，故专胪古籍，不下己意也。”张之洞曰：“段氏之书，声义兼明，而尤邃于声；桂氏之书，声亦并及，而尤博于义。段氏钩索比傅，自以为能冥合许君之旨，勇于自信，欲以自成一家之言，故破字创义为多。桂氏敷佐许说，发挥旁通，令学者引申贯注，自得其义之所归。故段书约而猝难通辟，桂书繁而寻省易了。夫语其得于心，则段胜矣；语其便于人，则段未之先也。”观此，则知桂氏书亦不可缓矣。

其他有钱大昭之《说文统释》，为例有十：一曰疏证，以佐古义；二曰音切，以复古音；三曰考异，以复古本；四曰辨俗，以证伪字；五曰通义，以明互借；六曰从母，以明孳乳；七曰别体，以广异义；八曰正讹，以订刊误；九曰崇古，以知古字；十曰补字，以免漏落。有严可均之《说文校议》，凡三千四百四十条，专正大徐之误。有王筠之《说文释例》，自序谓：“六书以指事、象形为首，而文字之枢机即在乎此。其字之自事而作者，即据事以审字，勿由字以生事；其字之为物而作者，即据物以察字，勿泥字以造物。且勿假它事以成此事之意，勿假它物以为此物之形，而后可与仓颉、籀、斯相质于一堂也。”筠又会萃群说而折衷之，为《说文句读》，所以便初学诵习也。有朱骏声之《说文通训定声》，以声分部，共十八部。曰“通训”者，谓数字或同一训，而一字必无数训。其一字而数训者，有所以通之也。通其所可通，则为转注；通其所不通，则为假借也。曰“定声”者，谓顾、江、戴、段诸君推衍古音，渐诣精密。以雅正俗，则正之以许书；以古正今，则正之以经韵。方音自异，古语虽遥，字体从同，原无二本，圣言所著，理可交推也。凡此数家，虽精不及段，博不及桂，亦各有独到之处，可以互相参澄。要之，皆《说文》之正系也。

《说文》而外，言形之书，其存而最古者，有梁顾野王《玉篇》，本诸许氏，稍有升降损益。然经唐孙强之增加，宋陈彭年之重修，亦非顾氏之旧。据重修本所列字数，称“凡五百四十二部，旧一十五万八千六百四十一言，新五万一千一百二十九言，新旧总二十万九千七百七十言，注四十万七千五百有三十字”。而按各部所收之字计之，亦仅二万二千七百二十六字，余则皆注文耳。陈振孙谓：“其文字虽增多，然雅俗杂居，非如《说文》之精核也。”特自今日观之，亦为可贵。故朱彝尊曰：“宋儒持论以洒扫应对进退为小学，由是《说文》《玉篇》皆置不问。今之兔园册子，专考稽于梅氏《字汇》、张氏《正字通》，所立部属，分其所不当分，合其所必不可合，而小学放绝焉。”是学者之所深忧也。其有实承《说文》之绪而开《玉篇》之先者，尚有晋吕枕之《字林》。《封演闻见记》载其书“亦五百四十部，凡一万二千八百二十四字，诸部皆依《说文》，《说文》所无者，皆吕枕所益”。故唐世与《说文》并重，张怀瓘称为叔重之亚。惜书早佚，清任大椿尝缀集典坟，钩沉起滞，成《字林考逸》八卷，凡文千有五百，于原书存十分之一二。其序谓：“《字林》不传，则自许氏以后、顾氏以前，六书相传之脉，中阙弗续。”今就《考逸》观之，诚有足以订《说文》《玉篇》转写之讹者，固亦学者所不得废也。

言字音者，以《广韵》为宗。《广韵》虽修于宋而实本于隋陆法言《切韵》。法言之为此书，与刘臻、颜之推、魏渊、卢思道、李若、萧该、辛德源、薛道衡等共所论定，其自序谓：“以今声调既自有别，诸家取舍亦复不同。吴楚则时伤轻浅，燕赵则多伤重浊，秦陇则去声为入，梁益则平声似去，江东取韵与河北复殊。因论南北是非，古今通塞。捃选精切，除削疏缓，剖析毫厘，分别黍累。”长孙讷言曰：“此制酌古沿今，无以加也。”是则据《广韵》以考《切韵》，《切韵》通而后南北古今之音皆可以通。故治今韵者，必奉陆氏为不祧之祖；而治古韵者，亦必依《广韵》以分部；治等韵者，亦必宗《广韵》以立摄也。

考古音之说，汉人已知之。时无韵书，故部类无可言。隋唐有韵书，而意在审音，不在考古，故古音亦不别出。逮夫宋代，事乃萌芽。明清诸儒，愈臻上诣，约而举之，凡得数家。吴棫《韵补》分为三例，曰古通某，曰古转声通某，曰古通某或转入某部。郑庠《古音辨》分为六部，顾炎武《古音表》分为十部，江永《古音标准》分为十三部，戴震《声类表》分为九类，段玉裁《六书音韵表》分为十七部，孔广森《诗声类》分为十八类，严可均《说文声类》分十六类。各有专书，咸可考览，大氐前修未密，后出专精。吴氏书泛取旁搜，漫无古今之别，故其韵部所注，颇多颠倒错乱之处。然自宋以来，著一书以明古音者，实自吴始。故钱大昕曰："才老博考古音，以补今韵之阙。虽未能尽得六书谐声之原本，而后儒因是知援《诗》《易》《楚词》以求古音之正，功已不细。"郑氏书在吴氏后，故吴书但注通转，郑已明分部次，虽或过宽，戴氏亦有取焉。顾氏则潜心古音，几三十年，其所分者，多与古合，论定入声，尤中肯綮，故王念孙谓顾于古韵已得其十之六七矣。江氏大旨取于顾氏，而欲弥缝其缺，故戴氏谓顾于古音有草创之功，江君因而加密。纪昀亦谓古韵之有条理者，当以江书为最，未可以其晚出而轻之也。戴氏本问学于江，尝共相讲论，故江亦颇采戴说。惟戴氏《声类表》之成，距易箦仅二十余日，未知是否为戴之定论也。段、孔皆戴氏弟子。段氏自谓："郑庠说合于汉魏及唐之杜、韩所用，而未能合于周秦。顾氏考《三百篇》，较郑为密矣。江氏订其未合者，较诸顾氏益密，而仍于《三百篇》有未合者。今既泛滥《毛诗》，理顺节解，因其自然，补三家部分之未备，厘平入相配之未确。"盖其自负如此。故钱氏亦称其因顾、江两家之说，证其违而补其未逮，洵有功于古学者已。孔氏所分，又与各家略异，而颇有承于江、戴之说，至其阴阳对转，则实优越前人，故余杭章先生谓定韵莫察乎孔也。严氏则据许书九千四百余字，以声为经，以形为纬，以韵分字，以子系母。其字统于声，条贯而下，则戴氏实启之；其对转之法，则又多资于孔氏也。综右所述，古音显学，盖在于是。寻其源而涉其流，可以弗畔矣。

今韵之学，论者多推本沈约，且谓《切韵》部目，即仍沈氏之《谱》。考沈约《四声》一卷，仅载于《隋志》，新、旧《唐书》，皆不著录，是其书至唐已佚。法言《切韵》作于开皇之初，观其序中所述韵书，惟有吕静、夏候该、阳休之、周思言、李季节、杜台卿六家，未尝言约，则又知其书隋时已不行于北方。《切韵》部目，决与沈《谱》无涉，故言沈韵者妄也。江永、戴震，皆兼理今韵。江氏作《四声切韵表》，且以古韵定今韵，然要不若陈澧之专。澧作《切韵考》，即以《广韵》为主。其言曰："《广韵》字数倍于《切韵》原书。今欲知孰为陆氏原文，孰为后人增加，已不可辩。惟《广韵》以同音之字为一条，每条注切语及同音字数，此必陆氏旧例。然有两条切语同一音者，于例不合。而凡不合者，其一条多在韵末，又字多隐僻，且多重见，此必增加字也。惟其增加，故缀于末。其字为陆氏所不录，故多隐僻。又字有数音，前人已据一音录之，后人别据一音增之，故多重见也。"观此，则知陈氏校董之法，密栗精邃，确乎不移，自谓"庶几明陆氏之学以无失孙氏之传"，洵非夸语。故言今韵，斯其选矣。

等韵之说，自后汉与佛经俱来。然《隋书》仅有十四音之说，而不明其例，《华严》四十二字母，亦自为梵音，不隶以中国之字。《玉篇》后载神珙二图，《广韵》后列一图，不著名氏，均粗举大纲，不及缕举节目。其有成书传世者，惟宋人《切韵指掌图》为最古。此书昔皆以为司马光撰，考光《传家集》中不载其目，故后人颇疑之。后于《指掌图》者，有无名氏《四声等子》。门法既立，缴绕渐起。元刘鉴作《切韵指南》，因以《指掌图》为粉本，而参用《四声等子》，复增格子门法。于出切行韵取字，颇为分明。学者便之，遂咸奉为等韵之宗，实则尚不如《等子》之简赅。或又以《等子》《指南》为一书者，误也。明清以还，为字母等韵之书者颇多，皆无可取。惟江永《音学辨微》，持论有本，不涉支离。陈澧《切韵考·外篇》以《广韵》切语上字考三十六字母，以二百六韵考开合四等，著其源委而指其得失，明其本法而祛其流弊，均当为此学之精者已。至若杂论古今之音，兼考唐宋之谱，并及反切四声之源流，则顾氏《音论》、戴氏《声韵考》、钱氏《十驾斋养新录·论音韵》与《潜研堂集·音韵答问》，皆其津逮也。

言字义者，以《尔雅》为宗。《释名》曰："尔，昵也。昵，近也。雅，义也。义，正也。"五方之言不同，皆以近正为主也，故名《尔雅》。《大戴礼·孔子三朝记·小辨篇》："哀公曰：'寡人欲学小辨以观于政。'孔子曰：'《尔雅》以观于古，足以辨言。'"则其来远矣。刘歆《西京杂记》述其父向之语曰："《外戚传》称史佚教其子以《尔雅》，《尔雅》小学也。"乃《汉书·艺文志》列《尔雅》于《孝经》十一家之内，次于小学十家之前，未明义之所取。晁公武曰："《尔雅》小学之类，附《孝经》，非是。"龚自珍曰："小学之事，与仁爱孝悌之行一以贯之，故《汉志》以《尔雅》隶《孝经》家。"此亦强词。其书，旧传学者皆云周公所记也，"张仲孝友"之类，后人所作耳。惟杨雄以为孔子门徒游、夏之俦所记，以解释六艺者也。郑玄答张逸问亦曰："《尔雅》之文杂，非一家之著。"则孔子门人所作，亦非一人。而张揖进《广雅表》，又谓周公制礼以导天下，著《尔雅》一篇以释其义。今俗所传三篇，或言仲尼所增，或言子夏所益，或言叔孙通所补，或言沛郡梁文所考，皆解家所说，先师口传，疑莫能明也。盖作书之人，殆难确指。故郭璞但云："兴于中古，隆于汉世。"《四库提要》则谓："大抵小学家缀辑旧文，递相增益。周公、孔子，皆依托之词。"理或然欤？观其所载，备详六亲、九族之礼，旁罗服色、乐律之制，大极天地、四时之幽窈，细察昆虫、艸木之琐屑，显悉人事之庶，微析群言之错。释《诗》者不及十之一，知非专为《诗》作，欧阳修曰："《尔雅》乃是秦汉间学《诗》者纂集说《诗》博士解诂。"高承《事物纪原》曰："《尔雅》大抵解诂诗人之旨。"叶梦得曰："《尔雅》训释最为近古，其言多是《诗》类中语，而取毛说为正。"释五经者不及十之三四，亦非专为五经作。王充《论衡》曰："《尔雅》之书，五经之训诂。"盖采诸书训诂名物之同异，以广见闻，实自为一书，不附经义，特说经之家多资以证古义耳。注《尔雅》者，在汉有犍为文学、刘歆、樊光、李巡，在魏有孙炎，皆佚。今所传者，为晋郭璞之注。陆德明谓先儒于《尔雅》多为臆必之说，乖盖阙之义，惟郭景纯洽闻强识，详悉古今，为世所重。盖璞时去汉未远，所见尚多古本，故所注多可据，后人虽迭为补正，弘纲大旨，终不出其范围也。至宋邢昺为之疏，亦多能引证，惟墨守一家之言，识不能通。清儒邵晋涵作《尔雅正义》，以郭氏为主，兼采诸家，分疏于下，用俟辩章。郭有幽隐，考之旧说，取证雅训，辞意了然；其迹涉疑似，仍阙而不论；确有据者，补所未备，以存古义。故钱大昭称其书之精博，不特与邢氏优劣判若天渊，即较之唐人《诗》《礼》正义，亦有过之无不及。后郝懿行又为《尔雅义疏》，宋翔凤谓："其时南北学者知求于古音，于是郝氏通贯融会，谐声、转注、假借，引端竟委，触类旁通，豁然尽见。且荟萃古今，一字之异，一义之偏，罔不搜罗；分别是非，必及根源，鲜逞胸肊。盖此书之大成，陵唐跞宋，追秦汉而明周孔者也。"是故《尔雅》之学，得兹二家，不必他求矣。

其仿《尔雅》而作者，有《小尔雅》，陈涉博士孔鲋撰，即《孔丛子》第十一篇也，分《广诂》《广言》《广训》《广义》《广名》《广服》《广器》《广物》《广鸟》《广兽》十章，而益以《度》《量》《衡》为十三章，颇可以资考据。然亦时有舛迕，故戴震疑为后人皮傅掇拾而成，非古小学遗书也。魏张揖因《尔雅》旧目，择探群艺，文同义异，音转失读，八方殊语，广物易名，不在《尔雅》者，详录品核，以著于篇，名曰《广雅》。隋曹宪为之音释，避炀帝讳，改名《博雅》。今二名并称，实一书也。清卢文弨有《注》，王念孙有

《疏证》。王氏序称其书："自《易》《书》《诗》《三礼》《三传》经师之训，《论语》《孟子》《鸿烈》《法言》之注，《楚词》《汉赋》之解，谶纬之记，《仓颉》《训纂》《滂喜》《方言》《说文》之说，靡不兼载。盖周秦两汉古义之存者，可据以证其得失，其散佚之传者，可籍以窥其端绪，则其书之为功于训诂也大矣。"而王氏《疏证》，复就古音以求古义，引申触类，不限形体。其或张君误采，博考以证其失；先儒误说，参酌而寤其非。故治《尔雅》者必兼治《广雅》，治《广雅》者，尤不能不先王氏《疏证》也。若扬雄之《方言》，则当时刘歆已赞为"非澹雅之才、沉郁之思，不能锐精以成此书"，尝就索其最目，张伯松则称为"县诸日月不刊之书"。郭璞亦为之注，谓其"考九服之逸言，标六代之绝语，类离词之指韵，明乖途而同致。真洽见之奇书，不刊之硕记也"。刘熙之《释名》，则自序谓"名之于实，各有义类。百姓日称而不知其所以然之意，故撰天地、阴阳、四时、邦国、都鄙、车服、丧纪，下及民庶应用之器"，即物名以释义。《四库提要》亦称其书，"以通声相谐，推论称名辩物之意，中间颇伤于穿凿，然可因以考见古音。又去古未远，所释器物，亦可因以推求古人制度之遗"。是则二书者，又《尔雅》以后不可少之书也。疏证《方言》者，有戴震、钱绎。戴广搜群籍之引用《方言》及注者，交互参订，义难通而有可通者通之，有可证明者胪而列之，正其讹，补其脱，删其衍，主于复汉人之旧。钱之体例，亦同于戴，而引证益博。疏证《释名》者，有江声、毕沅。江本精于小学，为此书尤谨严。毕自谓："取群经及《汉书》注、唐宋类书、道释二藏校之，表其异同，是正缺失。"故治二书者，又宜取资于四家焉。

卷上 | 形篇

文字原始第一

一　画卦

自昔溯文字之源者，莫不归始于八卦；论八卦之作者，莫不归名于伏羲。孔安国之序《尚书》曰："古者伏羲氏之王天下也，始画八卦，造书契，以代结绳之政，由是文籍生焉。"古《三坟》："伏羲氏始画八卦，命臣飞龙氏造六书。"许慎之序《说文》曰："古者庖羲氏之王天下也，仰则观象于天，俯则观法于地，视鸟兽之文与地之宜，近取诸身，远取诸物，于是始作《易》八卦，以垂宪象。"而二子之论，又皆本于《易》之《系辞》，惟《系辞》但言伏羲作八卦，不言造书契。其叙书契之起，但言后世圣人，不言伏羲。孔颖达书《正义》谓知造书契是伏羲者，以理比况而知，八卦画万物之象，文字书百事之名，画亦书也，与卦相类。然《易纬通卦验》曰："伏羲作《易》，无书以画。"郑玄《易论》曰："伏羲作十言之教，曰乾、坤、震、巽、坎、离、艮、兑、消、息，无文字谓之《易》。"是则书之与画，容有分别。大约画可随情，不为定则；书渐就范，可著竹帛。故伏羲之卦，直为书契之滥觞，未可迳谓书契亦起于此时也。《系辞》

又曰："圣人设卦观象，八卦成列，象在其中矣。"故许氏言垂象，较为得卦之本。象者拟诸其形容也。臧琳《经义杂记》曰："《说文序》：'《书》曰：予欲观古人之象。言必遵修旧文而不穿凿。'《魏书·江式传》：'书曰：予欲观古人之象。言遵修旧史而不敢穿凿也。'据此知《书》'古人之象'，旧说以为考文事。许《序》又云：'庖羲氏作《易》八卦，以垂宪象。'又：'仓颉作书，依类象形，故谓之文。'可知古者以'象'为文字之名矣。"案此亦可以备一说。《易纬乾凿度》以八卦之画为古文天、地、风、山、水、火、雷、泽八字，实则亦表八种之象耳。盖尝推而论之，天地未形，元气絪缊，絪缊久之，乃生流转，流转之时，自成冷暖。冷者为阴，暖者为阳，阳散阴凝，一浮一沉。浮者其色苍然而天形矣，沉者其质块然而地形矣。西儒星云热块说与此略同。人禀阴阳之气，生天地之间，震于其变化斡旋之瑰异，而莫能名。于是乃画奇以象阳，画偶以象阴。朱子曰："—者奇也，阳之数也；--者偶也，阴之数也。伏羲仰观俯察，见阴阳有奇偶之数，故画一奇以象阳，画一偶以象阴。"一奇一偶，相叠相错，以象其动静，象因画见，名缘象立，此殆原始时代先民之创获，初非有待于圣哲也。及伏羲氏出而御世，始整齐其画，以通德类情，遂得作者之号。后人不察，乃傅会龙马负图以神其说，其亦诬矣。今陈卦左方，试翫取象之义。

☰乾象天。—指阳。天者纯阳之气也,故重—以象天。《河图叶光篇》曰："元气阖阳为天。"《素问》曰："积阳为天，故天者清阳也。"《说文》曰："轻清阳为天。"

☷坤象地。--指阴。地者纯阴之气也。故重--以象地。《春秋元命苞注》曰："地气浊精少，含阴而起迟。"《物理论》曰："地者，底也。底之言著也。阴体下著也。"《说文》曰："重浊阴为地。"

☵坎象水。一阳陷于二阴之中。《乾坤凿度》曰："水内刚外柔。"《淮南·天文训》曰："积阴之寒气为水。"《说文》曰："水象众泉并流中有微阳之气也。”

☲离象火。一阴陷于二阳之中。《乾坤凿度》曰：“火内弱外刚，外威内暗。”《春秋考异邮》曰：“火者，阳之精也。”

☳震象雷。一阳动于二阴之下。《史记·天官书》曰：“雷，阳气之动者也。”《穀梁传》曰：“阴阳相薄，感而为雷。”郦炎曰：“一阳动，二阴静。”《说文》曰：“雷，阴阳薄动。”

☶艮象山。一阳峙于二阴之上。《春秋说题辞》曰：“阴含阳，故石凝而为山。”《乾坤凿度》曰：“山，外阳内阴。”

☴巽象风。一阴伏于二阳之下。《庄子》曰：“大块噫气，其名为风。”《白虎通》曰：“阴合阳以生风也。”《五经通义》曰：“阴阳散为风。”《物理论》曰：“风者，阴阳乱气激发而起者也。”

☱兑象泽。一阴乘于二阳之上。泽亦水也。故《易彖辞》曰：“兑刚中而柔外。”《文子》曰：“水之道也，上天则为雨露，下地则为润泽。”《子华子》曰：“水函太一之中精，故能润泽百物而行乎地中。”

观八卦之成，莫不由于奇偶二画之相生。奇偶指阴阳，故所象者，莫不由于阴阳二气之相感。此诸书释象义，所以咸取阴阳为训也。《易·系辞》曰：“一阴一阳之谓道，道有变动曰物，物相杂故曰文。”是则以阴阳奇偶为文字之造端者，宣尼已早发其秘矣。惟当其始，盖仅有八卦之象，而无天、地、水、火、雷、山、风、泽之名，更无乾、坤、坎、离、震、艮、巽、兑之名。象名必起于卦后，卦名必又起于象后也。及既有名矣，而亦无表名之字，及既有字矣，而其字或有取于最初之象，亦其理然也。今就其迹之可考者论之，如“水”字，篆文作，即☵象之立形也。凡从水之字，“益”字篆文作；“涉”字篆文作皆然。“坤”字古文作巛，即☷象之立形也，汉碑中多有之。“火”字篆文作，即☲象之变形也，惟中二画

一断一分耳。“天”字草书作，即☰象之变形也，惟三画一断一连耳。他字不能尽然。杨万里乃谓：“由天、地、水、火而知雷、风、山、泽之字皆然。”项安世亦谓：“由☵即水字推之，初作八卦之时，乾、坤、坎、离、震、兑、艮、巽必皆以三画为字。”斯又不悟取象之理，误以象即为字，未免失之颛固矣。或疑宇宙之大，品类之盛，何以取象独先此八者。此则《易·系辞》有云：“法象莫大乎天地。”《说卦》有云：“动万物者莫疾乎雷，桡万物者莫疾乎风，燥万物者莫熯于火，说万物者莫说乎泽，润万物者莫润乎水，终万物始万物者，莫盛乎艮。故水火相逮，雷风不相悖，山泽通气，然后能变化既成万物也。”盖八者实自玄黄既判，即相与以俱生，在自然界中，最为伟大，覆载亭毒，功莫并焉。宜人之取象，以八者为先也。其后应象者日多，而卦仍止于八，乃又借之以象其他：以物言之，则乾为马，坤为牛，震为龙，巽为鸡，坎为豕，离为雉，艮为狗，兑为羊；以人言之，则乾为父，坤为母，震为长子，巽为长女，离为中女，兑为少女；以器用言之，则乾为玉为金，坤为釜为舆，坎为矫鞣为弓轮，离为甲胄为戈兵，如此者甚众。若亦以天、地、水、火例之，复可云又为马、牛、鸡、狗诸字邪！夫亦曰尚其象而已。及乎八卦不足以给，于是八与八相生而为六十四卦，又各有其卦象焉；六十四卦犹不足以给，于是每卦六爻，又互相生而为三百八十四爻，复各有其爻象焉。夫然后始定天下之象，成天下之文。吾故曰：八卦者，象也，虽为书之所出，而不得谓之书也。

二　结绳

八卦非书，自不能周于用，故至神农之世，犹结绳为治而统其事。结绳者，郑玄所云“为约，事大，大结其绳，事小，小结其绳”、王肃所云“结绳识其政事”也。盖绳之与卦，一以垂象，一以记事，在未有书契以前，其用固与书契等。然卦主于画，尚不得为文字；绳主于结，更不得为文字也。湘绮王先生曰：“六书本于一画，一绳而具众形。”此以卦与绳同为文字之本，似尚可通，然自郑樵创《起一成文图》谓：“衡为一，从为丨，邪丨为丿，反丿为乀，至乀而穷。折一为㇆，反㇆为𠂆，转𠂆为㇗，反㇗为㇙，至㇙而穷。折一为㇆者侧也，有侧有正。正折为∧，转∧为∨，侧∨为<，反<为>，至>而穷。一再折为冂，转冂为凵，侧凵为匚，反匚为コ，至コ而穷。引一而绕合之，方则为口，圆则为〇，至〇则环转无异势，一之道尽矣。丶与一偶，一能生，丶不能生，以不可屈曲，又不可引，引则成丨。然丶与一偶，一能生而丶不能生，天地之道，阴阳之理也。”斯其为说，亦言之成理，于是刘师培遂据此以为此皆结绳时代本体之字，厥后两体相加。一加一为二，即“上”字之古文；一加二为三，三字之倒文为川，川加一为示，即“示”字之古文；一加丨为丅，再加一则为工；く加く为巜，再加く则为巛，即“坤”字之古文；〇加丶为⊙，即“日”字之古文；㇙加㇙为曲，即“曲”字之古文，是为结绳时代合体之字。又谓古人之字，亦用介词、助词，所用之字大抵用圈点横直之形以为表识。《说文》“乀”字下云古文之“及”字也。盖上古之时，未造“及”字，凡二事与二物并言者，则用“乀”字为表识。《说文》“丶”字下云：“有所绝止而识之也。”盖上古之时，未造“也”字，凡前语与后语不相属者，则用“丶”字于二语之中以为表识。《说文》“丨”字下云：“上下通也。”盖上古之时，未造“之”字，凡前语与后语相联者，则用“丨”字于二语之中以为表识。“ㄑ”字或作“㇌”字，均系“乃”字之古文，盖上古之时，未造“乃”字，凡实指事物之词则用“ㄑ”字“㇌”字于语端以为表识。古文有“●”字，或以为“甲”字古文，盖上古之时，未造“夫”字，凡文字起首之提词，用“●”字于语首以为表识。举此五端，足证中国古代文字咸本于结绳，故圈点横直者，皆结绳之遗制也。此则虽从渔仲之图推衍而来，实望文生义，未能一衷于理矣。且渔仲但言起一成文，未以为结绳之字也。起一成文，则画卦亦犹是耳。《说文》“一”字下云：“惟初太极，道立于一，造分天地，化成万物。”故疑渔仲之图，自依卦立说，不从绳起意也。善夫！余杭章先生曰：言文字之始肇起结绳者，此矫诬眩世，持论不根，所谓攻难之士，求名而不得者也！

或谓《史记·封禅书》引管仲之对桓公曰：“古者封泰山、禅梁父者七十二家，而夷吾所识者十有二焉。”盖登封者皆刻石纪号，刻石必有文字，故夷吾得识之也。十二家中首无怀氏，即在伏羲之前，其余六十家，夷吾所不识者，当又在无怀氏之前。又《韩诗外传》称：“孔子升泰山，观异姓而王，可得而数者七十余人，不可得而数者万数也。”桓谭《新论》亦称：“泰山之上，有刻石凡千八百余处，而可识者七十有二。”此皆与管子之言合，足证伏羲以前已有文字，则神农之有文字，尚何所疑？许君《说文序》首及伏羲、神农者，盖以文字已肇于此时也。斯又不然。《庄子》不云乎“昔者容成氏、大庭氏、柏皇氏、中央氏、栗陆氏、骊畜氏、轩辕氏、赫胥氏、尊卢氏、祝融氏、伏羲氏、神农氏，当是时也，民结绳而用之”？可知结绳统事，伏羲前及伏羲、神农时皆同。使有文字，则不须结绳矣。至于登封刻石，虽或有之，度亦不过如埃及、墨西哥古代之图解符号。管、孔所识，殆按图以得其仿佛耳。段玉裁所谓五帝以前，但有记识，非必成字。故《孝经援神契》曰：“三皇无文。”惟其非文，故仍不能施之于民用而有待于结绳也。许君《序》正以画卦、结绳之不足以御庶业而绝饰伪，于是书契乃不得不代之而兴，何尝以是为文字哉？

三　书契

《易·系辞》曰：“上古结绳而治，后世圣人易之以书契，百官以治，万民以察，盖取诸夬。”夬者，其卦为☱☰，上兑下乾，乃相重之卦也。夫书契取象于相重之卦，则八卦本象之不足为文字也明矣。又《系辞》叙九事之目，皆指黄帝以后，书契居九事之末，则伏羲之不造书契也又明矣。故《汉书·艺文志》序小学但取《系辞》之言，不取《书序》之说，许君则迳谓初造书契在黄帝时。盖以今日视黄帝，黄帝亦为上古，以伏羲视黄帝，黄帝正后世也。至造书契之人，诸书皆以为仓颉。说仓颉者，司马迁、班固、许慎、韦诞、宋忠、傅玄、皇甫谧皆云黄帝之史官。孔颖达欲伸《书序》之义，乃兼引崔瑗、曹植、蔡邕、索靖等云“古之王也”，徐整云“在神农、黄帝之间”，谯周云“在炎帝之世”，卫氏云“当在庖羲、仓帝之世”，慎到云“在庖羲之前”，张揖云“仓颉为帝王，生于禅通之纪”，因谓“其年代莫能有定”。案《吕氏春秋》曰：“苍颉作书。”又曰：“史皇作图。”又曰：“史皇作书，苍颉氏也。”《淮南子》亦曰：“史皇产而能书。”又曰：“苍颉作书。”是苍颉、史皇实为一人。史者称其官也。故高诱曰：“史皇苍颉，生而见鸟迹知著书。故曰史皇，或曰颉皇。”大约上古帝王，或亦有名仓颉者，年代既不能定，要无造书契之征。而造书契之仓颉，复兼名皇，历载绵邈，后人遂棍不能分耳，而《路史》乃笃信造书契者为禅通纪帝王之仓颉，据《路史》，仓帝史皇氏在禅通纪之首，太昊伏羲氏在禅通纪之末。且谓后世徒见其有史皇之名，因谓为史官尔。然则何不可曰后世见黄帝史官仓颉亦名皇、因谓为古之帝王邪？夫名在疑似之间，则当考之以时，时不可定，则当征之以事，事不可断，则当推之以理。使禅通纪而有书契，则结绳早废，八卦亦不须作矣。此黄帝史官之说所以为可信也。惟《世本》及卫恒《四体书势》皆称沮诵、仓颉作书，则仓颉而外，尚有沮诵。同时同官同作书，理自有之。《荀子》曰：“好书者众矣。而仓颉独传者，壹也。”此语当有所本。章先生有言：“今之俚人，亦有符号，家为典型，部为徽识，而彼此不能相通。夫仓颉以前，亦如是矣。一二三诸文，横之纵之，本无定也。马牛鱼鸟诸形，势则卧起飞伏，皆可则象也，体则鳞羽毛鬣，皆可增减也。字各异形，则不足以合契。仓颉者，盖始整齐画一，下笔不容增损，由是率尔著形之符号，始为约定俗成之书契。”斯论可为《荀子》“壹”字作注脚。

《说文序》曰：“黄帝之史仓颉，见鸟兽蹄迒之迹，知分理之可相别异也，初造书契。”其述伏羲画卦，亦曰视鸟兽之文，所取者同，乃一则仅能画卦，一则遂能作书，斯即足觇民智之渐进也。又曰：“苍颉之初作书，依类象形，故谓之文，其后形声相益，即谓之字。”是知书契始为文字，而卦画尚未成文字也。文字而命之曰书契者，盖指其用而言。《慎子》曰：“书契所以立公信也。”郑玄曰：“书契谓出予受入之凡要，凡簿书之最目，狱讼之要辞，皆曰契。”《周官·小宰》注。又曰：“书谓簿书，契其最凡也。”《周官·司会》注。又曰：“书契取予市物之券也，其券之象，书两札刻其侧。”《周官·质人》注。又曰：“书之于木，刻其侧为契，各持其一，后以相考合。”《易·系辞》注。此皆谓书而刻之，而即用以立信。盖古简牍用竹木，百名以上书于册，不及百名书于方，以刀代笔，故曰削简、曰削牍。“契”之正字为“栔”，许训为“刻”。锓刻竹木以著法数，斯之谓栔，其制本如此也。又寻《周官》“凡大约剂书于宗彝，小约剂书于丹图”，“凡邦国都鄙及万民之约剂藏于太史”，约剂亦书契之别名也。《易·系辞》所云“百官以治，万民以察”，正指此尔。或者乃以书契为文字之一体，别于篆籀而言，昧其旨矣。近人又依附西人之说，谓中国文字出于巴比伦锲文。锲、契古通，故文字古称书契，更不经矣。世又传“苍颉作书，天雨粟，鬼夜哭”，语尤无稽。王充《论衡·感虚篇》曰：“夫言天雨粟、鬼夜哭，实也；言其应苍颉作书，虚也。夫河出图、洛出书，圣帝明王至瑞应也。图书文章与苍颉所作字画何以异。天地为图书，苍颉作文字，业与天地同，指与鬼神合，何非何恶而致雨粟神哭之怪。使天地、鬼神恶人有书，则其出图书，非也；天不恶人有书，作书何非而致此怪？或时苍颉适作书，天适雨粟，鬼偶夜哭。而天雨粟，鬼神哭，自有所为。世见应书而至，则谓作书生败乱之象，应事而动也。”按此论甚辨，惟犹信图书，可谓明于此而惑于彼。要知怪征瑞应，同其诬诞。苍颉作书，必不致雨粟鬼哭；伏羲作卦，亦必不因河图洛书也。

书契时代之字，迹已不传，惟既承画卦之后，而代结绳之用，卦所以垂象，绳所以记事，则其书必不外乎象形、指事二体。依类象形，许君固言之矣。段玉裁云：“依类象形谓指事、象形二者也。指事亦所以象形也。”《论衡》谓：“仓颉作书，与事相连。”此即谓指事也。今考《说文》中独体之文，大抵多苍、史遗制。许君自序称：“书曰：‘予欲观古人之象。’言必遵修旧文而不穿凿。”则其《说文》之作，遵旧可知。故段玉裁注：“古人之象，即仓颉古文是也。”章先生亦曰：“仓颉初文，固悉在许书也。”其他言苍颉书者，韩非则谓：“苍颉作书，自营为厶，背厶为公。”王育则谓苍颉造“秃”字。案“厶”为独体指事，自为初文，“公”与“秃”并合体会意，皆孳生之字，恐非仓颉所作矣。至若任昉《述异记》称：仓颉藏书台有碑文二十八字，李斯识八字，云：“上天作命，皇辟迭王。”至叔孙通又识十二字。此殆傅会者之所为。宋《淳化阁帖》乃录而存之，郑樵《通志》复称之，方以智《通雅》且谓仓颉之迹止传藏书台墓石，可谓沿讹袭谬，不知其反者已。

文字流变第二

一　古文

古文者，仓颉以后史籀以前文字之通名，《说文序》所谓“五帝三王之世，改易殊体”者也。卫恒乃谓：“自黄帝至于三代，其文不改。”孔颖达亦谓：“自仓颉以至周宣，皆苍颉之体，未闻其异。”后人因概目之曰仓颉古文。实则更历八代，积年数千，王者之兴，必有所因于故名，亦必有所作于新名，新故相袭，岂能无变。且从其质言，古但曰“文”，不著“古”字，其称“古文”，殆起于秦，以其既异秦篆，并异籀文，又不能专系一代，故谓之“古”耳。惟籀文虽作，古文犹行，故孔子书《六经》，左邱明述《春秋传》，皆以古文，秦隶通行，古文遂废。故司马迁谓秦“拨去古文”，扬雄谓秦“刬灭古文”，许慎谓“古文由此绝矣”。及壁中经出，古文乃大显于世，而郡国亦往往于山川得鼎彝，其铭即前代之古文，《说文》一书遂得兼采。《说文》中古文，其本于经典者，皆言其所出，惟未尝注明何字出于鼎彝，今考载记，如齐桓铜器、美阳周鼎、周召公鼎、齐太公鼎、仲山甫鼎、楚武王鼎、上雒宝鼎之类，皆出许君之前，当为《说文》所本。故钱大昕曰：“《说文》所收九千余字，古文居其大半，其引据经典，皆用古文说，间有标出古文、籀文者，乃古、籀之别体，非古文只此数字也。且如书中重文，往往云篆文或作某，而正文固已作籀体矣。岂篆文亦只此数字邪？作字之始，先简而后繇，必有‘一二三’，然后有从弋之‘弌弍弎’，而叔重乃注古文于‘弌弍弎’之下，吾是以知许所言古文者，古文之别字，非‘弌’古于‘一’也。古文中丰而首尾锐，小篆则丰锐停匀，叔重采录古文，而以小篆法书之，后人不学，妄指《说文》为秦篆，别求所为古文，而古文之亡滋甚矣。”段玉裁曰：“小篆因古、籀而不变者多，其有小篆已改古、籀，古、籀异于小篆者，则以古、籀附小篆之后，曰‘古文作某’‘籀文作某’，此全书之通例也。其先古、籀后小篆者，则变例也。”观此则知古文之存于后世者，自以《说文》为最可信。其文或录为正篆，或互见于偏旁，或别出为重文，或曰奇字，或曰或体。惟《说文》据六书以解说，而古文殊形诡制，笔画增减最多，至有无以下笔者。当孔子时，古文已浸不正，故壁中古文，见于《三体石经》者，《说文》亦不能尽录。若鼎彝之属，本为重器，铭之以文，兼以为饰，字之结体，往往随器之大小方圆而殊，同为一字，各器大同小异，或繁或简，无有定则。《说文》虽取之，而不能无别择，其不合六书者，宜为许君所汰矣。《说文》而外，《史记》《汉书》亦间存古字。王观国《学林》谓：“《史记·商本纪》曰：‘汤既胜夏归，仲畾作诰。’‘畾’乃古文‘虺’也。《周本纪》曰：‘穆王命伯羿申诫太仆，作《羿命》。’‘羿’乃古文‘冏’也。又孔子弟子有曾葴，‘葴’乃古文‘点’也。《汉书·古今人表》有伯煛，‘煛’乃古文‘囧’也。《百官公卿表》曰：‘葢作朕虞。’‘葢’乃古文‘益’也。《郊祀志》曰：‘天墬神祇之物皆至。’‘墬’乃古文‘地’也。《礼乐志》曰：‘屮木零落。’‘屮’乃古文‘草’也。《刑法志》曰：‘愯之以行。’‘愯’乃古文‘悚’也。《艺文志》有《大命》三十七篇，‘命’乃古文‘禹’也。《地理志》：‘随山栞木。’‘栞’乃古文‘刊’也。又平原郡安悳县，‘悳’乃古文‘德’也。又清河郡鄃题县，‘鄃’乃古文‘莎’也。又北地郡大㝔县，‘㝔’乃古文‘要’也。《路温舒传》曰：‘㡭者不可复属。’‘㡭’乃古文‘绝’也。《叙传》曰：‘东厸虐而歼仁。’‘厸’乃古文‘邻’也。《召信臣传》曰：‘昼夜爇蕴火。’‘爇’乃古文‘然’也。《五行志》曰：

‘王心弗戡。’‘戡’乃古文‘堪’也。《扬雄传·反离骚》曰：‘鼂既𠬝夫传说兮。’‘𠬝’乃古文‘攀’也。”此所举虽不能尽，可见其略。盖史公十岁即诵古文，尝从孔安国问故，班氏更精小学，尝续《仓颉篇》作十三章。宜《史》《汉》中有古文也。至若卫宏、郭显卿、张揖、孙强、徐邈所集录之古文，书皆不传，晋汲郡所得竹书，中多古文，今亦不可见矣。

《说文》所存古文，未尝言某文出于某代，故五帝三王改易之迹，莫由得窥。郑樵《通志》述帝喾货之“货”字作□，高阳货之“货”字作□；帝昊金之“金”字作□，帝喾金之“金”字作全，此五帝之时殊体也。而高阳金之“高”字作□，复作□、作□、作□，尧泉之“尧”字作□，复作□，又古文“尧”作□，则又一代自相异。尧泉之“泉”字作□，商泉之“泉”字作乡，又商货之“货”字作□，不同于□、□。商钟之“金”字作□，不同于□、全，此三王与五帝互殊也。而夏货之“夏”字作□，复作□，商货之“商”字作□，复作□、作□、作□，则亦一代自相异。倪谟《古今钱略》载有黄帝货金、帝昊金、高阳金、尧泉、舜币、夏货金、商王货金，咸有款识。然此亦未必可据。至世传黄帝作云书，少昊作鸾书，高阳作科斗书，高辛作仙人书，帝尧作龟书，尤妄诞不足质。其他夏代文字见于《左传》者有九鼎之铭，见于《吴越春秋》者有洞庭禹书，今并失传。传者有岣嵝碑，又非其真也。惟商周二代彝器，则自宋以来，地不爱宝，出土者日多，从事考释者日盛，氈墨传拓，流布亦日广，校其同异，以观三王之殊体，斯其粲然者矣。世有其书，不烦举例。然以资博识考古，自足成一家之学，乃或者见其字为《说文》所无者，则思有以补之，见其字与《说文》中古文异者，则思有以正之，是又失之好事。且器有真赝，鉴别为难。《韩非子》称：“齐伐鲁，索谗鼎，鲁以其赝往。”则作伪之风，自古已然。文有疑似，证定非易。故钱大昕曰：“求古文者，求诸《说文》足矣。后人求胜于许氏，拾钟鼎之坠文，既真赝参半，逞鄉壁之小慧，又诞妄难冯，此名为尊古而实戾于古者也。”章先生亦作《理惑论》见《国故论衡上》，举其可疑者五事，谓：“吉金著录，宁皆赝品？而情伪相杂，不可审知，必令数器互雠，文皆同体，斯确然无疑耳。单文间见，宜所简汰，无取诡效殊文，用相诳耀。穿凿之徒，务欲立异。亦有燔烧饼饵，毁瓦画墁，以相欺绐。不悟伪迹，顾疑经典有讹、《说文》未谛，此盖吾之所未谕也。”然则专于钟鼎中求古文者，得此其少止乎。

晚世贵州永宁州发见洪岩石刻。文字多象形，如牛作牛形，马作马形，犹可辨识，然奇谲难识者多，与古文字例不甚符合。或以为古代苗民遗迹，似尚可信。邹叔绩定为殷高宗伐鬼方纪功刻石，亦无以征也。近则河南安阳县西洹水之阳又发见于龟甲，率有文字，刘鹗、孙诒让、罗振玉辈咸有考证，以为地当殷虚，盖殷时之卜辞，亦刀笔书也。孙氏且引《诗》《礼》故训，谓：“开龟有金契、有木契，金器用以钻凿，木契用以然灼，二者同名异物。金契即刻书之刀凿，将卜开甲俾易兆，卜竟纪事以征吉，殆皆有契刻之事。甲文既出于刀笔，故庯峭古劲，觚折浑成，大致与金文相近，而篆画尤简省，可补有商一代书名之佚，兼以寻究仓后籀前文字流变之迹。”罗氏则谓龟卜文字为古人书契之至今存者，可与古金文字相发明，复可纠正许书之违失。于是考索古文者，又群趋龟甲，朽骨通灵，竟成瓌宝。顷岁发掘更富，以龟甲自名家者日起矣。章先生独非之，谓：“《周礼》有衅龟之典，未闻铭勒，其余见于《龟策列传》者，乃有白雉之灌、酒脯之礼、梁卵之祓、黄绢之裹，而刻画书契无传焉。假令灼龟以卜，理兆错迎，衅裂自见，则误以为文字，然非所论于二千年之旧藏也。夫骸骨入土，未有千年不坏，积岁稍久，故当化为灰尘。龟甲蜃珧，其质同耳。古者随侯之珠、照乘之宝、珕珌之削、余蚳之贝，今无有见世者矣，足明垩质白盛，其化非远。龟甲何灵，而能长久若是哉？”此又足砭专从龟甲中求古文者之病。

二 籀文

籀文者，周宣王时太史籀之所作，《汉书·艺文志》“《史籀》十五篇”是也。《汉志》自注及《说文序》又称曰“大篆”。段玉裁云：“大篆之名，上别乎古文，下别乎小篆而为言。曰史篇者,以官名之；曰籀篇、籀文者,以人名之。”案《吕氏春秋》云：“苍颉造大篆。”则古文亦可称大篆，而非籀文之专称，故秦书八体有大篆无古文。段氏“上别”之言，殊为未核。窃谓春秋以前，未有称文字为篆者，其时或曰文、或曰名。篆之称大抵周末秦人为之，以去颉、籀皆远，故概称大篆。大与太同，大篆犹云太古之篆，亦犹上世之书称《尚书》耳。自秦篆出，汉人目曰小篆。《汉书·艺文志》作“秦篆”。于是始以大为大小之大，而大篆似为史籀所专矣。若论其本，则十五篇者，既非苍颉之遗，且为一家之作，亦与泛称古文之漫无经界者判然有别。自以从其人名，称曰“籀文”为当，故许君序中虽言“大篆”，必系以“史籀”二字。《序》谓：“李斯等所作小篆，皆取史籀大篆，或颇省改。”知秦文从籀文出，不从古文也。若仅曰大篆，则恐与古文混。《段注》乃谓“言史籀大篆，则古文在其中”，殊失许旨。至其书中所引，则但曰籀文，不言大篆，盖以大篆、古文之名虽可通，而古文、籀文之限不可乱也。《汉书·王莽传》孟康注：“史籀所作十五篇，古文书也。”此即因涉大篆之名而误。近罗振玉证以龟甲文字，谓“籀文即古文”，亦不可信。张怀瓘《书断》乃又分大篆与籀文为二体，斯更謬矣。

《汉·艺文志》曰：“《史籀篇》者，周时史官教学童书也。与孔氏壁中古文异体。”《说文序》则谓：“与古文或异。”《四体书势》则谓：“或与古同，或与古异。”今考《说文》中所录，上古文，下籀文。如“薅”作“蓐”，“诞”作“這”，“鬞”作“系”，“嘉”作“豪”，“盟”作“盈”，“盤”作“盘”等字，其笔画皆简于古文；如“緐”作“䋣”，“睿”作“叡”，“弃”作“棄”，

“辳”作“䢉”，“冋”作“网”，“啇”作“蔏”等字，其笔画皆繁于古文；如“肆”作“蠡”，“筤”作“㞋”，“劆”作“𠞍”，“糝”作“糣”，“臺”作“屋”，“疾”作“𤶜”等字，笔画略等，而所从不同；如“衇”作“𧖷”，“覛”作“𧡮”等字，笔画虽同而偏旁易位。此皆许君明著其为籀文者，其不明著者，重文、或体中亦往往有籀文杂厠其间，可以钩稽而得。两两相较，“或异”之言，信得其实，“或”之云者，不必尽“异”也。然最栝观之，究以简于古文者少，而繁于古文者多。颜师古谓：“粤有史籀，演暢古文。”演而暢之，所以繁也。古简籀繁，实亦有故。桂馥曰：“书契之作，所以杜诈伪。古文太简，渐有不可以一体施者，故籀文趋于繁。”孙诒让曰：“书契初兴，形必至简，逮其后品物众而情伪滋，简将不周于用，则增益分析而渐繁。”两君所论，盖近之矣。至全书篇数，班固谓“建武时亡六篇”，唐玄度谓余九篇，“章帝时，王育为作解说，所不通者十有二三”，则《说文》所录，或即取材于此。全书字数，张怀瓘《书断》谓凡九千字，桂氏《说文义证》亦云：“大篆十五篇，断六百字为一篇，共九千字。”然《说文》仅载籀文一百四十余字，使原有九千，则纵亡六篇，余亦过半，许君百分取一，犹不止此。疑张氏因《尉律》“讽籀书九千字”一语而云然。段玉裁谓此“籀”字与“抽”“紬”同，籀书谓能推演发挥而缮写至九千字之多，是知此之“籀书”，非指《史籀篇》。且《汉志》但曰“讽书九千字”，固无“籀“字，益足证张说之误也。

籀文除见于《说文》者外，别有陈仓石鼓文。初不见称于前世，唐初苏勖始有记录，谓为周宣王猎碣，其数十，其字则史籀之迹也。李嗣真、张怀瓘、窦臮、徐浩咸无异辞，杜甫、韩愈、韦应物皆形之歌咏。杜叙历代书，厕之苍颉、李斯之间，韩亦以为宣王镌功勒成之作，韦则以为文王之鼓而宣王刻诗。欧阳修《集古录》谓观其字画，非史籀不能作，然发三疑。程大昌《雍录》、董逌《广川书跋》因

《左氏传》称“成有岐阳之蒐”，又以为成王之鼓。论虽不定，要皆认为周代之物，惟郑樵摘鼓中“丞殹”二字，以为见于秦斤、秦权。秦自惠文称王，始皇称帝，今鼓文有曰“嗣王有曰天子”，天子可为帝亦可谓王，故定为秦鼓，谓惠文之后、始皇之前所作也。金人马定国考石鼓非周宣王时事，复指为宇文周时所造，作辨万余言。此二说者，王顺伯《复斋碑录》已尝驳之，盖非其实，然必云宣王所作史籀所书，亦无确证。第其词有似《车攻》《甫田》诗词，而其字画复体势繁密，大致与史籀书不相远。故章先生曰：“虽亘复见远流，亦大篆之次也。”

三　篆书

篆书之名始于秦，古制书必同文。自周之衰，诸侯恶礼乐之害己，而皆去其籍。至于战国，是非无正，人用己私，于是言语异声，文字异形。秦始皇初兼天下，李斯乃奏同之，罢其不与秦文合者，斯作《苍颉》七章，赵高作《爰历》六章，胡毋敬作《博学》七章，即所谓篆书也。篆之本义为引书。段玉裁曰：“引书者，引笔而著于竹帛也。因之李斯等所作曰篆书，而谓史籀所作曰大篆，既又谓篆书曰小篆。”此注甚明。然小篆之称，西汉未有，故新莽时甄丰等校订六书，三曰篆书，不作小篆也。刘歆《七略》则系之代名而曰秦篆，《汉·艺文志》同。亦不作小篆也。惟《说文序》称小篆。可见此名起于汉末。许君冠“所谓”二字于“小篆”上，又知其名并非许定，盖当时之习称耳。其谓秦书八体二曰小篆者，亦追述之词。在秦时但作篆书，必不作小篆，且亦不作秦篆也。故许自述作书之例，仍正其名曰：“今叙篆文，合以古、籀。”古、籀、篆三者并列。大小之称，废而不用，其意自见，此学者所当知也。

秦篆之作，《汉·艺文志》谓：“文字多取《史籀篇》，而篆体复颇异。”《说文序》谓：“皆取史籀大篆，或颇省改。”“省”之云者，减其繁重；“改”之云者，改其怪奇也。如籀文“就”字，篆减为“就”；籀文“鼎”字，篆减为“員”；籀文“鹵”字，篆减为“卤”字；籀文“戲”字，篆减为“車”，此省之例也。籀文“匿”字，篆改为“栖”；籀文“㕣”字，篆改为“邕”；籀文“宙”字，篆改为“岫”；籀文“䪼”字，篆改为“頤”，此改之例也。他如“驫”之与“原”，“瀫”之与“渔”，“㳅”之与“流”，“㴼”之与“涉”，“驫瀫㳅㴼”虽不注明籀文，而“原渔流涉”既注明篆文，自可知其省改之迹，不烦互见也。且篆不惟于籀文有省改也，即于古文亦有省改，如古文“槑”字，篆省为“呆”；古文“誼”字，篆省为“宜”；古文“𢇍”字，篆改为“绝”；古文“賡”字，篆改为“續”，是也。惟古文简，籀文緐，故桂馥谓：“小篆于籀文则多减，于古文则多增。如‘云’字，古文也，篆则加雨为‘雲’；‘𣶒’字古文也，篆则加水为‘渊’；‘呆’字古文也，篆则加人为‘保’，此类是也。”第篆从籀文出，不从古文出，故究与籀文为近耳，又虽有省改，而曰“颇”曰“或”，则改之必不能尽。故段玉裁曰：“《说文》所列小篆，固皆古文大篆，其不云‘古文作某’‘籀文作某’者，古籀同小篆也。其既出小篆，又云‘古文作某’‘籀文作某’者，则所谓‘或颇省改’者也。”此言最能通许书之例，兼可明秦篆之作。因者多而创者少，惟其因多创少，遐迩自易通行。宜乎史载秦于兼并天下之第三年，刻石颂德，已称同书文字也。

四　隶书

隶书者，《汉·艺文志》谓起于秦时官狱多事，苟趣省易，施之于徒隶也。《说文序》云：“秦烧灭经书，涤除旧典，大发吏卒，兴戍役，官狱职务繁。初有隶书，以趣约易。”此皆言隶书之用。蔡邕《圣皇篇》云：“程邈删古立隶文。”《说文序》于新莽六书“小篆”下云：“秦始皇帝使下杜人程邈所作也。”段玉裁谓：“此十三字当在‘隶书’之下。”此则言作隶书之人。卫恒《四体书势》云：“秦既用篆，奏事繁多，篆字难成，即令隶人佐书曰隶字。”此则并承班、许之说。而于程邈则因《说文序》之错简，疑而未定，然江式、羊欣、王僧虔、庾肩吾辈皆以为程邈作隶。程邈何人，史虽无征，相传为秦狱吏，善大篆，得罪幽系云阳狱，乃增减大篆，去其繁复，始皇善之，出为御史，名其书曰隶书。案古文一称大篆，伯喈删古之言，正与此合，相承有绪，似可信也。惟秦时仅于公家案牍用隶，若铭金刻石，则仍兼用篆籀，《书断》曰：“秦造隶书以赴急速，为官司刑狱用之，余尚用小篆也。”观泰山、峄山诸碑及秦权秦斤、秦量可证。《南史·范云传》载会稽秦望山上有始皇刻石，文皆大篆，人多不识。《颜氏家训》载开皇二年，长安民掘得秦时铁称权，旁有铜涂镌铭二所，其书兼为古隶。至汉而隶之用日广，书师教学童，汉兴，闾里书师合《仓颉》《爰历》《博学》三篇为《仓颉篇》，林罕谓此以隶合篆也。张怀瓘谓和帝时贾鲂撰《滂喜篇》，以《仓颉》为上篇，《训纂》为中篇，《滂喜》为下篇，所谓“三仓”也，皆用隶字写之。儒生写六经，《经典释文》谓孔安国用隶书写古文《尚书》，《书序》正义亦曰：“言隶古者，谓就古文体而从隶定之，存古为可慕，以隶可为识。”皆用隶书，盖浸由徒隶之书进而为士大夫通行之书矣。

其由隶书出者，又有八分及真书二体。八分之说，最为多岐。蔡文姬述其父邕之言，谓割程隶字八分取二分，割李篆字二分取八分，刘熙载《书概》谓此言恐不出于文姬。是以八分在篆隶之间也。王愔谓以隶草作楷法，字方八分，《书概》曰：“谓字比于八之分也。”萧子良谓饰隶为八分，《书概》曰：“饰字有整饬矜严之意。”是以八分生于隶也。张怀瓘谓八分减小篆之半，隶又减八分之半，杜甫诗“大小二篆生八分”，是以八分生于篆也。然验之东汉诸石，则生于隶为可据。包世臣曰：“八，背也，言其势左右分布若相背然。”颇得其义。郭忠恕曰：“书有八体，汉蔡邕以隶作八分体。盖八体之后，又分此法，谓之八分。”近人康有为曰：“秦篆变石鼓体而得其八分，西汉人变秦篆长体为扁体，亦得秦篆之八分，东汉又变西汉而增挑法且极扁，又得西汉之八分，正书变东汉而为方形圆笔，又得东汉之八分。八分以度言，本是活称，伸缩无施不可。”此则虽可备一说，而皆非所以论八分书。盖隶无屈曲俯仰之容，可谓篆之质；八分则纵隶体而出于骏发，增隶体而出以波势，又隶之文也。始作八分者，诸家皆以为上谷王次仲。或谓次仲秦人，郦道元、张怀瓘说。或谓后汉人，卫恒、王愔、萧子良皆同，然亦未能定为何时。以后说为较允。或又谓中郎变隶而作八分者，郭忠恕、姚姬传、包世臣说。案中郎《劝学篇》云：“王次仲初变古形。”则中郎固亦以为王矣。真书者，一曰正书，一曰楷书。然卫恒、王愔皆言王次仲作楷法，则楷法实指八分。庾肩吾谓隶书今之正书，则正书亦即隶书。张怀瓘《六体书论》曰：“隶书字皆真正，亦曰真书。”后人既别八分于隶，复别真书于分者，缘自魏晋六朝以还，又变八分之波发，存隶书之横直，而为侧、勒、努、趯、策、掠、啄、磔诸法。《宣和书谱》所谓降及三国钟繇者，备尽法度，为正书之祖。《东观余论》所谓汉世隶法，至魏大变也。约而言之，真隶、八分，本一体之殊，故名亦互施，莫能有定。自唐以前，皆称楷字为隶，欧阳修《集古录》则目汉人之分曰隶，唐人之分曰分。若溯其始，则隶为通名。六朝时，以正书为今隶，以汉隶为古隶。举隶可以赅真分，真分不足以统隶。冯班云：“楷隶、八分莫辨者，晋人书势之未明也。八分楷法为隶者，宋人隶说之误也。隶始于秦，篆之省笔也。既趋简易，巧丽日生，流而为真书，岐而为楷法。楷法者，八分也，以真为隶者，六朝唐人也。以隶称楷法八分者，后世之讹也。”此论颇辨，然犹未知隶名之可以兼施。翁方纲云：“汉初所造之隶，初省去篆文之圆折，则但以有直有横者为隶，此在今日当目之为古隶。汉人有波之隶，则由隶渐增笔势，其形象八字分布，故曰八分，由汉至六朝唐人皆为之，此在今日，当目之为分隶。至于六朝唐人已后改分隶为楷书，若必以隶名，则名之曰楷隶。”斯则较得其本矣。

隶书之作，与篆同时，然李斯于大篆或颇省改。程邈于大篆多事减删。江式谓隶书附于小篆而作，段玉裁亦言隶书为小篆之省，恐误。《四体书势》曰："鸟迹之变，乃惟佐隶。"鸟迹即指古文，且斯、邈同时，亦不及相资也。故篆书变古而古犹存，隶书变古而古文由此绝矣。王柏曰："斯变小篆，邈变隶书，二人虽同时，而斯犹有所宗，邈则无复丝毫籀法。"人情喜简捷而厌繁难。自隶之既行，鲜复留情于篆，重以分楷相嬗，偏旁点画，浸浸失真，睹字莫由知义，而六书之旨遂荒。刘师培曰："自篆改为隶，而字形与字义不符，如'日''月'之篆文皆象形，自变为隶体，'日'与'曰'字近，'月'与'月'字近，而'日''月'不象形矣。草木之篆文皆象形，自变为隶体，'草'与'廿'字之形混，'木'与'水'字之形混，而草木不象形矣。'烏''鳥'之篆文，皆从两足，自变为隶体，而皆从四足，不复象飞禽之形矣。岂惟象形一体哉。如'𠌶'为草木之'𠌶'，而'䔢'训为荣，'崋'为西岳，字各不同，自隶书统作'華'，而三字合为一字矣。'𤰝'为耕治之田，字或作'𠃬'；而'𠷎'训为谁，'𠷎'训为词。字各不同，自隶书变'𠷎'为'壽'，而从'𠷎'之字悉改从'壽'，而三字合为一字矣。"盖汉尚篆、隶并行，魏晋六朝篆已式微，至唐开元文字出，以隶书为正，附篆文于隶下，于是隶书乃定于一尊矣。林罕有言："篆虽一体，而隶变数般，非究于篆，无由晓隶。隶书有不抛篆者，有全违篆者，有减篆者，有添篆者，有篆隶同文者。在篆体则可辨，变隶体则多有义异而文同。"郭忠恕有言："'衛夢'之字，是谓隶省本作'衞㝱'，'前寗'之字，是谓隶加本作'歬甯'，'词朗'之字，是谓隶行本作'詈朖'，'寒無'之字，是谓隶变本作'𡫳𣞤'。"论隶书之失，此颇得要，然此犹就隶体之近正者言之也。乃若"马头人为长，人持十为斗，虫者屈中也，苛之字止句也"见于《说文序》，"追来为歸，巧言为辩，小兔为䨲，神蟲为蠶"见于江式《论书表》，"百念为忧，言反为变，不用为罷，更生为蘇"见于《颜氏家训》，"黿鼉从龜，辭亂从舌，席下著带，惡上安西"见于《经典释文序》，如斯之类，不一而足，是曰伪字，亦号野书。唐代虽尝有敕文明加禁断，而沿用已久，终莫之废也。又若“疊”恶太甚，改作三田，“随”恐不宁，遂命去辵，军陈为“阵”，始于逸少，形景为“影”，本乎稚川，是亦增所不当增，损所不当损，即出通人，亦违故训，使咸汇而列之，则文字之谬，真有不胜其匡者矣。《学林》曰：“字为俗书改其体者甚多，如顧之顾、霸之覇、喬之乔、獻之献、國之国、廟之庿、亂之乱、殺之煞、趨之趍、虧之亏、錢之苂、齊之斉、學之李、齋之斎、臺之臺、寶之宝、驅之駈、棲之栖、鹽之塩、甕之瓮、總之揔、麥之麦、兔之兎、著之着、稟之栗、繩之縄、飯之飰、備之偹，凡此皆流俗不晓义理者咸用之，而字书如《广韵》《集韵》，亦有取而附在正字之下者，皆非法也。又如‘宜冥富寇’皆从宀，而俗书从冖，‘况冲梁凉’皆从水，而俗书从冫，‘廚廳’皆从广，而俗书从厂，‘博协’皆从十，而俗书从忄，凡此类皆失字之本体者也。”惟是隶、楷之兴，本趋约易，或变或省，固不能无，宜民便俗，讵可骤革？必欲从篆复古，盖亦势所难行。颜元孙有曰：“自改篆行隶，渐失本真。若总据《说文》，便下笔多碍。当去泰去甚，使轻重合宜。”准斯以谈，庶乎其可。

五 草书

草书之起，梁武帝《草书状》引蔡邕云：“昔秦之时，诸侯争长，简檄相传，望烽走驿，以篆隶之难，不能救速，遂作赴急之书。”赵壹《非草篇》曰：“秦之末，刑峻网密，官书烦冗，战攻并作，军书交驰，羽檄分飞，故为律草，趋速急耳。”据此，则起于秦末也。《说文序》曰：“汉兴有草书。”《四体书势》曰：“汉兴而有草书，不知作者姓名。”江式《论书表》亦曰：“汉兴又有草书，莫知谁始。”据此则起于汉初也。秦末汉初，时本相接，第秦书八体无草书，且不知作始之人，故言秦末不如言汉初耳。《宣和书谱·叙论》曰：“草之所自，议者纷如，然谓之草，则非正也，孔子所谓‘为命裨谌草创之’是也。”后人因此亦有疑草书始于春秋之世者。案草创之草，实指文之未加修饰者而言，《史记》“怀王使屈原造为宪令,屈平属草稿未定”，《汉书》“董仲舒欲言灾异，草稿未上”，皆是此意。谓草书之先因于起草，理尚可通，遂指以为草书未可也。又汉初试学童，但试八体，不试草书，则知草书无关小学，不足为典要。或谓《汉·艺文志》列史游《急就篇》于小学家，《急就篇》即草书者。不知“急就”之义，谓字之难知者缓急可就而求尔。史游作此篇是一事，其以草体书此篇，又是一事，不得掍为一也。惟其不为典要，故汉人草书之用，初仅施于简檄。《非草篇》曰：“草书之人，盖伎艺之细者耳，乡邑不以此较能，朝廷不以此科吏，博士不以此讲试，四科不以此求备，征聘不问此意，考绩不课此字。”简檄无金石之寿，故西京草迹绝少流传。近年出土之《流沙坠简》中有草书，亦多东汉之迹。顾炎武《日知录》据褚先生补《史记·三王世家》“谨论次真草诏书编于左方”之语，谓汉孝武时诏即已用草书，然刘熙载则谓此应以“草创”“草稿”例之，不得视为草书也。至乎东汉，草用始宏，史称北海敬王睦善史书，为世楷则，及寝病，明帝驿马令作草书尺牍十首。此豫拟与人尺牍，索靖《月仪》之权舆。是为草通笺启之证，浸假而许通章奏，故后世又谓之章草焉。

草之为体，崔瑗《草势》云：“惟作佐隶，旧字是删，草书之法，盖又简略。”索靖《草书状》云：“损之隶草，以崇简易，离析八体，靡形不判，去繁存微，大象未乱。”杨泉《草书赋》云：“字要妙而有好，势奇绮而分驰，解隶体之细微，散委曲而得宜。”观此所说，皆谓草出于隶。惟元黄仲元谓：“草书虽便急就，然视壁藏犹万分之一。”壁藏指古文也。明赵宧光谓：“草书虽去古而可达古文，且有真未必合，草未必离，如‘佳隹’等字，古体皆合，真书有愧矣。草鹿首岐，草山虚下，夜前垂乍，草正真讹。”真书即隶书也。章先生亦谓：“草虽起于隶后，然必不专从隶出。”今之存者，以皇象诸人所草为最古，比而观之，如字即与篆文字相似，是其证。然窃以此等字究属偶见，尚有字直与乾卦相类，亦是一例。

若论大体，则草书因隶而变，要无可疑者。既因隶变，故草体初制，犹不离隶。王愔谓史游作《急就章》，解散隶体粗书之，其言当有所本。惜史游之草，久已失传。史游书《急就章》，《说文》《汉志》皆未言，不可解，岂后人所依託邪？《四体书势》叙草书，以杜度为称首，已在游后百余年。江式谓草书形画虽无厥谊，亦是一时之变通。张怀瓘《书断》谓“存字之梗概，损隶之规矩”。恐所见皆非草之初制矣。张芝继作，因而转精其巧，字之体势，一笔而成，偶有不连，而血脈不断，及其连者，气候通其隔行，于是去隶益远，与崔、杜之字字区别者又异，《书断》因目之曰“今草”，而目字不连绵者曰“章草”。盖以“章草”为隶书之捷，“今草”又章草之捷也。实则魏晋之时，概呼为“草”，名自得正，称“章”则泥于用，称“今”则疑于时，必欲示别，则一称“隶草”，一称“连草”，似尚为当也。

六　行书

行书莫审所自始，亦不知为谁作。卫恒《书势》但分古文、篆、隶、草书四体，行书则附于隶书后论之，然亦仅言：“魏初有钟、胡二家为行书法，俱学之于刘德昇。”初不谓行书自德昇造之。王岷《行书状》云：“资胡氏之壮杰，兼钟公之精密，总二妙之所长，尽要美乎文质。”则并不及德昇。羊欣亦惟言“德昇善为行书”。至张怀瓘《书断》，始定行书为德昇所作，谓其当桓、灵之时，以造行书擅名，《宣和书谱》亦仍其说，殆不足信也。《隋书·经籍志》云：“自苍颉讫汉初，书经五变，曰古文、大篆、小篆、隶书、草书。”大抵书之变至草而极，极则必反，反而之于隶，又不可能。真书者，隶之流也，于是消息乎真草之间而行书出焉。此盖积渐而至，势有自然，固不必有一人为之创也。今刘氏行书世已失传，真、行二体，皆始见于钟书。晋世以来，工书者逐多以行书著名。王愔说。是则谓行书与真书同起于汉末而盛行于魏晋之际，庶其允乎？

行书一名行押书，王愔谓“昔钟元常善行押书”是也。其为体，《书断》谓即正书之小讹，韦续说同。务从简易，相间流行，故谓之行书。《六体书论》曰：“真书如立，行书如行，草书如走。”虞世南曰：“行书之体，略同于真。”《宣和书谱》曰：“自隶法扫地，而真几于拘，草几于放，介乎两者之间者，行书有焉。”据此则知行书虽涉于草，而实与真为近，《书势》所以不附于草而附于隶者，盖有以也。惟行之既久，体亦渐变，赵宧光分而为二，有曰行楷者，有曰行草者，行楷谓如二王诸帖中之稍真者，行草谓如二王帖中之稍纵者。陆深亦曰：“行书兼真谓之真行，带草谓之草行。”刘熙载《书概》亦谓：“行书有真行、有草行，真行近真而纵于真，草行近草而敛于草。”特赵氏附于草书中为失其本耳。降及后世，其流益演，有所谓行隶、行分、行篆者，率意立名，殊不经矣。

文字体用第三

一　六书总略

（一）六书之名称

《周礼·地官》：“保氏掌养国子，教之六书。”《古三坟》：“伏羲命臣飞龙氏造六书。”此伪书不足据。六书者，造字之本也。惟为造字之本，故江式《论书表》曰：“保氏教国子以六书，盖是史颉之遗法。”章先生亦曰：“伏羲作九九之数，以合天道，经典九数见名则始保氏，保氏非作九数，知亦不作六书。意者古有其实，周定其名，非仓颉时遂无六书也。”学者乃多谓六书至周始备，非达论矣。至其名称，则汉儒所说，岐而为三。班固《汉书·艺文志》谓之象形、象事、象意、象声、转注、假借，郑众《周礼注》谓之象形、会意、转注、处事、假借、谐声，许慎《说文解字序》谓之指事、象形、形声、会意、转注、假借。三家惟言象形、转注、假借皆同。“事”“声”“意”班通曰“象”，而郑则于“事”曰“处”、于“声”曰“谐”，许则于“事”曰“指”、于“声”曰“形”，“意”则郑、许皆曰“会”。戴震谓：“班、郑二家，虽可以广异闻，而纲领之正，宜从许氏。”段玉裁亦以许氏为得，然于班之“象事”“象声”，不以为戾，于郑之“处事”“谐声”，则以为非。或又以班于前四者悉名为“象”，似不审谛者。今案《管子》有曰：“义也，名也，时也，似也，类也，比也，状也，谓之象。”夫义者所以合宜，即意也；名者所以命事，即声也；时者名有所当，即事也；似类、比状即形也。《管子》于形、事、声、意皆谓之“象”矣，班氏四“象”，实与之符。又形、事之分，由于动、静，有事则有形，形有定而事无定，象其有定者形也，象其无定者事也，故“事”曰可象。形、意之分，由于虚、实，形实而意虚，实者易象，可依类以象之，虚者难象，则比类以象之，故“意”可曰象。声音则本在文字之先，文字所以代语言。未有文字以前，以语音为事物之名，既有文字以后，以字音为事物之名。万物不自名，名之必如其自名，用龚自珍说。故“声”更可曰象。是则班氏之旨，固自有在也。处事之“处”，一训为止，事有所止，因而指之，则“处事”亦即指事。谐声之“谐”，一训为耦，耦者配也，以形配声，用小徐说。半声半形，则谐声亦即形声。是知郑氏亦未为失也。顾班、郑于六书皆仅举名，未尝释义，许君则各释其义，且举例以明之，宜后人咸宗许说矣。

（二）六书之次第

六书次第，三家所列，亦各不同。班则以形先事，以意先声；许则以事先形，以声先意；郑独交错列之。张参《五经文字序》曰：“保氏掌养国子以道，教之六书，谓象形、指事、会意、形声、转注、假借，六者造字之本也。”案张氏既引《保氏》，则所列名目当出郑注，而次序同班，名称同许，与今本郑注不同。王筠疑其所据郑注或为别本，然亦无以证之。后之次六书者，不依于班，则依于许，或斟酌于班、许之间，而郑则少有依者，如郑樵《六书略序》曰：“六书也者，象形为本，形不可象，则属诸事，事不可指，则属诸意，意不可会，则属诸声，声则无不谐矣。五不足而后假借生焉。”不言转注者，盖渔仲以谐声、转注为一，谐声别出为转注也。此即承用班说而稍自变者也。周伯琦《说文字原序》曰：“书学有六，盈天地之间者皆物也。裁成辅相天地之化者，皆事也，故象形为先，而指事次之；人之五事曰貌、言、视、听、思，声蕴于言，意萌于思，故谐声、会意又次之；形、事、声、意合而为文字矣，未尽者则转注以足其意，假借以足其声。”此则形、事相次用班，声、意相次用许者也。赵撝谦《六书本义论》曰：“六书：一曰象形，文字之本也；二曰指事，加于象形者也；三曰会意，四曰谐声，合夫象形、指事者也；五曰假借，六曰转注，托夫四者之中也。独体为文，合体为字。象形、指事，文也。象形，文之纯；指事，文之加也。会意、谐声，字也。谐声，字之纯；会意，字之闲也。假借、转注则文字之俱也。肇于象形，滋于指事，广于会意，备于谐声，至于声则无不谐矣。四书不足，然后假借以通其声，声有未合，而后转注以演其声。象形、指事一也，象形有加为指事。会意、谐声一也，会意主声为谐声。假借、转注一也，假借叶声为转注。明乎此，则六书之能事毕矣。”此则形、事、意、声相次皆用班，而假借、转注相次所自定也。戴震则专宗许氏，谓六者之次弟，出于自然，立法归于易简，叔重论六书必有师承。段玉裁则谓六书次第，刘、谓刘歆，班所本也。班、许皆得其传，惟郑非其叙。王筠又专宗班氏，谓：“六书次弟，自唐以来，易其先后者凡数十家，要以班书为是。象形、指事皆独体也，而有物然后有事，故宜以象形者居首。会意、形声皆合体也，而会意两体皆义，形声则声中太半无义，且俗书多形声，其会意者千百之一二耳，即此足知其先后矣。转注、假借在四者之中，而先后亦不可淆者，转注合数字为一义，假借分一字为数义也。故以六书分为三耦论之，象形实，指事虚，物有形，事无形也。会意实，形声虚，合二字三字以为意，而其义已备，形声则不能赅备。转注实，假借虚，‘考’自成为考，‘老’自成为老，其训互通而各有专义也，若夫‘令’为号令而借为令善，‘长’为久长而借为君长，须于上下文法求之，不能据字而直说之，故为虚也。凡变乱班书之次者，皆不察其虚实者也。”黄以周亦谓：“班《志》本于刘歆《七略》，与古圣造字之次弟最合。凡造字以象形为最初，既象其形，乃有事可指，形无可象，事无可指，则会以意，意不可会，则谐诸声。形与意两相顾，转注乃起，意与声两相通，假借乃生。象形、指事为文字之初基，会意、谐声、转注、假借其孳乳者矣，此六书皆古造字法，故曰造字之本也。”惟以周于先郑之序，亦申其说，谓：“先郑之意，六书以象形、会意、转注为初基，处事、假借、谐声为孳乳。处事与象形对，形不可象而处事起，处事者，处其象形之穷也。假借与会意对，会意为本义，其辗转引申为假借，假借者，假其会意之远者也。谐声与转注对，转注为形意相顾字，其形意不相顾者为谐声，谐声者形声字，非形意之相转注者也，故曰后儒易六书次弟者数十家，要以班《志》为最得，先郑次之。”案先郑之绪，不理久矣，以周此释，虽未必尽得郑旨，然其说自可通。视不知而轻议者，则可谓忠于古人矣。叶大庆《考古质疑》曰：“古人制字，皆有名义，或象形而会意，或假借而谐声，或转注而处事。”案此亦依先郑之说者，但加三“或”字、三“而”字，而先郑之意自显。别有杨恒《六书统》，以象形、会意、指事、转注、形声、假借为次，谓：“六书之有象形、会意而后有指事、转注、形声、假借，亦犹八卦之有乾、坤，而后有震、巽、坎、离、艮、兑。”此则以意承形，似本先郑，然余皆失纪。而刘泰为之序，谓：“天地以生物为始，物生而形各不同，故随其物之形模写以成文，所以象形为六书之首。天地万物之形既异，其文又不一而足，故模众物变动之意以成文，故二曰会意。文既成于象形、会意，而理不能该者则字生焉，字虽有似乎人为，其实亦莫不因其自然之理也，故三曰指事。指事之外，意有不能尽者，则取文转相附注以足其意，故四曰转注。物之形意非转注所能尽，故于形之旁附之以或文或字，因声以明之，故五曰形声。其声义于上五者俱不能该，故取一字两用以足之，故六曰假借。”观此所言会意、指事、转注，皆穿凿乖异，全失造字之旨，义且未达，则其次弟之乱，又何议焉。最而论之，班、许、郑三君皆精于小学，其所论列，虑各有所受，非同臆构。许书专为文字而作，故语焉尤详。吾人治文字学，自以许为正宗，惟就制字之先后言，则仰观俯察者形也，近取远取者亦形也。《易》曰：“圣人有以见天下之赜而拟诸其形容，象其物宜。”《传》曰：“物生而有象。”是则班《志》首象形，实胜于许。且《说文序》曰：“仓颉之初作书，盖依类象形，故谓之文。”则形为文始，许君固自言之。而复定指事为先者，良以文立于一。此一画者，果何象乎？无所象而万象皆由一起，又无不象也。无象而无不象，亦即无为而无不为，无为而无不为，则近于事矣。《说文解字》五百四十部托始于一，其首指事也固宜。“上古结绳为治而统其事，后世圣人易之以书契。”则书契本为统事而作，此亦可备六书首指事之一说。至若会意、谐声，即所谓“形声相益谓之字”也。字在文后，此不待言。然许君于指事之说，解曰：“视而可识，察而见意。”夫视而可识，则近于象形，察而见意，则近于会意。指事一体，兼形与意而介于形、意之间，则次于形者事，次于事者意，又其顺序也，故班《志》意先于声，亦胜于许。许君知之而又以声先意者，以凡物之单纯者多用形声，义之复杂者多用会意，是形声虽为合体字，而其用多与独体之文同，故以之次于会意前也。黄以周曰：“《说文》指事先象形、会意先形声者，其书部首‘一’，‘一’为造字之最初，以象太极，故注云：

‘惟初太极，道立于一。’上其画以象天，下其画以象地。故又云：‘造分天地，化生万物。’指画上而为‘⊥’，指画下而为‘⊤’。故六书之次，一曰指事，⊥⊤是也。⊥⊤之·为指事。⊥⊤之‘一’为天地。六书首指事，先天地也，不直云天地者，天地非指事字也。天之下莫大于日月，故二曰象形，日月是也。地之上莫大于江河，故三曰形声，江河是也。天地之中人为大，而人莫大于言动，故四曰会意，武信是也。此以事物之大小为次，故又与班、郑说异。”案此就许氏所举之例，望文生义，恐非许旨。要之，六书之次，许书自成其例，不容以班说破。班《志》自得其序，亦不必为许说拘。昔徐锴《说文系传》，名称同许氏，而序次宗班《志》，可谓有见，主善为师，吾从其说。

二 六书释例

（一）象形释例

《说文解字·叙》曰：“象形者，画成其物，随体诘诎，日月是也。”卫恒谓：“日满月亏，效其形也。”贾公彦谓：“象日月形体而为之。”此皆依许为释者。郑樵曰：“书与画同出，画取形，书取象，画取多，书取少。凡象形者皆可画也，不可画则无其书矣。然书穷能变，故画虽取多，而得算常少，书虽取少，而得算常多。六书也者，皆象形之变也。”黄以周曰：“古人图象，大判仿佛其意而止。不一一求其肖也，象形字亦然。”孔子曰：“牛羊之字以形举。”又曰：“视犬之字如画狗。”牛羊犬之形，亦略象其大判耳。近之治六书者，好攻《说文》，于象形字动改古篆，力求其肖，所谓弥近理而大乱真者也。孙诒让曰：“文字之流变，唯象形致为緐杂。《说文》五百四十部首，象形几居其太半，盖书契权舆，本于图象。其初制必如今所传巴比伦、埃及古石刻文，画成其物，全如作缋，此原始象形字也。其形奇诡不便书写，又不能斠若画一，于是省易之。或改文就质，微具匡郭；或删緐成简，粗写大意；或举偏赅全，略规一体。此省变象形字也。最后整齐之以就篆引之体，而后文字之与缋画，其界乃截然别异。此后定象形字。今《说文》所载，大略如是。盖自古文放失，最初原始象形字，今不得见矣。此皆泛论象形者。”案郑氏谓书画同出，其言近似，而尚不若言书出于画之为更得。谓六书皆象形之变，则为未谛。黄氏讥近人不知妄改，颇中其病。而要以孙氏之言，最明原委矣。究而论之，仓颉之初作书，依类象形，既曰依类，自必期于相肖，惟物类众矣，以先民之智，先其大者而遗其细者，先其粗者而遗其精者，亦其势然也。故于相肖之中，而仍有不能尽肖者存，非不欲也，智不逮也。譬之兽作兽形，鸟作鸟形，此依类易肖者也。然鸟有长尾、短尾，兽有悬蹄、比足，则类中之类，又稍进矣。《荀子》谓名有共名、有别名，窃谓形亦有共体有别体。最初象形，大抵共体多而别体少，此不易之理，共又有共，别又有别，故许君曰“随体诘诎”。“随体”二字，深得仓、史造字之微旨，而又举日月为例，以日月天象，天无二日，亦无二月，但有共体无别体，以见其为古文之遗也。《说文》一书，集古文、籀、篆之成，其中所存独体象形字，虑无不本于古文者，古文亦断无不肖物形者。特许君录古文而以篆法书之，稍就整齐，浸失古文之旧，今之《说文》，几经传写，又失许书之旧，是固不可以议许，更不可以是而疑及古之象形字也。明乎此，则自通于字例之条矣。

象形之文，郑樵《六书略》别为十种，有天物之形，有山川之形，有井邑之形，有艸木之形，有人物之形，有鸟兽之形，有虫鱼之形，有鬼物之形，有器用之形，有服饰之形，是象形也。推象形之类，则有象貌、象数、象位、象气、象声、象属，是六象也，与象形并生而统以象形。又有象形而兼谐声者，则曰形兼声，有象形而兼会意者，则曰形兼意。十形犹子姓也，六象犹適庶也。兼声兼意犹姻娅也。王筠《说文释例》分为正例、变例：有天地类之纯形，有人类之纯形，有羽毛鳞介昆虫之纯形，有植物之纯形，有器械之纯形，以上五类皆正例也；有一字象两形者，有由象形字减之仍为象形者，有避它字而变形、侧观之而后合者，有有所兼而后能象形、然犹非直从某字者，有兼意者，有兼意而小异者，有以会意定象形而别加一形者，有兼意又兼声者，有直似会意然非从某字则仍是象形者，有全无形而反成形者，以上十类，皆变例也。

朱骏声《说文六书爻列》分象形、形声兼象形、会意兼象形、会意形声兼象形四类，如：玉气屮釆牛凵止彳牙册丩丵業臼要革鬲䰜爪丮鬥又叉㕚丬臣几卜爻目盾自羽隹丫羊鳥烏舄焉華畢冓幺予冎肉刀丯角竹丌乃豆虍皿亼主丹井亼缶矢高亯来夊弟夂久叒出㶣囗回壼贝㫃日月冋毌马卤鼎克录米臼凶朩耑瓜宀吕疒冂网人匕衣毛尸舟方儿兒先皃欠頁百丏首彡弱文卩勹由山厂石勿冄而豕彑彖兕易象馬鷹鹿龟兔萈犬鼠火囱大亦夾夨夭交尣壺壹亢介囟巤心水く巜川泉永仌雨云鱼燕飛乙西户門耳臣手巫女母弋也戈亅乚䇂匚曲甾瓦弓引弜系率虫萬蜀它黽黽卵田力幵勺几斤斗矛車𠂤阜厽宁叕亞离萬禹嘼禼罾甲乙丁戊己巴庚壬※子了孑孓卯巳目午未酉亥二百四十二文，皆象形也；齒朿函堯氏五字，皆形声兼象形也；番牟牢登足疋器谷丙只舄爨爲厷夬反彗畫丬倉舄丵羌橐胃肩巤笠箕巨巫曰回亐乎于鼓豊豐虞虎彪益皀卽爵舍倉京亯畗向叜夏夒夔木果朵樂梟巢桼晉朿禾秝朮肯帶市㡀黹甾衰裘务履兌皃皃兜面后危厄磬彖癸膝駁淵靁需鹵開閉弢蠹咢銍㪿升叀申一百五字，皆会意兼象形也；旁嶲栗穴身能龍斶金禽牽舜一十二字，皆会意、形声兼象形也。凡象形列三百六十四文字。上来所述郑、王两家皆言六书分类之较有条理者，王氏《释例》尤为昭察。惟郑氏书自成一家，不专本《说文》，总计六书之字二万四千二百三十五，较《说文》二倍过之，故其各类所举之字，今不甄录，但采其例目以资参考。朱氏虽分类隐括，而所列之字皆本《说文》，故依而录之，以为读《说文》者寻检之助。以下五书仿此。至于所分得失，彼此互见，持之有故，难为校论，兹斟酌诸家略叙象形之文为三类，设例于左。

1. 独体象形例

此类多原始象形文，盖仰观俯察、近取远取之所作也。段玉裁曰："独体之象形则成字可读，如日月水火是也。"黄以周谓凡独体象形皆成字，其从某而又象形者皆非字，非字故象形仍为独体，与段略异，然要以成字者为独体之正例矣。析之约分天文、地理、人体、动物、植物、器用数种。

（1）象天文

日日　太阳之精不亏，从○一，象形。段玉裁曰："○象其轮郭，一象其中不亏。"又古文作㔿。郑樵曰："其中象日乌之形。"段亦云象中有乌。王筠曰："外以象其体之圆，内以象其无定之黑影也。"

月月　太阴之精，象形。郑氏曰："月多亏少盈，故其形缺。"段氏曰："象不满之形。"王氏曰："月阙时多满时少，故象其阙以与日别，其内则象地影也。"

气气　云气也，象形。段氏曰："象云起之貌。三之者，列多不过三之意也。"王氏曰："气之形较云尚微，然野马流水，随人指目，故三之以象其重叠，曲之以象其流动也。"孙诒让曰："依许说是气与云同物，气盛而聚则成云，云薄而散则又为气，故气三画而断，云则作云，与气相类，三折而连绵不绝。二文互证，则气云之即为云原始象形文，可以决定。后人增益作雲，于形转疏，制字之本旨亦不复可识矣。"

云云　古文雲。段氏曰："此最初古文，象回转之形者。其字引而上行书之，所谓触石而出、肤寸而合也，变之则为云。"王氏曰："有形之物而属于天，故用天道左旋之法，不与回之象雷同矣。"

雨雨　水从云下也，一象天，冂象云，水霝其间也。段氏曰："氺者水字也。"王氏曰："一象天，丨所谓引而上行读若囟者，此地气上腾也，冂则天气下降也。四点则雨形矣，非水变为氺也。古文作，其古文偏旁作，皆不从一。”孙氏曰：“冂象穹隆下覆之形。天象已晐于其中，不必更从一，古文义实允协，殆原始象形字也。”

（2）象地理

山　有石而高，象形。王氏曰：“山之上其峰也，下其洞穴也。”孙氏曰：“金文作，龟甲文则作。当是原始象形字，与金文略同，但彼象实体，此为匡郭，微有差异耳。”

厂　山石之厓岩人可居，象形。段氏曰：“谓象嵌空可居之形。厓山边也，岩者厓也，人可居者，谓其下可居也，屋其上则谓之厂。”王氏曰：“厂之峭直者山之体，横出者厓之形。”

水　象众水并流中有微阳之气也。段氏曰：“火外阳内阴，水外阴内阳。中画象其阳。云微阳者，阳在内也，微犹隐也。”王氏曰：“固当作≈，用作偏旁则不便书写，故直之，因并本字而直之。要之，水字象形，试观绘水者有长有短，皆水纹也。如论阴阳，则川巜く三字纯阳无阴。川字且成乾卦矣，故知水字但形无意。”

𠂤，大陆也，山无石者，象形，段氏曰：“‘山’下曰‘有石而高，象形’，此言无石，以别于有石者也。《诗》曰：‘如山如阜。’‘山’与‘𠂤’同而异也。《释名》曰：‘土山曰阜。’象形者，象土山高大而上平，可层累而上。首象其高，下象其三成也。”王氏曰：“‘𠂤’之古文作，盖如画坡陀者然，层层相重累也。𠂤阜是土而非石，层累而高，不能如石山之突然而起，故以象之，则叠其文。又仿而小变之。遂不象形耳。”孙氏曰：“‘阜’亦山也，阜𠂤盖象土山坡陀邪侧之形。与山丘字从横相变。”

泉，水原也，象水流出成川形。段氏曰：“同出而三岐，略似巛形也。”王氏曰：“许君兼字义字形解之，不得疑其乖牾。然以事实论，言川则必有泉，言泉不必成川。而下方三岐似川字者，既为泉矣，非行潦也。即渟泓一区，亦混混而出，有成川之理。”郑氏曰：

“泉本钱字，象钱货之形，借为泉水之泉。”此说谬。

（3）象人体

⊠囟　头会堖盖也，象形。段氏曰：“首之会合处，头髓之覆盖。《内则》正义引此云‘囟其字象小儿脑不合也’，人部‘兒’下亦云‘从儿，上象小儿脑未合也’。今人楷字讹囟。又改篆体作☒，所谓‘象小儿脑不合’者，不可见矣。”王氏曰：“此字当平看，乃全体象形，后不兼颅，前不兼额。左右不兼日月角。吾尝执小儿验之，囟上尖而左右及下皆圆，故峄山碑象其轮郭而为也。其中则筋膜连缀之，故象之以×也。其空白四区，则未合之处也。”

𦣞　顄也，象形。段氏曰：“此文当横视之。横视之则口上、口下、口中之形俱见矣。”王氏曰：“𦣞当作⊙，左之圆者頣也，右之突者，颊旁之高起者也，中一笔则𦣞上之纹，状如新月，俗呼为酒窝。纹深者，大户也，段氏乃欲横视之乎？”

耳，主听者也，象形。王氏曰：“耳当作，外则轮郭，注中者窍也。今引长之，不象形矣。耳之郭有两层，故字上方叠两笔，其轮萹平而下垂。故直之不复左转也。”

目　人眼也，象形，重童子也。段氏曰：“象形总言之。嫌人不解＝，故释之曰重其童子也。人目由白而卢童而子，层层包裹，故重画以象之。非如《项羽本纪》所云重瞳子也。”王氏曰：“目之古文，外象目匡，‘人’象睫毛，‘○’象黑睛，‘•’象瞳子。”

手　拳也，象形。段氏曰：“象指掌及腕也。今人舒之则为手，卷之则为拳，其实一也。”王氏曰：“手象五指及腕，段氏說是。古文字不足象形，如非奇字，即籀文也。”

（4）象动物

隹　鸟之短尾总名也，象形。王氏曰：“‘隹’‘鳥’全体象形，其上为头，头之左为喙，中为目，‘隹’之目连于背，‘鳥’之目曳长之，惟古籀文作点，斯象目矣。右四笔其一为翁，

‘隹’‘鳥’同也，二三为翼，‘隹’‘鳥’同也。其四为尾，则‘隹’之尾与翼等，‘鳥’之尾曳长之，足见长短之异也。‘隹，左下之出者，聊以象足形。”孙氏曰：“金文隹字最多。作作为尤茂密。虽未必原始象形字，而形最近古，盖目喙羽足，无不完备。”

犬　狗之有县蹄者也，象形。孔子曰：“视犬之字，如画狗也。”段氏曰：“孔子又谓‘牛’‘羊’之字以形举，今‘牛’‘羊’‘犬’小篆即孔子时古文也。”王氏曰：“犬有头耳足而无尾者，犬尾行则盘曲而负于尻，蹲则下垂而附于股，字象蹲踞形也。又疑古文简质，‘犬’字乃侧面形。”孙氏曰：“金文从犬字有作者，象有县蹄，形尤较备，然‘犬’原始象形字无可考。”

魚　水虫也，象形。魚尾与燕尾相似。郑氏曰：“其中从仌象鳞，其下似火象尾。”段氏曰：“其尾皆枝，故象枝形，非从火也。”王氏曰：“鱼篆盖本作，尾上阔而下锐，写者断之，又分布整齐，乃似‘火’字矣。惟鱼鳃旁腹下皆有翅，似火之长者象尾，短者象腹下之翅，然说解但言尾，则知略其短翅也。”孙氏曰：“‘鱼’字许君据小篆为说，与古文实不相应。考金文鱼字象形致多，如作作，皆首有喙目，身有鳞甲，又有脊鬐一腹鬐二，尾如‘丙’字，盖原始象形文，与图绘最近者也。小篆鳞鬐不辨，首类角，尾类燕，皆以近似之字。配合整齐，以就篆体，与初文判若天渊矣。”

虫　一名蝮，博三寸，首大如擘指，象其卧形。段氏曰：“象卧而曲尾形。”王氏曰：“文似立形，则是字当横看也。蟲多身首齐同，或首大于身，故字大首也。”许瀚曰：“虫专为蝮，象其卧形，指蝮言之。盖昂其首而蟠曲者，蝮之卧也，非凡虫之象。”孙氏曰：“‘虫’原始象形字盖作，变易作。后定作。则整齐之以求茂密。”

乙　燕燕乙鸟也，齐鲁谓之乙，取其鸣自謼，象形也。段氏曰：

"'燕'篆象其籋口、布翅、枝尾全体之形，'乙'篆象其于飞之形，故二篆皆曰象形也。乚象翅开首竦，横看之乃得。"王氏曰："乙之象形也，它字似此者甚少，或仓颉作也。以肊揣之，上古名为乙，中古名为燕，燕字详密，乙字约略似鸟形耳，邃古字少，是以如此。"

（5）象植物

屮屮　艸木初生也，象丨出形，有枝茎也，古文或以为艸字。郑氏曰："象艸木初生，有二叶附芽而出。"段氏曰："丨读若囟，引而上行也，枝谓两旁，茎枝柱，谓丨也。"桂馥曰："当云丨象出形，凵有枝茎也。"

尗尗　豆也，尗象豆生之形也。段氏曰："豆之生也，所种之豆，必为两瓣而戴于茎之顶，故以'一'象地，下象其根，上象其戴生之形。"王氏曰："尗之中'一'为地，'丨'之上下通者，上为茎下为根，根之左右，当作圆点，不可曳长。盖菽生直根，左右纤细之根不足象，惟细根之上生豆累累，故篆文象之，然尗字上半则反象初生之时。菽带甲而生，其项曲，异于他谷，故象之。"

瓜瓜　蓏也，象形。徐锴曰："外象其蔓，中象其实。"郑氏曰："象叶茈其实也。"

竹竹　冬生艸也，象形。下垂者，箁箬也。段氏曰："象两两并生，恐人未晓下垂之旨，故言之。"王氏曰："艸、竹皆丛生，故两之以象其形，不似二木便为林也。乃有'屮'字，而无'个'字者，事出偶然。"

米米　粟实也，象禾黍之形。段氏曰："米为禾黍，故字象二者之形，四点者聚米也，'十'其间者四米之分也，篆当作四圜点以象形，今作长点，誤矣。"王氏曰："米之形本难象，故字不甚明豁，四点米也，'十'则聊为界画耳，凡凌杂之物，皆此形也。"孙氏曰："龟甲文有米字作𠀤。金文无米字，而从米字则恒见，与甲文大致略同。以此推之，原始文疑当作𠀤，小篆作米，则联属整齐之，与古文微异矣。”

（6）象器用

鬲 鼎属也,象腹交文，三足。段氏曰：“上象其口，×象腹交文，下象三足也。”孙氏曰：“鬲字异文殊夥，龟甲文有字，与腹交文三足并相应，唯上有两耳。金文有字字字，虽无腹交文，而匡郭耳足咸备，惟篆势方圆小异，似皆一字，其腹或无文者，形之省耳，疑皆原始象形‘鬲’字也。”

皿 饭食之用器也，象形，与豆同意。段氏曰：“上象其能容，中象其体，下象其底也，与豆略同而少异。”王氏曰：“皿盖盆盎之属广而庳者也，上口圆，下底平，中以象腹。”许瀚曰：“钟鼎文作，疑本作，象其奢也，屡改成耳。”

瓦 土器已烧之总名，象形也。郑氏曰：“象甃瓦之形。”段氏曰：“象卷曲之状。”王氏曰：“详审瓦字之形，外则屈曲，中有界画，盖象其初为圆箭时也。许君二句说字义字形不相贯注，似可变例乙转之。瓦单指屋瓦，乃有形可象，后始用为总名耳。”

矛 酋矛也，建于兵车，长二丈，象形。段氏曰：“《考工记》谓之刺兵，其刃当直，而字形曲其首，未闻，直者象其柲，左右盖象其英，矛有英饰也。”孙氏曰：“以形审之，与刺兵不相似，金文矛字未见，其见于偏旁者，皆作。以诸文参互考之，矛本形当作，上象刺兵之锋，中象英饰，下象人手持之。《说文》古文从，变为纠曲三折形，小篆又变其上端为，则成勾兵而非刺兵，其英作，亦远失本形。”

華 箕属，所以推粪之器也，象形。段氏曰：“此物有柄，中直象柄，上象其有所盛，持柄迫地，推而前，可去秽，纳于其中。箕则无柄，而受秽一也，故曰箕属。”王氏曰：“華字当倒看，其下一直乃柄也。吾乡场中铄禾，所以推而聚之之器似此形。”孙氏曰：“依许说，華盖与箕相似而有柄，故箕古文作，金文作，而華则以象

其柄，故文特异。”

2. 合体象形例

合体象形者，仅形不能显著其为何物，因加他体或同类之字以足之。段玉裁曰：“合体者，从某而又象其形，如‘眉’从目而以厂象其形，‘箕’从竹而以𠀠象其形，‘衰’从衣而以象其形，‘疇’从田而以𠃬象耕田沟诘屈之形是也。惟軵于从某者不成字不可读，此等字半会意半象形，一字中兼有二者，会意则两体皆成字，故与此别。”案段仅言形兼意，尚有兼声者，有兼声又兼意者，而要以形为之主，皆合体象形也。

谷　口上阿也，从口，上象其理。段氏曰：“口上阿谓口吻已上之肉，随口卷曲。”王氏曰：“物有其形可象而惟绘事乃能象之者，则加会意以定之，谷字是也。口之上腭有理，左右分别似，然与凌字同，故以口定之。”

果　木实也，从木，象果形在木之上。段氏曰：“谓也。”王氏曰：“推古人作果字之初，必作○象果形圆也，然圆物多矣，则又于○中加十象其坼纹。”孙氏曰：“金文果又从，盖象果实中含子人形，亦即小篆从之滥觞。若然，古文‘果’盖本象果有人而著木间，与‘束’‘柬’略同，或小篆始变之与？”

石　山石也，在厂之下，口象形。王氏曰：“石与果一类，本以○象石形，而此形多矣，乃以‘厂’定之。”

軎　车轴端也，从车，象形。段氏曰：“谓以口象毂端之孔，而以车之中直象轴之出于外。”王氏曰：“车之中直即轴也，于轴之端作○，象軎正圆之形也。且兼輨形象之矣，而小徐曰指事，误。”

爲　母猴也，其为禽好爪，下腹为母猴形。段氏曰：“‘腹’当作‘復’。上既从爪矣，其下又全象母猴头目身足之形也。”王氏曰：“爲字象形兼会意者，不以爪表之，不可知为猴也，有头有腹，短尾四足，此等物颇多。惟以象其援攫不安静之状，而复以爪表之，是真猴矣。”

巢　鸟在木上曰巢，在穴曰窠。从木，象形。段氏曰：“象其架高之形。”王氏曰：“巢在木之上，故从木。巛则鸟形，臼则巢形，三鸟者况其多耳，且皆谓雏也。盖鸟惟家雀秋冬依人屋宇，其它率露宿，至春将抱卵，乃作巢，雏能飞则率之以去，不归巢矣，故巢象群鸟在上之形。”

齒　口断骨也，象口齿之形，止声。段氏曰：“者象齿，余凵字也。”许瀚曰：“段说非也。口字上为上唇，下为下唇，今上唇之上有二齿，非情也。此字当从口犯切之凵，口张齿乃见也，中‘一’乃上下齿中间之虚缝耳。”王氏曰：“齒字象形而兼意与声，印林说是。许君言象口齿之形，不言从口，亦可征也。古文字从凵明白，只有下唇者，口之张也，下唇独侈，六之者牝为牙，牡为齿，当口上下八齿皆牡，虎牙则牡而兼牝，六之则兼举虎牙也。篆文四之者，第指当中上下四齿也。第举下齿而上齿可例见也。”

能　熊属，足似鹿，从肉目声。王氏曰：“动物之象形而兼意与声者，能与龍是也。能之匕匕象足，而从肉目声，盖兽类象形者多，不能一一毕肖，故有所兼以成之也，顾能字即就声意以为形，非如他字截然为二为三也。从能之字皆截然为三，其作者近是，部首作善矣。惜少一画，惟峄山碑作，无可訾议。说云足似鹿，鹿亦有此一画，不过微长耳。能兽坚中，则其骨有异，何以字从肉？盖能乃熊类，熊罴之蛰也，必登木自陨以柔其骨，苏而复上，必不能上而后入穴，则一身柔软，皆如肉矣，故字从肉也。抑即以㠯象其头，以肉象其匈腹，就此意声为其形矣。”

龍　鳞虫之长，从肉，肉飞之形，童省声。王氏曰：“龙之象蜿蟺鳞爪飞腾之形。龙为神物，于法当象形。然此乃文字，非绘事也。如作首尾四足形，何以别于蜥易？即增角亦恐嫌于鹿形。故兼声意以象之，六十年骨全则蜕，故从肉也。”

㐆身　躳也，象人之身，从人申省声。郑氏曰："人身从，禽兽身衡，此象人之身。"王氏曰："身字就意声以为形，乃象形之极变。身即背也。说解又曰'象身之形'者，乃以'身'之全字象身形也。'身'字面向左，'匈'在左，'背'在右，犹恐其不分明也，则一足向左以明之，故所从之义与声皆其形也。惟大徐作厂声，似不合，《韵会》引作申省声，是也。'申'下云'象人要自臼之形'，则身从申省声亦兼意。"

3. 变体象形例

变体象形者，取一象形字，或变其位置，或增损其笔画，以状写事物之变态者也。此类字大抵借象多而本象少。本象者何？依质以定形也。借象者何？形局而义通也。王筠所谓"变横为直之形""省多为少之形"皆属之。

𠃜尸　陈也，象卧之形。包咸《论语注》："尸者，偃卧四体，布展手足，似死人。"郑氏曰："主所祭之神而托于人，故象人之形。"段氏曰："此字象首俯而曲背之形。"王氏曰："人死则为尸，'尸'字象横陈之人，长眠而不起也。"

𠩵虍　虎文也，象形。徐锴曰："象其文章屈曲也。"郑氏曰："此象虎而剨其肉，象其皮之文。"王氏曰："'虎'本全体象形，'虍'字省之，仍象虎文，盖虎皮固无损也。儿在内，虍在外，去其在内者，犹去骨肉而存皮也。许君谓虎从虍，说颇倒置。"

𦫳丫，羊角也，象形。《玉篇》曰："两角貌。"《广韵》曰："羊角开貌。"段氏曰："知为羊角者，于'羊'字知之也。"王氏曰："'𦫳'象羊角形。角两而四之何也？曰本两笔断为四也。下垂者何也？曰两笔相合之处引长之也。他部中古文之从𦫳者皆从ᗰ，是篆文之本形也。"

彑彑　豕之头象其锐而上见也。段氏曰："象形也。"王氏曰："'㣇'字全体象形，'彑'字即截其上半为之，犹'丫'即'羊'之上半，‘甶’即‘鬼’之上半耳。”

烏 孝鸟也，象形。段氏曰：“鳥字点睛，烏则不，以纯黑故不见其睛也。”王氏曰：“烏无目者，莫黑匪烏，目色无殊，故省目以表其为‘烏’也。”

匚 受物之器，象形。段氏曰：“此其器盖正方。文如此作者，横视之耳，直者其底，横者其四围，右其口也。”王氏曰：“‘匚’训受物之器，而如是以象其形，盖‘匚’以避‘凵’作此形也。‘亼’业已避口犯切之‘凵’而弁上以别之，‘匚’字更无避法，侧之而已。”

女 妇人也，象形，王育说。郑氏曰：“象妇敛容仪之形。”段氏曰：“‘女’字不得其居六书何等，而惟王育说是象形也。盖象其揜敛自守之状。”王氏曰：“女下云‘象形’而又云‘王育说’者，盖许君亦有疑于心也。窃详‘女’字下半似<<，或取在人下故诘屈之意，而上半究不能知也。”陈澧云：“此上象交两手，下不露两足也。”

尣 尬也，曲胫也，从大，象偏曲之形。《九经字样》：“‘大’字象人形，曲其右足为尣。尬，曲胫人也。”王氏曰：“由‘大’字而变之，跛者足不同，故尣曲其一足也。”

夨 倾头也，从大，象形。段氏曰：“象头不直也。”王氏曰：“此当云‘象形，不正也’。盖‘夨’是左右倾侧，非谓头倾于左。”

了 尥也，从子无臂，象形。段氏曰：“象其足了戾之形。尥，行胫相交也，牛行脚相交为尥。凡物二股或一股纠结紾缚不直伸者曰了戾。”

（二）指事释例

《说文解字叙》曰：“指事者，视而可识，察而见意，二二是也。”郑樵曰：“指事类乎象形。指事事也，象形形也。指事类乎会意，指事文也，会意字也。独体为文，合体为字。形可象者曰象形，非形不可象者指其事曰指事。此指事之义也。”段玉裁曰：“指事之别于象形者，形谓一物，事晐众物，专博斯分，故一举‘日月’，一举‘二二’。‘二二’所晐之物多，‘日月’只一物。学者知此，可以得指事、象形之分矣。指事亦得称象形。故‘乙丁戊己’皆指事也，而‘丁戊己’皆解曰象形，‘子丑寅卯’皆指事也，而皆解曰象形。‘一二三四’皆指事也，而‘四’解曰象形。有事则有形，故指事皆得曰象形，而其实不能混。指事不可以会意淆，合两文为会意，独体为指事。徐楚金、江艮庭往往认会意为指事非也。”姚文田曰：“六书惟指事最难明。凡物皆有形可象，而事则托诸无形，故如上下之字，必先列一画，而施直画上行谓之上，又施直画下行谓之下。此直画者，非形非义，但以之表识而已。”王筠曰：“六书之中，指事最少而又最难辨。以许君所举‘上下’二字推之，知其例为至严。所谓视而可识，则近于象形，察而见意，则近于会意。然物有形也，而事无形。会两字之义以为一字之义而后可会，而‘丄丅’之两体，固非古本切之‘丨’、於悉切之‘一’也。惟有‘二丄’‘二丅’以两画成为一字。上下非物也，然视之而已识上下之形，两画既非字，则几无以为义，然察之而已见上下之意，总之以大物覆小物，以大物载小物。于是以长‘一’况大物，以短‘一’或‘丨’况小物，了然于心目间，而无形之事，竟成为有形之字矣。明乎此而指事不得混于象形，更不得混于会意矣。”又曰：“指事二字需分别说之，其字之义为事而言，则先不能混于象形矣。而其字形非合他字而成，或合他字而其中仍有不成字者，则又不混于会意、形声矣。”以是而名为指事，斯为确见也。黄以周曰：“有形可象曰象形，形无可象，从而指之曰指事。段氏以物事专博分其例，于‘乙丁戊己’及‘子丑寅卯’诸字，皆认为指事，与许书悖。王箓友又以有形无形分其例，多误象形字之‘八西’、会意字之‘干屰’为指事字。凡指事者，先有象形之字，从而指之，指之者非字也，故指事字仍为独体，与会意二体成文者又别。”案上述诸家，郑、段、王、姚说虽小异，大抵皆严于事与形、意之辨。郑、姚二氏得其大较，段、王则所析益密。其论指事与象形之别，段允于王，其论指事与会意之别，王优于段，盖事物莫不有形，物亦事也。对言则分，统言则一。惟物出自然，其形有定，事由人为，其形无定。有定者依其质而写之，故谓之象，无定者辨其位而指之，故谓之指。是以象形字不可移，而指事字可移。段氏以专博为分，即谓此耳。其有形依于物而无法以象，非指之不能见者，如木之有“本”，刀之有“刃”。本，木根也。刃，刀坚也。根隐于地，坚隐于锋，皆不可象，故于木之下、刀之口，、以识之。此则缘物起事，虽形有定亦得谓之象，而实属于指矣。王氏以事、物不同为辞，庸有当乎？至段氏认指事仅有独体，则亦过隘。如“本刃”之类，固合体也，但其所加者无形义可言，则仍为指事而非会意。王氏以所合之体成字、不成字为事、意之界，斯其得也。黄氏于段、王皆摘其误，然谓先有象形字从而指之为指事，此以语合体则符，以语独体则失。丄丅二字之“一”，岂象形之字乎？黄因又谓指之者非字仍为独体以圆其说，然指事之正例固不若是也。章先生曰：“因日有迻，因月有远，则由物名以成意想矣。‘丨’先‘中’造，‘丶’先‘主’造，则由玄念以定形色矣，可知形、事可通，而意则皆可兼。第象形虽偶涉乎事与意，而主于形，指事虽偶涉乎形与意，而主于事，是则不可不辨耳。”

指事之类，郑氏《六书略》别为正生者一，曰指事；兼生者三，有兼谐声者则曰事兼声，有兼象形则曰事兼形，有兼会意者则曰事兼意。王氏《说文释例》分为正例、变例。独体指事正例也，有以会意定指事者，有即意即事者，有指事而兼形、意与声者，有就象形字或指事字而增之变之者，有省体指事者，有形不可象转而为指事者，有借象形以指事者，有借形以指事而兼会意者，以上八类皆变例也。朱氏《六书爻列》分指事、象形兼指事、会意兼指事、形声兼指事四类，如：一上下示三王丨小八尒干羊十工丂丶入冂厶丿乀厂乚𠃊匸二四五六七九㠯丙丄三十四文，皆指事也；中正屯才乇齊韭刃办廴兀夫立耴巾广不至豖犮馬畁畢且血甘㞢本末朱禾卒冃月尺尾毋民父尹寸𠱠旦巛繼丑戌歺夕片非卂丣少乏于𠂢爪𡱂幻𠂹干市巳旡県彑𠂢厶六十九文，皆象形兼指事也；世葬咢半眞丘或乍亟恒亘畺邑司抑丸一十六字，皆会意兼指事也；朿乖氐肙音宜六字，皆形声兼指事也。凡指事列一百二十五文字。今约叙指事为三类，设例于左。

1. 独体指事例

独体指事与独体象形相似，凡泛指之文多属之。昔伏羲以一画开天，由一而孳为万，道立于一而万理孕，形成于一而万物显，数始于一而万事统。故两间之物，无论其类之为天、为地、为人，皆可以一画指而识之，仓、史造字，因本此意而为指事。

二丄　高也，此古文上，指事也。

二丅　底也，指事。小徐本作“从反丄为丅”。

段氏曰：“凡指事之文绝少，故许君显白言之，象形者实有其物，指事者不泥其物而言其事。天地为形，天在上，地在下，地在上，天在下，则皆为事。”又曰：“有在一之上者，有在一之下者，视之而可识为上下，察之而见上下之意，是指事也。”王氏曰：“二二字，短‘一’纵横惟意，长‘一’可横不可纵者何也？此小大之辨也。博者必厚，其纵数不待表而著，小物则或博而卑，或狭而高，要为大物之所能覆载而已。试观天之下地之上，山岳则巍然峙也，是丄丅之形也，邱陵则逶迤相属也，是二二之形也。”黄氏曰：“上下两字，古文只上下其画以为别，其字上作‘一’，下作‘一’。其后又嫌上下其画难以区别，故于画之上‘·’以识之为‘⊥’，画之下‘·’以识之为‘⊤’。又引其‘·’而长之为二二、为丄丅。而指事之上下字當作‘⊥⊤’不作‘二二’，亦可知矣。其所指之‘·’本非字也。”程瑶田亦曰：“⊥⊤指事，指其上下而已，篆文则岐其所指之画，求六书之义于小篆，已如儿孙之于鼻祖，知其名而不可以得其貌矣。”桂馥亦曰：“丄本作亠，书家取势，亘其上画，非古文本体也。”

— 一　惟初太极，道立于一，造分天地，化成万物。段氏曰：“‘一’之形于六书为指事，许君不于‘一’下言之者，‘一’之为指事，不待言也。”王氏曰：“‘一’之所以为数首者，非曰此字只一画即可见‘一’之意也。果尔，则一画成字者为部首者十八字，列部中者二字，何者不可以为‘一’字哉？此即画卦之单，乃一画开天之意，故平置之。”

丨 丨　上下通也，引而上行读若囟，引而下行读若退。段氏曰：“可上可下，故曰上下通。凡字之直，有引而上、引而下之不同，若‘至’字当引而下，‘不’字当引而上，又若‘才屮木生’字皆当引而上之类是也。”桂氏曰：“引而上行，若草木之出土上通也，引而下行，若草木之生根下通也。”王氏曰：“丨字不著一物，是事也。”

丶 丶　有所绝止丶而识之也。段氏曰：“此于六书为指事。凡物有分别，事有可不，意所存主，心识其处皆是，非专谓读书止辄乙其处也。”

丩 丩　相纠缭也。一曰瓜瓠结丩起，象形。段氏曰：“谓瓜瓠之縢，缘物缠结而上，象交结之形。”王氏曰：“实指事字也。山有山形，水有水形，惟其为物也，丩是何物而有形哉，且其说曰‘相纠缭也’，‘纠’绳三合也，‘缭’缠也，则是丩象绳形也。‘一曰瓜瓠结纠起’，则丩又象瓜瓠形也。且部中‘茻’字說云‘艸之相丩者’，是凡物之纠缠者，无不可用丩也。况云‘相丩’，是作动字用矣，乃许云象形者，凡物相丩必有形也，篆但有纠之之物之形，而无所纠之物之形，故其纠也不交，但据所见而已。”

八 八　别也。象分别相背之形。段氏曰：“此以双声叠韵说其义，今江浙俗语，以物与人谓之八，与人则分别矣。”王氏曰：“此指事字而云象形者，避不成词也，事必有意，意中有形，此象人意中之形，非象人目中之形也，凡非物而说解云象形者皆然。”

ㄙ厶 奸邪也，韩非曰：“仓颉作字，自营为厶。”段氏曰：“公私字本如此，自营为厶，六书之指事也。”王氏曰：“营者，环也，其文曲如环也。然环而不交何也？公无阻隔，循环无端矣。厶者只欲自利，其曲如钩，不能通达无阻碍也。”

人入 内也。象从上俱下也。段氏曰：“内者自外而中也，上下者外中之象。”王氏曰：“出入皆事也，入之形向内，出之形向外，是指事也。”

乂五 古文五如此。五下云：“五行也。从二，阴阳在天地间交午也。”段氏曰：“二像天地交午，谓乂也，古文像阴阳午贯之形。小篆益之以‘二’耳。”王氏曰：“乂指事，言交午即其义，‘五’‘午’同音可借也。郑玄《大射仪注》：‘一纵一横曰午。’一纵一横，正之则‘十’字，衺之则‘乂’字，故知午为借字。”又曰：“五笔是五，五墨亦是五，因物乃有形，此乃寓形也。不可云象，以为指事，斯无弊矣。”

冂冂 邑外谓之郊，郊外谓之野，野外谓之林，林外谓之冂，象远界也。段氏曰：“丨丨象远所联亘，一象各分介画也。”王氏曰：“冂与囗同意，只画其三面者，与囗相避也。囗非物，是指事，故此亦为指事。”

爻爻 交也，象《易》六爻头交也。段氏曰：“《系辞》：爻也者，效天下之动者也。”王氏曰：“孔子云：爻也者，言乎变者也。交则变矣，故象其交，必两交之者，《象》贞悔也。”

凶凶 恶也，象地穿交陷其中也。段氏曰：“此为指事。”王氏曰：“‘凶’字上承臼部，臼是掘地，‘凵’与其外相似，故得‘地穿’之义。云‘交陷’者，交以释乂，陷同臽，‘臽’在臼部末，故取以为义，但彼是陷阱，故从人从臼皆实象，此是凶恶，特假象以明之。乂非‘五’之古文，凵非口犯切之‘凵’。”

𠅞克 肩也，象屋下刻木之形。段氏曰：“上象屋，下象刻木录录形。木坚而安居屋下契刻之，能事之意也，相胜之意也。”王氏曰：“‘克’下所云，余未能解，但即其说知为指事耳。”

2. 合体指事例

合体指事与合体象形相似，凡专指之文多属之。此类或因形不便象而指之，或因形之一端不可象而指之。大抵先设一文，从而加以点画，以指其形，明其意，迹似会意而实不同，以会意体皆成文，此所加者不成文也。凡兼形、兼意、兼形意与声而要以事为之主者，皆此类也。惟字虽专指，有时亦得泛用，又犹象形之有借象矣。

𤓯示 天垂象，见吉凶，所以示人也，从二古文上，三垂日月星也，观乎天文以察时变，示神事也。徐锴曰：“三垂左画为日，右画为月，中为星也。”段氏曰：“言天县象著明以示人，圣人因以神道设教。”王氏曰：“‘示’字之说，以观示为义，观示则事也。大观在上故从二，而川则观示之状也。”

亼亼 三合也，从入一，象三合之形。段氏曰：“许书通例，其成字者必曰从某，如此言从入一是也。从入一而非会意，则又足之曰象三合之形，谓似会意而实象形也。”王氏曰：“合自是事，而许云象形者，物合必有形也，不言指三合之事，避不成文也。吾所以知为指事者，以三笔合之作亼形，以三墨合之亦作亼形，岂如日月山川之有定形哉。”案此字从入一，入为入字，“一”非字，特加此一画以象三合之形耳。似会意而又象形，故为指事。

刅刃 刀鉴也，象刀有刃之形。王氏曰：“有形不可象转而为指事者，乃指事之极变，‘刃’字是也。夫刀以刃为用，刃不能离刀而成体，顾刀之为字，有柄有脊有刃矣。欲别作‘刃’字，不能不从刀而以丶指其处，谓刃在是而已，刃岂突出一锋乎？”

朱朱 赤心木，松柏属也，从木，一在其中。段氏曰：“赤心不足象，故以一识之。”“本”字从木，“一”在其下，“末”字从木，“一”在其上，与“朱”字同例。段氏从《六书故》所引唐本“本”字从木从丅、“末”字从木从丄，谓“本末”非不可象者，不与“朱”同。王氏曰：“朱者，《礼注》所谓黄肠、吾乡谓之红心者也，亦以‘一’记之而已。以藏于木中之黄肠而著于外，且横亘于其腰，岂物之情哉，然使人一望而知也，故为指事。”

亦　人之臂亦也，从大，象两亦之形。段氏曰：“谓左右两直，所以象无形之形。”王氏曰：“掖固有形，而形不可象，乃于两臂之下，点记其处。若以为象形也，未见臂下生此赘肬也。”

立　侸也，从大在一之上。段氏曰：“铉曰：‘大，人也；一，地也。会意。’”案“一”非字，画一以象地耳，人在地上曰立，立即事也。“一”既非字，则不得为会意，乃指事字之兼意者。

尹　治也。从又丿，握事者也。段氏曰：“又为握，丿为事。”王氏曰：“握以说‘又’，事以说‘丿’，然十二篇‘𠂆’‘厂’二字皆无事义，恐‘丿’非字，只是以手有所料理之状。”

叉　手指相错也，从又，象叉之形。段氏曰：“谓手指与物相错也，凡布指错物间而取之曰叉。”王氏曰：“夫错则五指皆错矣。即‘又’字省为三指，亦当有三指相错，今乃一指者，聊以见指中有相错者耳。”

㡀　败衣也，从巾，象衣败之形。王氏曰：“言败即是事，知此字除巾之外，其四画皆破坏之状也。”

畺　界也，从畕，三其介画也。王氏曰：“田与田比，中必有界，以‘一’象之，而上下各有‘一’者，田无穷则界亦无穷。以两田见其毗连之意，而三界以见田外之田且无数也。”案“畕”下云：“比田也，从二田。”段氏曰：“会意。”则知畺字盖就会意字为指事也。”

朿　止也，从𣎳，盛而以一横止之也。段氏曰：“会意。”王氏曰：“‘一’无止义，只是有止之者耳。”案“𣎳”象形，“一”非字，亦从象形字而加一画以为识，故为指事字，非会意字也。

𠁁嵒 多言也，从品相连。段氏曰：“会意。”王氏曰：“嵒字以会意为指事者也。《易》曰：‘品物流形。’品乃分别之意，非多言之意，惟其相连，是纷拏纠结也。”

㝖宜 所安也，从宀之下一之上，多省声。段氏曰：“一犹地也，此言会意。”案“一”非字，画“一”以象地耳，故仍为指事，盖指事字之兼意与声者也。

𤚘牽 引而前也，从牛，冂象引牛之縻也，玄声。王氏曰：“‘牽’字指事而兼形、意与声。以吾思之，声非徒声也，从叀之古文𠀐，非从玄。叀部‘疐’下云：‘叀者如叀马之鼻，从此与牵同意。’不特两字皆从冂为同，‘疐’从篆文叀，‘牽’从古文𠀐亦同也。盖牛性之顺者，以绳系其两角而牵之；其不驯扰者，异乡穿牛鼻中隔之肉为孔，以大头木横贯而牵之。吾乡以铁为之，名为鼻箝，下为两玦相对，入牛鼻孔，其上长股，系于两角，别以绳系长股中央以牵制之。故𠀐在牛上者，以箝制鼻之状也。冂在𠀐字腰中者，以绳系箝股之状也。故“牽”字从𠀐，意兼声，非徒声也。”

豖豖 豕绊足行豖豖也，从豕系二足。段氏曰：“豖豖，艰行之皃。此从豕而象形也。”王氏曰：“此以叠字形容，知为指事矣。”案许君以行训“豖”，行则事也，王说是。

𣢀欠 张口气悟也，象气从儿上出之形。王氏曰：“彡即反气字，下半明是人字。而说解不曰‘从人气’而曰‘象气从人上出之形’者，人之欠伸，大抵相连，卬首张口而气解焉，气不循其常，故反之以见意也。”

3. 变体指事例

变体指事与变体象形相似，凡变指之文多属之。此类取一字或变易其位置，或增损其笔画，使人察之而其事自见。其与象形异者，彼变他字之体以明形，此则变他字之体以显意耳。

𥝌禾 木之曲头止不能上也。王氏曰：“禾字从木而少增之以指事。”案《广韵》：“禾，木曲头不出。通作稽。”稽字从禾而训为留止也，即从禾字之义衍出。

𠫓𠫓　不顺忽出也，从到子。《易》曰：“突如其来。”如不孝子突出不容于其内也。徐锴曰：“反为人子之道，故文从反子。”段氏曰：“倒子会意，谓凡物之反其常，凡事之屰其理，突出至前者皆是也，不专谓人子。子之不顺者谓之突如，造文者因有𠫓字，施诸凡不顺者。”案此乃独体字，虽曰会意，实指事也。观段注又知变指之文亦可泛用。

片片　判木也，从半木。《五经文字》：“片，象半木形。”段氏曰：“谓一分为二之木片，‘判’以叠韵为训。判者，分也。从半木者，‘木’字之半也。”案“判”乃事也，此从木而减之以指事。

帀帀　周也，从反之而帀也。段氏曰：“反之谓倒之也。凡物顺屰往复则周遍矣。”案此字与“𠫓”同，亦反文指事。

夕夕　莫也，从月半见。徐锴曰：“月字之半也。月初生则暮见西方，故半月为夕。”段氏曰：“‘莫’者日且冥也，日且冥而月且生矣，故字从月半见。‘旦’者日全见地上，‘莫’者日在茻中，‘夕’者月半见，皆会意象形也。”案“莫”为会意字，“旦”为合体指事，“夕”为省体指事。

凵凵　张口也，象形。王氏曰：“张口乃事也。只有下唇者，人之张口，下唇独奓也。口字象形，凵则省口以指事。”

匕匕　变也，从到人。段氏曰：“人而倒，变化之意也。”王氏曰：“人不可到，到之以见其为化去，故眞字训为仙，眞人斯从匕矣。”

幻幻　相诈惑也，从反予。《玉篇》《九经字样》并作“从倒予”。段氏曰：“倒予字也，使彼予我，是为幻化诡诞惑人也。”案“予”训推予，象相予之形，为指事正例，倒“予”故为指事变例。

𥄉𥄉　到首也。贾侍中说：“此断首到县𥄉字。”段氏曰：“此亦以形为义之例。”案首不可到，到之以见其为断去，以形为义，则指事也。

𠣎勹　裹也，象人曲形，有所包裹。《广韵》：“勹，包也，象曲身貌。”王氏曰：“盖以𠤎字曲之而为𠣎字，形则空中以象包裹。本部首列‘匊匍匐’，皆曲身字，无包裹意，故知是借人形以指之也。”

𣱵永　水长也，象水巠理之长永也。段氏曰：“巠者水脈，理者水文。”王氏曰：“永字仍是水字屈曲之以见其长耳。”

𡗝夾　盗窃怀物也，从亦有所持。段氏曰：“两亦下有物,盗窃而怀之意。”王氏曰：“所持谓从,去从只有大字，而不言亦省者，从正当亦之所也。盗窃怀物畏人见，必衺徯侠藏之，故本其意而入之亦部，不入大部，与‘夾’之以大侠二人不同意。”案“亦”为合体指事，“夾”从亦而稍增之，变体指事也。

𢓊廴　长行也，从彳引之。段氏曰：“引长之也。”案“彳”训小步，故引之以见长行之意。“彳”字即形为指事，“廴”则就“彳”增之以指事。

𠃌司　臣司事于外者，从反后。郑氏曰：“从反后非也，司向后者也。”段氏曰：“外对君而言，君在内也，臣宣力四方在外，故从反后，惟反后乃郷后矣。”案“后”为合体象形字，故“司”反之以指事，郑说误。

㫗㫗　厚也，从反亯。段氏曰：“倒亯者不奉人而自奉㫗之意也。”案“亯”下云：“献也。从高省，‘曰’象孰物形。”则亯乃合体指事字，㫗则倒之以指事。

𡗕交　交胫也，从大，象交形。段氏曰：“谓从大而象其交胫之形也。”王氏曰：“‘夨夭交尣’皆从大而少增之以指事。”案“夨”训倾头，“夭”训屈，“尣”训尳，皆有实形可象，应为变体象形字。盖人固有生而头侧足跛者也，惟交胫则偶然之事。交动词也，故为指事。

不 鸟飞上翔不下来也。从一，一犹天也。象形。段氏曰：“象形谓也，象鸟飞去而见其翅尾形。”

至 鸟飞从高下至地也。从一，一犹地也。象形。段氏曰：“象形谓也，‘不’象上升之鸟首鄉上，‘至’象下集之鸟首鄉下。”王氏曰：“‘不’‘至’二字，借象形以为指事也。云‘一犹天’‘一犹地’，不似他字直训为天地，则有鸟高飞，不必傅于天，而已‘不’可得也，飞鸟依人，不必渐于陆，而已为‘至’也。故此二字并非以会意定指事。然象形则象形矣，何以谓之指事？盖从此两字者，无涉于鸟义之字，则本字不谓鸟明矣。‘不’字即由‘不然’‘不可’之语而作之，则字之由来者事也，而此事殊难的指，故借鸟飞不下之形以象之，乃能造为此字。‘至’字放此推之。”案王氏以从此两字者无涉于鸟义，因定为指事，此证最确，故今依之。惟两字无类可归，以其异于寻常，始亦归之变体，实则变例也。

（三）会意释例

《说文解字叙》曰：“会意者，比类合谊，以见指㧑，武信是也。”郑樵曰：“象形、指事，文也；会意，事也。文合而成字，文有子母，母主义，子主声。一子一母为谐声。谐声者，一体主义，一体主声。二母合为会意。会意者，二体俱主义，合而成字也。”渔仲又曰：“《左氏》曰：‘止戈为武。’‘武’非从止。凡‘沚芷齒耻’之类从止。‘武’从戈从亡，从戈以见义，从亡以见声。古文歌舞之舞作‘㲰’，振撫之撫作‘㫿’，廊廡之廡作‘庑’，于古并从亡，于今并从無，而‘無’于篆文亦从亡，则‘武’之从亡，又何疑焉？若曰‘武’欲见止戈，则古之‘武’有作‘戊’者，又有作‘戬’者。‘戊’之前垂象，执戈扬盾之义。‘戬’之从習，有習用干戈之义。及‘戊’为戊己之戊，‘戬’为袭敌之袭，则戎事之武，专用‘武’也。若曰‘武’有止戈之义，又何必曰偃武乎？‘亡’之与‘止’，易得相紊，《左氏》所见，‘止’之讹也。‘武’于六书为谐声，‘武’戈类也。‘武’之从亡，亦犹

‘戰’之从單、‘戮’之从翏、‘戢’之从咠、‘戣’之从癸，皆声之谐也。”案此说后人亦有信之者，然未必可据。段玉裁曰：“会者合也，合二体之意也。一体不足以见其义，故必合二体之意以成字。比合‘人’言之谊，可以见必是‘信’字，比合‘戈止’之谊，可以见必是‘武’字，是会意也。会意者，合谊之谓也。凡会意之字，曰‘从人言’，曰‘从止戈’，‘人言’‘止戈’二字皆联属成文，不得曰‘从人从言’‘从戈从止’。然亦有本用两从字者，固当分别观之。有似形声而实会意者，如‘拘’‘钩’‘笱’皆在句部，不在手、金、竹部，‘莽’‘莫’‘葬’不入犬、日、死部，‘辯’‘纠’不入辡、糸部之类是也。”王筠曰：“会者合也，合谊即会意之正解。《说文》用‘谊’，今人用‘义’。会意者，合二字三字之义以成一字之义，不作会悟解也。”又曰：“凡会意字或会两象形字以为意，或会两指事字以为意，或会一形一事以为意，或会一象形一会意，或会一指事一会意，皆常也。然亦有会形声字以为意者，又有两体皆形声字者。至展转而从形声字者不计，已几及会意字十之一。盖形声字上古即有之，如五岳四渎之名，纵曰‘禹平水土，主名山川’，亦在唐虞之世。李斯作小篆，即合古之形声字以为会意，亦理之自然者矣。”案郑氏以文与字为形、事与声、意之大界，析言之则文与字殊，统言之则文字亦可互称。《左传》“止戈”“皿虫”皆曰文，是合体为文也。此论自确，其言会意与谐声之别亦明。惟以子母分主声义，则虽言之成理，实为立异，徒增缴绕耳。段、王皆以会意即合谊，王氏且谓“不作会悟解”，是会意专属字之本体，然贾公彦《周礼·保氏》疏谓“会合人意，故云会意”，则又以“会”有会悟之义。今就许君之言绎之，比者并也，二体并列曰比类。比类主字形言，合谊主字义言。指捴者谓所指向也。比其形以合其义，而观其字意之所在，故曰会意，则“会”字作会悟解，似亦可通，惟可云以人意会字意，不可云会合人意耳。刘师培又谓：“两形并列之字，亦出于古代图画，如‘武’字从止从戈，在上古时必画一人作止戈之形；‘信’字从人从言，在上古时必画一人作欲语之形。又如‘儛’字从人从舞，即画人而加以舞蹈形；‘位’字从人从立，即画一人直立之形；‘伐’字从人从戈，即画一人荷戈之形；‘男’字从力从田，即画一人耘田之形；‘婦’字从女从帚，即画一女持帚之形；‘苗’字从艸从田，即画艸生于田之形；‘焚’字从林从火，即画以火烧林之形；‘鸣’字从口从鸟，即画羽族发声之形；‘吠’字从口从犬，即画犬属发声之形；‘嵩’字从山从高，即画山峰最高之形。故会意以出于象形者为正例。会意虽以意为主，然每字之义，皆起于字形，故《说文》所列会意之字，多以字形发明字义，其字义即见于字形，则亦古代图画之变形也。”此说颇新，然谓字义即见于字形，则实可作“比类合谊”之正解，不可易也。至于会意兼声，虽曰变例，然义寄于声，声起于义，本古人造字之法。《说文》有但言从某而不言某声者，其声即在意中也。郑氏谓二母之合，有义无声，其言固误。王氏谓合形声字以为会意始于李斯小篆，亦为陋也。

会意之类，郑氏《六书略》别之为三，有同母之合，有异母之合，皆合二体者也，有三体之合者，非常道也。王氏《说文释例》分为正例、变例：有合两体为意而顺递言之者，有两言“从”以并峙为义者，有以字形发明字义，若移迻其部位即不足见意者，以上三类皆正例也；有圣人创意为之，执字形以求其义，则不无窒碍者，有从其字而变其字之形者，有兼象形者，有兼指事者，有意在无字之处者，有所从之字不成意，转由所从与从之者以得意者，有意不胜会，而所会之意不实不尽者，有就本字而少增之以会意者，有省文会意者，有名省而实不省者，有反文以会意者，有到文以会意者，以上十二类皆变例也。朱氏《六书爻列》分会意、形声兼会意二类，如：

元天祭祝祘闰皇瑞珏班琟士毒熏屮蓏莵蓏苗蕾芟若菡斯卉犇莫分詹介穴公宷悉半氂告吹名君令咠启咸吉周咼各吠唬局台吅嚴走犇䟕

癶登步此是尟辵送连逐邍道退後御建延行衙衞品喿侖扁㗊囂舌屰㕯約古丈廿卅啻信䚻計設䜌謕討譶詰善競章竟辛妾叢對龏収丞奐弇弄戒兵具共異舁興與鬨鬻羹孚埶𡠀鬩鬮右叜燮㕞及秉𠬝㞢㝵取叚友卑史支聿肅笔𦘒畫隶𣪊殼段役㐱𤼲徹攸敗寇𥄎牧教卟占貞用庸葡棥㸚爽旻夐叜窅眔相䁭看睡瞁䀠奭省𦣻皆智百鼻皕習翟翏翯隻雀瞿雋雈奪奮萑蒦菲芇首瞢蔑美羴羼矍雔靃雙雥集鳴糞棄再爯幼𢆶幽幾叀惠玄兹敖敫𠬪爰𤔔爭𤔫㕡叡𠭁叡𣧏死別骨肘胤隋脃肰肎肥筋利初則删剈制刵罚剕栔耒觲解等筮篹筭算典畀奠左差𢀩珏𢍰覞甛猒甚沓曹甹奇哥号號粤平喜壴尌梪𢍰豑虐虢嚳贊醯益盈盅盥彤青鬱食飤飧合僉侖今會内仌糴全从䠶矦知尣央隺就𦎫亶厚稟啚嗇麥致夌夔夃舛舝夆夃桀乘某枚𣐂杲杳臬采休東棘林橆森桑㞷師賣索孛生甡䔒曅㝵束柬刺圖國困因囟囚困圂員贊負贅質買貶賏邑郒鄉𨚒巷早晉㬈昏皀昌㬎㬥昆普旋旅族晶疊朏盟夗外夙多夢马㮚粟棗棘牖采秦科秝兼黍香毇春臿舀臽兒𣏟㪚麻㼌向奥寍安實容冗宦宰守寡寒宋宗躳窔穿突竄寣瘚疢同冢最网㒼羅罷詈羈帚白㒵皛仁佩伊位付仰侵便倪偄伏伐咎弔企件𠦂頃印卓艮从并比北㐺眾𡈼徵朢坙臥監殷表褱老孝毳居屍屖屋屎俞前般兄兢兟先兟禿见㝵覞䨹次羡盜頪顯煩頪䪼脜䛡縣須㐱彣彭令卸卯印色卯辟辥匊勻旬勺包胞苟敬鬼鬽畏禺嵬嵒岂屾庫廛庶屵仄产尯危磬砦磊易彖豦家豩豨象驫薦灋麃麤塵毚逸冤娩龘尨臭狧戾臭猋㹜獄賨灰尉𤍽奐光炅烕炎燚燮粦黑焱熒燊炙赤赫夾奄契夷吳喬奔奉睪圉盩報夲暴奏皋夰臭奰規扶竦竱竝意悳慶思忍惪惢衍沙汓砅沝染瀸沝流涉頻侃州灥原𠩵覛谷濬冰屚霝鱻𩺰龖孔乳臻臺臸扇扉閒閑閇閃闖聅聑聶摯承投脊妻婦威奴好委如妟嬰佞婁奻姦毒乂弗𢦏戎戟戛成戋武戠戔我義直亡匄區匧医匹匠弜弼盭孫繇𦆁絕纍緜綏素絲辮蚰蠱蟲蠅黽凡坤埽坐封圣圭垚堯堇里畜畕男劣勞加劫劦恊勰協衡与凭凥処俎斫斷所料軍斬輦斬轟官陟陫書䶅暜𨗴獸亂丙叠祀辛辠辤辭辡辯孕挽字孨孱舂寅辰辱臾曳酎醫茜醬舊酋尊，以上八百三十字，皆会意也。

吏禮祏祫禬社祟琥瓏瑁珥碧琀於芬芝薅苷蕅茉蕛菥莽曾必胖牭犓翠右單喪歸疌趛返選遯傃齔齣齗踦路颋䢸嗣拘笱鉤茻博詔警誼諰訥訌業奉樊晨釁鞣搴𣪊緊堅豎杸㝵整政潄改敓㪏斁敵鼓𢿞斆甫爾遣瞑眇鼽奭雒雍雁莧瞿鴈舒舜殯腥剥劃劑刺衡簠筑簺迒磿曹可吁憙愷盬盬蠱音阱荆饗餽麕市歎柵茉料杓梁枰槱杼糶稯積稽貧鄯晛旃冥朙貫虜朿穅枲竊糙室定寶害窞窺寥冠㝡冒兩纒飾敝黺保仕佼仲傒傾伍什佰敳倌儗傒像僊化從袒襺製祔眉屆屍覽覓款歊歖歠欥頌頪頤醮頛彰鬌听詞匌岸長馹騛駮駟馺猎奘烼燓烗恩絞熄焜爈壹執籒竣靴畀畁畀䢃奘息憲憼慈愚㵖忘懣憒患恇汭泬洸涅潔派洐決泂浸泐涇灑汲墜泰泮萍巠邕冬漁否閨闔闍聽插挺授擊拲姓娶婚姻妊嬳娣婢媄嫋媛奸柩絩緉彝螟蟦蝕颸鼀坪均墨城塞堅功勷飭鬻釦鏨鈴鍒料輒衛擊陸陷隕阬陳陘隙隧絫垒鉛綴季疑疏朏羞酒酣醉醬醢，以上三百三十七字，皆形声兼会意也。

凡会意列一千一百六十七字，今约叙会意为五类，设例于左。

1. 纯会意例

此类或合两文以成字，或合三文四文以成字，而以合两文者为多。所合之体，有顺递见意者，有并峙见意者，有即形见意者，为法虽殊，皆会意之正则也。

（1）顺递见意

天　颠也，至高无上。从一大。段氏曰："至高无上，是其大无有二也，故从一大，于六书为会意。凡会意合二字以成语，如'一大''人言''止戈'皆是。"王氏曰："凡言从者，从其义也。'一大'连文，不可言'从一从大'，不可言'从大一'，此与'人言为信''止戈为武'同为正例。"又曰："颠者顶也，与'一大'不甚相中，故加'至高无上'以引起之。"

皇　大也。从自王。自，始也。始王者，三皇大君也。自读若鼻。今俗以作始生子为鼻子是。段氏曰："始王天下是大君也，故号之曰皇，因以为凡大之称。此说字形会意之旨，并字义训大之所由来也。”

是 直也。从日正。段氏曰：“十目烛隐则曰直，以日为正则曰是，从日正会意，天下之物莫正于日也。”桂氏曰：“从日者犹古文正从上。”案古文“正”从上者，天道无私，是以恒正也。

公 平分也。从八厶。八犹背也。韩非曰：“背厶为公。”段氏曰：“八厶，背厶也。今本‘从八从厶’，凡此等‘从’字，皆浅人所增。自环为厶，六书之指事也。八厶为公。六书之会意也。”

老 考也，七十曰老。从人毛匕，言须发变白也。段氏曰：“此篆盖本从毛匕，长毛之末笔，非中有人字也。须发变白，说会意之旨。”

㬥 晞也。从日出収米。段氏曰：“日出而竦手举米晒之，合四字会意。”案四字顺递而下以成语，大徐本作“从日从出、从収从米”者误。

廛 二亩半也，一家之居。从广里八土。段氏曰：“里者居也。八土犹分土也，亦谓八夫同井也，从四字会意。”案此亦四字顺递成语。

（2）并峙见意

𦘔 聿饰也。从聿从彡。俗语以书好为𦘔。段氏曰：“饰今之拭字。‘彡’下曰：‘毛饰画文也。象形。’谓以毛拭画成文，彡象其文形也。𦘔者笔之所拭，文成彡形，故从聿从彡。”

叡 深坚意也。从㕡从貝。貝，坚实也。案“㕡”下云：“残穿也。”故段氏曰：“深意故从㕡，坚意故从貝。”

瞢 目不明也。从苜从旬。旬，目数摇也。段氏曰：“苜、旬皆不明之意。”案“苜”下云：“目不正也。”旬为目数摇，不正而又数摇，是以不明。

佥 皆也。从亼从吅从从。《虞书》曰：“佥曰伯夷。”案“吅”下云：“惊呼也。”“从”下云：“相听也。”“亼”下云：

“三合也。”故会亼、吅、从三字，其意为皆。

祝祝 祭主赞词者。从示，从儿口。一曰从兑省。《易》曰：“兑为口，为巫。”段氏曰：“此以三字会意，谓以人口交神也。‘从兑省’者，字形之别说。”

畟畟 治稼畟畟进也。从田儿从夊。《诗》曰：“畟畟良耜。”段氏曰：“儿亦人字。田人者，农人也。夊言其足之进，足进而耜亦进矣。”

徹彻 通也。从彳从攴从育。段氏曰：“盖合三字会意。攴之而养育之而行之，则无不通矣，《毛传》所谓治也。”

亟亟 敏疾也。从人从口从又从二。二，天地也。徐锴曰：“乘天之时，因地之利，口谋之，手执之，时不可失疾也。”段氏曰：“谓天地之道，恒久而不已。手病口病，夙夜匪懈，君子自强不息，人道之所以与天地参也，故从人从二。”

（3）即形见意

閏闰 余分之月，五岁再闰也，告朔之礼，天子居宗庙，閏月居门中。从王在門中。《周礼》：“閏月，王居門中，终月也。”段氏曰：“此说字形也。郑司农云：‘月令十二月分在青阳明堂总章玄堂左右之位。惟閏月无所居，居于門，故于文王在門谓之閏。’”

局局 促也。从口在尺下复局之。段氏曰：“‘促’以叠韵为训。‘尺’所以指斥规矩事也。‘口在尺下’，三缄其口之意。”

兵兵 械也。从廾持斤，并力之皃。段氏曰：“械者器之总名。器曰兵，用器之人亦曰兵。说曰‘从廾持斤’，则制字‘兵’与‘戒’同意也。”案“戒”从廾戈，持戈以戒不虞。

夐夐 营求也。从旻人在穴。《商书》曰：“高宗梦得傅说，使百工营求，得之傅巖。”巖,穴也。段氏曰：“此引《书序》释之，以说从穴之意，营求而得诸穴，此字之所以从旻人在穴也。”

寒寒 冻也。从人在宀下，从茻荐覆之，下有仌。段氏曰：“合一宀、一人、二艸、一夊会意。”桂氏亦曰：“舛当为艸，上艸为覆，下艸为荐。”

号号　痛声也。从口在丂之上。段氏曰：“丂者气舒而碍，虽碍而必张口出其声，故口在丂上，号咷之象也。”

2. 变会意例

此类或合同体之文以见意，或析形以见意，或字外以见意，或展转以见意，或粗举以见意，或意具于二体而字只见一体者，皆变例也。至若王氏所谓省文会意、反文会意、到文会意，观其所举，皆独体之文，应入于指事，不在此科。

棘棘　小枣丛生者。从并朿。沈括《梦溪笔谈》云：“枣与棘相类，皆有刺，枣独生高而少横枝，棘列生庳而成林，以此为别。其文皆从朿，木芒刺也。朿而相戴立生者枣也，朿而相比横生者棘也，不识二物者，观文可辨。”段氏曰：“小枣树丛生，今亦随在有之，未成则为棘而不实，已成则为枣。棘庳于枣而朿尤多，故从并朿会意。”案此从二同体之平列者，故曰从并。

多多　重也。从重夕。夕者相绎也，故为多。重夕为多，重日为曡。段氏曰：“相绎者，相引于无穷也，抽丝曰绎，‘夕’‘绎’叠韵，说‘从重夕’之意。”案此从二同体之层累者，故曰从重。

晶晶　精光也。从三日。段氏曰：“凡言物之盛，皆三其文。日可三者，所谓累日也。”案此从三同体之相重者。

㐺㐺　众立也。从三人。段氏曰：“从三人会意。《国语》：‘人三为众。’”案此从三同体之相并者。然既训众立，则此字可并而不可重，重则成‘众’，未有人立于人上者也。

㠭㠭　极巧视之也。从四工。段氏曰：“工为巧，故四工为极巧。极巧视之，谓如离娄之明、公输子之巧，既竭目力也。”案此从四同体而取其义者。

㗊㗊　众口也。从四口。读若戢。又读若呶。小徐本作“一曰吺”。锴《系传》云：“吺，讙也。”桂氏曰：“‘吺’乃字义，非字音，不当言读若。”案此从四同体而取其形者。

𣥠歰 不滑也。从四止。桂氏曰：“《一切经音义》：歰者，不滑也。字从四止，四止即不通利，字义也。”案止一为足，足与足相抵拒故不滑。此从四同体之二顺二倒，形义兼取者。

𦵯芻 刈艸也。象包束艸之形。王氏曰：“从两勹字、从艸字，两体皆成字，即是会意。而许君云象形者，此以象形为会意也。若直是会意，则当作𠣘矣。惟‘芻’字为既刈之艸，故所从艸字不依本形，必两包之者，便于担也。”

𣂺𣂺 断也。从斤断艸。谭长说。段氏曰：“此会意也。”王氏曰：“𣂺隶艸部，而变艸之形为𡿧以会既断之意。不入斤部者，非在艸部不足见意也。”案以上两字，皆析形以见意。

𨛜𨛜 邻道也。从邑从邑。王氏曰：“两邑只有邻意，所谓道者，中间空地也。”此字段氏不得其意，谓邻道之道当为邑字之误也，其字从二邑会意。今依王说。

𡿧州 水中可居者曰州。水周绕其旁，从重川。昔尧遭洪水，民居水中高土，故曰九州。《诗》曰：“在河之州。”王氏曰：“水中可居者曰州，其为指字之空地尤明了也。”案以上两字，皆于字外见意。

𤯍曆 和也。从甘从厤。厤，调也。段氏曰：“此说从厤之意。厂部曰：‘厤，治也。’秝部曰：‘稀疏适也。’稀疏适者，调和之意。《周礼》：‘凡和，春多酸，夏多苦，秋多辛，冬多咸，调以滑甘。’此从甘厤之义也。”王氏曰：“许说从甘从厤，厤，调也。调之即和之矣。然厤者治也，厤从秝。秝，稀疏适也，当作稀疏适歷也。《周官·遂人》疏曰：‘稀疏得所，名为适歷。’然则调和得宜，亦谓之适歷，是‘曆’从‘厤’所从之‘秝’为意也。”

𡪁宰 辠人在屋下执事者。从宀从辛。辛，辠也。段氏曰：“辛即辠之省。”王氏曰：“辛本不训辠，其说解曰：‘从䇂。䇂，辠也。’是辛之所从有辠义也。”案依王说，则“宰”亦从“辛”所从之“䇂”为意也。从上两字，皆展转得意。

匠 木工也。从匚斤。斤，所以作器也。段氏曰：“工者，巧饰也。百工皆称工，称匠独举木工者，其字从斤也。匚者，榘也。”王氏曰：“匠人建国，则圭臬准绳，其器也；匠人为沟洫及囷窌仓城之属，则畚锸桢榦杇镘，其器也。二者皆土工也。匠人营国，则兼木工也，其器械尤多矣。欲为之制字，则不可胪列也，乃独注意于木事，而其审曲面艺神奇工巧又无可措意也，乃以箱箧盛器械者，必系工人，爰以匚中有斤，会成‘匠’意。然斤之为器，不能入匚中也，釜凿绳墨短小之物皆入匚中，而不从之者，为其意不著也。故有非情理之实而人望之而知者，‘匠’字是也。”案依王说，则此字实意不胜会，粗举其大耳。

再 一举而二也。从一冓省。段氏曰：“凡言二者，对偶之词，凡言再者，重复之词，一而又有加也。冓者，架也。架古只作加。”

爯 并举也。从爪冓省。段氏曰：“冓为二，爪者手也。一手举二，故曰并举。”王氏曰：“有从省文会意而其义实非省者，冓部‘再’‘爯’二字是也。此乃以‘冓’字折叠观之以会其意。即如有布二尺，以杖当中荷之，则一面只见一尺，以手当中提之，亦一面只见一尺，然人固知彼一面定有一尺也。‘再’所从之‘一’即杖也，‘爯’所从之‘爪’即手也。而所从之‘冉’，即如布之举其中也。且如非举其中，则无以成两面也。故‘再’下云‘一举而二也’，‘爯’下云‘并举也’。苟不以‘冓’字折叠观之，则省去一半矣，何‘二’之云？何‘并’之云？”案以上两字，段氏知其意，王氏识其形，此会意之奇变也。

3. 会意兼形例

此类因比合诸体不足以明义，故加象形之体以足之。此与王氏所谓会意兼象形之例不同。

𤕦爨　齐谓之炊爨。𦥑象持甑，冂象灶口，廾推林纳火。段氏曰："中似甑，臼持之。林，柴也。"案此字合臼、廾、林、火四字以见意。同与冂非字，象甑及灶口形。王氏谓"爨"合五而又加一形者，盖以"冂"为字也，恐误。

𡿺鬯　以秬酿郁艸，芬芳攸服，以降神也。从凵音袪。凵，器也。中象米。匕，所以扱之。《易》曰："不丧匕鬯。"案此字合凵、匕二字以见意，"㐅"非字。段氏谓"㐅"即"米"字斜书之，然许但云"象米"，不以为字也。

𠍴舍　市居曰舍。从亼，中象屋也。囗象筑也。徐锴曰："亼，众集也。屮，立柱楣棁之形。囗音围。会意。"段氏亦曰："从亼者谓宾客所集也，从屮象屋上见之状。"案此字合亼、囗二字以见意，"屮"非字，但象屋形耳。

𥎦矦　春飨所射矦也。从人从厂。象张布矢在其下。段氏曰："为人父子君臣者，各以为父子君臣之鹄，故其字从人。郑云：'矦制上广下狭。盖取象于人张臂八尺，张足六尺，是取象率焉。'又：'梓人为矦，凡用布三十六丈。'矦之张布，如厓岩之状，故从厂，矢在其下，象矢集之也。"案"矦"谓所射布也。有射矦必有射之者，故合"人"与"矢"以见意。"厂"非字，但象张布形耳。段氏以许书之例，成字则必曰从某而下释之，故以"厂"为厓岩之"厂"字，颇近穿凿。且厓岩之石侧出，射布平张，其状亦不相似也。许书之例，言从亦有不必成字者，如"矦"之从厂是也，亦有成字而不言从者，如上述"鬯"字之匕、"舍"字之口是也，当分别观之。

4. 会意兼事例

此类因比合诸体不足以明义，故加指事之体以足之。与王氏所谓会意兼指事之例不同。

𦵯葬　臧也。从死在茻中。一其中，所以荐之。《易》曰："古之葬者，厚衣之以薪。”段氏曰：“荐，艸席也。上古厚衣以薪，故其字上下皆艸。”案此字合“死”“茻”二字以见意。“一其中”者，则加之以指事也。

画　界也。象田四界。聿，所以画之。案“聿”即笔也，以笔画田界为画，故字即合“聿”“田”二字以见意，然界意犹不显，故又于田之外作横者二、直者二以指之。

疐　碍不行也。从叀引而止之也。叀者如叀马之鼻。从冂，《说文》各本无，依段氏补。此与牵同意。《诗》曰：“载疐其尾。”案“叀”下云：“小谨也。”谨而止，故曰碍不行，是“疐”字本从叀、止二字以见意。然“叀”有系縻之义，故又加“冂”以指之，然后“引而止之”之意始显。“冂”非字也，“牵”亦从冂，故曰“与牵同意”，惟“牵”从牛，义为引牛而前，故其字于六书为指事，而“冂”象引牛之縻，在“牵”字中为象形。“疐”从叀，虽说曰“如叀马之鼻”，但义不为引马，故其字于六书属会意，而“冂”在“疐”字中为指事。

㕞　拭也。从又持巾在尸下。段氏曰：“‘屋’字下云：‘尸，象屋形。’”桂氏亦曰：“在尸下者，在屋下也。洒扫洁清之事，亦应于屋下执之。”案段、桂说是，惟“尸”象屋形，为解屋之别说，上象覆，旁象壁，不成字也，则知“㕞”字盖取义于“又持巾”，加“尸”以指其在屋下耳。

5. 会意兼声例

此类合三体以上成字，而其中之一体无义可取，但取其声，其异于形声者，则以其余各体皆会意也。尚有两体成字曰“从某某亦声”而所主在意者，亦为会意兼声，段氏所谓似形声而实会意者也，惟当观其所入何部以定之耳。与王氏所谓会形声字以为意者不同。

詹　多言也。从言从八从产。段氏曰：“《庄子》：小言詹詹。从八者，多故可分也。从产当作户声。”案此字纯从八、言会意，

“产”与“詹”义不相涉，其为声无疑，段说是。

㝷 绎理也。从工从口从又从寸。工、口，乱也；又、寸，分理之；彡声。此与叚同意。段氏曰：“绎理谓抽绎而治之。凡治乱必得其绪而后设法治之。”桂氏曰：“‘彡声’者当为‘从爻’，既误为‘彡’，又加‘声’字，此会意非谐声，故云‘与叚同意’。‘叚’从爻，‘㝷’亦从爻。”案桂说固自有据，惟此字实从工、口、又、寸四体会意而兼彡声，以意为主，与他谐声字不同，不得云误也。

竷 繇也舞也，乐有章。从章从夅从夊。《诗》曰：“竷竷舞我。”段氏改正为“从夊从章，乐有章也，夅声”，又曰：“‘繇’当作‘䚻’。䚻，徒歌也。上‘也’字衍，䚻舞者，谣且舞也，舞兼歌，故其字从章从夊。”桂氏亦曰：“‘从夅’当为‘夅声’，竷、夅声相近。”案段、桂说是。此字纯从章、夊二字会意，“夅”与“竷”意不相涉，但取其声耳。

妻 妇与己齐者也。从女从屮从又。又，执事，妻职也。徐锴本下有“屮声”，段氏曰：“‘屮声’者说‘从屮’之故。铉等以不应既云‘从屮’，又云‘屮声’，删此二字。”案锴本、段说是也。此字纯从女、又二字会意，“屮”与“妻”意无涉，云从之者，自从其声。

拘 止也。从手句，句亦声。段氏曰：“以手止之也。”

笱 曲竹捕鱼笱也。从竹句，句亦声。段氏曰：“曲竹，故从竹、句。”

鉤 曲鉤也。从金句，句亦声。段氏曰：“鉤镶、吴鉤、钓鉤，皆以金为之，故从金。句之属三字，皆会意兼形声。不入手、竹、金部者，会意合二字为一字，必以所重为主，三字皆重句，故入句部。”

（四）形声释例

《说文解字叙》曰：“形声者，以事为名，取譬相成，江河是也。”卫恒曰：“形声者，以类为形，配以声也。”贾公彦曰：“江河皆以水为形，以工、可为声。”徐锴曰：“形声者，以形配声也。”段玉裁曰：“形声者，其字半主义，半主声。半主义者，取其义而形之；半主声者，取其声而形之，不言义者，不待言也。”又曰：“以事为名，谓半义也。事兼指事之事、象形之物言，物亦事也，名即‘古曰名，今曰字’之‘名’。取譬相成，谓半声也。譬者谕也，谕者告也，江、河之字，以水为名，譬其声如工、可，因取工、可成其名。其别于指事、象形者，指事、象形独体，形声合体。其别于会意者，会意合体主义，形声合体主声也。”王筠曰：“声之来也，与天地同始。未有文字以前，先有是声，依声以造字，而声即寓文字之内，故不独形声一门然也。先有日、月之名，因造日、月之文；先有上、下之词，因造上、下之文。故执文以求声，则象形、指事其声在字外也，而溯其朔以论声，即形声字亦声在字先也。”黄以周曰：“形声，先郑谓之谐声，与象形、指事、会意皆上字虚、下字实，文法一律，许谓之形声者，名之形于声者也。《乐记》云：‘感于物而动，故形于声。’又云：‘情动于中，故形于声。’形声二字出诸此，与谐声之义一也。旧解以形声为半主形、半主声，非许意。许举江、河为例者，江、河为有声之物，字从工、可，其最初之谐声字也。顾古人字少，往往借音近为之，未有专字，其后孳乳，各制本字。于物取当时相传之名以为声，于事多取古文通借字以为声，此又形声之后起者也。”刘师培曰：“说者谓形声之字，左旁象形，右旁象声，不知古人造字，仅有右旁之声，未有左旁之形，字声者即字义之所寄也。故形声之字，以声义相兼者为正例，左旁为形，右旁为义兼声，如‘江’字从水工声，而‘工’字象江水屈曲之形，即此义也。‘河’字从水可声，而‘可’字从河流活活之音，即此义也。是知形声之字，未有只取声而不取义者。”

案以上诸家，解释形声，约分三派：其一半形半声，卫、贾、小徐主之；其一半义半声，段氏主之；其一即声即义，刘氏主之。又段氏谓取其义而形之，取其声而形之，盖以形声之形为动字，黄氏作“形于声”，实与段同，段谓谐声之谐非其义，黄谓形声即谐声，则与段异。惟不言义耳。王氏虽推论声音之本，而又谓工、可第取其声，毫无意义，为例之最纯者，则亦似以半形半声为形声之正也。要之，就形声字之结构大体观之，则谓半形半声，亦不为误。然细绎其二体相合之故，则所谓主形之体，实兼取其义，如从艸之字，不为艸名必为艸事，从鸟之字，不为鸟名，必为鸟事，推之从石、从玉、从金等字皆然。故段氏谓半主义，自较半主形为长。至于主声之体，声中有义，则昔人已有言之者。沈括《梦溪笔谈》称：“王圣美治字学，演其义以为右文。古之字书皆从左文。凡字，其类在左，其义在右。如木类，其左皆从木。所谓右文者，如戋，小也。水之小者曰浅，金之小者曰钱，歹而小者曰残，贝之小者曰贱。如此之类，皆以戋为义也。”王观国《学林》曰：“盧者，字母也，加金则为鑪，加火则为爐，加瓦则为甗，加目则为矑，加黑则为黸。凡省文者，省其所加之偏旁，俱用字母，则众议该矣。如田字，字母也，或为畋猎之畋，或为佃田之佃。若用省文，惟以田字该之。”张世南《游宦记闻》曰：“自《说文》以字画左旁为类，而《玉篇》从之。不知右旁亦多以类相从，如戋为浅小之义，故水之可涉者为浅，疾而有所不足者为残，货而不足贵重者为贱，木而轻薄者为栈。青字有精明之义，故日之无障蔽者为晴，水之无混浊者为清，目之能明见者为睛，米之去粗皮者为精。”综诸所称“右文”也、“字母”也、“右旁”也，即各字所从之声也。所从之声同，其义亦为一类，则义起于声，理自不爽。惟若以为凡形声之字，声皆有义，则亦未然。即如“江”“河”二字，从工、可得声，刘氏以工、可有江河之义，说尚可通。其他从工、可得声者，如“杠”为步渡，“柯”为斧柄，“杠”“柯”二字亦岂取其义于工、可邪？又谓“工”字形屈曲象江，然物形之屈曲者多矣，使不从水，无以知其为“江”也；谓“可”字音活活象河，然物音之活活者多矣，使不从水，无以知其为“河”也。则声之有义者，仍须兼取从形之义，其义始完。刘氏谓形声之字，不啻半形半义，是以义专属声，与形无涉，亦失之偏矣。江都黄春谷谓：“字义皆起于右旁之声。任举一字，闻其声即可知其义。凡同声之字，但举右旁之声，不必举左旁之迹，皆可通用。”刘说盖本于此，然如“江杠”“河柯”即不可通。其可通者，而因所从之类不同，亦仍有别。是故上之三说，执一不可，废一不能，折衷言之，则形声者，字之从形从声而兼取两体之义者也。独以形声名而不及义者，盖形同而区之以声，声同而区之以形。形有万而各从其类，即依其类求之而可得；声有变而不离其纽，即寻其纽籀之而可通。两体相合，义自从之而生。此《说文》九千余文中所以形声字居十之八也。

形声之类，郑氏《六书略》别为七种：母主形子主声者为正生；有子母同声者，有母主声者，有主声不主义者，有子母互为声者，有三体谐声者，有谐声而兼会意者曰声兼意，此皆变生也。王氏《说文释例》则仍就许书本例，分为形声、亦声、省声三种，而以一全一省者、两借者、以双声字为声者、一字数音者附之。朱氏《六书爻列》因形声字多，不复胪载，但举其略，自“丕”至“醇”八千五十七字，然内兼指事者六字，兼象形者五字，兼象形、会意者十二字，兼会意者三百三十七字。兼者不计，凡形声列七千六百九十七字。盖《说文》总录九千三百五十三字，除象形、指事、会意各类所列者外，余皆形声字也。今约叙形声为五类，设例于左。

2. 纯形声例

此类字以两体相合者为最多，亦有合三体、四体者，然其取一字以为声则同。至其部位之异，则贾公彦《周礼疏》分为六等：若江河之类，是左形右声；鸠鸽之类，是右形左声；草藻之类，是上形下声；婆娑之类，是上声下形；圃國之类，是外形内声；闠阓衡銜之类，是外声内形。王筠曰：“‘阛阓’仍是外形内声，‘衡’从角大会意，非形也。‘衔’则纯乎会意，当易以‘闻问闾闽’等字，而从行声者无在外之字可易，惟‘衜’从衍省声耳。”段玉裁亦谓声或在左，或在右，或在上，或在下，或在中，或在外，盖即依贾为说。惟是专讲结构，一望可知。按部以寻，无俟于释。今则以所从之形为目，而取所从之声，明其何者与本字为同声，何者与本字为同韵。声同者所谓双声也，韵同者所谓叠韵也，声韵并同，则所谓同音也。

（1）一形一声者两体相合

叢 聚也。从丵取声。案“叢”徂红切，“取”七庾切，“取”与“叢”同属齿声，为近转双声。

虹 䗖蝀，状如虫。从虫工声。案“虹”户公切，“工”古红切，“工”与“虹”同在东韵为叠韵。

窪 地室也。从穴復声。《诗》曰：“陶窪陶穴。”案“復”与“窪”皆房六切，声韵并同为同音。

（2）二形一声者三体相合

藻 水艸也。从艸从水，巢声。案“藻”子皓切，“巢”鉏交切，“巢”与“藻”同属齿声，为旁转双声。

梁 水桥也。从木从水，刅声。案“梁”吕张切，“刅”楚良切，“刅”与“梁”同在阳韵为叠韵。

簠 黍稷圜器也。从竹从皿，甫声。案“甫”与“簠”皆方矩切，声韵并同为同音。

（3）三形一声者四体相合

彘 豕也。后蹏废谓之彘。从彑从二匕，矢声。彘足与鹿足相同。案“彘”直例切，为舌上音，“矢”式视切，为正齿音，然古音正齿多由舌音变转，故“矢”与“彘”亦隔类旁转之双声也。

簐 窮理辠人也。从㚔从人从言，竹声。案“簐”居六切，“竹”张六切，“竹”与“簐”同在屋韵为叠韵。

寶寶　珍也。从宀从玉从貝，缶声。案“宝”博皓切，“缶”方九切，声韵俱异，然古有重唇无轻唇，故“缶”与“宝”古音皆作陂萧切，则仍为同音也。

2. 亦声之例

段玉裁曰：“亦声者，会意而兼形声也。”桂馥曰：“亦声者其例有二，从部首得声曰亦声，如八部‘㕣’下云：‘从重八。八，别也，亦声。’半部‘胖’下云：‘从半从肉，半亦声。’句部‘拘’‘笱’下皆云：‘句亦声。’吅部‘單’下云：‘从吅𠔁，吅亦声。’疋部‘䟢’‘㽰’下皆云：‘疋亦声。’丩部‘茻’下云：‘从丩，丩亦声。’𦣝部‘𤴱’下云：‘从𦣝，𦣝亦声。’丌部‘辺’下云：‘从丌，丌亦声。’井部‘荆’下云：‘从井从刀。井，法也。井亦声。’后部‘㖃’下云：‘从口，后亦声。’此一例也。或解说所从偏旁之义而曰亦声。如示部‘禬’下云：‘會，福祭也。从會，會亦声。’玉部‘瑁’下云：‘诸侯执圭朝天子，天子执玉以冒之，从玉冒，冒亦声。’丵部‘䒐’下云：‘从八。八，分之也。八亦声。’‘晨’下云：‘从辰。辰，时也。辰亦声。’‘叀’下云：‘屮，财见也。屮亦声。’虫部‘蟦’下云：‘吏乞貣则生蟦。从貣，貣亦声。’此又一例也。非此二例而曰亦声者，或后人加之。”王筠曰：“言亦声者凡三种：会意字而兼声者一也，形声字而兼意者二也，分别文之在本部者三也。实亦声而不言者亦三种：形声字而形中又兼声者一也，两体皆义皆声者二也，说义已见即说形不复见者三也。”案三家所说，桂为最严，自成其例，段、王皆宽，而王又较察。然窃谓会意兼声，以意为重，表声之体为主义，应入之会意；形声兼意，以声为重，表声之体为兼义，应入之形声。故虽同曰“亦声”，而要微有差别。至若不言“亦声”而声已具于说解中者，则省文也。惟究以言“亦声”者为正例，不言者为变例，今并列之，聊当举隅。

（1）明言亦声者

禮禮 履也。所以事神致福也。从示从豊，豊亦声。段氏曰：“禮有经五，莫重于祭，故禮字从示，豊者行礼之器。”王氏曰：“豊者行礼之器也，禮之从豊，用其正义，是谓意兼声。”案“禮”字不入豊部而入示部者，主声在豊，主义不在豊也。然非豊则事神无其具，故又兼取豊之义焉。是之谓形声兼意，与会意兼声之“拘笱鉤”三字入句部而以句为声者不同。王氏谓意兼声，语反。

瑁瑁 诸侯执圭朝天子，天子执玉以冒之，似犂冠。《周礼》曰：“天子执瑁四寸，从玉冒，冒亦声。”案“瑁”字不入冃部而入玉部者，字之本义为玉也。然其形似犂冠，故以冒为声，而又兼取覆冒之义，亦形声兼意也。

胖胖 半体也。一曰广肉。从肉从半，半亦声。王氏曰：“‘胖’字不入肉部而入半部而说之曰‘半亦声’者，此许君分别之意，以‘判’为膴判之字，以‘胖’为胖合之字也。《天官·腊人》‘膴胖’注：‘郑大夫云：胖读为判。杜子春云：礼家以胖为半体。’肉部‘膴’下云：‘《周礼》有膴判。’是许君从郑大夫说于《腊人》作‘判’也。说‘胖’云‘半体’也，是许君从礼家说于《仪礼》作胖也。《丧服传》曰‘夫妻牉合也’，‘媒氏掌万民之判’郑注引作‘夫妻胖合’。然则《周礼·腊人》借‘胖’为‘判’，《媒氏》及《仪礼》借‘判’为‘胖’，两字久已混淆，故许君大为之别也。”又曰：“云‘半体’者，《丧服传》又云‘夫妇一体’也，然则此谓两半合为一体也。字义主谓人，故肉非正义，而入之半部。”案此字既入半部，又得声于半，本为会意兼声，因王氏有分别之例，故入之此。

栅栅 编树木也。从木从册，册亦声。王氏曰：“小徐只云册声，段氏亦然。盖谓册意不协也，不知此乃象其形而从之也。册便是栅形，此正古人妙处，不得拘墟以说之。”案依王说，则是声中又兼形也。

（2）实亦声而不言者

嚳嚳 急告之也。从告，學省声。段氏曰：“释玄应说‘嚳’与‘酷’音义皆同。”王氏曰：“‘嚳’为‘酷急’之正字。今借用‘酷’者，以其同从告声也。《诗》‘有觉德行’，《礼记·缁衣》引‘觉’作‘梏’，则學、告同声，而许君说‘嚳’云‘学省声’不云‘告亦声’也。”案王氏以此为形中又兼声之例。

此此 止也。从止从匕。匕，相比次也。桂氏曰：“此、止声相近。”王氏曰：“此字之止、匕皆义皆声，而云‘从止从匕’，但以为会意字也。”案王氏以此为两体皆义皆声之例。

禷禷 以事類祭天神。从示類声。段氏曰：“此当云‘从示類，類亦声’，省文也。”案说解曰“類祭”，已见“類”字之意。故虽但曰“類”声，而实兼取“類”义，其为亦声无疑。

祫祫 大合祭先祖亲疏远近也。从示合声。《周礼》曰：“三岁一祫。”段氏曰：“不云‘合亦声’者，省文重会意也。”王氏曰：“已见‘合’字，说形即但云‘合声’也，此则互文相备，且以见说义说形之词，本相灌注，未尝分离乖隔也。”

3. 省声之例

段玉裁曰：“省声者，既非会意，又不得其声，则知其省某字为之声也。”王筠曰：“指事、会意、象形字可省，形声字不可省。形声字而省也，其例有四：一则声兼意也，一则所省之字即与本篆通借也，一则有古、籀文之不省者可证也，一则所省之所，即以所从之字贸处其所也。非然者，则传写者不知古音而私改者也。亦有非后人私改者，则古义失传，许君从为之辞也。”案四例外，尚有所省之字与本篆为双声、叠韵者，因声韵之同，其义盖亦得相传矣。今分别举字以明之。

（1）省声兼义者

禜禜 设緜蕝为营。以禳风雨、雪霜、水旱、厉疫于日月、星辰、山川也。从示，营省声。一曰禜卫，使灾不生。郑樵曰：“禜从营省，为营以祀日月、星辰、山川也。”桂氏曰：“禜卫之‘禜’当为‘营’，《苍颉篇》营卫也。”《史记·五帝纪》：“黄帝始制营卫。”案从营省声，即取义于‘营’，是声兼意也。

甯　所愿也。从用，寧省声。段氏曰：“此与丂部‘寧’音义皆同，许意‘寧’为愿词，‘甯’为所愿，略区别耳。不云‘寍省声’云‘寧省声’者，以形声包会意也。”

覃　长味也。从㫗，鹹省声。《诗》曰：“实覃实吁。”段氏曰：“当作‘鹹省，鹹亦声’。以‘从鹹’故知字本义为味长也。”王氏曰：“明是‘鹵’字而云然者，声兼意也。‘鹹’味长，与‘覃’训‘长味’合。字意统言味，不主于鹵，故不入鹵部。”

瑩　玉色也。从玉，熒省声。一曰石之次玉者。《逸论语》云：“如玉之瑩。”段氏曰：“谓玉色光明之貌。”案“熒”下云：“屋下灯烛之光也。”玉色光明，故兼取熒义。

（2）所省之字与本篆通借者

齋　戒絜也。从示，齊省声。案《易·繫辞传》：“圣人以此齋戒。”《礼器》“七曰戒”郑注云：“戒，散齊也。”《穀梁传》：“以齊终也。”范云：“齊絜。”《诗》：“有齊季女。”《释文》：“齊，本亦作齋。”盖“齋”“齊”同训戒絜，故“齋”从齊省声也。

瑑　圭璧上起兆瑑也。从玉，篆省声。《周礼》曰：“瑑圭璧。”王氏曰：“《周礼》‘巾车孤乘夏篆’注：‘或曰篆读为圭瑑之瑑。’又《郊特牲》‘大圭不琢’注：‘琢当为篆，字之误也。’依许‘瑑’字说，则当作‘大圭不瑑’，而郑云‘当为篆’，然则两字得通借也。”案王说是，段氏改“篆省声”为“彖声”，声虽是，未必许旨。

嘆　吞嘆也。从口，歎省声。一曰大息。案依《说文》“嘆”与“歎”义异，“歎”近于喜，“嘆”近于哀。然经典多借“歎”为“嘆”。《曲礼》：“当食不歎，临乐不歎。”《坊记》：“戏而不歎。”注云：“歎谓有忧戚之声也。”是“歎”“嘆”可通用也。

屔 反顶受水丘。从丘，泥省声。案《尔雅·释丘》：“水潦所止，泥丘。”《玉篇》引作“屔”，云：“本亦作泥。”《释文》亦云“泥”依字又作“屔”。段氏曰：“屔是正字，泥是古通用字。”王氏曰：“屔，盖后来分别文。”

（3）有古籀文不省可证者段氏谓省之使其字不繁重也

事 从史，之省声。案古文作“𠂻”，则之不省。

訇 从言，匀省声。案籀文作“訇”，则匀不省。

讋 从言，龖省声。案籀文作“讋”，则龖不省。

融 从鬲，蟲省声。案籀文作“融”，则蟲不省。

謵 从言，纍省声。案或作“謵”，则纍不省。

迈 从辵，萬省声。案或作“邁”，则萬不省。

（4）所从之字贸处所省之所者

蘜 日精也，似秋华。从艸，𥳑省声。案此省“𥳑”之竹，而以艸代其竹。

蹇 跛也。从足，寒省声。案此省“寒”之仌，而以足代其仌。

暴 大呼自勉也。从言，暴省声。案此省“暴”之米，而以言代其米。

棨 传信也。从木，啓省声。案此省“啓”之口，而以木代其口。

（5）所省之字与本篆为双声者

犖 驳牛也。从牛，勞省声。案“犖”吕角切，“勞”鲁刀切，“勞”与“犖”同属舌声来母。

薅 拔去田艸也。从蓐，好省声。案“薅”呼毛切，“好”呼皓切。“好”与“薅”同属喉声晓母。

昏 塞口也。从口，氒省声。氒，古文厥字。案“昏”古活切，“氒”居月切，“氒”与“昏”同属牙声见母。

丼　深池也。从井，瑩省声。案“丼”乌迥切，“瑩”永兵切又乌定切。“瑩”与“丼”同属喉声影母。

（6）所省之字与本篆为叠韵者依段氏《六书音韵表》部次

皮　剥取兽革者谓之皮。从又，爲省声。案“皮”符羈切，“爲”远支切，“爲”与“皮”同在十六部。

進　登也。从辵，閵省聲。案“進”即刃切，“閵”良刃切，“閵”与“進”同在十二部。

度　法制也。从又，庶省声。案“度”徒故切，“庶”章恕切，“庶”与“度”同在五部。

要　身中也。象人要自臼之形。从臼，交省声。案“要”於消切，“交”古肴切，“交”与“要”同在二部。

（7）不知古音而私改者

商　从内知外也。从㕯，章省声。案《汉书·律历志》云：“商之为言章也，物成孰可章度也。”《白虎通》说商贾云：“商之为言章也。章其远近，度其有亡，通四方之物，故谓之商也。”又《粊誓》：“我商赉女。”徐仙民音章。是“章”“商”古音同，不应云“章省声”也。

竇　空也。从穴，瀆省声。案“竇”古多借瀆为之，如《周礼》注：“四竇即四瀆。”又《左传·襄三十年》：“墓门之瀆。”徐音豆。是“竇”“瀆”古音同。不应云“瀆省声”也。小徐作“賣声”，是。

（8）古义失传者

哭　哀声也。从吅，从獄省声。段氏曰：“许书言省声，多有可疑者，取一偏旁，不载全字，指为某字之省，若‘家’之为‘豭’省，‘哭’之为‘獄’省，皆不可信。‘獄’固从㹜非从犬，而取㹜之半，然则何不‘鷇独倏谿’之省乎。窃谓从犬之字，如狡、獪、狂、默、猝、猥、狦、狠、犷、状、獳、狎、狃、犯、猜、猛、犺、

�、狟、戾、独、狩、臭、獘、献、類、犹卅字，皆从犬，而移以言人，安见非‘哭’本谓犬嗥而移以言人也。愚以为‘哭’入犬部，从犬吅会意，而移以言人，庶可正省声之勉强皮傅乎！”

家　居也。从宀，豭省声。戴侗《六书故》曰：“字与牢同意，借为人所居室。”段氏曰：“此字为一大疑案。‘豭’省声读家，学者但见从豕而已。从豕之字多矣，安见其为豭省邪？何以不云假声而纡回至此邪？窃谓此篆本义乃豕之居也，引申假借以为人之居，字义之转移多如此。‘牢’，牛之居也，引申为所以拘罪之陛牢，庸有異乎？豢豕之生子最多，故人居聚处借用其字，久而忘其字之本义，使引申之义得冒据之，盖自古而然。许书之作也，尽正其失。而犹未免此，且曲为之说，是千虑之一失也。‘家’篆当入豕部。”朱骏声曰：“许书之失，其必不可从者，以十干、十二枝为本字本谊，此泥于师承，未经厘正耳，余皆未可轻议也。宀豕之义甚显，许不谓会意者，必有所受，断非肊说，省声之字，如羔、量、哭、送、杏、耿、狄、監、紂、汨、炊、宕、膚、茸、梓、麋、烁、薅、闓、獮、鲜、訇、宮、僂、皰、譬、襲、融、赫、歎、犖、貌、受、梳、杲、宜、稬、敀、綷之类，无虑数十字，何独于此而疑之？使‘秋’‘梓’等无籀文、或体可证，不亦可疑邪？许书残缺不少，乌知元本不再出一不省之籀、今或夺去邪？”

4. 二声之例

段玉裁曰：“形声亦有一字二声者。”案此等字《说文》中亦为仅见，前人皆未明言其故，然以两字譬况一字之音，殆即反切之滥觞欤？王氏以“覉”“蠹”“疑”等字皆一字两声，此则《说文》并未明言，不在此例。

竊　盗自出中曰竊。从穴从米，禼、廿皆声。廿，古文疾。禼，古文偰。段氏曰：“此一字以二字形声者。‘童’下亦曰：‘廿，古文以为疾。’云‘以为’，则本训二十并，古文假借以为‘疾’字也。又内部：'离，蟲也。读与偰同。'是则音同而义異也。此云'偰'字者，盖古文假借以离为偰，犹见于《汉书》。"朱氏曰："廿者卄字，古文或借廿为疾耳，廿、疾双声。此字当训'蟲私取米食也。从离，从穴米，会意，以米为穴也，𤵸省声。𤵸，籀文疾。'"

𩐁 韲 韲也。从韭，次朿皆声。段氏曰："二字皆声，米部'竊'字同也。"朱氏曰："此字从韭从次会意，细切匀之有叙也，朿声。《说文》云两声者，"韲""竊"二文，离亦非声也。"案上两字朱氏皆以为会意兼声，不以为二声，然窃谓许君当有所本，不可妄改也。

5. 省形之例

形声字亦有省形不省声者，亦变例也。

屨 屨 履也。从履省，婁声。一曰鞮也。

弑 弑 臣杀君也。《易》曰："臣弑其君。"从殺省，式声。

歸 歸 女嫁也。从止，从婦省，𠂤声。

斄 斄 彊曲毛，可以著起衣。从犛省，來声。

寤 寤 寐觉而有言曰寤。从㝱省，吾声。

釁 釁 血祭也，象祭竈也。从爨省，从酉。酉，所以祭也。从分，分亦聲。

（五）转注释例

《说文解字叙》曰："转注者，建类一首，同意相受，考老是也。"后之释此者，言人人殊。最而论之，约分三派。

其一主形转，始于贾公彦、裴务齐，而戴侗、周伯琦、舒恭因之。贾氏《周礼·保氏》疏云："建类一首，文意相受。左右相注，故名转注。"裴氏《切韵序》云："考字左回，老字右转。"周氏《说文字原序》云："转注者，反侧取义，变形成类，侧山为𠂤，到㞢为帀是也。"舒氏《〈六艺纲目〉恭父天民撰注》谓："转注者，乃转形互用，有倒、有反、有背，如倒𥄉为県，反正为乏，尸为侧人，匚为侧凵之类是也。”而杨桓《六书统》又谓：“三体已上，展转附注，是曰转注。”刘泰为之序曰：“转注者，取文转相附注以足其意。如‘聖’‘賢’之类：从耳从口从壬，以其问无不通，言无不中，壬则人在士上，聖又士之大者；賢，从臣从寶省，以其臣有守，则国之大宝也。”此又形转之别派也。万光泰《转注辨》曰：“转注之说，许氏无明文，其言曰：‘建类一首，同意相受，考老是也。’夫概曰类，则事、形、声、意类各不同，类不同，则所谓同意者，亦随类而異。于是为转形之说者，为声转之说者，为意转之说者，羹沸蜩鸣，迄无定论。余谓诸说中惟戴、周之说稍近，然亦未见其真也。《六书故》戴侗撰所称指‘反欠为旡’‘反子为𠫓’之类，今观考、老二字，‘老’之上从毛，反毛为尾之半，其下从匕，反匕为人，与‘考’无涉。‘考’之上从老，老无反形，其下从丂，反丂为乚，与老亦无涉。而戴、周仅以此说当转注之全，无怪乎其见讥后世也。或曰：‘子以戴、周为未当，又何以戴、周为近也？’曰：‘天下之理，纵横尽之矣。一转为万，万转为一，纵转也；一止于一，而一之变化，前后左右，复不止于一，横转也。人之为字，增而为从为㐺，减而为丿为乀，其转尽矣。而人之类不尽，于是反而为𠂈，到而为𠤎，卧而为𠂆，屈而为儿，拳而为勹，匕相竝而为比，匕相背而为北。人匕相及而为化，尸匕相止而为尼。或离或合，各有原委。则戴、周之说，固转注之一，而不可尽废也。’曰：‘然则考、老二字果何取也？’曰：‘考、老皆从毛，是建类一首，皆以老为义，是同意相受也。由丿成彡，由彡成毛，由毛从考，是固予一转为万之说也。’曰：‘然则考何以别于谐声，老何以别于会意也？’曰：‘六书四为体，二为用，体不可离乎用，用不可离乎体。昔之论转注者，俱欲于事、形、声、意外别立一体，故其说多谬。不知转注之意，即随事、形、声、意而具，《说文》恐人误以‘考’专属谐声，故错举‘老’以足‘考’之下，恐人误以‘老’专属会意，故错举‘考’以加‘老’之上。苟以余言为不信，则假借诸字，亦将求诸事、形、声、意外乎？吾知其必不能矣。’曰：‘子之论转也，明矣备矣，注之义可得闻欤？’曰：‘是亦转也。《诗》曰：挹彼注兹。是其义也。指事、象形、形声、会意，每二字一体一用。转注、假借，二字皆用。彼以转注为转者亦菑也。’”此又承形转之绪，而兼取郑夹漈“起一成文、因文成象”之说以自異也。

其一主声转，始于张有《复古编》，而赵抝谦《六书本义》、杨慎《转注古音略》因之。张之言曰：“转注者，展转其声注释他字之用也，如其无少长之类。”赵之言曰：“自许叔重以来，以同意相受‘考老’字为转注，依声托事‘令长’字为假借之说既兴，康成以之而解经，渔仲以之而成《略》，遂失假借转注之本旨。萧楚谓一字转其声而读之，是为转注。近世程端礼谓转注为转声，假借为借声，足证‘考’‘老’之谬。”杨之言曰：“《周官·保氏》六书，终于转注。其训曰一字数音，必展转注释而后可知。《虞典》谓之‘和声’，《乐书》谓之‘比音’，小学家曰‘动静字音’，训诂以定之曰‘读作某’，引证以据之曰‘某读若’。《毛诗》《楚辞》悉谓之‘叶韵’，其实不越《保氏》转注之义耳。学者知叶韵自叶韵，转注自转注，是犹知二五而不知十也。”又《答人论转注书》曰：“转注也，古音也，一也，非有二也。宋吴才老深究其本原，作《韵补》一书。程可久曰：‘才老之说虽多，不过四声互用、切响通用而已。’朱子又因可久而衍其说云：‘明乎此，古音虽不尽见，而可以类推。’愚谓互用、通用之说可疑也。原古人转注之法，义可互则互，理可通则通，未必皆互皆通也。如‘天’之字为‘天忝舔铁’，是其四声也，他年切之外有铁因切，是其切响也，其音忝舔铁三音皆无义而不为转，铁因之切，则与方言叶，故止有切响可通，而四声不互也。‘日’之为字，有人忍任日，是其四声，其音若音热，是其切响。‘音若’者，日生于若木，故《毛诗》之音叶之；‘音热’者，日本阳精而影炎，故《楚词》之音叶之。今楚南方言犹呼‘日头’为‘热头’，是其证也。四声之平上去皆无义，故不互也。又如‘应’之为字，应影映役，有平去二互而无上入。‘中’之为字，中肿仲竹亦如之。此类推之则窒矣。”而顾炎武《音论》则又谓：“凡上去入之字，各有二声或三声四声，可递转而上，同以至于平，古人谓之转注，其临文之用，或浮或切，在所不拘，先儒两声各义之说不尽然，去入之别，不过发言轻重之间，而非有疆尔界之分也。”宋魏了翁《论观卦》曰：“今转注之说，则《彖象》为观示之观，《六爻》为观瞻之观。窃意未有四声反切以前，安知不为一音乎？且如唐人律诗至严，其中略举一二，如‘翰’字或平或去，‘看’字或平或去，‘望’字、‘忘’字或平或去，‘醒’字或平或上，且得谓之有两义乎？此正六书所谓转注之字，而韵中之两收三收，以示天下作诗之人，随其迟疾轻重而用之者也。”观顾氏之论，虽不狃于四声反切，与张、赵、杨稍殊，而其不遵许君老考之例则一也。

其一主义转，始于徐锴《说文系传》，而复衍为三支。徐之言曰：“祖考之考，古铭识通用‘丂’，于‘丂’之本训转其义而加‘老’注明之。犬走为‘猋’，《尔雅》：‘扶摇谓之猋。’于‘猋’之本训转其义，‘飆’则加‘风’注明之。”郑樵《六书略》、赵宧光《说文长笺》、曹仁虎《转注古义考》皆依此义而稍变之。郑氏则谓：“转注别声与义，故有建类主义，亦有建类主声。立类为母，从类为子，母主义，子主声。主义者是以母为主而转其子，如“考老”“履屦”等字；主声者是以子为主而转其母，如“鳳凰”“糴糶”等字。有互体别声，亦有互体别义。谐声、转注皆以声别，声异而义异者曰互体别声，如“啼啻”“唯售”等字；义异而声不异者曰互体别义，如“猶猷”“愚愪”等字。谐声、转注一也，役他为谐声，役已为转注。转注也者，正其大而转其小，正其正而转其偏者也。”万光泰曰：“夹际之意，似谓以义为主而以音为足者为役他，如江河等字是也。以音为主而以义相转者为转注，如‘童’幼小之称，在牛为‘犝’，在羊为‘羶’是也。”赵氏则以形声中之同声者为转注，转声者为谐声。曹氏则以一部中与部首同义之形声字而声复兼意者为转注。赵、曹皆谓“考”与“老”同义而其声“丂”字本有气碍之象，人老哽噎似之也。此一支也。徐之言又曰：“转注者，属类成字，而复存加旁训，博喻近譬，故为转注。人毛匕为‘老’，耇耆耋亦‘老’，故以‘老’字注之。受意于老，转相传注，故谓之转注。转注之言，若水之出源，分歧别派，为江为汉，各受其名，而本同主于一水也。”江声《六书说》、许宗彦《转注说》、夏炘《六书转注说》、姚文田《说文声系》、孙诒让《名原》皆依此义。江氏则谓：“转注统于意，转注者转其意也，如‘挹彼注兹’之‘注’。故立‘老’字为部首，即所谓‘建类一首’。‘考’与‘老’同意，故受‘老’字而从老省，‘考’之外‘耆耋壽耇’之类皆是。《说文解字》一书分部五百四十，即‘建类’也，始一终亥，即‘一首’也。云‘凡某之属皆从某’，即‘同意相受’也。凡合两字以成一谊者为会意，取一意以概数字者为转注。”孙星衍又推江之说，以为《尔雅》“肇祖元胎”之属“始也”，“始”亦“建类一首”。“肇祖元胎”皆为始，亦“同意相受”。《说文》此类亦甚多。推“考”“老”之训，如口部之“咽，嗌也”“嗌，咽也”，走部之“走，趋也”“趋，走也”，犹之“考”转注“老”、“老”转注“考”矣。其同在口部、走部，即‘建类一首’也，声亦以为然。许氏则谓：“转注以《说文序》所言极明白易晓。后叙曰：‘其建首也，立一为端。’即‘建类一首’之谓也，如示为部首，从示之偏旁注为‘神祇’等字，从‘神祇’注为‘祠祀祭祝’等字，从‘祠祀祭祝’复注为‘祓禧禠祐’等字，展转相注，皆同意为一类。其偏旁从示，故示为‘建类之首’。注，灌也。‘注’本言水相输灌通流字，从一首相注，亦犹水之从一原相注尔。所谓同意相受，盖如水之受水也。”夏氏亦以部为类，以每部之首一字为建类之首，而同部诸字即为同意相受，谓：“推之五百四十部，无一不合，‘凡某之属皆从某’者，即《说文》取六书转注之例以为部分，后人误以为分部之例，而不知皆许君解转注之例也。”又谓：“指事、象形、形声、会意四者皆明一字之体，散无统摄，转注则分别部居而有以贯之，假借则一字数用而有以通之。转注者，自部首至部末，从而为经；假借者，假一字为数字，衡而为纬。‘同意相受’与会意不同。会意者如‘武信’之类，合二体以成一字，而意仅及于一字也。同意相受者，合一部之字皆从部首之意，文虽緐而意则一也。考老同部，与江河、上下同部不同。江河各有谐声，故谓之形声，上下就一字之体可识其意，故谓之指事。若‘考’字在老部，所谓‘建类一首’；‘考’字即训老，所谓‘同意相受’也。”姚氏亦解转注为转相贯注，如木部则义必皆木，水部则义必皆水，所谓“建类一首，同意相受”，许书五百四十部，其例自明。孙氏则谓：“徐楚金《系传》以《说文》部首说解‘凡某之属皆从某’释转注，其义最确。盖仓、沮制字之初，为数尚尠。凡形名之属，未有专字者，则依其声义于其文旁沾注以明之。《说文·晶部》说“星”字云：“古〇复注中,故与日同。”又金部说“金”字云：“左右注，象金在土中。”即注字之义。其后递相沿袭，遂成正字，此孳乳浸多之所由来也。自来凡形声骈合文，无不兼转注。”如“江”“河”为谐声字，亦即注水于工、可之旁以成字也。盖转注以形著义，与假借以声通读，其例皆广无畔岸矣。此又一支也。徐之言又曰：“江河可以同谓之水，水不可同谓之江河，松柏可以同谓之木，木不可同谓之松柏，故散言之曰形声。‘耆耊耄壽老’五字，试依《尔雅》之类言之：耆、耊、耄、壽，老也。‘壽耊耄耆’可同谓之老，老亦可同谓之耆，往来皆通，故总言之曰转注。”戴震《六书论》、段玉裁《说文解字注》、王筠《说文释例》皆依此义。戴氏则谓：“考老二字属谐声、会意者，字之体，引之言转注者，字之用。转注之云，古人以其语言立为名类，通以今人语言，犹曰互训云尔。转相为注，互相为训，古今语也。《说文》于‘考’字训之曰‘老也’，于‘老’字训之曰‘考也’，是以序中论转注举之。《尔雅·释诂》有多至四十字共一义，其六书转注之法欤？别俗异言，古雅殊语，转注而可知，故曰‘建类一首，同意相受'。"又谓："'老'下云'考也'，'考'下云'老也'，此许氏之旨，为异字同义举例也。一其义类所谓'建类一首'也，互其训诂所谓'同意相受'也。'考''老'适于许书同部，凡许书异部而彼此二篆互相释者视此，如'寏，窒也''窒，寏也''但，裼也''裼，但也'之类。"段氏纯遵戴说，谓："转注犹言互训也。注者灌也，数字展转互相为训，如诸水相为灌注，交输互受也。建类一首，谓分立其义之类而一其首，如《尔雅·释诂》第一条说'始'是也。同意相受，谓无虑诸字，意旨略同，义可互受，相灌注而归于一首，如'初''哉''首''基''肇''祖''元''胎''俶''落''权舆'，其于义或近或远，皆可互相训释而同谓之'始'是也。独言考老者，其显明亲切者也。老部曰'老者，考也''考者，老也'，以'考'注'老'，以'老'注'考'，是之谓转注。盖'老'之形从人毛匕，属会意，'考'之形从老丂声，属形声，而其义训则为转注。全书内用此例不可枚数，但类见于同部者易知，分见于异部者易忽，学者宜通合观之。"王氏则谓："建类者，建立也，类犹人之族类也。如老部中字'耋耊耆壽'皆老之类，故立'老'字为首，是曰'一首'。乃诸字皆以'老'为义，而'耆'字直说之曰'老也'，与'考'下云'老也'同词。顾不云'老耆'而云'考老'者，则以其同意而非相受也。'老'下云'考也'，'考'下云'老也'，始为相受矣。何为其相受也？老即耆，耆即老，故不能相受。若老者考也，父为考，尊其老也。然考有成义，谓老而德业成也。'永锡难老''考盘在涧'，则不可互用，是知以老注考，以考注老，其意相成，故转相为注，遂为转注之律令矣。"此又一支也。他若黄以周《六书通故》谓："转注者，字之意旨互相灌注者也。考老者，人之形气相为表里者也。凡人之阳气出于肺而会于首，壮年阳气盛甚，发长而直，衰则气丂而发曲，不久变白。考老字之从毛，取发曲义。发曲者气之丂而形之将匕者也。《说文》'丂'下云：'气欲舒出，上碍亏一也。古文以为亏字。’亏者气欲舒而重碍之意。‘老’之从人毛匕者，形之匕诸外者也；‘考’之从人毛丂者，气之丂诸内者也。形与气事相因，考与老义相成。造字之初，其文并从人毛，所谓‘建类一首’也。‘考’字之所以丂其气者，以其人之老，故从老省；‘老’之所以匕其毛者，以其气之丂，故老从匕。‘考’又从丂，则老以考之匕诸外会意，考以老之丂诸内者会意。二字之意，展转相注，所谓‘同意相受’也。同意者，造字之意同也。同意不必同义。《说文》云‘凡某之属皆从某’即‘建类一首’之义也，云‘与某同意’即‘同意相受’之义也。但云‘凡某之属皆从某’者，未必‘同意相受’；云‘与某同意’，未必‘建类一首’也。”其“建类一首”而又“同意相受”者，惟衣部“袠”字下云“与袁同意”。字皆从衣为一首，袠之求与袁之泮为同意。其他如開關、再爯、叟爭、比从诸字，《说文》虽未明言同意，亦皆是也。而论其造字之会意同。本义同，引申义亦无不同，莫如“考老”二字，故举以为转注之例。此则义转之别派也。又若朱骏声《说文通训定声》谓：“转注者，即一字而推广其意，非合数字而雷同其训。转注者，体不改造，引意相受，‘令长’是也。假借者，本无其意，依声托字，‘朋来’是也。陆深《书辑》曰：“转注者，转其音以注为别字，‘令长’之类是也。假借者，不转音而借为别用，‘能朋’之类是也。”说虽与朱稍异，然朱亦以令长为转注，朋来为假借，似本于陆。凡一意之贯注，因其可通而通之为转注；一声之近，似非其所有而有之为假借。就本字本训而因以展转引申为他训者曰转注，无展转引申而别有本字本训可指名者曰假借。江永曰：“本义外展转引申为他义，或变音，或不变音，皆为转注。其无义而但借其音或相似之音，则曰假借。”此亦朱之所本。依形作字，睹其体而申其义者转注也；连缀成文，读其音而知其意者假借也。假借不易声，而役异形之字，可以悟古人之音语；转注不易字，而有无形之字，可以省后世之俗书。假借数字供一字之用，而必有本字，转注一字具数字之用，而不烦造字。转者旋也，如发轫之后，愈转而愈远。转者还也，如轨辙之一，虽转而同归。试即以‘考’譬之，‘胡考之休’为本训，老也；‘考盘在涧’为转注，成也；‘弗鼓弗考’为假借，敂也，敂者‘攷’字之训也。又试以‘令’譬之，‘自公令之’为本训，命也；‘秦郎中令’为转注，官也；‘令闻令望’为假借，善也，善者‘灵’字之训，实‘良’字之训也。转注无他字，而即在本字，故转注居假借之前。假借有本字而偶用别字，故假借附六书之末。”案此则师心变古，虽亦可附于义转，而擅移许君之例，实近于专辄矣。

综上三派观之。主形转者，左右之说，则与今隶相涉。反侧之说，则与象、指无殊。三体已上，则混于会意。一转为万，则遁于凿空。是形转不足征也。主声转者，拘于四声，则有时转声已不易定。牵入叶韵，则叶韵原与古音不合。《四库提要》曰：“考叶韵之说，始于沈重《毛诗音义》，后颜师古注《汉书》、李善注《文选》并袭用之，后人之称叶韵自此而误。然与六书之转注，则渺不相涉。杨慎用叶韵之说，而移易其名于转注，是朝三莫四，改为朝四莫三也。”是声转更不足信也。主义转者较善矣，然郑、赵、曹皆以谐声中声义两近者为转注，不特一类分为二类甚难，且校义之远近，必多穿凿，其弊所极，将有如王荆公之《字说》。而郑氏妄分四门，多杂俗字，尤为无纪。江、许、夏、姚、孙皆以偏旁为转注，其混于谐声，与渔仲诸人同。且如木部有植物，有器物；水部有地事，有人事；日部有日星之日，有日时之日；尸部有横人之尸，有屋宇之尸。首虽一而意实不同。况古字多假借，后人始增偏旁，其得尽合于造字之本乎？戴、段以互训为转注，于六事剖判分明，在诸说中自为近理。然泛引《尔雅·释诂》之例以为证，则亦过滥。盖六书造自仓颉，诂训出于后来。若造字时欲造一字而先有一字以释之，则此字可不造。造字至简，虽必不可缺之字，而其体无从生，则不得已而假借为之，岂有以数十字而当一字之用者乎？三代以后，质文递变，古今语异，方域音殊。于是同一物也，而命之者不同，则字不同；同一事也，而谓之者不同，则字不同。施之于文，不可遽晓，遂不能不有训诂，非制字时所预有也。故以一切诂训当六书之转注，是以解经之义为造字之义，亦未得为笃论也。

余杭章先生因取戴、段之说而折衷之，曰："转注、假借悉为造字之则。泛称同训者，后人亦得名转注，非六书之转注也。同声通用者，后人虽通号假借，非六书之假借也。盖字者孳乳而寖多，字之未造，语言先之矣。以文字代语言，各循其声。方语有殊，名义一也。其音或双声相转，叠韵相迆，则为更制一字，此所谓转注也。孳乳日緐，即又为之节制，故有意相引伸，音相切合者，义虽少变，则不为更制一字，此所谓假借也。何谓'建类一首'？类谓声类。郑君《周礼序》曰：'就其原文字之声类。'《夏官·序官注》曰：'薙读如鬀小儿头之鬀。书或为夷。字从类耳。'古者类、律同声，以声韵为类，犹言律矣。首者，今所谓语基。《管子》曰：'凡将起五音凡首。'《庄子》曰：'乃中经首之会。'此声音之基也。《春秋传》曰：'季孙召外史掌恶臣而问盟首焉。'杜解曰：'盟首，载书之章首。'《史记·田儋列传》曰：'蒯通论战国之权变，为八十一首。'此篇章之基也。《方言》曰：'人之初生谓之首。'初生者对孳乳浸多，此形体之基也。考老同在幽类，其义相互容受，其音小变。按形体成枝别，审语言同本株。虽制殊文，其实公族也。非直考、老，言壽者亦同。循是以推，有双声者，有同音者，其条例不异，适举考老叠韵之字，以示一端得包彼二者矣。夫形者七十二家，改易殊体，音者自上古以逮李斯无变，后代虽有迁讹，其大阈固不移。是故明转注者，经以同训，纬以声音，而不纬以部居形体。是故类谓声类，不谓五百四十部也；首谓声首，不谓'凡某之属皆从某'也。戴、段诸君说转注为互训，大义炳然，顾不明转注一科为文字孳乳之要例，乃泛谓'初''哉''首''基''肇''祖''元''胎''俶''落'

‘权舆’训‘始’并为转注。夫声韵纽位不同，则非建类也。语言根柢各异，则非一首也。十二字中惟“胎”与“始”近转注，自余则非。虽《说文》‘䆿窒’、‘盖苦’之属，展转相解，‘同意相受’则然矣，而非‘建类一首’，犹不得与之转注之名。二君立例过滥，于造字之则既无与，元和朱骏声病之，乃以引伸之义为转注，则六书之经界慢。引伸之义，正许君所谓假借。转注者，緐而不杀，恣文字之孳乳者也。假借者，志而如晦，节文字之孳乳者也。二者消息相殊，正负相待，造字者以为緐省大例。知此者希，能理而董之者鲜矣。”案得此论而后转注之义张弛始得乎中。虽所谓声类、声首，同取于声，意似相重。又造字之始，亦未必预知古韵分部，然双声叠韵，实出自然，语言冯声音而起，文字亦冯声音而制，借古韵分部以推论转注之原，理自不爽。故今即依章说，叙转注为两类，设例于左。

1. 同部转注例

章先生曰：“同部之字，声近义同，固亦有转注者矣。许君则联举其文以示微旨。”

（1）双声转注

此类训诂皆同，而声纽相转，本一语之变也。

逆与迎　逆，迎也，从辵屰声。宜戟切。迎，逢也，从辵卬声。疑卿切。案“逆”“迎”同在腭声疑母。段氏曰：“逆、迎双声，二字通用，如《禹贡》‘逆河’今文《尚书》作‘迎河’是也。又《方言》：‘逆，迎也。自关而东曰逆，自关而西或曰迎。’”

攷与敂　攷，敂也，从攴丂声。苦浩切。敂，击也，从攴句声，读若扣。苦候切。案“攷”“敂”同在腭声溪母。《诗·山有枢》：“子有钟鼓，弗鼓弗考。”传云：“考，击也。”盖借“考”为“攷”，《广雅》“攷”“敂”同训“击”。

究与竆　究，竆也，从穴九声。居又切。竆，极也，从穴躳声。渠弓切。案“究”属见母，“竆”属群母，同为腭声之转。段氏曰：

"《小雅·常棣》传曰：'究，深也。'《释诂》及《大雅·皇矣》传曰：'究，谋也。'皆窮之引伸也。又《释训》：'究究，恶也。'孙炎云：'窮极人之恶。'故'究'亦可训'极'。"

谋与谟 虑难曰谋，从言某声。莫浮切。谟，议谋也，从言莫声。莫胡切。案"谋""谟"同在唇声明母。段氏曰："《释诂》：'谟，谋也。'许于双声释为'议谋'。"

改与更 改，更也，从攴已声。古亥切。更，改也，从攴丙声。古孟切。案"改""更"同在腭声见母。段氏曰："改、更双声。"顾炎武曰："《周易》：'已日乃孚。''六二，已日乃革之。'朱子发读为戊已之已。《易》之所贵者中，十干则戊已为中，至于已则过中而将变之时，故受之以庚。庚者，更也。古人有以'已'为变改之义者。"据此则"改"与"已"、"更"与"庚"义复相通。

颠与顶 颠，顶也，从页真声。都年切。顶，颠也，从页丁声。都挺切。案"颠""顶"同在舌声端母。《释言》亦训"颠"为"顶"。《仓颉篇》亦训"顶"为"颠"。《方言》亦曰："颠、顶，上也。"

笼与笭 笼，举土器，一曰笭也，从竹龙声。卢红切。笭，车笭也，从竹令声，一曰笭籯也。郎丁切。案"笼""笭"同在舌声来母。又"籯"下曰"笭也"。《广雅》："籯，笼也。"《广韵》："篝笭，笼也。"故"笼""笭""籯"三字皆相通。

纖与细 纖，细也，从糸韱声。息廉切。细，微也，从系囟声。苏计切。案"纖""细"同在齿声心母。《方言》："自关而西，秦晋之郊，梁益之间，凡物小者或曰纖，缯帛之细者谓之纖。"《尚书·禹贡》："厥篚玄纖缟。"郑注："纖，细也。"《汉书·文帝纪》："纖七日释服。"服虔注："纖，细布。"

（2）叠韵转注

此类同韵而纽或异，则一语离析为二也。例中所云"同在某部"，依段氏《六书音韵表》。

遝与迨　遝，迨也，从辵眔声。徒合切。迨，遝也，从辵合声。侯阁切。案“遝”“迨”同在八部。段氏曰：“迨、遝叠韵。”又《方言》：“迨、遝，及也。东齐曰适，关之东西曰遝，或曰及。”

遗与遂　遗，亡也，从辵贵声。以追切。遂，亡也，从辵㒸声。徐醉切。案“遗”“遂”同在十五部，桂氏曰：“遂，亡也。亡当为作，《释训》：‘遂遂，作也。’”章先生曰：“遗、遂同声，如旞或作旜，是其例。”

遲与遳　遲，徐行也，从辵犀声。直尼切。遳，徐也，从辵黎声。郎奚切。案“遲”“遳”同在十五部。《广雅》：“遳，遲也。”《汉书·高祖本纪》：“遲明围宛城三帀。”颜注：“此言围城事毕，然后天明，明遲于事，故曰遲明。《史记》遲字作遳，亦徐缓之意也。”

走与趋　走，趋也，从夭止。夭者，屈也。子苟切。趋，走也，从走刍声。七逾切。案“走”“趋”同在四部。段氏曰：“《释名》：‘徐行曰步，疾行曰趋，疾趋曰走。’此析言之，许浑言不别也。”

誡与諅　誡，敕也，从言戒声。古拜切。諅，誡也，从言忌声。渠记切。案“誡”、“諅”同在一部。《淮南·缪称训》“昭諅”高注云：“諅，诫也。”《表记》引《甫刑》：“敬忌而罔自择言在躬。”郑注云：“忌之言戒也。”

標与杪　標，木杪末也，从木票声。敷沼切。杪，木標末也，从木少聲。亡沼切。案“標”“杪”同在二部。《方言》：“杪，小也。木细枝谓之杪。”《管子·霸言篇》：“大本而小標。”《庄子·天地篇》：“上如標枝。”《后汉书·马融传》：“杪標端。”注云：“杪、標，并木末也。”《广雅》“標”“杪”同训“末”。

刑与刭　刑，刭也，从刀幵声。户经切。刭，刑也，从刀巠声。古零切。案“刑”“刭”同在十一部。《慎子》：“凡斩人之支体、凿其形肤曰刑。”郑玄曰：“以刀割颈曰刭。”《汉书·淮南厉王传》：“命从者刑之。”又：“太子自刑不殊。”又：“王自刑杀。”《史记》并作刭。段氏曰：“荆者，五荆也。凡荆罚、典荆、仪荆皆用之。刑者刭颈也，横绝之也。此字本义少用。俗字乃用刑为荆罚、典荆、仪荆字，不知造字之旨既殊，井声、幵声各部也。”

搯与擢 搯，引也，从手留声。敕鸠切。搯或从由。擢，引也，从手翟声。直角切。案“搯”“擢”同在三部。《仓颉篇》：“擢，抽也。”《左传·宣公十二年》：“每射抽矢菆。”杜云：“抽，擢也。”

（3）同音转注

此类纽、韵皆同。章先生曰：“纽、韵皆同者，于古宜为一字，然自秦汉以降，字体乖分，音读或小与古异。《凡将》《训纂》相承别为二文，故虽同义同音，不竟说为同字。”

晧与暤 晧，日出，从日告声。胡老切。暤，晧旰也，从日皋声。胡老切。案“晧”“暤”同在腭声三部。“晧旰”《集韵》《类篇》并作“暤旰”。《楚词》：“历太晧以右转。”注云：“即太暤也。”故知“晧”“暤”古为一字。段氏曰：“旰同日出光倝倝之倝，非训晚之旰也。”

晏与曣 晏，天清也，从日安声。乌谏切。曣，星无云也，从日燕声。於甸切。案“宴”“曣”同在腭声十四部。许君《淮南子注》曰：“晏，无云之处也。”此以“星无云”释“曣”，故知“晏”“曣”古为一字。《汉书·郊祀志》之“晏温”，《史记·封禅书》作“曣晅”，亦其证。

永与羕 永，水长也，象水巠理之长永也。《诗》曰：“江之永矣。”于憬切。羕，水长也，从永羊声。《诗》曰：“江之羕矣。”余亮切。案“永”“羕”同在腭声十部。许君两字皆引《诗·周南·汉广》文，盖《毛诗》作“永”，《韩诗》作“羕”也。故知

“永”“羕”古为一字。

焜与燬　焜，火也，从火尾声。《诗》曰：“王室如焜。”许伟切。燬，火也，从火毁声。《春秋传》曰：“卫侯燬。”许伟切。案“焜”“燬”同在腭声十五部。“王室如焜”，《周南·汝坟》文，今《诗》作“燬”。《释文》曰：“燬音毁，齐人谓火曰燬，字书作焜，音毁。《说文》同。”故知“焜”“燬”古为一字。

洪与洚　洪，洚水也，从水共声。户工切。洚，水不遵道，一曰下也，从水夅声。户工切，又下江切。案“洪”“洚”同在腭声九部。《孟子》曰：“洚水警予。洚水者，洪水也。”故知“洪”“洚”古为一字。段氏曰：“《孟子》以洪释洚，许以洚释洪，是曰转注。”

竫与靖　竫，亭安也，从立争声。疾郢切。靖，立竫也，从立青声。一曰细皃。疾郢切。案“竫”“靖”同在齿声十一部。《尚书》：“諓諓善竫言。”王逸注《楚辞》引作“諓諓靖言”。《史记·秦本纪》：“文公太子卒，赐谥为竫公。”《谥法》：“柔德安众曰靖。”故知“竫”“靖”古为一字。又《盘庚》：“自作弗靖。”马注：“靖，安也。”与“竫”同训，亦其证。

開与闓　開，张也，从门从开。苦哀切。闓，開也，从门豈声。苦亥切。案“開”“闓”同在腭声十五部。《方言》：“開户，楚谓之闓。”《易·系辞》：“開物成务。”王肃本作“闓”。故知“開”“闓“古为一字。

撢与撢　揬，远取之也，从手突声。他含切。撢，揬也。从手覃声。他绀切。案“揬”“撢”同在舌声七部。《周礼·撢人》注云：“撢人主撢序王意以语天下。”《释文》：“撢与揬同。”故“揬”“撢”古为一字。

2. 异部转注例

章先生曰：“转注不局于同部，但论其声，其部居不同若文不相次者，在古一文而已。其后声音小变，或有长言、短言，判为异字，而类义未殊，悉转注之例也。”案此类亦有双声叠韵同音之分。今但举同音者以见例。

倞与勍 倞，彊也，从人京声。渠竟切。勍，彊也。《春秋传》曰：“勍敌之人。”从力京声。渠京切。案“倞”在人部，“勍”在力部，同为腭声十部。段氏曰：“勍与倞音义皆同，而勍独见《左氏》。”

諆与欺 諆，欺也，从言其声。去其切。欺，诈也，从欠其声。去其切。案“諆”在言部，“欺”在欠部，同为腭声一部。段氏曰：“欺从欠者，犹从言之意。”

龏与供 龏，给也，从共龙声。俱容切。供，设也，从人共声。一曰供给。俱容切。案“龏”在廾部，“供”在人部，同为腭声九部。段氏曰：“龏与供音义同。”《尚书》：“共行天罚。”汉人引皆作“龏行天罚”，“共”即“供”之假借字。

敬与憼 敬，肃也，从攴苟。居庆切。憼，敬也，从心敬，敬亦声。居影切。案“敬”在苟部，“憼”在心部，同为腭声十一部。段氏曰：“肃者持事振敬也，与敬为转注。心部‘恭，肃也’，义皆相足。”

傲与奡 傲，倨也，从人敖声。五到切。奡，嫚也。从百从夰，夰亦声。《虞书》曰：“若丹朱奡。”读若傲。五到切。案“傲”在人部，“奡”在夰部。同为腭声二部。段氏曰：“嫚，侮傷也。嫯，侮傷也。故傲与奡音义皆同。”

俑与恫 俑，痛也，从人甬声。他红切。恫，痛也，从心同声。他红切。案“俑”在人部，“恫”在心部，同为舌声九部。段氏曰：“俑与恫音义同。”

辛与愆 辛，辠也。从干二。二，古文上字。读若愆。张林说。去虔切。愆，过也，从心衍声。去虔切。案“辛”在辛部，“愆”在心部，同为腭声十四部。《广韵》曰：“辛，古文愆。”

蹲与竣 蹲，居也，从足尊声。徂尊切。竣，居也。依段氏本。从立夋声。七伦切。案“蹲”在足部，“竣”在立部，同为齿声十三部。段氏曰：“郭注《山海经》、徐广《史记音义》皆曰：‘竣，古蹲字。’许书之‘竣’，盖与‘蹲’音义皆同也。”

（六）假借释例

《说文解字叙》曰：“假借者，本无其字，依声托事，令长是也。”后之释此者，异说虽较转注为少，然卫恒《四体书势》云：“假借者，数言同字。其声虽异，文意一也。”夫许言“依声”，本取声近，卫氏乃谓“声异”者，盖因后世一字数音，强生分别，若邑长之长，与本义有平仄之殊，故为此说耳，实则非许旨也。又戴侗《六书故》谓：“前人以令长为假借，不知二字皆从本义而生，非由外假，若‘韦’本为韦背，借为韦革之‘韦’，‘豆’本为俎豆，借为豆麦之‘豆’。凡义无所因特借其声者，然后谓之假借。”此则但知“依声”之为声，而不知“托事”之为义，亦非许旨也。郑樵《六书略》云：“六书之难明者，为假借之难明也。学者之患，在于识有义之义，而不识无义之义。假借者，无义之义也。假借者本非己有，因他所授，故于己为无义。然就假借而言之，有有义之假借，有无义之假借，不可不别也。”此则虽知假借之依于义，而不知义即出于声，犹未达夫许旨也。戴震曰：“六书之谐声、假借，并出于声。谐声以类附声而更成字，假借依声托事不更制字。或同声，或转声，或声义相倚而俱近，或声近而义绝远，谐声具是数者，假借亦具是数者。”又曰：“音声有不随故训变者，则一音或数义；音声有随故训而变者，则一字或数音。大致一字既定其本义，则外此音义引伸，咸六书之假借。其例或义由声出，如“胡”字，惟《诗》“狼跋其胡”与《考工记》“戈胡”“戟胡”用本义，至于“永受胡福”义同“降而遐福”，则因胡、遐一声之转，而胡亦从遐为远。“胡不万年”“遐不眉寿”，又因胡、遐、何一声之转，而胡、遐皆从为何。或声同义别，如蜥易之易，借为变易之易；象犀之象，借为象形之象。或声义各别，如户关之关为关弓之关。燕燕之燕为燕国之燕。六书假借之法，举例可推。”段玉裁曰：“假借者，古文初作而文不备，乃以同声为同义。转注专主义，犹会意也；假借兼主声，犹形声也。”又曰：“托者寄也，谓依傍同声而寄于此。则凡事物之无字者，皆得有所寄而有字，如汉人谓县令曰令长，县万户以上为令，减万户为长。令之本义‘发号也’，长之本义‘久远也’，县令、县长本无字，而由‘发号’‘久远’之义，引申展转为之，是为假借。许独举令、长二字者，以今通古，谓如今汉之县令、县长字即是也。”此则以假借声义兼涉。与许旨差合矣。而黄以周《六书通故》谓：“令从亼卪。《说文》：‘亼，三合也。读如集。’‘卪，瑞信也。’揆造字之初意，‘令’以辑瑞为义。《书》曰：‘辑五瑞。’假借以为号令字。《说文》以‘发号’为训，明‘令’于六书为假借，又云‘从亼卪’，又明字义之为辑瑞也。“長”从𠂆、兀、匕。兀字从儿，儿古文奇字人，兀从儿上一以识之，其义训高。匕，变也，从到人，为变形之义。古文从𠂆、兀，无匕。𠂆者到亾，到亾不亾，自有匕意在其中。揆造字之初意，‘長’以变形登高为本义，与‘真’字义近，假借以为久长字。《说文》以‘久远’为训，明‘長’于六书为假借。又云‘兀’高远意，久则变匕，又明字义为儿之高匕也。凡许书说字，皆以本义为训，与所解从某某之文意无不贯。而令之‘发号’与亼卪义相反，长久之‘長’与𠂆匕意亦远，此以‘令长’属假借字，故以假借立义尔。后人仍以本义求之，与篆难通，于是纷纷改篆以合其假借之训。可谓颠矣。且《说文》以假借立义者，亦不独‘令长’为然，如‘龜’象足、甲、尾之形而曰‘旧也’，‘牛’象角头三封尾之形而曰‘事理也’。学者不可以义害其文，亦不可以文害其义。”案此则立说虽新，与其所释转注同为隐曲穿凿。如以“龜”之训“旧”、“牛”之训“事”为假借，“龜”与“旧”、“牛”与“事”古音同，本以声相训，与令长之假借实不同科，亦不可并论也。又若朱骏声谓："假借者，本无其意，依声托字，朋来是也。"此则说解、举例并改许君，益无当矣。至于六书之有假借，盖所以济象形、指事、会意、形声、转注之穷，而通其用于不穷。孙诒让有言："天下之事无穷。造字之初，苟无假借一例，则将遂事而为之字，而字有不可胜造之数，此必穷之势也。故依声而托以事焉，识之不必是其本字也，而言之则其声也，闻之足以相喻，用之可以不尽。"是知假借者以不造为造，亦造字之本也。

假借之类，郑氏《六书略》别为八种："曰同音借义，如"初"裁衣之始，而为凡物之始；"基"筑土之本，而为凡物之本；木曰"落"，而为堕落之落；雨曰"零"，而为飘零之零等皆是。曰协音借义，如"旁"之为旁，"中"之为中，"上"之为上，"下"之为下，"分"之为分等，皆是。曰因义借音，如"琢"本琢玉之琢，而为"大圭不琢"之琢；"辂"本车辂之辂，而为"狂狡辂郑人"之辂；"佚"纵也，而为佚宕之佚；"伯"长也，而为伯王之伯等，皆是。曰因借而借，如"难"鸟也，因音借为艰难之难，因艰难之难借为险难之难，"爲"母猴也，因音借为作为之爲，因作为之爲借为相为之爲等，皆是。此为有义之假借。曰借同音不借义，如"汝"水也，而为爾汝之汝，"爾"花盛也，而为爾汝之爾，"示"旗也，而为神示之示，"業"大版也，而为事業之業等，皆是。曰借协音不借义，如"荷"之为荷，"茹"之为茹，"鲜"之为鲜，"燕"之为燕，"薄"之为薄等，皆是。曰语辞之借，序曰："书者，象也。"凡有形有象者则可以为象，故有其书。无形无象者则不可为象，故无其书，语辞是也。语辞之用虽多，而主义不立，并从假借之。如"於"乌也，"云"雲也，"焉"鳶也等，皆是。曰五音之借，"宫"本宫室之宫，"商"本商度之商，"角"本头角之角，"徵"本徵召之徵，"羽"本羽毛之羽。曰三《诗》之借，"風"本風虫之風，"雅"本乌鸦之鸦，"颂"本颜容之容。三《诗》、五音皆声也。声不可象，并因音而借焉。曰十日之借。"甲"本戈甲，"乙"本鱼肠，"丙"本鱼尾，"丁"本虿尾，"戊"本武也，"己"本几也，"庚"鬲也，"辛"被罪也，"壬"怀妊也，"癸"草木实也。曰十二辰之借，“子”人之子也，“丑”手之械也，“寅”髌也，“卯”牖也，“辰”未详本义，“巳”蛇属也，“午”未详本义，“未”木之滋也，“申”持简也，“酉”卤也，“戌”与戊戚同意，“亥”豕属也。十日十二辰，惟“巳”“亥”有义，他并假借。以日辰之类皆虚意难象，故因音而借焉。曰方言之借，“鲖”之为鲖，下音胄，鲖阳县名，“覃”之为覃，下音剡，《诗》“以我覃耜”，“咎”之为咎，下音皋，皋陶字亦如此，“榖”之为榖，“楚人谓乳榖”等，皆是。此皆非由音义而借，盖因方言之异，故不易其字。此为无义之假借。”案此所立五音、三《诗》、十日、十二辰等目，皆不成例，徒滋异名耳。

其就《说文》本书而言者，则段玉裁曰：“原夫假借放于古文本无其字之时，许书有言‘以为’者，有言‘古文以为’者，‘以’者用也，能左右之曰‘以’。凡言‘以为’者，用彼为此也，如‘来’‘乌’‘朋’‘子’‘韦’‘西’六字，是‘本无其字，依声托事’之明证。其云‘古文以为’者，如‘洒’‘疋’‘丂’‘臤’‘㚇’‘哥’‘詖’‘㽞’‘爰’‘𣪠’十字，亦所谓‘依声托事’也。而与前六字不同者，本有字而代之，与本无字有异。然或假借在先，制字在后，则假借之时，本无其字，非有二例。惟前六字则假借之后，终古未尝制正字，后十字则假借之后，遂有正字，为不同耳。许书又有引经说假借者，亦由古文字少之故，与云‘古文以为’者正是一例。大氐假借之始，始于本无其字；及其后也，既有其字矣，而多为假借；又其后也，且至后代讹字，亦得自冒于假借：博综古今，有此三变。”

朱骏声曰：“假借之原三：有后有正字，先无正字之假借；如“爰”古为车辕，“洒”古为灑扫。有本有正字，偶书他字之假借；如古以堲为疾，古以莫为蓍。有承用已久，习讹不改，废其正字，专用别字之假借。如用草为艸，用容为颂。假借之例四：有同音者，如德之为悳，服之为艮。有叠韵者，如冰之为掤，冯之为淜。有双声者，如利之为赖，答之为对。有合音者。如茺蔚为萑，蒺藜蘩为茨。假借之用八：有同声通写字，如气质概书“氣廪”，动浄乃作“静妆”。有托名标识字，如“戊癸”取之戈兵。“邪邪”假于门户。有单辞形况字，如“率尔”原非毕网，“幡然”岂是觗巾。有重言形况字，如“朱朱”状夫鸡声，“关关”用为鸟语。有叠韵连语，如“窈窕”无与心容，“蒙戎”非关艸寇。有双声连语，如《易》爻多说“次且”，《书》歌肇言“丛脞”。有助语之词，如“能爲”可通走兽，“於焉”或托飞禽。有发声之词。如“弟兄”异乎君臣，“尔汝”同于乃若。此皆本无正文，依声托事，谊不在形而在音，意不在字而在神。神似则字原不拘，音肖则形可不论。故凡语词习用之字，如‘者矣乎哉嗞诺吁否皆乃兮于乍各曾毋尚知曰粤唯寧欤曷’，多从言、从口、从白、从欠、从丂、从八，非是则皆假借也。”

孙经世《假借考》曰：“假借之例，散见于《说文》诸部，指不胜屈。今考诸部解语，有言‘故为’‘故以为’‘或以为’者，凡以明夫此之可借为彼也；如“朋”“乌”“来”“韦”“西”“鞶”“止”“啚”“能”“州”“子”“勿”等字。有言‘书以为’‘古文以为’‘籀文以为’者，凡以明夫借此为彼之渊源自古也；如“歞”“屮”“疋”“詖”“臤”“㗊”“丂”“哥”“㬎”“犮”“完”“俙”“臭”“汙”“洒”“丄”“廿”“罪”“爰”“豕”“㕣”“羑”“䧹”“㝵”“离”“孌”“㔾”“甹”“㯤”等字。有言‘《史篇》以为’‘杜林以为’‘扬雄以为’‘贾侍中以为’者，凡以明夫借此为彼之传授有人也；如“姚”“㚘”“構”“㝵”“𪍴”“榦”“厄”“亞”“娸”“董”“㰀”“隉”“蹢”“蠲”“稽”“穓”“㬜”“离”“豦”等字。有言‘亦如是’‘亦如此’者，凡以明夫彼之义不同此而亦借此以为之也；如“堋”“镐”“㜕”“眊”“絑”等字。有言‘或说’‘一说’‘或曰’‘一曰’者，凡以明夫借此为彼之自成一义也；如“皀”“我”“曲”“㶕”“𦋺”“賜”“㲋”“巴”“娃”“䩕”“焦”“解”“奇”“虒”“衺”“犹”“悳”“湔”“沾”“潜”“婁”“䱜”“羣”等字。有言‘一曰’而后引经传以实之者，凡以明夫某之借义当属之某，而非可概为施也；如“假”“竘”“湑”“鏄”“麓”“婐”“妻”等字。有别引经传而特申其说为某者，凡以明夫某之见某乃其借义，而无容与本义混也。如“𡑞”“桔”“圛”“掐”“貔”“悆”“萛”“戔”“斁”“庴”“禕”“皋”“麗”“趡”“梈”“嫣”“脟”“嫛”“厷”“鞄”“虢”等字。凡此皆明言假借者也。抑有不明言假借而或以上下文互推焉而可得者，如“忼”忼慨也，而引《易》“忼龙有悔”，则以“忼”“亢”声同而借之也；“黷”握持垢也，而引《易》“再三黷”，则以“黷”“嬻”声同而借之也。或以前后文互勘焉而可得者，如“吝”下引《易》“以往吝”，“遴”下复引作“遴”，则以知“遴”即“吝”之借也；“汜”下引《诗》“江有汜”，“洍”下复引作“洍”，则以知“洍”即“汜”之借也。或以本文与旁见之文互证焉而可得者也，如“匪”似竹箧器也，而“媾”下引《易》“匪寇婚媾”，则以知“匪”之可借为“非”也；“栝”檃也，而“杶”下引《夏书》“杶榦栝柏”，则以知“栝”之可借为“桧”也。则皆得之所引经传也，若其借义附于他字训释中，亦皆以本文与旁见之文互证焉而可得者，如于顺言“理”，即以见治玉之“理”之义为顺也。于恒言“常”，即以见下裙之“常”之义为恒也。是又得之引经传外也。要而论之，假借则一，而其例有正有变。无其字而借，而所借皆同声之字，是则为正。有其字而借，及所借非同声之字，是则为变。《说文》于引古及袭用成语，往往正变错出。至自为注义，则概从其正，间或偶涉于变，如“寡”下云“颁分也”，借颁为班。“孙”下云“系续也”，借系为继之类。要亦寥寥无几焉。诚以变之可参，不若正之可守也。读《说文》者，于诸部解语，别其字之孰为借，复别其所借之孰为正，孰为变，而引而伸之，贯而通之，则于六书之学，思过半矣。”

黄以周曰：“凡假借有二例：一有其本字依声通用者，为造字后之假借；一本无其字依声托事者，此造字时之假借也。而造字之假借，又有二例：一本无其字之假借，而后又造本字，所云‘古文以为’者是也；一本无其字，既假借后遂不复更造本字，甚至本义反为假借所夺，所云‘以为’者是也。”

案上述诸家，段、黄皆言其大例，朱、孙较详，而孙氏尤为辨晳，第孙所论者，许君所作之说解，未及许君所录之文字。王筠因推论：“仓颉、籀、斯所制文字，先有假借，有以指事为象形字者，如“雨”之“一”在上为天，“氐”之“一”在下为地。有以指事字借为会意字者，如“芇”之“一”则止之，“㬎”之“一”则覆之，“再”之“一”则所以举之。有以象形字借为会意字者，如“㞢”之“屮”取上见，“𡴀”之“屮”为财见，“𦥑”“奏”“妻”之“屮”皆上进。凡此皆他部字之从一篇部首者也。更有本部中字不用所从之本义而用引伸之义者。如一部之“一”，数目是其本义，而“丕”之从一，则取浑一之义，“吏”之从一，则取专一之义；玉部之“珠玭琅玕”自为一类，“珊瑚”则木性而石理，皆以其相肖而从玉，非玉之本义。是知古人造字之初，本有假借，不徒后人用字始相借也。”案此则又与诸家所说不同，亦非许君依声托事之假借也。故许瀚曰：“说假借必当以‘本无其字，依声托事’二句为准，后世有字亦假借，乃其变例，然亦必归之依声。孙说每以引伸之义与古今异义为假借，又及非同声之字，已渐泛滥矣。菉友又推之造字时即有假借，诚为探原之论，然于依声之旨，或不尽合。”斯言最中其失。

又刘师培曰：“假借一例，言者纷纭，《说文序》以‘本无其字，依声托事’为假借。案‘依声托事’，仅属假借之一端，而由他字之义引伸者，厥类实繁。大约上古之时，先制有形之名词，而无形名词则由有形名词假借。有形名词即象形之字也，无形名词即指事之字也。观象形先于指事，即知有形名词咸为本字，而无形名词咸为假字矣。盖太古之初，指物立名，故所造之字咸有实义之可征。一曰干支，二曰地理，三曰天文，四曰器物，五曰植物动物。物各一名，名各一义，此皆有形之名词也。故无形名词，咸由有形名词假借，如“甲”字假为“甲胄”之“甲”，“丁”字假为“人丁”之“丁”，“子”字假为“父子”之“子”，“戍”字假为“征戍”之“戍”，此由干支之名词引伸者也。“道路”之“道”，人所共由，而借为“道德”之

“道”，则由共由之义引伸者也；“井泉”之“井”，人因其易于自溺也，咸生畏心而借为“井法”之“井”，则由畏惧之义引申者也：此由地理之字引伸者。若“日月”之“日”，借为“时日”之“日”，则以地球绕日一周则为一日也；“日月”之“月”，借为“年月”之“月”，则以月光之盈亏，经三十日而一周则为一月也；“风雨”之“风”，其行甚速，故借为“风俗”“风化”之“风”，以喻其速：此由天文之字引伸者。若夫“理”为“攻玉”，因攻玉必条分缕析，遂借为“义理”之“理”；“业”本“钟簴”，为人所共习，遂借为“事业”“学业”之“业”；“常”本“裳衣”，因人所恒服，遂训“常”为“恒”，假为“五常”之“常”；“纲”本“纲紘”，以其有范围之义，遂假为“纲维”“纲纪”之“纲”；“维”本“车盖”，假为“四维”之“维”；“纪”为“丝端”，假为“统纪”之“纪”：此由器物之义引伸者。若夫“才”为“草木初生”，借为“才能”之“才”，则以人之才能亦具于初生也；“犹”为多疑之兽，而人之精于筹度者，亦谓之犹，则以能疑斯能筹度也；“能“为多力之兽，而人之富于才猷者，亦谓之“能”，则以多力斯可效能也：此由动植物之字义引伸者。皆无形名词由有形名词假借之证。而静词、动词、助词亦或由名词之义引伸，如“甲”字借为“折甲”之“甲”，“癸”字假为“揆度”之“揆”，“申”字假为“引伸”之“申”，此由干支之字引申者也。“陲”为“远”也，而假为“垂象”之“垂”，此由地理之字引申者也。“霸”本“月魄”，魄有强大之义，遂假为“五霸”之“霸”，此由天文之字引伸者也。“途路”之“路”，借为“路门”“路寝”之“路”，“尊”为“酒器”，借为“尊卑”之“尊”，“鬯”本“鬱酒”，而借为“鬯茂”之“鬯”，“脩”本“束脩、脯”，假为“脩治”之“脩”，此由器物之字引伸者也。若“舊”本“黄离”，借为“新舊”之“舊”，“雁”为随阳之鸟，以雁鸟之难至，借为“难易”之“难”，此由动植物之字引伸者也。若夫由有形名词借为虚字者，如“㫃”本“旌旗之斿”，借为语助之“於”，“而”本“人须”，假为语助之“而”，此皆由有形名词假为虚字者也。是一字借为数字，必由本义引伸。未有无义而仅取声音者也。又如动词、静词之各有本义者，亦大抵由指物之词借为指事之词。如弓力足者为“强”，弓力减者为“弱”，而后世以国力盛衰为“强弱”。施弓弦为“张”，解弓弦为“弛”，而后世以有为无为为“张弛”。旖旗为“施”，而政令之出发者亦为“施”。发矢为“發”，而号令之传宣者亦为“發”。推之“深”“浅”二字，古人以之为测水，而后世之论学术也，亦曰“学浅”“学深”；“远”“近”二字，古人之量直，而后世之论时代也，亦曰“期近”“期远”。推之“短”字从矢，“循”字从盾，指事之静词、动词，何一非由指事之词借用哉。此亦六书指事后于象形之例也。”又曰：“古人假借之字，未有不依事而但托声者也，如‘炷’字古文做‘主’，从丶者所以象火形也，从𡈼者𡈼即盛火器也，而后世借为‘君主’之‘主’，别作‘炷’字以代之，不知‘君主’之义亦与用火之说相关。上古之时，凡能发明用火之术者，即为君主，故有祝融、燧人二氏，而神农一名炎帝，一号烈山。《尔雅·释诂》训‘君’为‘蒸’，而‘蒸’字亦从火，盖君主为发明用火之人。故‘君主’之‘主’由‘火器’之义引伸，犹之君主为发明制酒之人，而‘酋长’之‘酋’，遂由‘酒官’之义引伸也。又如‘飞’字古文作‘非’，训为‘鸟飞不下’，而后借为‘是非’之‘非’，别制‘飞’字以代之。《易》小过卦之形上☳下☶，横成“非”字，故曰有飞鸟之象。《史记》《秦非子》《文选注》云：“‘非’与‘飞’古文通用。”亦其证也。不知上古之时，人民恃弋猎为生，故古字“一二三”诸字皆加“弋”旁。惟惧飞鸟之不下也，鸟飞不下，则人民咸生不悦之情，故展转引伸，由‘鸟飞不下’之‘非’，借为‘是非’之非，犹之‘不’字本义训为‘鸟飞不至地’，而借为一切‘不然’之‘不’也。此二义者，皆古人所谓不依事而托声者。然寻绎其义，则借义仍由本义引申，故举此二端以发其凡。”案刘氏此论，虽曰不依旧训，而理实相成，固亦足备假借之一说也。

今同声通用者不论，但就“本无其字，依声托事”者，约叙假借为四类，设例於左。

1. 但有借字未造本字例

《说文》言“以为”者属此类。既不更造本字，故借字之本义反为借义所夺，后人遂有误认借字为正字者。

來　周所受瑞麦來麰，一來二缝，象芒朿之形，天所來也，故为行來之來。《诗》曰：“诒我來麰。”段氏曰：“自天而降之麥谓之來麰，亦单谓之來，因而凡物之至者皆谓之來。盖本无來往字，取來麥字为之，及其久也，乃谓來为來往正字，而不知其本训。”

韋　相背也，从舛囗声。兽皮之韦可以束物，枉戾相韋背，故借以为皮韋。段氏曰：“其始用为革缕束物之字，其后凡革皆称韋，假借专行而本义废矣。”案“韋”之本义，今乃借同音之“違”字为之，《群经音辨》引《书·酒诰》“薄韋農父”马云：“韋，違行也。”尚用本字本义。

西　鸟在巢上也，象形。日在西方而鸟西，故因以为东西之西。段氏曰：“鸟在巢上者，此篆之本义，古本无‘东西’之‘西’，寄托于鸟在巢上之‘西’字为之。”案今本义皆从或体作“棲”，汉《严发碑》“衡门西迟”，尚用本字本义。

朋　古文鳳，象形。鳳飞群鸟从以万数，故以为朋党字。段氏曰：“‘朋’本神鸟，‘朋党’字何以借？鳳飞则群鸟从以万数也。未制‘鳳’字之前，假借固已久矣。”案自有“鳳”字、“鵬”字，“朋”遂专为借义所据，无复用其本义者。《唐诗纪事》：“刘晏以神童为秘书正字。帝问：‘汝为正字，正得几字？’晏曰：‘天下字皆正，惟朋字未正。’”此虽意在讽谏，亦见晏尚识得“朋”字本义也。

子　十一月阳气动，万物滋，人以为偁，象形。徐锴曰：“十一月夜半阳气所起，人承阳本其初，故以为称。”段氏曰：“万物莫灵于人，故因假借以为人之称。”

烏　孝鸟也，象形。孔子曰：“烏，盱呼也。”取其助气，故以为烏呼。段氏曰："古者短言'於'，长言'烏呼'。'於''烏'一字也。经传、《汉书》'烏呼'无有作'嗚呼'者。近今学者无不加'口'作'嗚'，殊乖大雅。"

2. 先有借字后造本字例

《说文》言"古文以为"者多属此类。既造本字之后，借字亦尚并行，唯借字之本义不为所夺耳。

洒 涤也，从水西声。古文以为灑扫字。段氏曰："'洒''灑'本殊义而双声，故相假借。凡假借多叠韵或双声也。《毛诗》'洒扫'四见，传云：'洒，灑也。'郑注《周礼·隶仆》、韦注《国语》皆同，皆释假借之例。"

詖 辩论也。古文以为颇字。从言皮声。段氏曰："此古文同音假借也。颇，偏也。"案《楚辞·九叹》："不从俗而詖行兮。"注云："詖犹倾也。"即借"詖"为"颇"。

爰 引也。从𠬪从亏。籀文以为车辕字。段氏曰："此说假借也。辕所以引車，故籀文车辕字只用'爰'。《左传》'晋作爰田'，《国语》作'辕田'。"

丂 气欲舒出。㇉上碍于一也。丂，古文以为亏字，又以为巧字。段氏曰："'亏'与'丂'音不同，而字形相似，字义相近，故古文或以'丂'为'亏'。'巧'则同音假借。"案"丂""亏"同在颚声，亦双声假借也。

疋 足也。上象腓肠，下从止。《弟子职》曰："问疋何止。"古文以为《诗·大雅》字。亦以为足字。或曰胥字。段氏曰："此谓古文假借'疋'为'雅'字，古音同在五部也。'足'则以形相似而假借，变例也。'胥'亦谓同音假借，如'府史胥徒'之'胥'，径作'疋'可也。"案"疋""足"同在齿声，亦双声假借也。

臤 坚也，从又臣声。读若铿锵。古文以为賢字。段氏曰："此言古文之假借也。汉《校官碑》'亲臤宝智'，又'师臤作朋'，《国三老袁良碑》‘优臤之宠’，皆借‘臤’为‘贤’。”

3. 语词假借例

此类借字之本义亦多为借义所夺。

焉　焉鸟黄色，出于江淮。段氏曰：“今未审何鸟也，自借为词助，而本义废矣。”案《玉篇》曰：“焉，语已之词也。”又为状事之词、比事之词，与“然”同义，又训为“安”，亦训为“何”、为“乎”、为“也”、为“于”、为“是”、为“于是”、为“乃”、为“则”。

云　古文雲。案“云”发语词也，又语中助词也，又语已词也，训为“言”、为“曰”，亦训为“是”、为“有”、为“或”、为“如”、为“然”。

也　女阴也。象形，乁声。段氏曰：“此篆‘女阴’是本义，假借为语词。”案《玉篇》曰：“也，所以穷上成文也。”《颜氏家训·书证篇》曰：“也，语已及助句之辞。”有结上文者，有起下文者，有在句中助语者，又训为“焉”、为“矣”、为“者”、为“耳”、为“兮”、为“邪”、为“欤”、为“乎”。

其　籀文箕。段氏曰：“经籍通用此字为语词。”案“其”指事之词也，又状事之词也、拟议之词也、更端之词也。又语助也，训为“殆”，亦训为“将”、为“尚”、为“庶几”、为“若”、为“乃”、为“之”、为“宁”。

若　择菜也。从艸右，右手也。段氏曰：“假借为‘如’也、‘然’也、‘乃’也、‘汝’也。又兼及之词。”案“若”在句尾则词也，“若夫”连则发语词也，“若乃”连则转语词也，“若而”连则不定之词也。又训为“奈”、为“如此”、为“至”、为“与”、为“或”、为“其”、为“而”、为“则”、为“惟”。

所　伐木声也，从斤户声。《诗》曰：“伐木所所。”段氏曰：“‘伐木声’乃此字本义，用为‘处所’者，假借为‘处’字也，用为分别之词者，又从‘处所’之义引申之，皆于本义无涉，是真假借矣。”案“所”者指事之词，又语助也，训为“可”，亦训为“若”、为“或”。

4. 称谓假借例

此类亦用借义之时多，用本义之时少。

彼 往有所加也，从彳皮声。案“彼”借为称谓之词。《礼记·大学》“彼为善之”注：“君也。”《吕览》“本味道者止彼在已”注：“謂他人也。”《后汉·崔骃传》注：“彼，众人也。”

女 妇人也。象形。案“女”借为“尔女”之词。《礼记·仲尼燕居》：“女三人者。”《孝经》：“女知之乎？”皆其例。

汝 汝水出宏农卢氏，还归山东入淮，从水女声。案“汝”亦借为“尔汝”之词，与“女”同用。《书·舜典》：“汝陟帝位。”《诗·荡》：“咨汝殷商。”皆其例。

佗 负何也，从人它声。段氏曰：“隶变‘佗’为‘他’，用为‘彼’之称。”案《吕览·贵生》：“又况于他物乎？”注：“犹异也。”《仪礼·燕礼》：“其他不拜。”注：“谓众士也。”又以“它”为之，《周语》：“不出于它矣。”注：“它，他族也。”

爾 丽爾犹靡丽也。从冂从㸚，其孔㸚，从尒声。此与爽同意。段氏曰：“后人以其与‘汝’双声，假借‘爾汝’字。”案《小爾雅·广诂》：“爾，汝也。”《书·吕刑》：“告爾祥刑。”《诗·雄雉》：“百爾君子。”《周礼·大司徒》：“各共爾职。”皆其例。

孰 食饪也。从丮𦎧声。《易》曰：“孰饪。”段氏曰：“‘孰’与‘谁’双声，故一曰谁也。后人乃分别‘熟’为‘生熟’，‘孰’为‘谁孰’矣。”曹宪曰：“《玉篇》始有‘熟’字。”案《公羊传·隐元年》：“王者孰谓？”《论语》：“孰不可忍也？”注：“谁也。”皆其例。

卷中 ｜ 音篇

古音第一

一　古音述略

上世无所谓音书也，然《记》称“黄帝正名百物以明民”，名者所以命事，自其有音言之也。《书》称“唐虞之盛，声教讫于四海”，“声教”即文教也。盖王者大一统之政，书必同文，语必同音，所谓名从中国也。惟文著竹帛，形体有定，其同之也易；语出唇吻，声势无定，其同之也难。重以广谷大川异制，民生其间者异俗。轻土多利，重土多迟，清水音小，浊水音大。水土之风气，而音声之流变系焉，故曰：“五方之民，言语不通。”夫不通而欲一之，此名之所以有待于正也。既曰正名，则知其时虽无定音之书，已有同音之制。至于姬周，其制更备，语言文字，掌之专官。《地官·保氏》：“教国子以六书。”六书者，造字之本也。《春官·外史》：“掌达书名于四方。”注谓：“达此名使知之，使四方知书之文字得能读之。”《秋官·大行人》：“七岁属象胥谕言语协辞命，九岁属瞽史谕书名听声音。”注谓：“属犹聚也。召其象胥，召其瞽史，皆聚于天子之宫教习之也。”书名者，韵书之始也。用段玉裁说。逮乎周衰，官失其守，诸侯力政，不统于王，恶礼乐之害己，而皆去其典籍。于是言语异声，文字异形。见《说文序》段玉裁注云："谓大行人属瞽史喻书名听声音之制废，而各用其方俗语言，各用其私意省改之文字也。"而同文同音之治遂不可睹。秦并六国，丞相李斯奏同天下之文，而不能同天下之音。故六书之法，至汉犹存，三代之音，自秦已变。观郑玄《毛诗笺》云："古音填、寘、塵同。"刘熙《释名》云："车，古者曰车声如'居'，言行所以居人也；今曰车声近'舍'，车，舍也，行者所处若居舍也。"韦昭辨之云："古皆尺奢反，从汉以来，始有'居'音。"此虽与刘相违，其言古音则一。又考其实，刘本不误，韦辨非也。盖古音之目，已肇于汉儒矣。惟古音虽变，而古之韵语，具载诸经传之中，如《易》之爻象彖系，《书》之喜起明良，《礼》之祀醮嘏辞，《春秋左传》之繇辞歌谚，莫不有韵。旁及《国语》《国策》、老、庄、孟、荀、韩、吕诸子，亦间出韵语。屈宋之作，则纯为韵文，而《诗三百篇》尤为集韵语之大成。且大司乐以乐语教国子，是其音当更雅正。孔子曰："小子何莫学夫诗？《诗》多识于鸟兽草木之名。"又曰："不学《诗》无以言。"盖亦以诗为正音之所寄也。陈第曰："《三百篇》，诗之祖，亦韵之祖也，作韵书者，宜权舆于此。"顾炎武曰："《诗》三百篇，古人之韵谱。"江永曰："《三百篇》者，古音之丛，亦百世用韵之祖。"经秦焚书，《诗》以其讽诵，《易》以其为卜筮之书，独能获全。汉人所为诗歌词赋，遂大都规《诗》《易》以为韵，而《楚辞》士大夫亦好焉。故段玉裁曰："周之韵书不传，而《毛诗》及他经韵语固在也。"韵语而外，他若《说文解字》，则可以寻造字时之音理。段玉裁曰："六书之有谐声，文字之所以日滋也。许叔重作《说文解字》时，未有反语，但云某声某声，即以为韵书可也。"群经音训，则可以寻通假之源流，别国方言，则可以寻语言之转变。是三者虽出于汉，而相承自古，亦治古音者所不得废也。故陈启源曰："古音邈矣，然《易》《诗》、古歌谣、楚骚、汉赋、乐府之协韵，及《说文》之读若、谐声，《释名》《白虎通》

诸书之解字，犹可考验也。”钱大昕曰：“三代以前，无所谓声韵之书，然《诗》三百篇具在，参以经传子骚，类而列之，引而申之，古音可偻指而分也。”许瀚《求古音说》曰：“求古韵之道有八：一曰谐声，《说文》某字某声是也；二曰重文，《说文》所载‘古文’‘籀文’‘奇字’‘篆文’‘或从某’者是也；三曰异文，经传文同字异、汉儒注‘某读为某’者是也；四曰音读，汉儒注‘某读如某’‘某读若某’者是也；五曰音训，如仁人、义宜、庠养、序射、天神引出万物、地祇提出万物者是也；六曰叠韵，如崔嵬、虺颓、伛偻、污邪是也；七曰方言，子云所录，是其专书，故书雅记，亦多存者，流转实繇，宜慎择矣；八曰韵语，九经、楚词、周秦诸子两汉有韵之文是也。尽此八者，古韵之条理秩如矣。”观三子之论，则古音之界，可见一斑。循而求之，不至茫无畔岸矣。

二　古音之韵部

古音之说，虽始于汉儒，然但散见于群经音训之中。唐陆德明《毛诗音义》引徐邈、沈重诸人，谓“合韵”“取韵”“协句”，大致就诗求音，与后人漫从改读名之为协者迥殊，而于《召南》“华”字下云：“古读华为敷。”于《邶风》“南”字下云：“古人韵缓，不烦改字。”是陆氏固显言古人音读及古韵、今韵之不同矣。见戴震《声韵考》。然亦语焉不详。至宋吴棫作《韵补》，始蒐集群书之韵异乎今音者，别之为古音，故邵长蘅谓：“才老《韵补》出，古韵始有成书。”《四库提要》亦谓：“自宋以来，著一书以明古音者，实自棫始。惟仅有通转三例，未尝明分部类，且其例中所注，牴牾百端，殊无指归，不足以厌后人之望也。”明分部类，盖起于郑庠。郑作《古音辨》，分阳、支、先、虞、尤、覃六部。东、冬、钟、江、唐、庚、耕、清、青、蒸、登并从阳韵，脂、之、微、齐、佳、皆、灰、咍并从支韵，真、谆、臻、文、殷、元、魂、痕、寒、桓、删、山、仙并从先韵，鱼、模、歌、戈、麻并从虞韵，萧、宵、肴、豪、侯、幽并从尤韵，侵、谈、盐、添、咸、衔、严、凡并从覃韵。

其后顾炎武作《古音表》，又因郑之六部，更析东、阳、耕、蒸而四，析鱼、歌而二，故列十部。东、冬、钟、江第一，支、脂、之、微、齐、佳、皆、灰、咍第二，鱼、虞、模、侯第三，真、谆、臻、文、殷、元、魂、痕、寒、桓、删、山、先、仙第四，萧、宵、肴、豪、幽第五，歌、戈、麻第六，阳、唐第七，耕、清、青第八，蒸、登第九，侵、覃、谈、盐、添、咸、衔、严、凡第十，而支韵半属第二半属第六，尤韵半属第二半属第五，麻韵半属第六半属第三，庚韵半属第七半属第八，入声质、术、栉、物、迄、月、没、曷、末、黠、辖、屑、薛、麦、锡、职、德属第二，兼屋、昔二韵字，屋、烛、铎、陌、昔属第三，兼沃、觉、药、麦四韵字，沃、觉、药属第五，兼屋、铎、锡三韵字。

江永据《三百篇》为本，作《古韵标准》，于真已下十四韵，侵已下九韵，各析而二，萧宵肴豪及尤侯幽亦为二，故列十有三部，第一部东、冬、钟、江，第二部支、脂、之、微、齐、佳、皆、灰、咍，分尤韵字属焉，第三部鱼、虞、模，分麻韵字属焉，第四部真、谆、臻、文、殷、魂、痕，分先韵字属焉，第五部元、寒、桓、删、山、先、仙，第六部萧、宵、肴、豪，第七部歌、戈、麻，分支韵字属焉，第八部阳、唐，分庚韵字属焉，第九部庚、耕、清、青，第十部蒸、登，第十一部尤、侯、幽，分虞、萧、宵、肴、豪五韵字属焉，第十二部侵，分覃、谈、盐三韵字属焉，第十三部覃、谈、盐、添、严、咸、衔、凡。而入声分八部，第一部屋、沃、烛、觉，第二部质、术、栉、物、迄、没，分屑、薛二韵字属焉，第三部月、曷、末、黠、辖、屑、薛，第四部药、铎，分沃、觉、陌、麦、昔、锡六韵字属焉，第五部麦、昔、锡，第六部职、德，分麦韵字属焉，第七部缉，分合、葉、洽三韵字属焉，第八部合、盍、葉、帖、业、洽、狎、乏。每韵歧分两部者曰分某韵，韵本不通而有字当入此部者曰别收某韵，四声异者曰别收某声某韵。

段玉裁作《六书音韵表》，又析支、脂、之为三，析真、臻、先与谆、文、殷、魂、痕为二，析尤、幽与侯为二，凡多于江氏四部，故列十有七部。第一部之、咍，第二部萧、宵、肴、豪，第三部尤、幽，第四部侯，第五部鱼、虞、模，第六部蒸、登，第七部侵、盐、添，第八部覃、谈、咸、衔、严、凡，第九部东、冬、钟、江，第十部阳、唐，第十一部庚、耕、清、青，第十二部真、臻、先，第十三部谆、文、欣、魂、痕，第十四部元、寒、桓、删、山、仙，第十五部脂、微、齐、皆、灰，第十六部支、佳，第十七部歌、戈、麻，而入声职、德属第一，屋、沃、烛、觉属第三，药、铎属第五，缉、葉、帖属第七，合、盍、洽、狎、业、乏属第八，质、栉、屑属第十二，术、物、迄、月、没、曷、末、黠、辖、薛属第十五，陌、麦、昔、锡属第十六。

戴震初作《声韵考》，据《广韵》分为七类，以七类之平、上、去分十三部，合入声七部得二十部，盖真以下十四韵、侵以下九韵不分也。晚年作《声类表》，以呼等考之，真至仙、侵至凡同呼而具四等者二，故仍分为二，改七类为九类，得二十五部，别以喉声之字标目：阿第一、平声歌、戈、麻。乌第二、平声鱼、虞、模。垩第三入声铎。为一类，膺第四、平声蒸、登。噫第五、平声之、咍。億第六入声职、德。为一类，翁第七、平声东、冬、钟、江。讴第八、平声尤、侯、幽。屋第九入声屋、沃、烛、觉。为一类，央第十、平声阳、唐。夭第十一、平声萧、宵、肴、豪。约第十二、入声药。婴第十三、平声庚、耕、清、青。娃第十四、平声支、佳。戹第十五入声陌、麦、昔、锡为一类，殷第十六、平声真、臻、谆、殷、文、痕、先。衣第十七、平声脂、微、齐、皆、灰。乙第十八入声质、术、栉、物、迄、没、屑。为一类，安第十九、平声元、寒、桓、删、山、先。霭第二十、去声祭、泰、夬、废。遏第二十一、入声月、曷、末、黠、辖、薛。为一类，音第二十二、平声侵、盐、添。邑第二十三入声缉。为一类，醃第二十四、平声覃、谈、咸、衔、严、凡。諜第二十五入声合、盍、葉、帖、业、洽、狎、乏。为一类。尝云："一类皆收喉音，二类至五类皆收鼻音，六类七类皆收舌齿音，八类九类皆收唇音。收喉音者其音引喉穿鼻，收舌齿音者其音舒舌而冲齿，收唇音者其音敛唇，以此为次，似几于自然。"斯即戴氏兼欲用标目之字，表二十五部之音读，而又括之以四种收音也。惟《声类表》之成书，距易箦仅二十日，未审是否为戴氏定论。而其标目之字，亦仅见于与段氏论韵书中，表中尚未之列也。

孔广森作《诗声类》，与段氏多同，惟析东、冬为二类，析虞与侯合，析萧与尤、幽合，析庚与阳、唐合，析侵与覃、凡合，析盐、添与谈、咸、衔、严、凡合，别出入声合、盍、缉、葉、帖、洽、狎、业、乏为一类，并真、谆、臻、先、文、殷、魂、痕为一类，与段氏异。故分为十八类，阴阳对转。阳声九：一曰原类，平声元、寒、桓、删、山、仙，上声阮、旱、缓、潸、产、狝，去声愿、翰、换、谏、裥、线。二曰丁类，平声耕、清、青，上声耿、静、迥，去声诤、劲、径。三曰辰类，平声真、谆、臻、先、文、殷、魂、痕，上声轸、准、铣、吻、隐、混、很，去声震、稕、霰、问、焮、慁恨。四曰阳类，平声阳、唐、庚，上声养、荡、梗，去声漾、宕、映。五曰东类，平声东、钟、江，上声董、肿、讲，去声送、用、绛。六曰冬类，平声冬，上声肿之半，去声宋。七曰綅类，平声侵、覃、凡，上声寝、感、范，去声沁、勘、梵。八曰蒸类，平声蒸、登，上声拯、等，去声证、嶝。九曰谈类。平声谈、盐、添、咸、衔、严，上声敢、琰、忝、豏、槛、俨，去声阚、艳、㮇、陷、鉴、酽。阴声九：一曰歌类，平声歌、戈、麻，上声哿、果、马，去声箇、过、祃。二曰支类，平声支、佳，上声纸、蟹，去声寘、卦，入声麦、锡。三曰脂类，平声脂、微、齐、皆、灰，上声旨、尾、荠、骇、贿，去声至、未、霁、祭、泰、怪、夬、队、废，入声质、术、栉、物、迄、月、没、曷、末、黠、辖、屑、薛。四曰鱼类，平声鱼、模，上声语、姥，去声御、暮，入声铎、陌、昔。五曰侯类，平声侯、虞，上声厚、麌，去声候、遇，入声屋、烛。六曰幽类，平声幽、尤、萧，上声黝、有、篠，去声幼、宥、啸，入声沃。七曰宵类，平声宵、肴、豪，上声小、巧、皓，去声笑、效、號，入声觉、药。八曰之类，平声之、咍，上声止、海，去声志、代，入声职、德。九曰合类，入声合、盍、缉、葉、帖、洽、狎、业、乏。此其标目之字，多用《广韵》韵目，惟“原丁辰綅”四字不同，则以孔氏书名《诗声类》，必以《诗》中有用韵之字为主，而“寒耕真侵”四字未见《诗》中用韵，故遂易之也。

王念孙以古韵已有诸家在前，不复更有撰述，但分为廿一部：东第一，蒸第二，侵第三，谈第四，阳第五，耕第六，真第七，谆第八，元第九，歌第十，以上十部，皆有平上去而无入。支第十一，至第十二，脂第十三，祭第十四，盍第十五，缉第十六，之第十七，鱼第十八，侯第十九，幽第二十，宵第廿一。以上十一部，或四声皆备，如支、脂、之、鱼、侯、幽、宵是也；或有去、入而无平、上，如至、祭是也；或有入而无平、上、去，如盍、缉是也。观此所分，亦略同于段氏，惟入声相配小异。又别立去声至、祭二部，入声盍、缉二部，故为二十一部也。

江有诰则又本顾、江、段、孔四家之说，分古韵为廿一部：之部第一，顾氏、江氏合于第二部，段氏之第一部。幽部第二，顾氏合于第五部，江氏之第十一部，段氏之第三部。宵部第三，顾氏之第五部，江氏之第六部，段氏之第二部。侯部第四，顾氏合于第三部，江氏合于第十一部，段氏之第四部。鱼部第五，顾氏、江氏之第三部，段氏之第五部。歌部第六，顾氏之第六部，江氏之第七部，段氏之第十七部。支部第七，顾氏、江氏之第二部，段氏之第十六部。脂部第八，顾氏、江氏合于第二部，段氏之第十五部。祭部第九，顾氏、江氏合于第二部，段氏合于第十五部。元部第十，顾氏合于第四部，江氏之第五部，段氏之第十四部。文部第十一，顾氏、江氏之第四部，段氏之第十三部。真部第十二，顾氏、江氏合于第四部，段氏之第十二部。耕部第十三，顾氏之第八部，江氏之第九部，段氏之第十一部。阳部第十四，顾氏之第七部，江氏之第八部，段氏之第十部。东部第十五，顾氏、江氏之第一部，段氏之第九部。中部第十六，顾氏、江氏合于第一部，段氏合于第九部，孔氏阳声之第六类。蒸部第十七，顾氏之第九部，江氏之第十部，段氏之第六部。侵部第十八，顾氏之第十部，江氏之第十二部，段氏之第七部。谈部第十九，顾氏合于第十部，江氏之第十三部，段氏之第八部。葉部第二十，顾氏合于第十部，江氏入声之第八部，段氏合于第八部，孔氏阴声之第九类。缉部第廿一，顾氏合于第十部，江氏入声之第七部，段氏合于第七部，孔氏合于阴声第九类。此亦以《广韵》韵目为标，惟“中”字不同，自谓冬部甚窄，故用“中”字标目，盖江氏兼以东韵之半入此部也。

严可均作《说文声类》二篇，专本许书，分为十六类，上篇第一之类，平声之、咍，上声止、海，去声志、代，入声职、德，与蒸类对转。第二支类，平声支、佳，上声纸、蟹，去声寘、卦，入声麦、锡，与耕类对转。第三脂类，平声脂、微、齐、皆、灰，上声旨、尾、荠、骇、贿，去声至、未、霁、祭、泰、怪、夬、队、废，入声质、术、栉、物、迄、月、没、曷、末、黠、辖、屑、薛，与真类对转。第四歌类，平声歌、戈、麻，上声哿、果、马，去声箇、过、祃，与元类对转。第五鱼类，平声鱼、虞、模，上声语、麌、姥，去声御、遇、暮，入声铎、陌、昔，与阳类对转。第六侯类，平声侯，上声厚，去声候，入声屋、烛，与东类对转。第七幽类，平声幽、尤、萧，上声黝、有、篠，去声幼、宥、啸，入声沃，与侵类对转。第八宵类；平声宵、肴、豪，上声小、巧、皓，去声笑、效、號，入声觉、药，与谈类对转。下篇第一蒸类，平声蒸、登，上声拯、等，去声证、嶝，与之类对转。第二耕类，平声耕、清、青，上声耿、静、迥，去声诤、径、劲，与支类对转。第三真类，平声真、谆、臻、先、文、欣、魂、痕，上声轸、准、铣、吻、隐、混、很，去声震、稕、霰、问、焮、恩、恨，与脂类对转。第四元类，平声元、寒、桓、删、山、仙，上声阮、旱、缓、潸、产、狝，去声愿、翰、换、谏、裥、线，与歌类对转。第五阳类，平声阳、唐、庚，上声养、荡、梗，去声漾、宕、映，与鱼类对转。第六东类，平声东、钟、江，上声董、肿、讲，去声送、用、绛，与侯类对转。第七侵类，平声侵、覃、咸、衔、凡、冬，上声寝、感、豏、槛、范，去声沁、勘、陷、鉴、梵、宋，与幽类对转。第八谈类。平声谈、盐、添、严，上声敢、琰、忝、俨，去声阚、艳、栝、酽，入声缉、合、盍、葉、帖、洽、狎、业、乏，与宵类对转。此所分略同于孔氏，惟并冬于侵，则创获也。

黄以周作《六书通故》，分十九部：第一唐荡宕部，平声阳、唐，上声养、荡，去声漾、宕。第二耕耿诤部，平声庚、耕、清、青，上声梗、耿、静、迥，去声映、诤、劲、径。第三登等嶝部，平声蒸、登，上声拯、等，去声证、嶝。第四真轸震部，平声真、谆、先，上声轸、铣，去声震、霰。文吻问部，平声谆、文、欣、魂、痕，上声准、吻、隐、混、很，去声稕、问、焮、慁、恨。第五桓缓换部，平声元、寒、桓、删、山、仙，上声阮、旱、缓、潸、产、狝，去声愿、翰、换、谏、裥、线。第六歌哿箇部，平声歌、戈、麻，上声哿、果、马，去声箇、过、祃。第七东董送部，平声东、钟、江，上声董、肿、讲，去声送、宋、用。冬宋部，平声冬，去声宋、绛。第八覃感勘部，平声侵、覃、凡，上声寝、感、范，去声沁、勘、梵。第九谈敢艳部，平声谈、盐、添、咸、衔、严，上声敢、琰、忝、豏、槛、俨，去声阚、艳、陷、鉴、酽。第十泰曷部，去声祭、泰、夬、废，入声月、曷、末、薛。第十一质部，入声质、栉、黠、屑。第十二合部，入声缉、合、盍、葉、帖、洽、狎、业、乏。第十三咍海代德部，平声之、咍，上声止、海，去声志、代，入声职、德。第十四支纸寘麦部，平声支、齐、佳，上声纸、荠、蟹，去声寘、霁、卦，入声麦、锡。第十五模姥暮铎部，平声鱼、虞、模，上声语、麌、姥，去声御、遇、暮，入声铎、陌、昔。第十六宵小笑药部，平声萧、宵、肴、豪，上声篠、小、巧、皓，去声啸、笑、效、号，入声觉、药。第十七幽黝幼屋部，平声尤、幽，上声有、黝，去声宥、幼，入声屋、沃。第十八侯厚候烛部，平声侯，上声厚，去声候，入声烛。第十九灰贿队没部。平声脂、微、皆、灰，上声旨、尾、骇、贿，去声至、未、怪、队，入声术、物、迄、没。此则各部皆兼举四声以为标目，与诸家之标一字者大殊，其第四第七两部各分为二者，自谓古实一部，第四从段、王说分别之，第七从孔氏别之也。

余杭章先生作《音准》，分二十三部：曰寒部、谆部、真部、青部、阳部、东部、侵部、缉部、冬部、蒸部、谈部、盍部，皆阳声也；曰歌部、泰部、队部、脂部、至部、支部、鱼部、侯部、幽部、之部、宵部，皆阴声也。又依戴氏之例，以喉声字表二十三部，鱼阳曰乌姎《广韵》乌郎切，支青曰烓《广韵》乌携切䀮，青部今韵无可表音之字，眀今音嬰，依古当作一并切。至真曰乙因，脂队谆曰嫜《广韵》於非切叞《广韵》於胃切又纡物切昷，歌泰寒曰阿遏安，侯东曰讴翁，幽冬侵缉曰幽雝邕部字近人皆说在东部。《诗》以穠雝为韵、冲雝为韵，则亦转入冬部，故举以表冬韵猪《广韵》乙咸切邑，之蒸曰埃膺，宵谈盍曰夭菴瘟《广韵》乌合切。自谓略依先儒所定部目，无所改作。盖真、谆之分，侯、幽之分，支、脂之分，遵段氏也；东、冬之分，遵孔氏也；至、泰之分，缉、盍之分，遵王氏也；队部则自来皆与至部合，先生见《诗》中有用“律弗卒术”等字，皆不与脂部平上声同叶，而自与去声相叶，故分此一部也。

以上所述，皆治古音之著者，虽分合各殊，得失互见，然愈阐愈精，以渐加详。盖古音至是，已如日丽中天，桀然大明矣。

三　古音之声类

古韵不同于今韵，古声自亦不同于今声，虽发生官器喉、牙、舌、齿、唇人所共具，古今无殊。然一舌声也，而分舌头、舌上、半舌；一齿声也，而又分齿头、正齿、半齿；一唇声也，而又分重唇、轻唇。古音必不若是繁碎也。乃昔之治古音者，自顾、江、段、孔以降，大都皆详于韵而略于声。段氏且谓古法只有双声叠韵，古之双声非今三十六字母之声，古之叠韵非今二百有六之韵。然分古韵者，既借今韵离之合之以定其部居，则借字母以定古音之声类，有何不可？故钱大昕与章先生皆尝就字母以求古声。

钱则谓古无轻唇音，凡轻唇之音，古读皆为重唇。故古读“扶”如“酺”，转为蟠音，《汉书·天文志》：“奢为扶。”郑氏云：“扶当为蟠，齐鲁之间声如酺。”《史记·武帝本纪》：“东至蟠木。”《吕氏春秋》作“扶木”。读“附”如“部”亦如“仆”，《左传》：“部娄无松柏。”《说文》引作“附娄”。《诗》：“景命有仆。”传：“仆，附也。”读“佛”如“弼”亦如“勃”，《诗》：“佛时仔肩。”郑音弼，辅也。《晋书》“赫连勃勃”，《宋书》作”佛佛”。读“文”如“门”亦如“岷”，《水经注·汉水篇》：“文水即门水也。”《汉书·武帝纪》“文山郡”注：“应劭曰：文山，今蜀郡嶓山。”读“弗”如“不”亦近“笔”，《广韵》：“不，与‘弗’同。”《说文》：“吴谓之不律，燕谓之弗，秦谓之笔。”读“第”如“蔽”，《诗》：“崔第以朝。”传：“第，蔽也。”“簟茀鱼服。”笺：“第之言蔽也。”读“茀”如“孛”，《史记·天官书》：“星茀于河戍。”索隐曰：“茀音佩，即孛星也。”读“樊”如“鞶”，《周礼·巾车》：“玉路锡樊缨十有再就。”注：“樊读如鞶带之鞶。”读“蕃”如“下”，《书》“于蕃时雍”，孔宙碑作“于卞时雍”。读藩如播，《周礼·大司乐》：“播之以八音。”注：“故书播为藩。”读“偾”为“奔”，《礼·射义》：“贲军之将。”注：“贲读为偾。”《诗·行苇》传引作“奔军之将”。读“汾”如“盆”，《庄子·逍遥篇》：“汾水之阳。”司马彪、崔撰本皆作“盆水”。读“纷”如“豳”，《周礼·司几筵》：“设莞筵纷纯。”郑司农云：“纷读若豳。”读“甫”如“圃”，《诗》：“东有甫草。”《韩诗》作“圃草”。读“敷”如“铺”，《诗》：“铺敦淮濆。”《韩诗》作“敷”。读“方”如“旁”，《书》：“方鸠僝功。”《说文》两引皆作“旁。”读“封”如“邦”，《论语》：“且在邦域之中矣。《释文》：“邦或作封。”“而谋动干戈于邦内。”《释文》：“郑本作‘封内’。”读“罚”如“軷”，《周礼》：“大驭犯軷。”注：“故书軷作罚。”读“非”如“颁”，《说文》：“㚘，赋事也。读若颁，一曰读若非。”读“匪”如“彼”，《诗》：“彼交匪敖。”《春秋·襄廿七年传》引作“匪交匪教”。读“無”如“模”，《说文》：“無，或说规模字。”汉人规模字或作橅。读“反”如“变”，《诗》：“四矢反兮。”《韩诗》作“变”。读“馥”如“苾”，《诗》：“苾芬孝祀。”《韩诗》作“馥芬”。读“法”如“逼”，《释名》：“法，逼也。”读“房”如“旁”，《释名》：“房，旁也，在堂两旁也。”读“望”如“茫”，《释名》：“望，茫也，远视茫茫也。”读“务”如“牟”，《荀子·成相篇》：“下随举牟光。”即务光也。读“发”如“拨”。《诗》：

“鱣鲔发发。”《释文》补末反。据此则非敷奉微四母，可并入帮滂並明，是唇音今声八类，于古四类也。

又谓古无舌头、舌上之分，知澈澄三母，以今音读之，与照穿床无别，求之古音，则与端透定无异。故古读“中”如“得”，《周礼》：“师氏掌王中失之事。”故书“中”为“得”。读“直”如“特”，《诗》：“实惟我特。”《韩诗》作“直”。读“裯”如“祷”，《周礼·甸祝》：“裯牲裯马。”杜子春云：“裯，祷也。”读“猪”如“都”，《檀弓》：“洿其宫而猪焉。”注：“猪，都也。”《书·禹贡》：“大野既猪。”《史记》作“既都”。读“追”如“堆”，《士冠礼》“追”注：“追犹堆也。”读“倬”如“菿”，《诗》：“倬彼甫田。”《韩诗》作“菿”。读“枨”如“棠”，《论语》“申枨”，《史记》作“申棠”。读“池”如“沱”，《诗》：“滮池北流。”《说文》引作“滮沱”。读“褫”如“拕”，《易》：“终朝三褫之。”郑本作“拕”。读“沈”如“潭”，《史记·陈涉世家》：“涉之为王沈沈者。”沈音长含反，与潭同音。读“廛”如“壇”，《周礼·廛人》注：“故书廛为壇。”读“秩”如“豑”，《书》：“平秩东作。”《说文》引作“豑”。读“抽”如“搯”，《诗》：“左旋右抽。”《说文》作“搯”。读“陈”如“田”，《说文》：“田，陈也。”齐“陈氏”后称“田氏”。读乘如甸，《周礼·小司徒》：“四邱为甸。”注：“甸之言乘也。”读“咮”如“斗”，《诗》：“不濡其咮。”徐音都豆反，与“斗”同音。读“涿”如“独”，《周礼·壶涿氏》注：“故书涿为独。”皆舌头、舌上不分之证。

章先生复证明舌上娘母、半舌半齿之日母，古音皆归入舌头泥母，如“涅”从日声，“涅而不缁”，亦为“泥而不滓”，是日、泥音同也。“昵”从日声，“不义不昵”，《说文》引传。亦为“不义不昵”，《考工记·弓人》杜子春注引传。是日、昵音同也。“入”之声今在日纽，古文以“入”为“内”，《释名》曰：“入，内也。”“任”之声今在日纽，古音“任”同“男”“南”，《白虎通·德论》《释名》皆云：

“男，任也。”又曰：“南之为言任也。”《淮南·天文训》曰：“南吕者，任包大也。”“羊”之声今在日纽，古音读若“饪”“能”，臣锴本言“读若饪”，臣铉本言“读若能。”“然、而、如、若、尔、耳”，此六名者，今皆在日纽，“然”古音如“難”，“然”之或体有“蘸”从艸難声。“而”古音同“耐”“能”，“而”之声类有“耐”。《易·屯》曰：“宜建侯而不宁。”《淮南·原道训》曰：“行柔而刚，用柔而强。”郑玄、高诱皆读“而”为“能”。“如”从女声，古音与“奴”“拏”同，音转如奈，《公羊·定八年传》：“如大夫何？”解诂曰：“如犹奈也。”又转如能，《大雅》：“柔远能迩。”笺曰：“能犹伽也”。“若”之声类有“诺”，称“若”、称“乃”，亦双声相转，“尔”古声字皆如“泥”，《释名》：“尔，昵也。泥，迩也。”《书》言“典祀无丰于昵”，以“昵”为“祢”。“耳”古以为“仍”，《汉书·惠帝纪》曰：“内外公孙耳孙。”师古以“耳孙”为“仍孙”。“仍”从乃声，音本如“乃”，则皆在泥纽也。今音“泥”“屔”为泥纽，“尼”“昵”在娘纽，古“尼”声之字皆如“屔”“泥”，“仲尼”，《三苍》作“仲屔”，《夏堪碑》作“仲泥”。有泥纽无娘纽也。今音“男女”在娘纽，“尔女”在日纽，古音“女”本如“帑”，“妻帑”“鸟帑”，其字则一，“帑”训为“雌”，《汉书·天文志》颜师古注。是“帑”即“女”矣，“尔女”之音展转为“乃”，有泥纽无娘纽也。“狃”之声今在娘纽，“公山不狃”，“狃”亦为“擾”，往来频复为“狃”，《说文》作“猱”。“擾”“猱”今日纽，古无日纽，则“狃”亦在泥纽也。举此数事，其他以条列比况可也。据此，则知彻澄三母可并入端透定，娘日二母可并入泥。是舌音今声九类，于古四类也。

又正齿之音，钱氏以为多由舌音变转，如“舟”“周”属照母，“輈”“啁”属知母，古则读舟如雕，《考工记》：“玉楖雕矢磬。”注：“故书雕或为舟。”“彫”“雕”“琱”皆从周声，“调”亦从周声，故古读“周”亦如“雕”。“至”属照母，“致”属知母，古则读“至”

亦为陟利切，读如“疐”又读如“吊”。《诗》：“神之吊矣。”“不吊昊天。”毛传皆训“吊”为“至”，以声相近为义。“支”古读如“鞮”，《晋语》：“以鼓子苑支来。”“苑支”即《左传》之“鸢鞮”也。“芰”古读如“茤”，《说文》引杜林说。“专”古读如“端”，皆舌音非齿音。章氏亦謂正齿、舌头虑有鸿细，古音大较不别，是照穿床审禅五母亦可省并也。

钱氏又謂凡影母之字，引而长之则为喻母，晓母之字引长之稍浊则为匣母，匣母三四等字，轻读亦有似喻母者，古人于此四母，不甚区别。如“萦怀”与“杌隉”均为双声，今人则有匣喻之别。“噫嘻”“於戏”“於乎”“乌呼”皆叠韵兼双声，今则以“噫”“於”“乌”属影母，“嘻”“戏”“呼”属晓母，“乎”属匣母。又如“于”“於”同声亦同义，今则以“于”属喻母，“於”属影母。此等分别，大约始于东晋。考颜之推《家训》云：“《字书》‘焉’者鸟名，或云语词，皆音於愆反。自葛洪《字苑》，分‘焉’字音训，若训‘何’、训‘安’，当音於愆反；若送句及助词，当音矣愆反。江南至今行此分别，而河北混同一音。虽依古读，不可行于今也。”据颜氏说，知古无影喻之分，是则钱氏于晓匣虽未明言可并，于影喻已证其不分矣。故喉音今声四类，于古三类也。

合而观之，今声三十六母，古音省并其十有五母，仅二十有一类耳。章氏之古音纽目表，盖即依是而定者也。

四 古音之四声

古音四声之有无，其说纷纭：有主有者，有主无者，有谓古无去声者，有谓古无入声者，有谓古人四声一贯者。

陈第曰：“四声之说，起于后世。古人之诗，取其可歌可咏，岂屑屑豪厘若经生为邪？且上去二音，亦轻重之间耳。”又曰：“四声之辨，古人未有，中原音韵，此类实多。旧说必以平叶平、仄叶仄也，无亦以今而泥古乎！”张惠言曰：“古无所谓四声也。长言则平，短言则上，重言则去，急言则入。咏叹之词宜乎平，比兴之词宜乎上去入，而上去入之音短，不足以成永歌，则或引而长之。至于繁缛促节，戛然阕止，则又或以短言为宜。是故四声或错杂相谐，去入或自为谐，务得其音之和而已。”此皆主于无者也。

钱大昕曰：“古无平上去入之名，若音之轻重缓急，则自有文字以来，固区以别矣。《虞廷庚歌》‘明良康’与‘脞惰隳’，即有轻重之殊，《三百篇》每章别韵，大率轻重相间，则平侧之理已具。缓而轻者，平与上也；重而急者，去与入也。虽今昔之音不必尽同，而长吟密咏之余，自然有别。”江永曰：“四声虽起江左，按之实有其声，不容增减。此后人补前人未备之一端。平自韵平，上去入自韵上去入者，恒也。亦有一章两声或三四声者，随其声讽诵咏歌，亦有谐适，不必皆出一声，如后人诗余歌曲，正以杂用四声为节奏，《诗》韵何独不然？”江有诰曰：“古人实有四声，特古人所读之声，与后人不同，非创于周、沈。陆氏编韵时，不能审明古训，特就当时之声，误为分析：有古平而误收入上声者，如“享飨颈颡”等字是也；有古平而误收入去声者，如“讼化震患”等字是也；有古上而误收入平声者，如“偕”字是也；有古上而误收入去声者，如“狩”字是也；有一字平上两音而仅收入上声者，如“怠”字是也；有一字平上两音而仅收入平声者，如“愆”字是也；有一字平去两音而仅收入去声者，如“信”字是也；有一字平去两音而仅收入平声者，如“居”字是也；有一字上去两音而仅收入上声者，如“喜”字是也；有一字上去两音而仅收入去声者，如“顾”字是也；有一字去入两音而仅收入去声者，如“意”字是也；有一字去入两音而仅收入入声者，如“得”字是也；有一字平上去三音而遗其上去者，如“时”字是也；有一字平去入三音而遗其去入者，如“来”字是也；有一字上去入三音而遗其上入者，如“至”字是也；有一字平上去三音而遗其平声者，如“上”字是也；有一字平上去三音而遗其平去者，如“静”字是也。古音二十一部，其四声具备者七部，曰之、曰幽、曰宵、曰侯、曰鱼、曰支、曰脂；有平上去而无入者七部，曰歌、曰元、曰文、曰耕、曰阳、曰东、曰谈；有平上而无去入者一部，曰侵；有平去而无上入者一部，曰真；有去入而无平上者一部，曰祭；有平声而无上去入者二部，曰中、曰蒸；有入声而无平上去者二部，曰葉、曰缉。”夏燮曰：“《三百篇》、群经有韵之文，四声具备，分用画然，如部分之有条而不紊，第古无韵书，遂以此为周颙、沈约独得之秘耳。大氐后人多以《唐韵》之四声求古人，故多不合。因其不合，而遂疑古无四声，非通论也。古四声有独用、有通用。通用者若十七部之合韵，又《广韵》之两收、三收者是也。平与上去多通用，以上去之音近而入远也。上与去多通用，去与入多通用，而上之与入叶者，不过十中之一，以上之转入，较去远也。”此皆主于有者也。

顾炎武曰：“四声之论，虽起于江左，然古人之诗已自有迟疾轻重之分，故平多韵平，仄多韵仄，亦有不尽然者，而上或转为平，去或转为平上，入或转为平上去，则在歌者之抑扬高下而已，故四声可以并用。”又曰：“夫一字而可以三声四声，若一爻之上下无常，而惟变所适也。然上如其平，去如其上，入如其去，而又还如其平，是所谓言天下之至赜而不可恶，言天下之至动而不可乱也。此声音、文字相生相贯自然之理也。”戴震曰：“古人用韵，未有平上去入之限，四声通为一音，故帝《舜歌》以‘熙’韵‘喜’‘起’，而《三百篇》通用平上去及通用去入者甚多，各如其本音读之，自成歌韵。”此皆主四声一贯者也。

段玉裁曰：“古四声不同今韵，犹古本音不同今韵也。考周秦汉初之文，有平上入而无去，洎乎魏晋，上入声多转而为去声，平声多转而为仄声，于是乎四声大备，而与古不侔。有古平而今仄者，有古上入而今去者，细意搜寻，随在可得其条理。今学者读《三百篇》诸书，以今韵四声律古人。陆德明、吴棫皆指为协句，顾炎武之书亦云平仄通押、去入通押，而不知古四声不同今，犹古本音部分异今也。明乎古本音不同今韵，又何惑乎古四声不同今韵哉！”又曰：“法言定韵之前，无去不可入。至法言定韵以后，而谨守者不知古四声矣。”又曰：“古无去声之说，或以为怪，然非好学深思不能知也。”此主古无去声者也。

孔广森曰：“入声创自江左，非中原旧读，其在《诗》曰：‘参差荇菜，左右芼之。窈窕淑女，钟鼓乐之。’初不知‘哀乐’之‘乐’当入声也。《离骚》曰：‘理弱而谋拙兮，恐导言之不固。世溷浊而嫉贤兮，好蔽美而称恶。’初不知‘美恶’之‘恶’当入声也。昔周舍举‘天子圣哲’以晓梁武帝，帝雅不信用。沈约作《郊居赋》以示王筠，读至‘雌霓连蜷’句，常恐筠呼‘霓’为‘倪’，则是江左文人，尚有不知入声者，况可执以律三代之文章哉！”此主古无入声者也。江沅曰：“段氏论音谓古无去，沅意古音有去无入。平轻去重，平引成上，去促成入，上入之字，少于平去，职是故耳。北人语言入皆成去，古音所沿，至今犹旧。”案此亦主古无入声者。”

案之音理，则自以主古有四声者为是。盖诗言志，歌永言，声依永，律和声。古之诗皆可歌，皆可入乐。歌有轻重疾徐之度，乐有抗坠抑扬之节，并出于自然。诸家但就《三百篇》之用韵以求四声，又就后世之音以求《三百篇》之用韵。偶见《诗》中用韵有异者，或执多以律少，遂谓四声不完；或强异以从同，遂谓四声一贯；或求其故而不得，遂谓四声无辨。夫《三百篇》采之非一地，作之非一时之人，其不能斠若画一，亦故其所。其一字而有一读、两读者，盖由时地之变；其一章而用三声、四声者，盖取杂比成文，不必转声以求其通，更不可囿方而疑其阙也。黄以周曰：“段氏谓古无去声，孔氏又谓古无入声，其实去入二声，自古有之。去声尽可与平上同叶，而入声有通谐平上、有不得通谐平上之别。若唐、耕、登、真、桓、歌、东、谈八部，非特《说文》偏旁字无入声，即《三百篇诗》亦不与入声相叶。若咍、支、模、宵、幽、侯、微、覃八部，于《说文》偏旁有入声，而《诗》中入与入韵者什之六，与去韵者十之三，与平上韵者甚少，则入声之于平上，固有谐、不谐之别，而与去声可互通也。《公羊传》曰：‘春秋伐者为客，伐者为主。’何注曰：‘伐人者为客，读伐长言之，见伐者为主，读伐短言之。齐人语也。’何氏读‘伐’长言之，今所谓去声也，读‘伐’短言之，今所谓入声也。但歌永言，其声必引而长之，则入自转为去矣。《三百篇》去与平上相叶，入之长言转为去，故亦间与平上同叶，其与平上同叶者，声皆呼如去，咍、支、模、宵、幽五部是也。若与去同叶之入，其声有长言之如去者，如侯、微、覃三部之入声是也。与入同叶之去，其声亦有从短言之入者，如质、末二部之去声是也。其入声自相韵并有不与去同叶者，则如今之入声，如缉部字是也。”此论较之前人皆精，不徒可补段、孔之偏也。

五　古韵之通转

通转之名，始见于吴棫《韵补》。顾炎武《古音表》，分一韵为两半，各属一部。又于一韵下收入别韵之字。江永《古韵标准》，亦有分某韵别收某韵之例。至段玉裁作《古今韵说》，以十七部次第分为六类，谓以是求之，可以观古音分合之理，可以求今韵转移不同之故，可以综古经传假借转述之用，可以通五方言语清浊轻重之不齐。于是其理渐显，然犹未审谛也。及戴震而加详，戴与段氏书论转音，乃立正转、旁转之目，其所定古音九类，以转而不出其类、相配互转、联贯递转三者为正转，以旁推交通者为旁转。孔广森《诗声类》即承用戴说，而创阴阳对转之条。其言曰：“今据唐韵以上求汉魏人诗歌、铭颂，已合者半，否者半，据汉魏人之文以上求《三百篇》，又合者半，否者半。虽然，所合与否，固皆有踪迹理络可寻而复也。窃尝基于唐韵，阶于汉魏，跻稽于二雅、三颂、十五国之风，而绎之、而审之、而条分之、而类聚之，久而得之，有本韵，有通韵，有转韵。通韵聚为十二，取其收声之大同。本韵分为十八，乃又剖析于敛侈、清浊、豪厘、纤眇之际，曰元之属、耕之属、真之属、阳之属、东之属、冬之属、侵之属、蒸之属、谈之属，是为阳声者九；曰歌之属、支之属、脂之属、鱼之属、侯之属、幽之属、宵之属、之之属、合之属，是为阴声者九。此九部者，各以阴阳相配而可以对转。”此盖视戴氏推而益密。而严可均《说文声类》又分为十六类，合为八类，大合为四类，自谓众类联比，各循其次，上下关通，阴阳混一，顺逆互转，首尾循环，其合也一统无外，其分也毫厘有辨。是视孔氏又密矣。

章先生复兼采孔、严二家，本轴即独，发鼻音、弇即上舌鼻音、侈即撮唇鼻音三音道而作《成均图》。以阳部为阳轴音，鱼部为阴轴音，东、侵、冬、缉、蒸、谈、盍诸部为阳侈音，清、真、谆、寒诸部为阳弇音，侯、幽、之、宵诸部为阴侈音，支、至、脂、队、泰、歌诸部为阴弇音。阳声即收鼻音，阴声非收鼻音也。又分旁转、对转、次旁转、次对转、交纽转、隔越转诸例。以旁转、对转为正声，交纽转、隔越转为变声。其说曰：“鱼者闭口之极，阳者开口之极，故阳部与阳侈声、阳弇声皆旁转。阳部转东者，如《老子》以“盲爽狂”与“聋”为韵，及“泱”“滃”音转，“伀钟”作“章”是也。转侵冬者，如《汉书·李广传》：“诸妄校尉。”张晏释“妄”为“凡”，《说文》释“访”为“泛谋”，《释名》训“风”为“放”，《易·朋》“盍臧”或为“盍簪”、或为“盍奈”，又“商”转为“宋”，《周颂》以“崇”“皇”为韵是也。转蒸者，如“扬觚”作“媵觚”，“未尝”即“未曾”，又“疆”通作“强”是也。转谈者，如《大雅》以“瞻”“相”为韵，《商颂》以“滥”“皇”为韵，及“镜”转“鉴”是也。此与阳侈声之转也。转青者，如《礼经》“竝”亦作“併”，又“将”借为“请”，“丁”“鼎”借为“当”是也。转真者，如“萌”“甿”“氓”即“民”，“榜”又称“篇”，今字“扁”亦为“榜”，又“榀部”训“方木”是也。转谆者，如《易传》以“炳”“君”为韵，《尔雅》“英光”亦作“蕨攗”，又“芳”转为“芬”，“防”转为“坟”是也。转寒者，如“磺人”作“卝人”，舜妃“女英”《帝系篇》作“女匽”，《说文》“袢读若普”，《地理志》牂柯郡“同并”，应劭曰“并音伴”是也。此与阳弇声之转也。鱼部与阴侈声、阴弇声皆旁转。鱼部转侯者，如“武”借为“柎”，“傅”借为“附”是也。转幽者，如“甫”声字为“牖”，《大雅》以“恆”韵“休、逑、忧”是也。转之者，如“民虽靡膴”作“民虽靡腜”，又“怃”“煤”同训，“谟”“谋”同训是也。转宵者，如“牺牲不略”作“牺牲不劳”，古文以“臭”为“泽”，又《汉书》“暴室”亦作“薄室”，《诗》之“暴虎”即为“搏虎”是也。此与阴侈声之转也。转支者，如“迹”籀文作“速”，“狄”字今从“亦”声，“闿圛”为“岂弟”，“曰圛”为“曰涕”是也。转至者，如《方言》云：“迹迹、屑屑，不安也。”二语相转，“黐”“黏”二语相转，《说文》“渠蝍”《释虫》作“蛣蜣”，又“拮据”为连语，《释诂》“劼”又训“固”，《广雅》“石”训为“擿”，《贾子》亦云“提石”，而“擿”字自《诗笺》已作“掷”是也。转脂者，如《说文》“埍读若细”，“埍”本言“谞”，故字或作“絮”，假“谞”为之，今读若细，又《史记·匈奴列传》“黄金胥纰”，《汉书》作“犀比”，《战国策》言“师比”是也。转队者，如《说文》“莽”训“郁”，“但”训“拙”，又“鼓造”为“屈造”，《魏略》书徐庶“白垩涂面”作“白垩突面”是也。转泰者，如“于”“越”同训，又《释名》称草圆屋曰“蒲”，即草舍之“废”字是也。转歌者，如“辂”字小篆作“驾”，削瓜曰“华之”，借为“扮之”，又“何”亦作“胡”，“蔓”读如“诈”是也。此与阴弇声之转也。余势未已，阳与阳弇声旁转，极于寒矣，又从寒以对转而得泰。如“对扬”亦作“对越”，“戚扬”借为“戚戉”是也。阳与阳侈声旁转，极于谈矣，又从谈以对转而得宵。如“駫駫牡马”，亦作“骁骁牡马”，又“枉”转为“夭”、“量”转为“料”是也。鱼与阴弇声旁转，极于歌矣，又从歌以对转而得寒。如“篗”或作“䉶”，“无”作“曼”，“乌”作“安”，“跋扈”作“畔援”，“魁梧”作“魁岸”是也。鱼与阴侈声旁转，极于宵矣，又从宵以对转而得谈。如古文"巵"作"屵"从马声，草木之华为"马"，音转为"巵"为"雩"，又"嘏"从古声，"楛"读若"芰"是也。夫惟当轴处中，故兼揽弇侈之声，与之交捷，其弇侈者为轴所隔，则交捷之涂绝矣。"又曰："对转之理，有二阴声同对一阳声者，有三阳声同对一阴声者，复有假道旁转以得对转者，此所谓次对转：若东亦与幽对转，是假道于冬侵也；至亦与青对转，是假道于支也；支脂亦与寒对转，是假道于歌泰也；之亦与冬侵缉对转，是假道于幽也。"又曰："交纽转者，如寒宵虽隔以空界，亦有旁转。如《大雅》以"虐、谑、灌、蹻、耄、谑、熇、药"为韵，《说文》训"芼"曰"草覆蔓"，《广雅》训"蹻"曰"健"。及夫"榦"之与"稾"，"翰"之与"豪"，"翰"之为"高"，"乾"之为"稾"，"瑑"之与"兆"，"彖"之与"逃"，"讙"之与"嚣"，"灌"之与"浇"，"藃"之与"号"，"柬选"之与"挢捎"，"偃蹇"之与"夭挢"，其训诂声音皆相转也。谈盍、歌泰虽隔以空界，亦有旁转。如"冄"声之字为"那"，"勇敢"谓之"勇果"，"盈科"借为"盈坎"。坎，律铨也，"坎"又借为"科"，是歌谈之转也。"盍"借为"曷"，"蓋"又从"盍"。"枼"从世声，又借为"葉"。是盍、泰之转也。此以近在肘腋，而漫阴声、阳声之界，是故谓之变声也。"又曰："阴声有隔越相转之条，宵欲对青，支欲对谈，不及则适与其阴声支宵隔越相转；如"蝶蛸"为"蠡蛸"，"左膘"为"左髀"，"戎狄"为"戎翟"，自古以然。今歊声、勺声、乐声、翟声之字迤入锡韵者由此也。之欲对真，至欲对蒸，不及则适与其阴声至之隔越相转；如古文"閟"为"閟"，"肊"为"臆"，"宓羲"为"伏羲"，"不暱"为"不䵒"由此也。幽欲对谆，脂队欲对冬侵缉，不及则适与其阴声脂队幽隔越相转；如"彫弓"为"弨弓"，"琱琢"为"追琢"，"迟任"为"周任"，"嚋昔"为"谁昔"由此也。侯欲对寒，泰欲对东，不及则适与其阴声泰侯隔越相转。如"朱儒"为"檄儒"，"鼅鼄"为"蝃蝥"，"乘橃"为"乘泭"，"诵说"为"诵数"由此也。然其阳声亦往往效之。支宵隔五而转，青谈亦隔五而转；如《公羊传》“敬嬴”作“顷熊”，《说文》“耆读若耿介之耿”由此也。至之隔五而转，真蒸亦隔五而转；如“蔆”或作“遴”，“矜”亦读“兢”；“胜屠”之音转为“申屠”，四丘为甸，“甸”可读“乘”由此也。脂幽隔五而转，谆侵亦隔五而转；“㐱”声之字为“参”，“殿屎”借为“唸吚”是也。泰侯隔五而转，寒东亦隔五而转。“百官”为“百工”，“衮”从公声，“幢”从童声，“鏦”或从彖声作“𨭬”是也。其幸而合会者，宵青有转，《三苍》训“熛”为“迸火”，《说文》训“艵”为“缥色”，《庄子》“洴澼絖”即“漂絖”，《淮南》“生蔈”即“生萍”是也。之真有转，《说文》读“䱙”为“迅”，训“嫔”为“服”，《释草》以“椋”采薪，即“薪”为同名，是也。幽谆有转，昷声之字为“媪”，𦎫声之字为“飘”，《大雅》“彫弓”乃为“敦弓”，《司几筵》“每敦一几”，“敦读曰焘”是也。侯寒有转，《说文》“短”从豆声，耎声、需声之字往往相变，“敂关”为“款关”，“款款”为“叩叩”是也。支谈有转，“产”有“危”“檐”两读，《释宫》“垝谓之坫”，亦由是转，是也。至蒸有转，《释诂》训“凌”为“溧”，《荀子》言“陵谨”、言“节族欲陵”，并即“恂栗”“严栗”之“栗”是也。队缉有转，古文以“入”为“内”，以“立”为“位”是也。泰东有转，以“阅”为“容”，以“达”为“通”，以“蓬”为“拔”是也。此皆奇牾错出，不别弇侈，不入旁转、对转之条，而亦成条贯有分理。盖余分闰位，声音之间气，不为常率，又非可泯绝其文，故亦谓之变声也。”案此则通隐察微，可谓渊悟县解矣。

六 古声之通转

古声有转，自钱大昕氏始发明。顾炎武讲古音，遇其扞格而难通者，则诿之于方音，且谓五方之音虽圣人有不能改者，不知方音皆由双声而转也。段玉裁精密过于顾，而于双声相转之理，亦未尽达，其以谐声之字分部，固与《说文》相合，然字有以双声相谐者，谐以双声，即不同韵。如“难”字在寒韵，凡从“难”声之字，如“滩”、如

“摊”，皆以“难”之本音为声，可以同部，然“傩”亦从“难”，则以音与“难”之双声“那”字为近，入于歌韵矣，“䕼”亦从“难”，则以音与“难”之双声“泥”字为近，入于齐韵矣。可知以谐声分部，亦应分别本音与双声而后能合。

章先生因作《古双声说》，以明双声通转之例，略谓今有九音，即字母家所分九类。于古则六：曰喉、牙、舌、齿、唇、半舌也。同一音者，虽旁纽则为双声，是故“金钦禽唫”一“金”声具四喉音，“汙吁芋華”一“于”声具四牙音。汉魏南北朝反语不皆音和，以是为齐。及夫牙、喉二音，互有蜕化，募原相属，先民或弗能宣究。证以声类，则有喉音为牙者，如公声为“翁”为“瓮”，工声为“红”，叚声为“瑕”，古声为“胡”，久声为“羑”，圭声为“鼃”，夹声为“挟”，甲声为“狎”，见声为“苋”，气声为“饩”，幵声为“形”，厶声为“弘”，雚声为“歡”，干声为“汗”，呙声为“祸”，区声为“欧”，谷声为“浴”，角声为“斛”，句声为“昫”，羔声为“窯”，丂声为“号”，高声为“蒿”，光声为“黄”，斤声为“欣”，君声为“箬”，军声为“運”，匃声为“曷”，今声为“畬”，毄声为“繫”，彑声为“彝”，呇声为“欲”，元声为“完”，午声为“许”，我声为“義”是也。有牙音为喉者。如𦣝声为“姬”，異声为“冀”，羊声为“羌”、为“姜”，灰声为“恢”，或声为“國”，奚声为“谿”、为“雞”，益声为“蠲”，肙声为“涓”，與声为“舉”，虍声为“豦”、为“虧”，户声为“顧”，爻声为“教”，恒声为“緪”，荧声为“茕”，㫃声为“𠬝”，于声为“夸”，皀声为“卿”，𡳿声为“匡”，玄声为“牽”，衍声为“愆”，咸声为“感”，臽声为“峪”，合声为“袷”是也。是故“栚桓”为“栚柜”，“曲红”为“曲江”，“冶容”为“蛊容”，“肉倍好”为“肉倍孔”，“苄”为“大苦”，“何以恤我”为“假以溢我”，“有蒲与荷”为“有蒲与茄”，词有“扬搉”，训有“謑髁”，鸟有“雝渠”，乐有“空侯”，形有“勾股弦”，水有“江河淮沇”，山有“吴华恒衡”，皆双声也。“囮”“圝”

同文，“油”“膏”通借，若是者遽数之不能终其物。昔守温、沈括、晁公武辈，喉牙二音，故已互易。韩道昭乃直云深喉、浅喉，斯则喉、牙不有异也。百音之极，必返喉、牙。喑者虽不能语，犹有喉、牙八纽。语或兜离了戾，舌上及齿，必内入喉、牙而不悟憭，今交、广音则然，北方轻唇或时入牙。故喉、牙者，人生之元音。凡字从其声类，横则同均，纵则同音，其大齐不逾是。然音或有绝异，世不能通探钩元始，喉、牙足以衍百音。百音亦终輣复喉牙。故有喉、牙发舒为舌音者，如攸声有“絛”，由声有“笛”，睪声有“鐸”，厂声有“虒”，亦声有“狄”，也声有“地”，目声有“台”、有“能”，弋声有“代”、有“忒”，舀声有“稻”、有“韜”，向声有“當”，倂声有“騰”，毐声有“毒”，余声有“荼”，俞声有“媮”，庚声有“唐”，台声有“兊”，炎声有“谈”，鹹声有“覃”，昜声有“湯”，甬声有“通”，貴声有“頹”，堇声有“難”，夒声有“㱾”，尧声有“娆”，九声有“内”，予声有“芧”是也。有舌音遒斂为喉、牙者，如天音如“显”，地训为“易”，弟读为“圛”，田读若“引”，卤声为“卣”，多声为“宜”、为“移”，自声为“歸”，壬声为“巠”，彖声为“缘”，眔声为“鳏”，兑声为“阅”，殳声为“股”、为“羖”，内声为“裔”、为“巂”，竹声为“籒”，蟲声为“融”，“姚”“铫”同声，“銛”、恬”同声是也。有喉、牙发舒为齿音者，如“魯”读若写，午声有“卸”，卸复有“御”，鱼声有“稣”，户声有“所”，羊声有“详”，易声有“傷”，乙声有“失”，失复有“佚”，台声有“盾”，血声有“恤”，亘声有“宣”，肙声有“圓”，弋声有“式”，乐声有“铄”，音声有“戠”，殸声有“聲”，公声有“松”，谷声有“俗”，匀声有“旬”，牙声有“邪”，彦声有“產”，也声有“施”，屰声有“朔”，契声有“偰”，执声有“亵”，告声有“造”，“库”读如舍，“车”读如尺奢反，是也。有齿音遒斂为喉牙者，如出声为“屈”，叀声为“袁”、为“睘”，彗声为“慧”，歲声为“薉”，世声为“勩”，戌声为“威”，隹声为“唯”，自声为“洎”、为“臯”、为“臬”，支声为“芰”、为“跂”，旨声为“诣”、为“稽”、为“耆”，只声为“伿”，氏声为“祇”，矢声为“疑”，咠声为“揖”，丞声为“卺”，佥声为“剑”、为“险”，川声为“训”，井声为“荆”，收声为“莜”，舟声为“貈”，以“疋”为“雅”，以“所”为“许”，以“声”为“馨”是也。有喉、牙发舒为唇音者，如“亯”亦为亯，爲声为“皮”，囧声有“明”、有“莔”，蒿声有“薹”，允声有“玧”，己声有“汜”，黑声有“默”，昏声有“播”、有“腒”，开声有“并”，久声有“畝”，交声有“駮”是也。有唇音遒敛为喉、牙者，如丙声为“更”，采声为“卷”，节声为“蔺”，冒声为“勖”，勿声为“忽”，母声为“悔”，网声为“罔”，亡声为“亢”，品声为“嵒”，分声为“釁”，“釁”复音门，文声为“虔”，未声为“沬”，“敳”声为岂，“豹”“约”同声，“父”“巨”音训是也。有喉、牙发舒为半舌者，如各声有“路”，京声有“凉”，咎声有“绺”，柬声有“阑”，果声有“裸”，兼声有“廉”，监声有“滥”，樂声有“瘵”，聿声有“律”，丣声有“桺”，畾声有“量”，鱼声有“鲁”，可声有“砢”，《诗》以肇革为“鋚勒”，《考工记》故书以“两乐”为“两栾”是也。有半舌遒敛为喉、牙者，如羸声为“嬴”，里声为“俚”、为“趕”，翏声为“膠”，鬲声为“隔”，吕声为“莒”，令声为“矜”，耒声为“颣”；“剑”“敛”同声，“蛾”“罗”一名；总角丱兮，《地官·丱人》，“丱”读如贯；有略其相，“略”读如詻；古文《春秋》以“即立”为“即位”是也。足以明喉、牙实贯穿诸音。据此则知双声之转，亦有条贯可寻，喉、牙揽其纲，而牙又与喉为一。盖喉音出自中宫，各音皆发于喉而收于喉。五音之有喉，亦犹车之有轴，户之有枢，得其环中，而运于无穷已。

今音第二

一　今音述略

古今音之界画，本难严定。自顾炎武分古今音变为三期，谓：“三代之时，其文皆本于六书，其人皆出于族党庠序，其性皆驯化而中和，而发之为音，无不协于正。是以《诗》三百五篇，上自《商颂》，下逮陈灵，以十五国之远，千数百年之久，而其音未尝有异，故三百五篇，古人之音书也。魏晋以下，去古日远，辞赋日繁，而后名之曰韵。至宋周彦伦、梁沈约而四声之谱作，然自秦汉之文，其音已渐戾于古。至东京益甚，而休文作谱，乃不能上据雅、南，旁摭骚、子，以成不刊之典，而仅按班、张以下诸人之赋，曹、刘以下诸人之诗，所用之音，撰为定本。于是今音行而古音亡，为音学之一变。下及唐时，以诗赋取士，其书一以陆法言《切韵》为准，虽有独用、同用之注，而其分部未尝改也。至宋景祐之际，微有更定。理宗末年，平水刘渊始并二百六韵为一百七韵，元黄公绍作《韵会》因之，以迄于今，于是宋韵行而唐韵亡，为音学之再变。”此论一出，然后学者遂咸目自汉以来之音为今音。段玉裁曰：“今人概曰古韵不同今韵而已。唐虞而下，隋唐而上，其中变更正多，概曰古不同今，尚皮傅之说也。音韵之不同，必论其世。约而言之，唐虞、夏商周、秦汉初为一时，汉武帝后洎汉末为一时，魏晋宋齐梁陈隋为一时。古人之文具在，凡音转、音变、四声，其迁移之时代，皆可寻究。”案此所分虽与顾说略异，而古今之界则同。

案古无音书，有《三百五篇》足以代之，今音之书，则实萌芽于魏李登《声类》。自魏至隋，其间作者尚多，在晋则有吕静《韵集》，南北朝时则有段宏《韵集》、李季节《音韵决疑》及《音韵》、周研《声韵》、夏侯咏《四声韵略》、阳休之《韵略》、杜台卿《韵略》、潘徽《韵纂》等，不徒周、沈之《四声谱》也。顾氏独以休文为言者，盖沿元明之士大夫之旧说，以为《切韵》本于沈氏。其实自《声类》而下，书皆不传，传者惟有《切韵》，而法言《切韵序》称述韵书，仅吕、夏侯、阳、周、李、杜六家，未尝及沈，则其书不出于沈可知。沈约《四声》一卷，见于《隋书·经籍志》，新、旧《唐书》皆不著录，是其书至唐已佚。故谓沈为今音之宗者，不如言陆为允。而陆书同撰者，尚有刘臻、颜之推、魏渊、卢思道、李若、萧该、辛德源、薛道衡八人，据其序言“萧颜多所决定”，陆盖总其成耳。萧、颜皆精于小学，而又有诸家音韵供其采取，故其所定，虽曰主于今音，而古音亦籍以并存不堕，世有言《切韵》为吴音者。案法言《序》有“论南北是非、古今通塞”之语，则其音自不主一时一地。又定韵诸人，惟萧该家兰陵在南方，其余卢家范阳，辛家狄道，薛家河东，李家顿丘，颜家临沂，刘家沛，魏家下曲阳，法言自家临漳，皆北方之学者，其不用吴音也审矣。宜长孙讷言称为“酌古沿今，无以加”也。戴震谓：“《切韵》皆就其时之语言音读，参其异同，定其远近、洪细，往往有意求密，而用意太过，强生区别。”段玉裁则谓：“法言二百六部，综周秦、汉魏至齐梁所积而成典型，源流正变，包括贯通。”案段评较允。其后孙愐《唐韵》，虽于《切韵》略有增补，而部次不殊。其他唐代韵书，如玄宗《韵英》、武元之《韵铨》、颜真卿《韵海镜源》、李舟《切韵》，大抵至宋皆微，独陆书盛行于世。

宋之《广韵》，即因陆书就为刊益者也。故今《切韵》原书不可见，得见《广韵》则《切韵》之梗概自在。戴震《声韵考》曰：“法言书今不传，宋《广韵》卷首犹题云：‘陆法言撰本，长孙讷言笺注。’而《集韵·韵例》曰：‘先帝时，令陈彭年、丘雍因法言韵就为刊益。’然则《广韵》之二百六韵，盖法言旧目。”后出之书，如《集韵》《礼部韵略》，《韵略》有数种：其一与《广韵》同时刊修者曰《景德韵略》；其一与《集韵》同时刊修者，曰

《景祐礼部韵略》；其一为绍兴时毛晃所上，曰《增修互注韵略》，诸家所称《增韵》是也；其一曰《壬子新刊礼部韵略》，即《平水韵》。又皆依于《广韵》。惟《平水韵》合并韵部，旧目始混。然《广韵》犹存，是则今日又当以《广韵》为今音之宗矣。

二　今音之韵部

《广韵》分部凡二百有六，平声五十七韵，上声五十五韵，去声六十韵，入声三十四韵。其书刻本颇多，今世所传凡三种：一曰张士俊泽存堂刻本，注多者也；一曰明刻本顾炎武刻本，注少者也；一曰曹楝亭刻本，前四卷与张本同，第五卷注少而又与明刻顾本不相同。目次小注，互有异同。顾炎武《音论》、戴震《声韵考》，皆有考订，而戴氏考之尤详，今逐写戴所考定之表于左。

《广韵》独用同用四声表

上平声	上声	去声	入声
东一独用	董一独用	送一独用	屋一独用
冬二钟同用	湩、鳩字附见肿韵	宋二用同用	沃二烛同用
钟三	肿二独用	用三	烛三
江四独用	讲三独用	绛四独用	觉四独用
支五脂之同用	纸四旨止同用	寘五至志同用	
脂六	旨五	至六	
之七	止六	志七	
微八独用	尾七独用	未八独用	
鱼九独用	语八独用	御九独用	
虞十模同用	麌九姥同用	遇十莫同用	
模十一	姥十	莫十一	
齐十二独用	荠十一独用	霁十二祭同用	
		祭十三	
		泰十四独用	

佳十三 皆同用	蟹十二 骇同用	卦十五 怪夬同用	
皆十四	骇十三	怪十六	
		夬十七	
灰十五 哈同用	贿十四 海同用	队十八 代同用	
哈十六	海十五	代十九	
		废二十 独用	
真十七 谆臻同用	轸十六 准同用	震二十一 稕同用	质五 术栉同用
谆十八	准十七	稕二十二	术六
臻十九	[illegible]、龀字附见隐韵	龀字附见焮韵	栉七
文二十 独用	吻十八 独用	问二十三 独用	物八 独用
殷二十一 独用	隐十九 独用	焮二十四 独用	迄九 独用
元二十二 魂痕同用	阮二十 混很同用	愿二十五 慁恨同用	月十 没同用
魂二十三	混二十一	慁二十六	没十一
痕二十四	很二十二	恨二十七	
寒二十五 桓同用	旱二十三 缓同用	翰二十八 换同用	曷十二 末同用
桓二十六	缓二十四	换二十九	末十三
删二十七 山同用	潸二十五 产同用	谏三十 裥同用	黠十四 辖同用
山二十八	产二十六	裥三十一	辖十五
下平声			
先一 仙同用	铣二十七 狝同用	霰三十二 线同用	屑十六 薛同用
仙二	狝二十八	线三十三	薛十七
萧三 宵同用	篠二十九 小同用	啸三十四 笑同用	
宵四	小三十	笑三十五	
肴五 独用	巧三十一 独用	效三十六 独用	
豪六 独用	晧三十二 独用	号三十七 独用	
歌七 戈同用	哿三十三 果同用	箇三十八 过同用	
戈八	果三十四	过三十九	
麻九 独用	马三十五 独用	禡四十 独用	
阳十 唐同用	养三十六 荡同用	漾四十一 宕同用	药十八 铎同用
唐十一	荡三十七	宕四十二	铎十九

庚 十二 耕清同用	梗 三十八 耿静同用	映 四十三 诤劲同用	陌 二十 麦昔同用
耕 十三	耿 三十九	诤 四十四	麦 二十一
清 十四	静 四十	劲 四十五	昔 二十二
青 十五 独用	迥 四十一 独用	径 四十六 独用	锡 二十三 独用
蒸 十六 登同用	拯 四十二 等同用	证 四十七 嶝同用	职 二十四 德同用
登 十七	等 四十三	嶝 四十八	德 二十五
尤 十八 侯幽同用	有 四十四 厚黝同用	宥 四十九 候幼同用	
侯 十九	厚 四十五	候 五十	
幽 二十	黝 四十六	幼 五十一	
侵 二十一 独用	寝 四十七 独用	沁 五十二 独用	缉 二十六 独用
覃 二十二 谈同用	感 四十八 敢同用	勘 五十三 阚同用	合 二十七 盍同用
谈 二十三	敢 四十九	阚 五十四	盍 二十八
盐 二十四 添同用	琰 五十 忝同用	艳 五十五 㮇同用	葉 二十九 怗同用
添 二十五	忝 五十一	㮇 五十六	怗 三十
咸 二十六 衔同用	豏 五十二 槛同用	陷 五十七 鉴同用	洽 三十一 狎同用
衔 二十七	槛 五十三	鉴 五十八	狎 三十二
严 二十八 凡同用	俨 五十四 范同用	酽 五十九 梵同用	业 三十三 乏同用
凡 二十九	范 五十五	梵 六十	乏 三十四

右表二百六部之目，戴氏以为盖法言之旧。考法言《切韵序》有云："诸家取舍，亦复不同。秦陇则去声为入，梁益则平声似去。又支脂、鱼虞共为一韵。先仙、尤侯俱论是切。"是则四声之分及标目之字，法言亦相承有自，非由特创。顾氏以为隋唐以前相传之谱，其言甚确，特不可谓本于沈约耳。案李登《声类》、吕静《韵集》皆以宫商角徵羽命篇，无平上去入之名。沈约撰《四声谱》，武帝雅不好焉，武帝问周舍何谓四声，舍以"天子圣哲"为对，亦不过随举四字以状四声耳。惟《陆厥传》称沈约等文，以平上去入为四声，以此制韵，有平头、上尾之目，则其《四声谱》或即以平上去入命篇。而后人韵书，遂依而用之，故谓韵分四声本于沈约，理似可信，谓分部亦本于沈者误也。至平声分为上下，则熊忠《韵会举要》有云："平声本无上下之分，旧韵但以平声字繁，故厘为二卷耳。"

四声韵部多寡不齐，则江永有云：“平声五十七部，上声少二部者，冬、臻无上也。去声独有六十者，臻无去少一部，祭、泰、夬、废无平上，又多四部也。”王念孙曰：“去声较平上多祭、泰、夬、废四部，此非无所据而为之也。考《三百篇》及群经、楚词，此四部之字皆与入声之月、曷、末、黠、辖、薛同用，而不与至、未、霁、怪、队及入声之术、物、迄、没同用，且此四部有去入而无平上。”然考《广韵·二肿》“湩”下注云：“此是冬字上声。”故戴氏表即本此定肿韵“湩”“鴆”二字为冬韵上声字。案“湩”字都鴆切，鴆字莫湩切，两字互相为切，故知为一类。更因而推之，以隐韵“榛”“龀”二字为臻韵上声字，焮韵“龀”字为臻韵去声字，案今《广韵》二十四焮无“龀”字，然隐韵“龀”字下注云：“又初靳切。”“靳”字在焮韵，则知“龀”字原有两音：一为上，在隐韵；一为去，在焮韵。如此，则平上两声可以相当，去之配平，亦不至有缺矣。案既有字，古人不为立部者，因字太少之故。惟入声为部特少，表中东以下四韵、真以下七韵、寒以下六韵、阳以下八韵、侵以下九韵，皆有入声；支以下十二韵，萧以下七韵，尤以下三韵，皆无入声。痕韵亦无入声字，戴震谓此亦法言旧次也，而郑樵《通志·七音略》及刘鉴《切韵指南》则以没韵“叟”字、“麧”字为痕韵入声字。如此，则真以下十四韵四声亦无间矣。陈澧则谓未必陆氏书本如此。又韵目下同用、独用之注，顾氏谓为唐人之功令，戴氏亦因封演《闻见记》有“属文之士共苦《切韵》苛细，国初许敬宗等详议，以其韵窄，奏合而用之”之言，谓：“唐初因法言撰本为选举士人作律诗之用，视二百六韵中字数多者限以独用，字数少者合比近两韵或三韵同用，苟计字多寡而已。”然《闻见记》未载《切韵》合用之目，而王应麟《玉海》称，景德四年，龙图待制戚纶等承诏详定考试声韵，纶等以殿中丞丘雍所定《切韵》同用、独用例及新定条例参定。据此，则《广韵》韵下之注，乃宋丘雍所定。故今以唐人诗赋用韵与《广韵》之例相较，出入之处甚多，其非敬宗奏合之旧，盖可断言。顾、戴皆知据《广韵》以寻古今分合之迹，故于此等处未遑细考也。

《广韵》分部之繁，论者或谓其有意求密。李涪《刊误》谓："法言平声以东、农非韵，以东、崇为切；上声以董、勇非韵，以董、动为切；去声以送、种非韵，以送、众为切；入声以屋、烛非韵，以屋、宿为切。何须东冬、中终，妄别声律。"是在唐人已有讥之者矣。然法言《序》云："欲广文路，自可清浊皆通。若赏知音，即须轻重有异。"则其分部之意，盖在审音，后人固不得而妄议也。今《广韵》三钟部中"恭"字下注云："陆以恭、蜙、纵等入冬韵，非也。"此注当亦出于唐人，则又知尚有议其疏者。今寻其例，大别有三：一则因四声而分，一则因等呼而分，一则因古今之音而分。江永云："分韵之类有三：一以开口合口分，一以等分，一以古今音分。"案此所谓等，即开口合口之等也，举等呼即足以包开合。戴震云："《切韵》之大要有三：双声一也，区别其洪细二也，声类异同三也。"案此所谓洪细，亦指等呼言，所谓声类，亦指古今音言，所谓双声，则指切语之上一字言也。四声之分，人所易知，等呼之分与古今音之分，则非深明音理者不能辨。戴氏《声韵考》尝就《广韵》各部而考其等呼曰："平声二冬、十一模、十五灰、二十三魂、二十六桓全韵皆内声一等，十六咍、二十四痕、二十五寒、六豪、七歌、二十二覃、二十三谈全韵皆外声一等，十九臻、五肴、二十六咸、二十七衔全韵皆外声二等，二十文全韵皆内声三等，二十八严、二十九凡全韵皆外声三等，三萧、二十幽、二十五添全韵皆外声四等，上去入大致准此。余韵或主辨等，兼内声、外声为一韵，如十一唐、十七登及十四泰一等，四江、十三佳、十四皆、二十七删、二十八山、十三耕及十七夬二等，八微、十二齐、二十三元三等，一先、十五青四等，并兼内声、外声，上去入准此。或因字少不烦别出，则兼数等为一韵，钟韵兼三等、四等，肿韵之三等、四等字为钟之上声，唯'湩''䳑'二字属一等为冬之上声，以字少不别立部目。又臻、栉二韵无上去声字者，其上去声字在隐、焮二韵内。臻韵、栉韵并二等，欣韵、迄韵并三等，唯上声隐韵、去声焮韵兼二等三等，其二等‘𩐕’‘龀’等字，即臻、栉二韵之上去也，亦以字少不别立部目。”案此所考甚精。其所谓外声即指开口呼，内声即指合口呼也。尚有戴氏所未举者，如五支、六脂、十七真、二仙、八戈、九麻、十阳、十二庚、十四清皆兼开合各数等为一韵，一东、九鱼、十虞、十八谆皆兼合口数等为一韵，七之、二十一殷、四宵、十六蒸、十八尤、十九侯、二十一侵、二十四盐皆兼开口数等为一韵，上去入亦准此。此则依其例可推而得者也。案《广韵》承用旧切，原非一家，有实为一音而分作两切者，有虽在两韵而音相同者。故戴氏又云：“究韵之等呼，一东内一等字与二冬无别，六脂内三等字与八微无别，十七真内二等字与十九臻无别，十七真、十八谆内三等合口呼与二十文三韵皆无别，真韵内三等开口呼与二十一殷无别，二十七删与二十八山无别，二仙内四等字与一先无别，四宵内四等字与三萧无别，十二庚内二等字与十三耕无别，十二庚、十四清内三等开口呼两韵无别，清韵内四等字与十五青无别，十八尤内四等字与二十幽无别，二十二覃与二十三谈无别，二十四盐内四等字与二十五添无别，盐韵内三等字与二十八严、二十九凡三韵皆无别，二十六咸与二十七衔无别。其余呼等同者，音必无别。”

戴氏又尝考其古今音曰：“二百六韵据当时之音，撰为定本，虽未考古音，不无合于今，大戾於古。然别立四江以次东冬钟后，殆有见于古用韵之文。江归东冬钟，不入阳唐，故特表一目。不附东冬钟韵内者，今音显然不同，不可没今音，且不可使今音古音相杂成一韵也。不次阳唐后者，撰韵时以可通用字附近，不使以今音之近似而淆紊古音也。”戴氏又云：“惜不能尽从斯例：如九麻当分为二韵，一次鱼虞模之后，一次歌戈之后；五支当分为二韵，一与支脂微附近，一与歌戈附近；十虞当分为二韵，一与鱼模附近，一与侯幽附近；一先当分为二韵，一与真谆臻殷文魂痕附近，一与元寒桓删山仙附近；三萧、四宵、五肴、六豪之字，当别出古与尤侯幽通者为一韵，次尤侯幽之后；十二庚、十三耕、十四清当别出古与阳唐通者为一韵，次阳唐后；十八尤当分为二韵，一与脂之微附近，一与侯幽附近；二十二覃、二十三谈、二十四盐当别出古与侵通者为一韵，以次侵后。上去入准此分之。定韵时仅仅明于江韵，余韵则在明昧之间，不能截然分别，宜乎好古者讥其论韵之疏与！”段玉裁亦曰：“四江一韵，东冬钟转入阳唐之音也，不以其字杂侧之阳唐，而别为一韵系诸一东、二冬、三钟之后，别为一韵以著今音也，系诸一东、二冬、三钟之后以存古音也。其例甚善。二十幽一韵为尤韵将转入萧之音，十九臻一韵为真韵将转入谆之音，亦用此例之意。”又曰：“古音分十七部矣。今韵平五十有七，上五十有五，去六十，入三十有四，何分析之过多也？曰：音有正变也，音之敛侈必适中，过敛而音变矣，过侈而音变矣。之者音之正也，咍者之之变也；如同一台声，而“怡”“饴”在之韵，“咍”“怠”在咍海韵。萧宵者音之正也，肴豪者萧宵之变也；如同一宵声，而“宵”“消”在宵韵，“稍”“旓”在肴韵；同一高声，“歊”在宵韵，“蒿”“膏”在豪韵。尤侯者音之正也，屋者音之变也；入声沃烛为正音，屋韵过侈为变音。鱼者音之正也，虞模者鱼之变也；如“都”古音猪、“荼”古音舒之类。蒸者音之正也，登者蒸之变也；如去声韵目“證”“嶝”二字皆登声，“嶝”字古音同“證”。侵者音之正也，盐添者侵之变也；如“廉”古音林，“占”古音针。严凡者音之正也，覃谈咸衔者严凡之变也；严凡犹元韵，覃谈咸衔犹寒桓删山也，侵犹真韵，盐添犹先韵也。冬钟者音之正也，东者冬钟之变也；钟为正音，冬韵稍侈，东韵过侈。阳者音之正也，唐者阳之变也；耕清者音之正也，庚青者耕清之变也；庚韵侈，青韵敛。真者音之正也，先者音之变也；如“田”古音陈、“填”古音麈之类。谆文欣者音之正也，魂痕者谆文欣之变也；如“魂”云声，“雲”“芸”“妘”“沄”在文韵；“痕”艮声，“垠”“龈”在欣声。元者音之正也，寒桓删山仙者元之变也；脂微者音之正也，齐皆灰者脂微之变也；支者音之正也，佳者支之变也；歌戈者音之正也，麻者歌戈之变也。大略古音多敛今音多侈，之变为咍，脂变为皆，支变为佳，歌变为麻，真变为先，侵变为盐，变之甚者也。其变之微者，亦审音而分析之。音不能无变，变不能无分，明乎古有正而无变，知古音之甚谐矣。案“古敛今侈”之说，钱大昕谓亦不尽然。声音或由敛而侈，或由侈而敛，各因一时之语言，而文字从之，如“仪”“宜”为字，古音与歌近，今入支韵，即由侈而敛也，岂可执“古敛今侈”之说一概而论乎？孔广森亦谓：“唐韵二百六部，大率斟酌消息，使通乎今，不碍乎古。古者读灰近皆，后世读灰近咍，《切韵》则厕灰于皆咍之间而两别之。古者读庚入唐，后世读庚入耕，《切韵》则厕庚于唐耕之间而两别之。既分古侯虞之属为二，而侯未敢混于尤，虞未敢混于模。其他冬钟、覃谈、先仙、萧宵之界，莫不各有意义。是故知萧宵之不可并，而后知古音萧本幽之类也，宵则肴豪之类也；知先仙之不可并，而后知古音先与真谆臻文殷魂痕为一类，仙与元寒桓删山为一类；知覃谈之不可并，而后知侵覃凡为一类，谈盐添咸衔严自为一类；知冬钟之不可并，而后知东钟江为一类，冬自为一类。知侯虞之不可分，而后知虞与鱼模两类之辨；知唐庚之不可分，而后知庚与耕清青两类之辨。知灰不可离皆合咍，而后知咍类于之也，皆灰类于脂微齐也，又知其各与支佳不相类也。”案戴、段、孔三家皆能审别《广韵》中之古今音，而明其分合之沿革。段、孔所说尤详，孔更较段为察。学者观此，自不致疑于今音韵部之过多矣。其后陈澧作《切韵考》，乃更据《广韵》切语下字，考其同用者、互用者、递用者系联之，同用者，如“东”德红切，“公”古红切，同用“红”字也。互用者，如“公”古红切，“红”户公切，“红”“公”二字互用也。递用者，如“东”德红切，“红”户公切，“东”字用“红”字，“红”字用“公”字也。分二百六部为三百十一类，盖以考核声韵，固不嫌繁碎也。

三　今音之声类

孙愐《唐韵序·后论》曰：“切韵者，本乎四声，纽以双声叠韵。”案双声谓切语上字也，叠韵谓切语下字也。韵书分部皆以下字为主，韵相同者，各从其部，故有东冬钟江之目，而声则散在切语之中。孙氏所谓“纽其唇、齿、喉、舌、牙部，仵而次之也”，盖韵书成立之时，尚无字母，切语又在韵书之前，上字所用，但取双声，声同者皆可切。故《四库提要》曰：“中国以双声取反切，西域以字母统双声。”戴震亦曰：“但讲求双声，不言字母可也。”惟双声之字太多，制切语者，任意取用。章先生谓：“上字无定，见于孙炎《尔雅音》中者，如九遇、居卫、古贵一类分用三字，苦穴、犬县、虚贵、去贫一类分用四字，五果、吾補、牛烝、鱼句一类分用四字，大才、徒答一类分用二字，直略、丈耕一类分用二字，如羊、人垂、汝均一类分用三字。”是叔然一人所用已非画一也，其他韵书承用旧切，复不相谋，使不各归其类，则殊散杂记。故陈氏《切韵考》既据《广韵》切语下字以分韵类，因复据《广韵》切语上字以分声类。其分类之法，与其分韵略同，亦取同用者、互用者、递用者系联之，同用者，如“冬”都宗切，“当”都郎切，同用“都”字也。互用者，如“当”都郎切，“都”当孤切，“都”“当”二字互用也。递用者，如“冬”都宗切，“都”当孤切，“冬”字用“都”字，“都”字用“当”字也。共分四十类，凡得四百五十二字，谓此盖隋以前双声之区域也。今移写于左。

清声二十一类二百四十四字

多得何得德多则丁当经都当孤当都郎冬都宗七字声同一类。“丁”以下四字与上三字切语不系联，实同一类。“多”“得”二字互用，“都”“当”二字互用，则不能两相系联耳。一东“涷”德红切，又都贡切，一送“涷”多贡切，都贡切即多贡切之音，是“都”“多”二字同一类也。

张陟良知陟离猪陟鱼徵陟陵中陟弓追陟隹陟竹力卓竹角竹张六九字声同一类。

之止而止诸市章诸良征诸盈诸章鱼煮章与支章移职之翼正之盛旨职雉占职廉脂旨移十二字声同一类。

抽丑鸠痴丑之楮褚丑吕丑敕久耻敕里敕耻力七字声同一类。

苏素姑素桑故速桑谷桑息郎相息良悉息七思司息兹斯息移私息夷虽息遗

辛息邻息相即须相俞胥相居先苏前写息姐十七字声同一类。

居九鱼九举有俱举朱举居许规居隋吉居质纪居里几居履古公户公古红过古卧各古落格古伯兼古甜姑古胡佳古膎诡过委十七字声同一类。“古”以下九字与上八字不系联，实同一类。“居”“九”“举”三字互用，“古”“公”二字互用，则不能两相系联耳。三十六养“犷”居往切，又居猛切，三十八梗“犷”古猛切，又居往切，古猛切即居猛切之音，是“居”“古”二字同一类也。

康古冈枯苦胡牵苦坚空苦红谦苦兼口苦后楷苦骇客苦格恪苦各苦康杜去丘据丘去鸠墟祛去鱼诘去吉窥去随羌去羊钦去金倾去营起墟里绮墟彼岂祛狶区驱岂俱二十四字声同一类。“去”以下十四子与上十字不系联，实同一类。“康”“苦”二字互用，“去”“丘”二字互用，则不能两相系联耳。三江“腔”苦江切，一东“腔”苦红切，又丘江切，丘江切即苦江切之音，是“苦”“丘”二字同一类也。

方府良卑府移并府盈封府容分府文府甫方矩鄙方美必卑吉彼甫委兵甫明笔鄙密陂彼为畀必至十四字声同一类。

敷孚芳无妃芳非抚芳武芳敷方披敷羁峰敷容丕敷悲拂敷勿九字声同一类。

昌尺良尺赤昌石充昌终处昌与叱昌栗春昌唇七字声同一类。

於央居央於良忆於力伊於脂依衣於希忧於求一於悉乙於笔握於角谒於歇纡忆俱挹伊入乌哀都哀乌开安乌寒烟乌前鷖乌奚爱乌代十九字声同一类。“乌”以下六字与上十三字不系联，实同一类。“於”“央”二字互用，“乌”“哀”二字互用，则不能两相系联耳。十一暮“污”乌路切，十一模“污”哀都切，又一故切，一故切即乌路切之音，是“乌”“一”二字同一类也。

仓苍七冈亲七人遷七然取七庾七亲吉青仓经采仓宰醋仓故麤麄仓胡千仓先此雌氏雌此移十四字声同一类。“此”“雌”二字与上十二字不系联，实同一类。“亲”“七”二字互用，“此”“雌”二字互用，则不能两相系联耳。二仙“縓”此缘切，三十三线“縓”七绢切，又七全切，七全切即此缘切之音，是“七”“此”二字同一类也。

他托何托他谷土吐他鲁通他红天他前台土来汤吐郎八字声同一类。

将即良子即里资即夷即子力则子德借子夜兹子之醉将遂姊将几遵将伦祖则古臧则郎作则落十三字声同一类。

呼荒乌荒呼光虎呼古馨呼刑火呼果海呼改呵虎何香许良朽许久羲许羁休许尤况许访许虚吕兴虚陵喜虚里虚朽居十六字声同一类。“香”以下九字与上七字不系联，实同一类。“呼”“荒”二字互用，“朽”“许”“虚”三字互用，则不能两相系联耳。二十二元“䬼”况袁切，五支“䬼”许羁切，又火元切，火元切即况袁切之音，是“况”“火”二字同一类也。

边布玄布博故補博古伯百博陌北博墨博補各巴伯加八字声同一类。

滂普郎普滂古匹譬吉譬匹赐四字声同一类。“匹”“譬”二字与“滂”“普”二字不系联，实同一类。“滂”“普”二字互用，“匹”“譬”二字互用，则不能两相系联耳。三十四果“颇”普火切，八戈“颇”滂禾切，又匹我切，匹我切即普火切之音，是“普”“匹”二字同一类也。

山所间疏疎所葅沙砂所加生所庚色所力数所矩所疏举史疏士十字声同一类。

书舒伤鱼伤商式阳施式支失式质矢式视试式吏式识赏职赏书两诗书之释施只始诗止十四字声同一类。

初楚居楚创举创疮初良测初力叉初牙厕初吏刍测隅八字声同一类。

庄侧羊争侧茎阻恻吕邹侧鸠簪侧吟侧仄阻力七字声同一类。

浊声十九类二百八字

徒同都同徒红特徒得度徒故杜徒古唐堂徒郎田徒年陀徒何地徒四十字声同一类。

除直鱼场直良池直离治持直之迟直尼伫直吕柱直主丈直两直除力宅场伯十一字声同一类。

锄鉏士鱼床士庄犲士皆崱士力士仕鉏里崇锄弓查鉏加雏仕于俟床史助床据十二字声同一类。

如人诸汝人渚儒人朱人如邻而如之仍如乘儿汝移耳而止八字声同一

类。

余馀予以诸夷以脂以羊己羊与章弋翼与职与余吕营余倾移弋支悦弋雪十二字声同一类。

于羽俱羽雨王矩云雲王分王雨方韦雨非永于憬有云久远雲阮荣永兵为远支洧荣美筠为赟十四字声同一类。

文无分美无鄙望巫放无巫武夫明武兵弥武移亡武方眉武悲绵武延武文甫靡文彼莫慕各慕莫故模谟摸莫胡母莫厚十八字声同一类。“莫”以下六字与上十二字不系联，实同一类。“文”“无”“武”三字互用，“莫”“慕”二字互用，则不能两相系联耳。一东韵“梦”莫中切，又武仲切，一送韵“梦”莫凤切，又亡中切，武仲切即莫凤切之音，亡中切即莫中切之音，是“武”“莫”“亡”三字同一类也。

渠强鱼强巨良求巨鸠巨其吕具其遇臼其九衢其俱其渠之奇渠羁暨其冀十字声同一类。

房防符方缚符镬平符兵皮符羁附符遇符苻扶防无便房连冯房戎毗房脂弼房密浮缚谋父扶雨婢便俾十六字声同一类。

盧落胡来落哀赖落盖落洛卢各勒卢则力林直林力寻吕力举良吕张离吕支里良士郎鲁当鲁郎古练郎甸十五字声同一类。“力”以下六字与上六字不系联，“郎”“鲁”“练”三字与上十二字又不系联，实皆同一类。“卢”“落”二字互用，“力”“林”二字互用，“郎”“鲁”二字又互用，则皆不能相系联耳。一东“笼”卢红切，三钟“笼”力钟切，又力东切，力东切即卢红切之音。十二齐“蝓”郎计切，十八谆“蝓”力迍切，又力计切，力计切即郎计切之音。是“卢”“力”“郎”三字同一类也。

胡乎户吴侯户钩户候古下胡雅黄胡光何胡歌七字声同一类。

才昨哉徂昨胡在昨宰前昨先藏昨郎昨酢在各疾秦悉秦匠邻匠疾亮慈疾之自疾二情疾盈渐慈染十四字声同一类。“疾”以下七字与上七字不系联，实同一类。“在”“昨”二字互用，“疾”“秦”“匠”三字互用，则不能相系联耳。三钟“從”疾容切，三用“從”疾用切，又才容切，才容切即疾容切之音，是

“才”“疾”二字同一类也。

蒲薄胡步薄故裴薄回薄傍各白傍陌傍步光部蒲口七字声同一类。

鱼语居疑语其牛语求语鱼巨宜鱼羁拟鱼纪危鱼为玉鱼欲五疑古俄五何吾五乎研五坚遇牛具虞愚愚俱十五字声同一类。

奴乃都乃奴亥诺奴各内奴对嬭奴礼那诺何六字声同一类。

时市之殊市朱常尝市羊蜀市玉市时止植殖寔常职署常恕臣植鄰承署陵是氏承纸视承矢成是征十六字声同一类。

尼女夷拏女加女尼吕三字声同一类。

徐似鱼祥详似羊辞辞似兹似详里旬详遵寺祥吏夕祥易随旬为十字声同一类。

神食邻乘食陵食乘力实神质四字声同一类。

右所分者，以清浊为大界。盖切语之法，以上字定清浊。不辨清浊，便不识切语，故孙愐亦有“引字调音，各自有清浊”之言也。所列次第，则以见韵之先后为序，各类皆取平声字为首，首一字清，则系联一类皆清，首一类为浊，则系联一类皆浊，别无建首之文。若借字母以为定，则“多”以下七字属端母，“张”以下九字属知母，“之”以下十二字属照母，“抽”以下七字属彻母，“苏”以下十七字属心母，“居”以下十七字属见母，“康”以下二十四字属溪母，“方”以下十四字则“方封分府甫”五字属非母，“卑并鄙必彼兵笔陂畀”九字与“边”以下八字属帮母，“敷”以下九字，则“敷孚妃抚芳峰拂”七字属敷母，“披丕”二字与“滂”以下四字属滂母，“昌”以下七字属穿母，“於”以下十九字属影母，“仓”以下十四字属清母，“他”以下八字属透母，“将”以下十三字属精母，“呼”以下十六字属晓母，“书”以下十四字属审母，“徒”以下十字属定母，“除”以下十一字属澄母，“锄”以下十二字属床母，“如”以下八字属日母，“余”以下十二字属喻母，“文”以下十八字则“美明弥眉绵靡莫慕模谟摸母”十二字属明母，“无巫亡武文望”六字属微母，“渠”以下十字属群母，“房”以下十六字则“房防缚附符苻扶冯浮父”十字属奉母，“平皮便毗弼婢”六字与“蒲”以下七字属並母，“卢”以下十五字属来母，“胡”以下七字属匣母，“才”以下十四字属从母，“鱼”以下十五字属疑母，“奴”以下六字属泥母，“时”以下十六字属禅母，“尼”以下三字属娘母，“徐”以下十字属邪母。尚有“山”以下十字字母家并入审母，“初”以下八字字母家并入穿母，“庄”以下七字字母家并入照母，“于”以下十四字字母家并入喻母，“神”以下四字字母家并入床母，故四十类为三十六类也。较其得失，则明微二母当分。《广韵》切语上字不分者，乃古音之遗，今音则分别甚明，不必泥古也。非敷奉三母古音读为帮滂並三母，《广韵》切语上字虽分，然非敷奉三母字其切语上字仍多用帮滂並三母字，此亦古音之遗，今音分别甚明，不必泥古也。至不隶字母之五类，《广韵》切语上字所以有分者，缘“山”以下十字为二等，而审母十四字则为三等；“初”以下八字为二等，而穿母七字则为三等；“庄”以下七字为二等，而照母十二字则为三等；“于”以下十四字为三等，而喻母十二字则为四等；“神”以下四字为三等，而床母十二字则为二等。等既有异，故出音截然不同，字母家乃亦合而为一，此则并所不当并矣。是故今音声类四十类，字母家分析者一，合并者五。验之音理，分者为是，并者为非。四十类实应为四十一类也。

四　今音之四声

《广韵》四声相配，平上去三声虽小有参差，约略相当，入声独少，有承有缺。前表所列，戴氏依郑庠《古音辨》而定，且谓此盖陆氏旧目，未有改易者也。顾炎武《音论》则不以旧配为然，故但四声平列，而为之说曰：“韵书之序，平声一东、二冬，入声一屋、二沃。若将以屋承东、以沃承冬者，久仍其误而莫察也。屋之平声为

‘乌’，故《小戎》以韵‘驱’‘羿’，不协于东董送可知也；沃之平声为夭，故《扬之水》以韵‘凿’‘襮’‘乐’，不协于冬肿宋可知也。‘术’转去而音遂，故《月令》有‘审端径术’之文；‘曷’转去而音害，故《孟子》有‘时日害丧’之引。‘质’为‘传质为臣’之质，‘觉’为‘尚寐无觉’之觉。‘没’音妹也，见于子产之书；‘烛’音主也，著于孝武之纪。此皆载之经传章章著明者。至其韵中之字，随部而误者十之八，以古人两部混并为一而误者十之二。是以审音之士，谈及入声，便茫然不解，而以意为之，遂不胜其舛误矣。”又曰：“夫平之读去，‘中中’‘将将’‘行行’‘兴兴’，上之读去，‘语语’‘弟弟’‘好好’‘有有’，而人不疑之者，一音之自为流转也。去之读入，‘宿宿’‘出出’‘恶恶’‘易易’，而人疑之者，‘宿’宥而‘宿’屋，‘出’至而‘出’术，‘恶’暮而‘恶’铎，‘易’寘而‘易’昔。后之为韵者，以屋承东，以术承谆，以铎承唐，以昔承清，若吕之代嬴，黄之易芈，而其统系遂不可寻矣。或曰：平嬴而入诎，固有三平共一入者。是殆不然。夫古人之制字，必有所从来，以文相丽，以声相协，在乎此者不可移乎彼，所谓天之生物也，使之一本，夫文字则亦有然者也。”顾氏持论如此，故其所作《古音表》惟歌戈麻三韵旧无入声，侵覃以下九韵旧有入声，与《广韵》同，其余悉反之，旧无者有，旧有者无。钱大昕谓顾论入声尤中肯綮。盖虽与韵书异，而考之古音，固自相合也。然《切韵》分部，虽兼存古音，本以今音为主，纯依顾说，施之古音则是，施之今音则违。顾氏遂谓近代入声有误，亦偏见也。

江永因创“数韵同入”之说，谓：“依韵书次第，屋至觉四部配东冬钟江，质至薛十三部配真谆臻文殷元魂寒桓删山先仙，唯痕无入，药至德八部配阳唐庚耕清青蒸登，缉至乏九部配侵覃谈盐添严咸衔凡。调之声音而谐，按之等列而协，当时编韵书者，其意实出于此。以此定入声，天下古今之通论，不可易也。然执是说也，则此三十四韵之外皆无入矣，胡为古人用入声韵与三声协者多出于无入声之韵？而以一字转两三音如质质、恶恶，偏旁谐声字如至室、意臆、慕莫、肖削之类，亦多出无入声之类也。顾宁人于是反其说，以为屋承东、术承谆、铎承唐、昔承清，若吕之代嬴，黄之易芈，以其音之不类也。不知入声有转纽，不必皆直转也。曷不即侵覃九韵思之乎？侵寝沁缉犹之真轸震质、清静劲昔、青迥径锡、蒸拯证职也；覃感勘合、谈敢阚盍犹之寒旱翰曷、桓缓换末也；盐琰艳葉、添忝㮇帖、严俨釅业犹之先铣霰屑、仙狝线薛也；咸豏陷洽、衔槛鉴狎、凡范梵乏犹之删潸谏黠、山产裥辖、元阮愿月也。推之他韵，东董送屋、唐荡宕铎亦犹是也。如必以类直转，乃为本韵之入。则此九韵不能转入矣。缉承侵，合承覃，不亦犹吕嬴、黄芈乎。入声可直转者，唯支脂之微数韵耳。猥俗者谓'孤古故谷'为顺转，不知'谷'乃'公''钩'所共之入，而'孤'之入为'各'，犹之'暮'之为'莫''恶'之为'恶'也。余别为之说曰：平上去入，声之转也。一转为上，再转为去，三转为入，几于穷，仅得三十四部，当三声之过半耳；穷则变，故入声多不直转；变则通，故入声又可同用。除缉合以下九部为侵覃九部所专，不为他韵借，他韵亦不能借，其余二十五部诸韵，或合二三韵而共一入，无入者间有之，有入者为多。诸家各持一说，此有彼无、彼有此无者皆非也。顾氏之言曰：'天之生物使之一本，文字亦然。'不知言各有当，数韵同一入，犹之江汉共一流，何嫌于二本乎？"又曰："数韵同一入，非强不类者而混合之也。必审其音呼，别其等第，察其字之音转、偏旁之声、古音之通，而后定其为此韵之入，各有脉络，不容紊殽，犹之江汉合流，而《禹贡》犹分为二水也。"案江氏精于审音，故能补顾氏偏于考古之失，其讥顾氏等韵之学甚疏，盖即以此自与也。戴氏承江说，遂定为二平同一入，于《广韵》旧有入者仍之，旧无入者配之，其言曰："旧有入声者，以金石音喻之，犹击金成声也；旧无入声者，以金石音喻之，犹击石成声也。有入者如气之阳，如物之雄，如衣之表；无入者如气之阴，如物之雌，如依之里。又平上去三声近乎气之阳、物之雄、衣之表，入声近乎气之阴、物之雌、衣之里。故有入之入无入之去近，从此得其阴阳、雌雄、表里之相配。而侵以下九韵独无配，则以其为闭口音，而配之者更微不成声也。”此较江氏尤精。章先生称：“江、戴于今韵得其条理，于古韵明其变迁。”盖谓是也。孔广森因即戴说而立古音对转之法，段玉裁古合韵说意亦犹是，特分合亦未尽当耳。

江有诰稍后出，专据《说文》之偏旁谐声及周秦人平入同用之章为据，作《入声表》，大旨同于顾氏，而亦兼采慎修之说，谓：“以《说文》谐声证诸《三百篇》合用之字，一部中必有十数字与三声合用者，又必有十数字与平上去两三收者，然后定为此部之入。”故屋韵当分为三：其一为侯入，“读”字、“簇”字侯、屋两收，“漱”从束，“彀、瞉”从㱿，“族”有奏音。其一为尤幽及萧豪通尤之入，“復覆宿祝肉畜”宥、屋两收，“缪”字幽、幼、屋三收，“戮缪”从翏，“轴抽”从由，“莤”从酉，“蹴”从就，“舅”从臼，“鹜楘”从矛，“萧啸”从肃，“燠澳”从奥，“冒”从目。其一为尤通之之入。“副囿”志、屋两收，“富副”从畐，“郁栯”从有，“堇”从里，“恧”从而。沃韵当分为二：其一为豪之入，“沃”从夭，“襮攥”从暴，“熇”从高，“歊”字豪、沃两收。其一为豪通尤之入。“告纛部”号、沃两收，“娼”字皓、沃两收，“酷梏”从告，“瑁椙”从冒。烛为虞通侯之入。“足趣属”遇、烛两收，“駮”字麌、遇、烛三收，“揀”从束，“裕”与“欲”俱从谷。觉韵当分为三：其一为肴之入，“较药乐燿貌踔棹”效、觉两收，“駮”从交，“樵”从焦，“矟箾”从肖，“驳”从爻，“爆犦”从暴，“邈”从貌，“瓝”从勺，“翯”从高，“罩”从卓，“吒”从毛，“荦”从劳省声。其一为肴通尤之入，“觉骲较”效、觉两收，“雹”从包，“矞”从矛。其一为侯虞相通之入。“数”字麌、遇、觉三收，“斠”从冓，“鷇”从芻，“鯫”从取，“瞉”从㱿，“斸”从斲。质栉为脂开口之入，术为脂合口之入。“质帅出率磧”至、质、术三收，“比”

字脂、旨、质三收，“醉翠”从卒，“侄室”从至，“毖”从必，“懿”从壹，“祟”从出，“愤、从质。物为微合口之入，迄为微开口之入。“怫尉熨尉蔚芾”未、物两收，“费痈”从费。“氣鎎”从乞，“乞”《说文》作“气”，未、迄两收。月为废通祭泰之入。“茷肺蹶鳜噦”废、月两收，“废”从发，“茷”从伐，“噦”从歲。没为灰通脂之入。“踩碎敓”从戾，“孛誖悖”队、没两收，“倅淬”从卒，“肭讷”从内，“矻麧”从乞，“悷肆”从隶。曷为泰开口之入，末为泰合口之入。“桧”《书经》作“栝”，“曷”《孟子》作“害”，“糲濊汏蔡”泰、曷两收，“豁割”从害，“餲愒”从曷，“曷”又从匃，“擦”从蔡，“侻脱”从兑，“捺”从奈，“婚”从會，“撮”从最，“獭”从赖，“赖”又从束，“夅”从大。黠韵当分为二：半为皆通脂之入，“扒”从八，怪、黠两收。“稭”从皆，皆、黠两收。“豽肭”从内。半为祭泰通用之入。“磍”从害，“察”从祭，“鎩蔱”泰、黠两收。辖为泰夬之入。“鎋辖”从害。“话”从舌，“舌”《说文》作“昏”。屑为齐通脂之入。“切戾契”霁、屑两收，“砌”从切，“粢粢”从次，“阕”从癸，“咥耋”从至，“捩”从戾。薛为祭通泰夬之入。“哲说揭绁掣泄洩啜蕝”祭、薛两收，“绁”从世，“例”从列，“哲”从折，“掣”从制，“鼈鷩”从敝。药韵当分为二：其一为鱼及麻通侴之入，“著”字御、药两收，“躇醵”鱼、御、药三收，“噱、醵”从豦，“缚”从専，“矍”从眲。其一为宵之入。“焯”一作“炤”，“约爝嚼”笑、药两收，“削”从肖，“釂”从爵，“蹻”从喬。铎韵当分为二：其一为模及麻通模之入，“度秨莫作错厝”暮、铎两收，“恶”字模、暮、铎三收。“索”《中庸》作“素”。“剫”从度，“涸”从固，“博”从尃，“墓”从莫，“路”从各，“杔”从乇，“護”从蒦，“噁”从恶。其一为豪之入。“乐”有五教切之音，“嗃”从高。陌韵当分为二：其一为模及麻通模之入，《诗》“貊其德音”，《左传》作“莫”。“莫”之去声为“暮”，“哑赫濩”祃、陌两收，“貘嗼”从莫，“舴、齚”从乍，“劇噱”从豦，“虢唬”从虎。其一为支之入。“嫡”从商，“商”《说文》作“啻”。“屐”从支，“嶲”从巂。“啧”从责，“责”《说文》作“賷”，从束声。“脈”从𠂢，“𪗋”从智，“𡠙”从兒。皆是此部得声。麦韵当分为三：其一为佳通支之入，“债画𨸝”卦、麦两收，“脈、覛”从𠂢，“簀幘”从责，“责”有债音，“𡟴劃”从畫，“策揀”从朿。“檗薜”从辟，“辟”之去声在寘。其一为咍通之之入，“麥”从來。故古以“來麰”为麥。其一为麻通模之入。“獲”与“護”俱从蒦，“濇”与“措”俱从昔，而“護措”在暮。“榑”从尃，“咋”从乍。昔韵当分为二：其一为支之入，“积刺辟易”寘、昔兩收，“缢隘”从益，“漬殨”从責，“速”从朿声，“避”从辟声。其一为麻通鱼之入。“炙借藉斥射麝”禡、昔两收，“蕮潟”从舄，“腋掖”从夜，“夜”为亦省声，“摭蹠”从庶，“拓”从石，“螫”从赦，“赦”又从赤，“斁”有“妒”音。锡韵当分为三：其一齐通支之入，“霓”字霁、锡两收，“繫”从毄，“锡惕”从易，“壁甓”从辟，“霓鬩”从兒。其一为萧之入，“激弔溺”笑、锡两收，“竅皦”从敫，“的靮”从勺，“糴櫂”从翟。其一为尤及宵通尤之入。“寥”字尤、锡两收，“迪笛”从由，“踧寂”从叔，“滌”从條，“倜”从周。职为之之入。“植识食织亟副”志、职两收，“薿䭶”之、职两收，“億憶”从意，“翼”从異，“值”从直，“试弑”从式，“幟熾”从戠。德为咍之入。“贷䩶北踣塞刻”代、德两收，“特”从寺，“蟘”从貸，“踣”从咅，“刻”从亥，“䘃”从黑，“簺”从塞，“灁”从賊，“背”从北，“厕”从则。又缉合以下九韵为侵覃九部之入，历来举无异说。江则考侵覃九韵《诗》凡四十四见，《易》三见，《楚辞》八见，缉合九韵《诗》凡十五见，《易》一见，《楚辞》五见，并无一字共用者，所用侵覃九部六十余字，缉合九韵二十余字，又无一字同偏旁得声者，故谓缉合九韵无平上去，亦无庸作表。案此则全翻旧谱矣。

段氏谓：“前人论入声说最多歧，未有能折中至当者，唯晋三《入声表》，尤为精密，不惟陆氏分配之误辨明，即江、戴异平同入之说，亦可不必，其真知确见有如此者。”可谓推许之至矣。然窃谓晋三考核虽谛，究亦主于古音，其偏与顾氏同。自谓必破除唐韵部分之谬，乃能得古音之正，则其表盖全为古音而作。要之法言之书，号为“剖析毫厘，分别黍累”，纵有疏舛，抑何至谬误如此。音韵之不同，当论其世。法言固尝言“以今声调既自有别”矣，又何可执三代之音以律之哉！昔宋人作《切韵指掌图》，其入声分配之法，凡《广韵》之旧无入者，图中皆有之：以屋沃烛觉兼配东冬钟江与鱼虞模肴，以质术栉迄德兼配真谆殷登与支脂之微齐痕尤侯幽，以月没曷末黠辖屑薛兼配文魂寒桓删山先仙与佳皆灰咍歌戈麻，以药铎兼配阳唐与萧宵豪。虽未能悉当，然异平同入，实已肇端。故就《广韵》论四声，应从江永、戴之说。章先生曰：“入声不属阳声，盖汉魏迄今所同，顾唯陆韵为异。如‘宿’转去为息救切，不入送宋用；‘恶’转去为乌故切，不入漾宕；‘易’转去为以豉切，不入劲径；‘织识’转去为职吏切，不入证嶝；‘质’转去为陟利切，不入震。此皆晋宋齐梁人旧音，其余可知也。陆韵于此循旧，他则反之，例自乱矣。征以今音，北方读入声皆作去；安徽、江苏、浙江、福建、广东五部，其入声蕲然促音，与去绝异；而江西、湖北、湖南、广西、四川、云南、贵州七部入声似去而加沉重。此七部者，言‘力’似‘吏’，言‘式’似‘试’，言‘锡’似‘细’，言‘逖’似‘递’，言‘郭’似‘故’，言‘铎’似‘度’。其言‘笃’、言‘竹’者，湖南、江西声清，故‘笃’似‘斗’，‘竹’似‘肘’；其余五部声浊，故‘笃’似‘妒’，‘竹’似‘箸’。旁皇幽侯、鱼模之间，本相转也。未有言‘力式’似‘棱胜’，言‘锡逖’似‘性定’，言‘郭铎’似‘桄宕’，言‘笃竹’似‘冬中’者。此则入声不系阳声，今音犹旧音也。乃夫谷声为‘容’，束声为‘竦’，中声为‘蚩’，陽声为‘鍚’，黄声为‘彉’，昷声为‘殟’，‘兀’读如‘敻’，‘茾’读如‘聿’，此皆对转变声，非其相丽。陆韵以入声分丽阳声，虽因是得见对转之条，卒非声音本然之纪。阴阳声者，例犹夫妇。入声犹子，子虽合气受形，怀妊必于其母。然则一平一入者，其说方以智，二平同入者，其说圆而神。圆出于方，未有蔑弃榘则而作旋规者也。”案此论虽主以入声配阴声，而亦不以入声配阳声为误，以配阴声为本音，以配阳声为变音，固达识也。

五 今音之反切

古无韵书，汉以前注书者，但曰某字读如某、某字读与某同。郑康成所谓“其始书之也，仓卒无其字，或以音类比方假借为之，趣于近之而已”。汉之季世，始盛行反语，见于《汉书音义》者，有服虔、文颖、邓展、应劭、苏林诸家。颜之推、陆德明、张守节皆谓反语始于孙炎者，未详考也。《颜氏家训》曰：“孙叔然创《尔雅音义》，是汉末人独知反语，至于魏世，此事大行，自兹厥后，音韵蜂出。”陆氏《经典释文·叙录》曰：“古人音书，止为譬况之说，孙炎始为反语。魏朝以降，蔓衍日繁。”张氏《史记正义·论例》曰：“先儒音字，比方为音，至魏秘书孙炎始作反音，又未甚切，今并依孙反音以传后学。”自有反语，于是论韵者博考而类聚之，始成韵书。是故欲明今音，必先明反语。盖反语在前，韵谱在后也。“反”一称“切”。阳休之、周颙、陆法言之书皆名《切韵》，后人因又连称曰“反切”。究其受名，莫知义之所取，如《礼部韵略》云：“音韵展转相协谓之反，两字相摩以成声韵谓之切，其实一也。”《古今韵会》云：“一音展转相呼谓之反，亦作翻，一韵之字相摩以成声谓之切。”此皆因其已成之名而意为之解耳。章先生曰：“立法之初谓之反，反者覆也，谓反覆相生皆可得音也。切者定也，后人因既用某字做音，便可切定，不必反覆也。”斯则较为近实。而南北朝时，又有“体语”之名。《北史·徐之才传》云：“尤好剧谈体语，公私言聚，多相嘲戏。”封演《闻见记》云：“周颙好为体语，因此切字皆有纽，纽有平上去入之异。”陈澧谓“体语”盖即切语，然亦莫详其义也。案体语之体，或取义于体状，犹言形容也。以双声叠韵形容一字之音，故曰“体语”。至于反切之法，盖取二字以譬一字之音，上一字与所切之字为双声，下一字与所切之字为叠韵。双声叠韵，其于言辞所涉，矢口而得，咸出自然，故反切之理，亦出于自然。其名虽起于汉，其形则汉以上即已有之。沈括《梦溪笔谈》曰：“古语已有二声合为一字者，如‘不可’为‘叵’，‘何不’为‘盍’，‘如是’为‘尔’，‘而已’为‘耳’，‘之乎’为‘诸’之类，似西域二合之音，盖切字之原也。”郑樵《通志·七音略》亦曰：“慢声为二，急声为一，慢声为‘者焉’，急声为‘旃’；慢声为‘者与’，急声为‘诸’；慢声为‘而已’，急声为‘耳’；慢声为‘之矣’，急声为‘只’是也。”顾炎武乃更考之经传以扩其说，如蒺藜为茨，《诗》：“墙有茨。”传：“茨，蒺藜也。”蒺藜正切“茨”字。瓠卢为壶，“八月断壶”，今人谓之胡卢，《北史·后妃传》作瓠芦，瓠芦正切“壶”字。鞠穷为芎，《左传》：“有山鞠穷乎。”鞠穷是芎穷，鞠穷正切“芎”字。丁宁为钲，“著于丁宁”，注：“丁宁，钲也。”《广韵》“丁”中茎切。丁宁正切“钲”字。僻倪为陴，“守陴者皆哭”，注：“陴，城上僻倪。”僻音避，僻倪正切“陴”字。奈何为那，“弃甲则那”，那，何也，后人言奈何，奈何正切“那”字。和同为降，“六卿三族降听政”，注：“降，和同也。”和同正切“降”字。句渎为谷，《春秋·桓十二年》：“公及宋公、燕人盟于谷丘。”《左传》：“句渎之丘。”句渎正切“谷”字。邾娄为邹，《公羊传》：“邾娄后名邹。”邾娄正切“邹”字。明旌为铭。《礼记·檀弓》：“铭，明旌也。”明旌正切“铭”字。终葵为椎，《玉藻》：“终葵，椎也。”《方言》：“齐人谓椎为终葵。”终葵正切“椎”字。大祭为禘，《尔雅》：“禘，大祭也。”大祭正切“禘”字。不律为笔，不律谓之笔，不律正切“笔”字。蕵芜为须，须，蕵芜，蕵芜正切“须”字。子居为朱，《列子》：“杨朱南之沛。”《莊子》：“阳子居南之沛。”子居正切“朱”字。窻笼为聪，古人谓耳为聪，《易传》：“聪不明也。”《灵枢经》：“少阳根于窍，阴结于窻笼。窗笼者耳中也。”窗笼正切“聪”字。蠋蝓为蛛，《方言》：“蜘蛛或谓之蠋蝓。”蠋蝓正切“蛛”字。卒便为倩，“壻谓之倩”，注：“今俗呼女壻为卒便。”卒便正切“倩”字。令丁为铃，《说文》：“铃，令丁也。”令丁正切“铃”字。鶻鸼为鸠，“鸠，鶻鸼也。”鶻鸼正切为“鸠”字。瘯蠡为痤，“痤，一曰族絫。”徐铉以为即《左传》之瘯蠡。瘯蠡正切“痤”字。蔽膝为韠，《释名》：“韠，蔽膝也，所以蔽膝前也。”蔽膝正切“韠”字。侧理为纸，《拾遗记》：“晋武帝赐张华侧理纸。”侧理正切“纸”字。扶淇为潍，《水经注》晏谟、伏琛云：“潍水即扶淇之水也。”扶淇正切“潍”字。狻猊为狮，《广韵》：“狻猊，狮子。”狻猊正切“狮”字。皆是也。故刘逢禄《诗声衍》谓反切之始先于读如、读若，其语即本于顾。乃宋人许观、陈振孙辈郑樵亦然。竟谓反切之法，自西域流入中国，可谓蔽于字母之学而不知其本矣。

初制反切者，既本于双声叠韵，则凡表声者发音相同皆可用，表韵者收音相同皆可用，声无所谓类，韵无所谓部也。及韵书出，始取前人反切，为之分别部居。然今就陆韵切语考之，则上字表声者，不惟喉、牙、舌、齿、唇有分，即各声之清浊亦较然不乱；下字表韵者，不惟平上去入有分，即各韵之开合，亦较然不乱。此固由于定韵者加以整齐画一，亦可见前人作切语，虽同声同韵随情取用，而实斟酌至当，曲有条理，合乎声音本然之纪，否则无以臻是也。惟上字定清浊，即不必论四声；下字定四声，即不必论清浊。陈澧尝举吴孙亮时童谣为例：“‘于何相求常子阁’，常子阁者，反语石子冈也。常阁为‘石’，‘石’‘常’为浊，而‘石’入、‘常’平不论也，‘石’‘阁’皆入，而‘石’浊、‘阁’清不论也。阁常为‘冈’，‘冈’‘阁’皆清，而‘冈’平、‘阁’入不论也，‘冈’‘常’皆平，而‘冈’清、‘常’浊不论也。此与切语之法，一一密合。童孺歌谣，何知音学？岂非自然之天籁乎？”观此则又知清浊、平仄，亦出自然，不独双声叠韵出自然也。特上字虽不论四声，而四声之清浊，不能不辩。苟不能辩，则遇切语上字用上去入者，便不辩所切为何音。故陈氏又谓：“‘东’字德红切，不知‘德’字为清音，则疑德红切为‘东’之浊音矣；“东”之浊音无字。‘隆’字力中切，不知‘力’字为浊者，则疑力中切为‘隆’之清音矣；“隆”之清音无字。‘洪’字户公切，不知‘户’字为浊音，则疑户公切‘烘’字矣；‘冲’字尺容切，不知‘尺’字为清音，则疑尺容切‘重’字矣。”

是亦读切语者所当知也。又舌音有舌头、舌上，唇音有重唇、轻唇，此古音声类不分而今音声类有分者。陆韵切语上字，则或分或不分，如“贮”字丁吕切，“贮”为知母，“丁”则端母也；“牚”字他孟切，“牚”为彻母，“他”则透母也；“湛”字徒减切，“湛”为澄母，“徒”则定母也；“搱”字诺皆切，“搱”为娘母，“诺”则泥母也。此以舌头切舌上也。“悲”字府眉切，“悲”为帮母，“府”则非母也；“篇”字芳连切，“篇”为滂母，“芳”则敷母也；“贫”字符巾切，“贫”为并母，“符”则奉母也；“苗”字武瀌切，“苗”为明母，“武”则微母也。此以轻唇切重唇也。盖古既无分，故切语通用无别，后世音变，遂觉“丁”与“贮”“府”与“悲”等非双声，乃目此等字为类隔切，《切韵考》曰：“张守节《史记正义·论音例》云：‘孙炎始作反音，又未甚切。’所谓‘未甚切’者，即类隔也。如《尔雅音》‘敉’敷是反、‘檗’芳麦反之类是也。”实则古本不隔，是又读切语者所当知也。又各韵开合之等，切语下字多有分别，然亦有不分者，如“为”字远支切，“为”撮口呼，“支”齐齿呼，此以开切合也。“刈”字鱼肺切，“刈”齐齿呼，“肺”撮口呼，此以合切开也。“凤”字冯贡切，“凤”撮口呼，“贡”合口呼，此以洪切细也。“觫”字仄谨切，“觫”开口呼，“谨”齐齿呼，此以细切洪也。若斯之类，或因其韵无同类之字，不得不借他类字作切，或则由昔人用字偶疏，是又读切语者所当知也。尚有切语下字与所切字不同韵者，如“赟”字於伦切，“赟”在十九真，“伦”在十八谆。《切韵考》曰：“此其疏也”“鳏”字古顽切，“鳏”在二十八山，“顽”在二十七删。《切韵考》曰：“陆氏书此韵无与‘鳏’同类之韵，故借用也。”“凡”字符咸切，“凡”在二十九凡，“咸”在二十六咸。《切韵考》曰：“此韵字少，故借用。”“靠”字徂累切，“靠”在五旨，“累”在四纸。《切韵考》曰：“‘累’盖‘垒’字之误。”亦有无切语而以平声之字代喻其音者，如四十二拯部“拯”字下云：“无韵切，音蒸上声。”顾炎武曰：“此因本音之外，止有丑拯、其拯、色庱三切，而互用则终于莫晓，故变反切之法而以平声之字音之。”《切韵考》曰：“此谓‘拯’无同韵之字，无可为切语者，故变例音‘蒸上声’也。今拯韵‘庱殑殊’三字为增加字。此类殊不多见，盖变例也。

六 今音之通转

阴阳对转，本施于古音。自江、戴倡异平同入之说，周旋古音与《广韵》之间，于是今音通转亦可籍是以明。江氏作《四声切韵表》，依二百六韵条分缕析，四声相从，各统以母，别其音呼等列，盖即假等韵之法以审定今音。虽未言阴阳，而于四声分承各部，通转之理，十已得其七八矣。其说曰：“‘竦’从束声，‘冢’从豖声，‘叢’从取、丵，‘簇’从竹、聚，皆与屋韵近，故东董送转而为屋，而候尤亦共之。读读、復復、覆覆、宿宿、祝祝、肉肉一字两音，畜畜、族族音亦相转，轴、蹴之类，偏旁多通，故侯厚候得其一等字，尤有宥得其二三四等字。幽亦尤侯之类，得其‘缪’字，平去入三音也，尤有宥别分一类，古音通之止志者，得其‘牧郁福服’字。‘福服’今音轻唇，古音重唇，如职韵之‘愎逼’也。萧韵别分一类古音通尤者，得其‘肃’字，他音非其入也。‘條莜’之入，乃锡韵之‘滌’字，其同音‘迪笛踧覿’，古音皆屋韵也。又‘得惄寂戚’字，因萧肃之相通。而萧之转为锡者，又有字通于屋，故萧韵兼得屋锡。东既以屋为入，则冬宜以沃为入，皆一等韵也。然‘沃’从夭古音郁缚切，其类自宵豪来，而豪皓号分出一类为‘鼛皓告’者，古音通侯尤，亦得以沃为入，但以开口借合口耳。‘告鼜’去入两读，‘鹄酷’从告得声，是其脉络通也。钟烛皆三四等字，而虞麌遇分出一类为‘拘枸句’，古音通侯尤者，亦以烛为入，故‘足趣属’皆去入两音，而‘数’字从娄，上去入皆有之，是其脉络通也。烛韵无二等，故数字入四等，七玉切而音朔者入觉韵。觉韵二等，江肴所共者也。‘角’从江，‘岳握’等字类于屋烛者从之，‘觉’从肴，‘乐学’等字类于肴效者从之。今音合为一，古音分为二。‘寘’从真声，‘牝’从匕声，‘芹沂’之类同从斤，而‘芹’在殷韵，‘沂’在微韵，故真轸震可转质，谆臻以下亦如之。而‘质’与‘贽’通，‘桎侄窒室’皆从至，《诗》亦多以去入同用为韵，则质又脂旨至之入也。先韵分出一类古通真者，亦借质为入，谆术同为合口呼四等兼三等，故转为入，而脂旨至分出合口呼之字亦以之为入也。‘帅率’皆去入两音，‘醉翠’等字皆从卒，是其脉络之通。栉韵为二等开口呼，但有‘栉瑟’两音，而臻韵亦止‘臻莘’两音，适与之配，则栉遂为臻入矣。‘栉瑟’本质术之类，而质韵自有二等字，术韵之二等字为合口，亦不类，故虽两音，亦必别出为韵。脂旨至当此两位无二等开口字可转，则臻韵遂得专之。物韵三等合口呼有轻唇，与文吻问相配，而‘吻’亦从勿得声，故可转也，微尾未亦以为入，‘熨蔚’从尉，‘沸费’从弗，是其脉络之通。迄韵三等开口呼，与殷隐焮相配，而微尾未之开口字亦以为入，‘氣餼’从气得声也，月三等合口呼有轻唇，而废韵亦以为入，‘废’从发，‘茷’从伐，去‘穢’、入‘噦’皆从歲也。月之开口呼，则元阮愿分出之‘鞬蹇建’以为入，‘钀’从献声，‘讦’从干声，‘干’亦元之类，故可转。而废韵无开口，则此类元韵专之。没一等合口呼，魂混慁以为入，‘腯’音突，从盾声，故可转，而灰贿隧亦以为入，‘啐倅碎’皆从卒也，没无开口呼，故痕韵无入。曷一等开口呼为寒旱翰之入，末一等合口呼为桓缓换之入，而曷又为歌哿箇之入，末又为戈果过之入，曷末又同为泰韵之入，皆音呼等列同，得以相转也。寒桓与歌戈音每相转，如‘难’字得通‘傩’，‘笴’字得音稈，‘若干’即‘若箇’，‘鼍驒䮶’皆从單，‘憚癉’有丁左切之音。字从番转重唇者，桓韵为‘潘蟠’，而‘番’有波音，‘皤鄱’有婆音。至入声则‘怛’与‘笪’从旦，‘頞’从安，‘斡’从乾省声，‘何’‘曷’亦一声之转，故寒桓、歌戈同用曷末为入声。泰韵亦一等兼有开口、合口者也。‘曷’从匃声，‘匃’在泰韵，而‘愒’从曷，‘赖’从剌，‘奎’从大，‘捺’从奈，‘脱’从兑，‘害’亦通‘曷’，‘桧’亦作‘栝’，‘蔡’亦作桑葛切之音，故泰之入亦为曷末。黠辖皆二等韵兼一等，各有开口、合口呼。黠为删潸谏之入，辖为山产裥之入，‘鬝’丘八切而从間，‘齾’牛辖切而从献，‘揠’乌黠切而从匽，‘献、匽’皆删山之类，是以音相转也。而‘杀’有所八、所戒二音，‘楷’亦作秸，‘扴玠’从介，则黠又为皆骇怪之入矣。夬与辖音呼等列同，则辖又为夬入。先铣霰四等韵也，除分出一类古通真者以质之四等字为入，其余以屑为入。屑皆四等也，而齐荠霁同为四等者亦以为入，‘砌’从切，‘攦’从丽，‘契絜’同从㓞，‘睽阕’同从癸，脉络通也。薛韵有二三四等，有开口、合口呼，仙狝线以为入，而祭韵兼开口等列同，亦以为入，‘说说’‘蕝蕝’‘脃朡’兼去入，其余相通者多也。阳养漾以药为入，同等也。有开合二呼，而宵小笑亦以其开口者为入，‘蹻’从喬，‘削’从肖，‘爵’从爵，脉络通也。而鱼语御亦借为入，去声者转入声为张略切，又为直略切。‘豦’音据，‘噱臄’皆从之，而‘醵’有其御、其虐两音。‘汝’与‘若’亦义因声转也。又虞麌遇分出之俱矩瞿一类，亦以其合口之‘矍缚’等字为入，与‘拘枸句’一类不相通。铎一等韵有开口、合口，唐荡宕以为入，而‘恶’字平去入三音，‘度作错’去入两音，‘模暮’从莫，‘路’从各，‘博’从尃，‘涸’从固，则铎又为模姥莫之入，‘凿’在各切，又在到切，则又为豪皓号分出‘高缟膏’一类之入。陌韵有数类：一为‘格客’之类者，二等开口也，其合口为‘虢剨’之类；又有‘戟隙’一类者，三等开口也，此一类古音皆与药铎通协；又有‘屐’字三等字开口，‘栅摵’二等开口，皆不与药铎通，而庚梗敬与之相配。其为庚之类者‘格’也，觥之类者‘虢’也，京之类者‘戟’也，古音皆与阳唐通，‘擎生’之类者‘屐摵’

也，皆不与阳唐通者也。又麻韵二等亦分陌韵，其为家假嫁之类者用‘格’，瓜寡坬三类者用‘虢’。盖‘家’‘瓜’古音通虞模，亦以药铎为入也。麦韵二等分开口，耕耿诤配之，而佳蟹卦亦二等，同用麦为入，‘责’字通‘债’，‘画’字去入两音，‘擅憻’从畫，是其脉络通也。耕佳二韵用麦，皆不与药铎通，而麦韵犹有不尽之字，‘蓐格哑劐剳䨼’古音通药铎，则麻韵分出‘加冎’二类用之。昔韵四等兼三等分开合，清静劲配之，‘掷’字亦从郑声也，支纸寘分出开合二类不通歌戈者，亦以昔为入，‘积刺易’皆去入二音，‘譬避’皆从辟，是其脉络之通。然昔韵亦有二类，清支之入皆不通药铎者也，其余‘昔踖’之类古通药铎者甚多。麻韵分出‘苴且’一类以为入，‘射’字去入两音，‘借籍泻舄’之类，脉络相通者多也。麻韵兼陌麦昔三韵之入，皆与药铎通者，若非此类，则他韵收之不尽矣，孰谓麻无入声乎？锡韵四等分开合，青迥径以为入，‘幂塓’从冥，音相转也，又有‘激的’古音通药铎者，萧篠啸以为入，‘弔溺’去入两音，‘竅皦激檄’皆从敫，是其脉络之通。萧韵又分出一类通尤候者，用‘滌惄’等字为入。职韵三等兼二四，蒸拯证以为入，‘凝嶷’音之转也，而之止志亦以为入，‘亟’字去入两音，‘疑嶷值直意亿异翼’脉络皆通。蒸之皆无合口字，别出‘洫域’两音无平上去。德一等分开合，登等嶝以为入，‘腾塍’音相转，而哈海代亦以为入。‘塞塞’两音，‘贷忒’通用，‘倍踣’‘亥劾’偏旁多通也。缉合九部无岐韵，可勿论。”案江氏此说，于审音定位，分类辨等，可谓精核之至。学者持其说以观其《切韵表》，则于今音之通转自明。今音既明，古音通转更迎刃而解矣。江有诰讥其调停旧说，未免治丝而棼。陈澧谓：“其《切韵表》墨守宋元等韵家之书，又牵引古韵之说，其说入声，尤轇轕。”盖江、陈二氏皆知正而不知变，故犹有拘墟之见也。

等韵第三

一 等韵述略

隋唐韵书所有反切，大抵仍汉魏六朝之旧。虽声分清浊，韵分平仄，然声固无母，韵亦无摄也。及唐季三十六字母图出，而后声乃有母。宋人《切韵指掌图》出，而后韵乃有摄。声有母，母又分等，韵有摄，摄又分呼。于是谈反切者，上字必归母又必同等，下字必归摄又必同呼，而等韵之名以立。陈澧谓："等韵之名，始于《四声等子》，其书无撰人姓名，《玉海》有僧宗彦《四声等第图》一卷，盖即此书。"其实一二三四之等，开口、合口之呼，陆法言《切韵》分二百六部时，辨之已细。三十六母，盖即依隋唐韵书而作，则犹汉魏六朝以来之旧法也。江永曰："自孙炎撰《尔雅音义》，反切之学行于南北，已寓三十六母之理。传字母者为之比类诠次，标出三十六字，为反切之总持。"且作字母者为沙门，本彼教中人奉为习反切之一法。由反切以通声明，衣钵相传，成为专学。唱韵之僧，号为韵主，自唐迄明，其学不衰。刘献廷《广阳杂记》曰："当明中叶，等韵之学盛行于世。北京衍法五台、西蜀峨眉、中州伏牛、南海普陀，皆有韵主和尚。纯以唱韵开悟学者，目参禅为大悟门，等韵为小悟门。"初与韵书不相关涉，故终唐之代，绝不闻道及字母，即宋之《广韵》《集韵》《礼部韵》亦未尝因字母而改作。《广韵》书中不改旧切，但于卷末附"新添类隔今更音和切"者二十一字。《集韵》《礼部韵》虽改类隔切用本字，而部次亦仍旧不改。至《切韵指掌图》始采用之，以为通反切之捷径。其后沈括、郑樵诸人，遂盛称字母。沈之言曰："切韵之学，本出于西域。今切韵之法，先类其字，各归其母，唇音、舌音各八，牙音、喉音各四，齿音十，半齿、半舌音二，凡三十六分为五音，天下之声总于是矣。”郑之言曰：“七音韵起自西域，流入诸夏，华僧定之，以三十六为之母，重轻、清浊不失其伦，天地动物之音备于此矣。”盖皆因字母非中土之音，故疑出于西域，不知虽袭彼名，而固用我法也。然《指掌图》虽用字母，犹别为一书，不与韵书相混也。而吴棫《韵补》，各韵之字乃咸依字母次第排列，金韩道昭《五音集韵》、元黄公绍《古今韵会》亦然。韩氏《五音集韵序》曰：“以文学为事者，必以声韵为心，以声韵为心者，必以五音为本，则字母次第，其可忽乎？故陈其字母，序其等第，以见母牙音为首，终于来日字。”熊忠《韵会举要》例云：“旧韵之字，本无次第，而谐音前后互出，错糅尤甚。近吴氏作《叶韵补音》，依七音韵，用三十六母排列，韵字始有伦绪，每韵必起于见字母角清音，止于日字母半商徵音，三十六字母周遍为一韵，如东韵公字母韵，公空○○，东通同农，清浊先后，各有定序，其有音无字则阙，今韵所编，以此为次。于是昔之假字母以通反切者，至是又假字母以定韵书，此固非始作字母者意也。他若门法诸例，《指掌图》虽发其端，亦至元明而益加密，辗转轇轕，不可究诘，而等韵之学，乃遂为通人所诟病。宜陈澧谓“为宋元之音不可论唐以前音韵之学也”。然治等韵者，则谓古今之韵，得反切而后易明，反切之理，得等韵而后易解，等韵实古韵今韵之阶梯。又谓：“等韵之学以审音为主，不尚考据，专重人声，苟谐诸人声而谐，不必求合于古也。”是知等韵盖自为一学，亦不必执古韵今韵以律之矣。

二　字母

字母三十六位，据《崇文总目》与王应麟《玉海》，乃释守温所作。守温何时人，不可确知。然《玉篇》末载释神珙《四声五音九弄反纽图》，尚无字母之名。神珙为唐宪宗元和以后人，则守温当又在神珙之后矣。其发音部位，或分五音，曰喉、牙、舌、齿、唇；或分七音，曰喉、牙、舌、齿、唇、半舌、半齿；或分九音，析舌音为舌头、舌上，析齿音为齿头、正齿，析唇音为重唇、轻唇，合半舌、半齿为舌齿音也。亦有半舌、半齿不分而分十类者。实则七音、九音即从五音而出，故言五音，斯七音、九音皆可包括。就五音之声势言，则各有其发送收。就发送收三势言，又各有其清浊。前人于此，论之颇详。分合之间，有得有失。今斟酌音理，制为一图，其有异同，附说于后。

字母五音清浊及发送收图

五音	发声	送气	收声	清浊
喉音	影 喻	晓 匣		清 浊
牙音	见 群（南音）	溪 群（北音）	疑之清无字 疑	清 浊
舌音	端 定（南音）	透 定（北音）	泥来之清无字 泥来	清 浊
	知 澄（南音）	彻 澄（北音）	娘日之清无字 娘日	清 浊
齿音	精 从（南音）	清　心 从（北音）　邪		清 浊
	照 床（南音）	穿　审 床（北音）　禅		清 浊
唇音	帮 並（南音）	滂 並（北音）	明之清无字 明	清 浊
	非 奉（南音）	敷 奉（北音）	微之清无字 微	清 浊

五音喉牙八母，旧可互称，以音理言，本非两类，合称腭音，较为允协，今姑从分，以符五音之数。舌音十母，旧分三类，以端透定泥为舌头，知彻澄娘为舌上，来日为半舌半齿。齿音十母，旧分两类，以精清从心邪为齿头，照穿床审禅为正齿。唇音八母，旧分两类，以帮滂並明为重唇，非敷奉微为轻唇。今案舌头舌上、重唇轻唇，古固不分，即今音亦尚有从古读者，自以合之为是。来母为泥母之余，江永说。娘日二母古并归泥，章先生说。故来日亦宜入舌。正齿之音，昔人有并入舌上者，然舌齿之变，或谓由舌转齿，或谓由齿转舌，向无定论，故今仍从旧入齿，第齿头、正齿，名颇晦涩，宜括而为一耳。至于各母音读，江永《音学辨微》有《辨七音》一篇，每类下缀以四字，其语曰："见溪群疑气触牡牙，端透定泥舌端击腭，知彻澄娘舌上抵腭，帮滂並明两唇相搏，非敷奉微音穿唇缝，精清从心邪音在齿尖，照穿床审禅音在齿上，晓匣影喻音出中宫，来母舌稍击腭，日母齿上轻微。"案此惟日母误读，盖江氏过信七音，以日母属半齿，又以为禅母之余也，实则日母为泥母之轻，弹舌而出乃得之。其他六类，则大抵简当，循而辨之，虽不中，不远矣。江有诰《等韵丛说》有《辨七音十类粗细》一节，以一二等为粗音，三四等为细音。牙音粗音舌抵牙龈，细音舌抵牙尖；舌头粗音舌尖击腭，细音舌头击腭；舌上粗音舌抵前腭，细音舌抵中腭；重唇粗音在两唇外，细音在两唇内，轻唇无粗音；齿头粗音舌抵上龈，细音舌抵齿尖；正齿音在齿牙之间，而气触正齿；喉音粗音在舌根之上，细音在舌根之下；半舌粗音舌尖微击腭，细音舌头微击腭，半齿无粗音。案此可与《辨微》互看。

发送收一曰出送收，其名从梵书中来，借之以状发音之势声者也。陈澧曰："发声者不用力而出者也，送气者用力而出者也，收声者其气收敛者也。"此释最明，惟各家分配，微有异同。江永以见为发声，溪群为送气，疑为单收，舌头舌上、重唇轻唇亦如之，此以四字分三类；精为发声，清从为送气，心邪为别起别收，正齿亦如之，此以五字分三类；晓匣喉之重而浅，影喻喉之轻而深，此以四字分两类。戴震则以见端知照精帮为发声，溪群透定彻穿澄床清从滂並为送声，影喻微泥日疑娘明为内收声，晓匣来审禅心邪非敷奉为外收声。陈氏曰："心邪当谓之双收，江氏谓之别起别收，未当也；影喻当为发声，尤当谓之双发；晓匣当为送气而无收声也。"《等韵丛说》谓："喉音无送气，以晓匣为发声，影喻为收声，殊误。"案江说较戴为长，陈说固足以订江，然双收、双发之名亦觉未允。心邪审禅四母，验其声势，实为送气，而非收声，惟心邪较清，从为稍轻，审禅较穿床为稍轻耳。江、陈因牙、舌、唇皆分三类，意谓齿音亦当与之相配，不知喉音亦无收声，固不必画一也。故今以心邪审禅皆入送气，而附于清从穿床之下。又来日二母，江氏未言应入何类，陈氏图中则列入发声，以其别为一音，而又无他字以为发送也，今既证明来母为泥母之余，日母为娘母之余，故以来日入收声，而附于泥娘之下。自有端透知彻为其发送矣。毕沅曰："人生而有形，喉、腭、舌、齿、唇五物必备，五声由此著焉。从五声而区之，各有其出送收，由轻而重，由清而浊。其轻且清者曰出，重且浊者曰收，重极复轻，浊极复清，故声能以下为高，以高为下，由轻而渐重，由清而渐浊。重分其若轻，浊分其若清，皆谓之送。"案此以清浊、轻重分出送收，理亦相成，可备一说。

清浊之分，律以音理，盖因声带密切之度及声门闭塞之度差别而生，此种差别，全由气压，气压有大小，声之清浊随之。昔人有言："上浮者清，下沉者浊。"以浮沉二字状声气之清浊，似尚可以借用。至以阴阳、轻重状之者，阴阳意既难晓，轻重义亦欠精，而操是说者，又复不能质定。惟其不能质定，故清浊之界，终莫能明。清浊之界不明，故字母之清浊，亦人各一说。有所谓全清、次清、全浊、次浊者，有所谓半浊、半清、不清、不浊者，殊为解人难索，实则全、次、半、不之分，即发送收之异耳。知发送收各自有其清浊，则字母之清浊定矣。江氏《音学辨微·辨清浊篇》虽亦用最清、最浊、次清、次浊、又次清、又次浊诸名，然于字母之相对为清浊者，皆分别注明。如溪群二母，则云转溪为‘钦’，转群为‘琴’，‘钦’为‘琴’清，‘琴’为‘钦’浊；透定二母，则云转透为‘汀’，转定为‘庭’，‘汀’为‘庭’清，‘庭’为‘汀’浊；彻澄二母，则云转彻为‘赪’，转澄为‘呈’，‘赪’为‘呈’清，‘呈’为‘赪’浊；滂並二母，则云转滂为‘甹’，转並为‘瓶’，‘甹’为‘瓶’清，‘瓶’为‘甹’浊；敷奉二母，则云转敷为‘丰’，转奉为‘冯’，‘丰’为‘冯’清，‘冯’为‘丰’浊；清从二母，则云转清为‘枞’，即从为‘从’，‘枞’为‘从’清，‘从’为‘枞’浊；心邪二母，则云转心为‘些’，即邪为‘邪’，‘些’为‘邪’清，‘邪’为‘些’浊；穿床二母，则云转穿为‘疮’，即床为‘床’，‘疮’为‘床’清，‘床’为‘疮’浊；审禅二母，则云转审为‘膻’，即禅为‘禅’，‘膻’为‘禅’清，‘禅’为‘膻’浊；晓匣二母，则云转晓为‘儆’，转匣为‘衔’，‘儆’为‘衔’清，‘衔’为‘儆’浊；影喻二母，则云转影为‘迂’，转喻为‘于’，‘迂’为‘于’清，‘于’为‘迂’浊。盖以为悉转平声，则清浊易调，亦权法也。惟字母三十六位，十八清十八浊，专以有字之音为主。故昔人于清浊皆有字者，则清浊并列；清有字而浊无字者，则专列清声；浊有字而清无字者，则专列浊声。然以声音求之，则有清无浊者七位，有浊无清者七位，此十四位虽无其字，实有其音，如皆并列，则清浊各二十五位，凡五十位。字母家不为无字之音制母者，或以南北方言不同，不便分配，或其音为俚俗不兴之音也。即如右图，发声除喉音外，旧皆以为有清无浊。而李光地《等韵辨疑》则于群母下注云：“北方为溪浊声，南方为见浊声。”定母下注云：“北方为透浊声，南方为端浊声。”澄母下注云：“北方为彻浊声，南方为知浊声。”从母下注云：“北方为清浊声，南方为精浊声。”床母下注云：“北方为穿浊声，南方为照浊声。”並母下注云：“北方为滂浊声，南方为帮浊声。”且谓观历代韵书，多从南音，所以知者，以上去入三声叶之可见也。章先生亦曰：“自来言字母，皆以群为溪之浊，定为透之浊，而见端无浊音。返观梵文，五字为行，二清二浊，一为收声，而中土独二清一浊一收，何以不相比类。盖群定等字，扬气呼之为溪透之浊，抑气呼之为见端之浊，今北音多扬，南音多抑。又北音平去亦有抑扬之异，如呼‘群’皆扬如溪之浊，呼‘郡’则抑气如见矣，呼‘亭’皆扬如透之浊，呼‘定’则抑气如端矣。同此一母，而平去异贯，则知曩日作字母者，本以群承见溪，定承端透，非谓群专为溪之浊，定专为透之浊也。”此论最精，益足证成李说，故今即遵之。特李氏于奉微二母，以奉为非之浊声，微为敷之浊声，既与重唇四母失其相对之序，且亦自乱其例，故今仍以奉母兼承非敷，而列微母于收声，使成一贯。至若劳乃宣《等韵一得》，专以群定澄从床並奉配见端知精照帮非，则又偏主南音，亦不可从也。收声旧皆以为有浊无清，然验之今日俗音，如娘母之“黏”字、“女”字，疑母之“语”字、“五”字，泥母之“乃”字，明母之“美”字、“靡”字、“模”字、“妈”字，微母之“武”字、“巫”字，来母之“吕”字、“里”字、“鲁”字、“老”字、“柳”字、“拉”字，日母之“汝”字、“尔”字、“耳”字，皆有混入清声者，故潘耒作《类音》，五十位皆有字填之。

字母之清浊及发送收既辨，可谓能事已备。然等韵家乃又于字母分等，如《切韵指掌图》《七音略》《四声等子》诸书，皆横列字母，纵分等呼，江氏《四声切韵表》、戴氏《声类表》亦然。《指掌图》有《辨等第歌》云：“见溪群疑四等连，端透定泥居两边。知彻澄娘中心纳，帮滂四等亦俱全。更有非敷三等数，中间照审义幽玄。精清两头为真的，影晓双飞亦四全。来居四等都收后，日应三上是根源。”江氏《音学辨微》亦有《等位图歌》云：“重唇牙喉四等通，轻唇三等独日同。舌齿之头一四等，照穿知彻二三中。一二等无群与喻，一等无邪二无禅。有禅三等有邪四，三虽无匣来音全。”又附说曰：“一等有牙，有喉；有舌头，无舌上；有重唇，无轻唇；有齿头，无正齿；有半舌，无半齿。而牙音无群，齿头无邪，喉音无喻，通得十九位，见溪疑端透定泥帮滂並明精清从心晓匣影来也。二等有牙，有喉；有舌上，无舌头；有重唇，无轻唇；有正齿，无齿头；有半舌，无半齿。而牙音无群，正齿无禅，喉音无喻，亦通得十九位，见溪疑知彻澄娘帮滂並明照穿床审晓匣影来也。三等有牙，有喉；有半舌半齿；有舌上，无舌头；有正齿，无齿头；而唇音不定，或有重唇，或有轻唇。喉音则无匣母，通得廿二位，见溪群疑知彻澄娘照穿床审禅晓影喻来日及唇音之四母也。四等与一等同，有牙，有喉；有舌头，无舌上；有重唇，无轻唇；有齿头，无正齿；有半舌，无半齿。而牙音有群，齿头有邪，喉音有喻，亦通得廿二位，见溪群疑端透定泥帮滂並明精清从心邪晓匣影喻来也。”又曰：“音韵有四等，一等洪大，二等次大，三四皆细，而四尤细，学者未易辨也。辨等之法，须于字母辨之，音学必能辨等，乃见前人立母之精当，分韵分部之详密。”案江氏所分，与《切韵指掌图》亦略有出入，《指掌图》中所列群喻一二等皆有字，邪一等有字，禅二等有字，匣三等有字。而其笃信字母分等，则可谓已甚。夫字母所以表声，反切之法，开合定于韵，而不定于声，清浊定于声，而不定于韵。既辨声之清浊，本可不论开合，今则于开合之中，又各分四等，无乃使人哽介不能作语乎。章先生有言：“一母或不兼有合撮开齐，斯又口舌所碍也。正齿撮齐即齿头，齿头合开为正齿，斯由声等不能完具。韵书虽著其音，而言者犹弗能剀切本纽，况欲令开合皆四乎？声音出口，则官器限之，齵差之度，执非一剂，非若方位算数之整齐也。故言音理者，亦故而已矣，恶其凿也。”

三　韵摄

韵摄者，合声势相同之数韵为一类也。等韵家之分摄，与古韵家之分部，皆由博返约之一道，其法略同。惟古韵家意在考古，故分部以古音为主，等韵家意在便切，故韵摄以今音为主，斯其异耳。自《切韵指掌图》列图二十，并其开合凡十三类，自一图至六图独用，自七图至十六图一开一合通用，自十七图至二十图两开两合通用。已导韵摄之先路，然名尚未立。至《四声等子》，始有内摄、外摄之分。内转八摄：通一、止二、遇三、果四、宕五、流六、深七、曾八，即东支鱼歌阳尤侵蒸也。外转八摄：江一、蟹二、臻三、山四、效五、假六、梗七、咸八，即江佳真删肴麻庚咸也。陈澧谓："其改古人韵部之目，如改"侵"为"深"，改"东"为"通"。又不依韵部之次第，必须寻究而后得之，甚为无谓。"然改韵目，易部次，古韵家亦有之，此本别为一学，自成其例，不足相责。《四库提要》谓："其书中以江摄外一附宕摄内五下，假摄外六附果摄内四下，梗摄外七附曾摄内八下，歌麻本通，假尚可附果。若以江附宕，则不知江谐东冬，不通阳唐；以梗附曾，则又误通庚蒸为一韵。"案江为东冬转入阳唐之音，古虽与东冬谐，隋唐之时，已与阳唐近。庚蒸之通，《指掌图》已尝合之，亦不自此书始也。元刘鉴《切韵指南》，标目全同《等子》，而次第微异，曾摄《等子》作内八，《指南》作内六。流摄《等子》作内六，《指南》作内七，深摄《等子》作内七，《指南》作内八。又江摄、梗摄《指南》皆各自为图，不附宕、曾。《四库提要》谓："鉴作是书，即以《指掌图》为粉本，而参用《四声等子》，增以格子门法，于出切行韵取字，乃始分明，故学者便之。"然以《指掌图》本序观之，其书盖据丁度等《集韵》而作，以《切韵指南》本序观之，其书则据韩道昭《五音集韵》而作，虽曰相类，而所本不同。要之，宋元以来等韵之学，可于《指掌图》《四声等子》与《切韵指南》三书而得其沿革。《指南》既与《等子》大同小异，故今但列《指掌图》之十三类与《指南》之十六摄于左，以相参较。

《切韵指掌图》十三类

《切韵指掌图》之分类	《广韵》韵目
第一图	萧宵肴豪
第二图	东冬钟
第三图	鱼虞模
第四图	尤侯幽
第五图	覃谈盐添咸衔严凡
第六图	侵
第七、八图	元寒桓删山先仙
第九、十图	真谆臻文殷魂痕
第十一、二图	歌戈麻
第十三、四图	江阳唐
第十五、六图	庚耕清青蒸登
第十八、九图	支脂之微齐灰
第十七、二十图	佳皆咍

《切韵指南》十六摄

《切韵指南》之分摄	《广韵》韵目
第一通摄	东冬钟
第二江摄	江
第三止摄	支脂之微
第四遇摄	鱼虞模
第五蟹摄	齐佳皆灰咍
第六臻摄	真谆臻殷文魂痕
第七山摄	元寒桓删山先仙
第八效摄	萧宵豪肴
第九果摄	歌戈
第十假摄	麻
第十一宕摄	阳唐
第十二梗摄	庚耕清青
第十三曾摄	蒸登
第十四流摄	尤侯幽
第十五深摄	侵
第十六咸摄	覃谈盐咸衔严凡

以上两图相较，《切韵指南》与《切韵指掌图》同者八处，余皆不同。江与阳唐、歌戈与麻，《指掌图》不分。盖一则从隋唐之音，一则从古音。而《指南》则独立江为一摄，似依违于古今音之间，独立麻为一摄，乃元代之方音使然。但假摄仍附果摄之下。此《指掌图》胜于《指南》处也。《指掌图》以庚耕清青与蒸登合，而《指南》分为二摄。考此数韵，古音既不同部，今音亦皆有别，平水韵去声并证嶝入径，《韵府群玉》上声并拯等入迥。戴震谓："上自《三百篇》，下迄宋淳祐前，无有混而同之者，夫上去既不可并，则平之有分可知。"此《指南》胜于《指掌图》处也。齐灰，《指掌图》与支脂之微合，而《指南》与佳皆咍合。戴震曰："齐韵半属脂微，半属支佳，而皆灰二韵，则半属脂微，半属之咍。"又曰："古人有韵之文，支脂齐佳两类通用，齐韵与支韵几若无别。考其呼等并同者，支韵为'赀雌斯'，在齐韵为'齎妻犀'，自有区分。而五方语言，齐韵字往往张口出之，比支韵之微敛唇吻固殊。佳皆咍三韵古今音尤舛侈不同，如'釐、来'古通作一字，今'来'字必转其读，方合于古，其为二类截然，在古音犹江之于东冬钟、麻之于歌戈鱼虞，实合为一类。"据此则此数韵本难严分，两书所列，固互有得失也。惟元韵唐宋韵谱皆次于魂痕之前，戴氏谓或因文殷元同为三等，魂痕寒桓同为一等，以等列之同相附近，而未辨于其类，在《三百篇》用元韵字必与寒桓一类通，而绝不通魂痕，用魂韵字必与真谆一类通，而绝不通元。今两书皆知分别，斯并得矣。

韵摄之摄，盖取义于收，一音之终，必有所收。《等子》《指南》以通江止遇十六字标目，亦欲以此十六字收诸韵也。惟论者谓其所用之字，五声平仄相杂，不拘一母，犹未合于收音之理，若悉易以平声影喻二母字，则更自然，李光地所谓"凡声皆出于喉，然后传于鼻舌齿唇之间，及乎鼻舌齿唇之响既终，又未有不收声于喉者"是也。后之立韵摄者，渐解此法，如《康熙字典》卷首所引

《字母切韵要法》，(《字母切韵要法》，不知何人所撰，以意度之，或明季习等韵者之所为。尚有《等韵切音指南》，亦分果假梗曾通止蟹遇山咸深臻江宕效流十六摄，所列二十四图，与刘氏《切韵指南》二十四大略相同，惟次序不同，疑即袭刘氏者也。)分十二摄，曰迦结冈庚裓高该傀根干钩歌，皆用见母平声，而“结”字“裓”字，则借入作平。见母牙声，虽不如影喻，然牙喉固无殊也。方以智《通雅》依陈啸庵《皇极统韵》三十六韵而约为十二统：曰翁逢，曰余吾，曰为支，曰怀开，曰温清，曰歌阿，曰邪哇，曰阳光，曰萧豪，曰尤侯，曰烟元，曰寒湾。谓韵有大开合，声为韵迮，故出字有舒逼，古人舒者用之，逼者并之，故止有十二统耳。此亦与韵摄无异，而字则皆用喉音平声。刘献廷《广阳杂记》自谓于声音之道，别有所窥，颇窃造化之奥，百世而不惑，尝定新韵谱：“先立鼻音二，鼻音为声韵之元，有开有合，各转阴阳上去入之五音，共十声，而不历喉腭舌唇齿之七位。故有横转而无直送，横转为平上去入，而平声则有阴阳，故五，等韵惟不达此，故多重迭。次定喉音四为诸韵之宗，定‘〇’为喉之喉开之开，‘阿’为喉之腭开之合，‘咿’为喉之齿合之开，‘呜’为喉之唇合之合。四声定而万有一千五百二十之声举不出其范围矣，是之谓正喉音。又从‘〇’字追出‘〇’字，为‘〇’之半音；从‘阿’字转出‘而’字，为‘阿’之转音；从‘咿’字想出‘〇’音，而见之于齿之‘〇思兹雌’。故‘〇’为‘咿’之伏音，从‘乌’字究至‘于’字，为‘乌’之送音，‘〇而〇于’四字为变喉音。又以开口鼻音为韵，分配‘〇阿咿乌’，则为‘鸯鞥英翁’，此四音为东北韵宗；又以合口鼻音为韵，配以‘〇阿咿乌’，则为西南韵宗，此八韵立而四海之音可齐矣。次以喉自互交合，凡得音一十有七，喉鼻相互交合，得音一十。又‘哀爊’二音有余不尽，三合而成五音，共三十二音，为韵父，韵历二十二位，则韵母也，横转各有五子，子凡若干，万有不齐之声，无不可资母以及父，随父而归宗，因宗以归祖，由祖而归元。天地之秘藏，一朝启之。”观此所论，实亦袭韵摄之成法，从而悟入，独其以喉音统喉腭齿唇，又以鼻音为本，则可谓别有会心，发人所未发。章先生《成均图》，以鼻音为枢纽，谓：“鼻音有三孔道，一曰撮唇鼻音，一曰上舌鼻音，一曰独发鼻音。”盖暗与继庄合，惜继庄之谱不传，莫由知其分配何若也。《广阳杂记》又载辽左林长益著有《声位左编》一册：“其学得之马盘什为多，以开承转纵合配宫商角徵羽，即阴阳上去入也。竖照《华严字母》十二位，别立闰位一，共十三摄，横开二十五声，《华严字母》之二合三合，皆具一焉，别有有音无字一位，为号识之，有字音者，亦止二十二位耳。以一入声收六平三上去入，如公〇巩贡谷、孤〇古故谷、句〇狗彀谷是也。余不异人意，惟六平收一入声为创获耳。”

近人劳乃宣著《等韵一得》，立十三摄，曰阿厄餩埃额敖欧昂鞥安恩谙諳。此十三字皆作影母清平声读，合四等计之，则为五十二摄，《等韵一得·补篇》又改用（餩师）阿絅埃（絅额）鏖欧映鞥安恩谙（絅音）十三字标摄。”中以阿埃敖昂安谙为阳声，厄额欧鞥恩諳为阴声，餩为下声。《补篇》改称中声。以《广韵》韵部分配，阿即麻也，厄即歌戈也，餩即支脂之微齐鱼虞模也，此三摄皆喉音一部，《补篇》改称喉音部。一名直喉；埃即佳皆咍也，额即灰也，此二摄皆喉音二部，《补篇》改称轻舌齿音。一名展辅；敖即萧宵肴豪也，欧即尤侯幽也，此二摄皆喉音三部，《补篇》改称轻唇音。一名敛唇；昂即江阳唐也，鞥即庚耕清青蒸登东冬钟也，此二摄皆鼻音部，一名穿鼻；安即元寒桓删山先仙也，恩即真谆臻文殷魂痕也，此二摄皆舌齿音部。《补篇》改称重舌齿音。一名抵腭；谙即覃谈盐忝咸衔严凡也，諳即侵也，此二摄皆唇音部，《补篇》改称重唇音。一名闭口。以十三摄收音于六部，自谓远考宋元，近宗国书，即清书。本乎人声之自然，而今日同文之音备矣。然所据皆时音，而又不考音变之沿革，以之上较《切韵指掌图》及《切韵指南》，实尚不逮也。其以六部收音，毛稚黄《声音韵统论》已先言之，次第分配，微有不同。劳氏引戈顺卿《词林正韵》以为词曲家分韵如此，不知戈盖全袭毛氏，而毛氏之分，亦不为词曲也。毛氏就平水韵一百七部而括以六类：一曰穿鼻，二曰展辅，三曰敛唇，四曰抵腭，五曰直喉，六曰闭口。穿鼻者，口中得字之后，其音必更穿鼻而出作收韵也，东冬江阳庚青蒸七韵是也；展辅者，口之两旁角为辅，凡字出口之后，必展开两辅如笑状作收韵也，支微齐佳灰五韵是也；敛唇者，口半启半闭，聚敛其唇作收韵也，鱼虞萧肴豪尤六韵是也；抵腭者，其字将终时，以舌抵着上颚作收韵也，真文元寒删先六韵是也；直喉者，收韵直如本音者也，歌麻二韵是也；闭口者，却闭其口作收韵也，侵覃盐咸四韵是也。凡三十平声，已尽于此，上去入缘是推之。其后戴震论古音，亦定为收喉、收鼻、收舌齿、收唇四类。吾故曰：等韵家之立摄，与古韵家之分部，其法略同也。

四　呼等

音有开合谓之呼，呼有洪细谓之等，此亦声势之自然。刘熙作《释名》，已有横口踧口、开唇合唇之列，《释名》：“风，兖豫司冀横口合唇言之，风，泛也；青徐言风踧口开唇推气言之，风，放也。”许慎注《淮南》，高诱注《吕览》，亦有笼口、闭口、开口之分，《淮南子注》：“惷读人惷然无知之惷，笼口言乃得之。”“涔读延祜曷问，急气闭口言也。”《吕氏春秋·重言论》：“君呿而不唫，所言者莒也。”注云：“呿闭而唫开。”何休《公羊注》、晋灼《尔雅音》，则有内言、外言之异。《公羊传·宣八年》注：“言‘乃’者内而深，言‘而’者，外而浅。”《尔雅·释兽》“文貗”，晋灼音内言餢。所谓横口踧口、笼口闭口、开唇合唇，即后世开口合口之所本也，内言、外言即后世内转、外转之所本也。然开合洪细，理原易简，本则有二，二又为四，唇吻能宣，解喻不难。明梅膺祚《韵法图》尝定开口洪音为开口，开口细音为齐齿，合口洪音为合口，合口细音为撮口，则立名尤为显切。潘耒作《类音》，即采用其名而为之释曰：“初出于喉，平舌舒唇，谓之开口；举舌对齿，声在舌腭之间，谓之齐齿；敛唇而蓄之，声满颐辅之间，谓之合口；蹙唇而成声，谓之撮口。”斯更示人以分等之捷径矣。刘熙载作《四音定切》，发明“欸意乌于”四音能统一切字音，其言曰：“余幼读《尔雅·释诂》至‘卬吾台予’四字，忽有所悟，以为此四字能收一切之音。后证之诸韵书皆合，益自信，乃易以‘欸意乌于’四字。盖‘欸意乌于’皆取声音之名以为名，其于‘卬吾台予’则‘欸’代‘卬’，‘意’代‘台’，‘乌’代‘吾’，‘于’代‘予’也。夫‘欸’字收声者名开口音，‘意’字收声者名齐齿音，以及收‘乌’名合口，收‘于’名撮口，自非先辨‘欸意乌于’，何以能定开齐合撮也？”案此亦徒务新奇，苟明开合之理，任举四字皆可，亦犹平上去入之于四声，“天子圣哲”“王道正直”皆可以代之也。顾自《切韵指掌图》以降，如《七音略》《四声等子》《切韵指南》诸书所列，皆开口、合口各有四等，合之凡八等。《七音略》则内外转各分重中重、轻中轻、重中轻、轻中重，《四声等子》则分重少轻多韵、重多轻少韵、轻重俱等韵、全重无轻韵。其仅分四等者，惟《字母切韵要法》开口、合口各分正韵、副韵，正副即洪细之别名而已，实则《指掌图》中兼赅古今之音。其开合之图各有四格者，一二两等皆洪音，三四两等皆细音，而一四又为古本韵之洪细，二三又为今变韵之洪细，虽曰开合各四，实与开合各二无殊，非真有八等也。后人昧其旨，亦强立八等，则大道以多歧亡羊矣。

等韵家既立八等，而为例复不能通，潘氏《类音》尝就《切韵指南》之谱，摘其谬而辨正之曰：“三十六母应并列一格，而以开口、齐齿、合口、撮口分置四等，则出切行韵，画一分明，有何门法之可立哉！乃作等韵者，见各韵中或止有开齐蟹效流深咸等摄，或止有合撮遇摄，或止有开合江果等摄，遂谓两等足以置之。而纵列三十六母为三十六行则太密，横列二等则太疏，乃取知彻澄娘列于端透定泥之下，非敷奉微列于帮滂並明之下，照穿床审禅列于精清从心邪之下，蹙为二十三行，横列四等，合平上去入为一等，共十六格，欲令疏密适中。于是以第一第四等为上层见溪至来日二十三母之位，第二第三等为下层知彻至审禅十三母之位，每韵中止有一二呼者，则以一幅尽之，有三呼四呼者，分为二幅，此其立法之本意也。然以上层二十三母之一等四等与下层十三母之二等三等相对，既已参差不齐，而端透定泥帮滂並明精清从心邪十三母齐齿撮口之字，既置在第四等，见溪群疑晓匣影喻来日十母下齐齿撮口之字，却置之第三等，是上层二十三母又互相乖异，并自立之例而乱之，何怪出切行韵之一彼一此纷如乱丝也哉！即如通摄一幅，当以'恭銎蛩顒胸雄邕〇龙茸'十字填于第四等，与纵从诸字一例，何乃置之第三等，侵他母之等而自失其等？又于第四等内作诸空圈，而独填喻母下齐齿之字，此何说也？'封峯逢犛'四字为非敷奉微之开口呼，当在第二等，而置之第三等，如以为撮口呼，则当列'风丰冯〇'于第二等以为合口呼，而何竟虚其字若同音者然？进退失据，此通摄之可议者也。至于江摄，则见溪疑晓匣影来母下齐齿字当在四等，知彻澄娘齐齿字当在三等，帮滂並明开口字当在一等，乃与穿床审开口字并居二等，尤为自乱其例。止摄前幅则见溪晓匣等十母齐齿之字既列三等，复列四等，字异而音不殊，帮滂並明四母齐齿之字既列四等，又列三等，遂侵非敷奉微之位，后幅则'龟亏逵危麾逶惟瀃'等字，若以为合口，则当在第一，若以为撮口，则当在第四，而何以列在第三？蟹摄前幅，当专叙'该开'一类，何以一等二等置皆咍韵中之字，三等四等置齐韵之字，致'饑知支稀'等字与止摄前幅复出？后幅当专叙'傀恢'一类，何以一等置灰韵之字，三等四等置微支韵之字，致'龟追非锥麾'

等字与止摄后幅复出？其臻摄中‘巾麏’等字，列在第三等，失不再辨，而‘彬砏贫民’何以列在第三等侵非敷奉微之位？‘分芬汾文’何以列第三等侵撮口之位？山摄二幅，则将山删韵中齐齿、合口二呼之字，间杂于元先韵四呼之中，而独占第二等，侵下层十三母之位，效摄则将肴韵之字，间杂于萧豪韵中，独占第三等，亦侵下层十三母之位，此皆显然可议者。而果假二摄则错杂尤甚，前幅以一等置歌韵之开口，二等置麻韵之开口，三等四等置遮韵之齐齿，后幅以一等置歌韵之合口，二等置麻韵之合口，三等置遮韵之撮口，并三类为一类，各占一等，无复上下层之分，则乘虚补空，攒丛凑泊，又他摄所绝无，而乱例之甚者也。若宕梗曾流深五摄，则置上层十母之字于第三等，失与通止诸摄同。咸摄则间杂咸凡韵中字于覃盐韵中，独占第二等，失与山摄同，遂令‘芝凡’等字，无所附丽，而别为一幅也。惟其置等填字之为例不一，出切行韵之茫无定准，于是设为类隔、窠切、交互、振救等二十门法，以晓初学，譬犹设篱树棘而导人以穿越之方，固结牢绾而教人以抽解之法，则何如坦途直理之为善哉！”案此论可谓尽发等韵之蕴，使执八等之说者，无地置喙矣。

五　门法

门法者，亦等韵家所立，欲以济分等定切之穷也。《切韵指掌图》旧有《检例》，语焉不详，明初邵光祖以为旧有《检例》，全背图旨，断非原作，因别为《检例》一卷，附于其后。后有董南一序，略云：“图以三十六字母总三百八十四声，列为二十图，辨开阖以分轻重，审清浊以订虚实，极五音六律之变，分四音八转之异。递用则名音和徒红切“同”，傍求则名类隔补微切“非”，同归一母，则为双声和会切“会”，同出一韵，则为叠韵商量切“商”，同韵而分两切者谓之凭切乘人切“神”，丞真切“辰”，同音而分两韵者谓之凭韵巨宜切“其”，巨沂切“祈”，无字则点窠以足之，谓之寄声，韵阙则引邻以寓之，谓之寄韵。”董序作于宋嘉泰时，其述《指掌图》反切之法如此，是为门法之始。《四声等子》前有一序，其中段述门法全与董序同，疑即袭董者，而其分门则除音和、类隔、双声、叠韵、凭切、凭韵、点窠、寄韵诸法外，又有广通局狭、内转外转、《指掌图·检例》亦有辨内外转例及辨广通局狭例。振救之例。《切韵指南》则音和中又别立一四音和、四一音和两门，类隔中又别出轻重、重轻、交互、精照互用四门，盖推而益密矣。然而门法愈密，惑人亦愈甚，支离破碎，毫无指归。袁子让《字学元元》有通广不定例、局狭不定例、内外不定例，可见诸法皆不足据。吴修龄有言：“门法如唐肃代之朝，行间非无李、郭，不能专任，使与七节度为等夷，令出多门，终至相州之败。”此喻固当。实则所谓李、郭者，行间亦未有也。推其立法之始，盖见隋唐以来韵书所有切语，或存古音，与今音不合；或用字偶疏，切之不能得本字；或本韵字少，借用邻韵之字。以为不合恒例，既不敢议其失，故强为此迁就之说耳。不知古今之音不同，时代为之，今以为牾者，在古固甚顺也。用字偶疏，则因韵书所录切语，本非一家，定韵之时，又非必出于一手，相承有自，故参差不齐。若旁借邻韵，此亦甚少，乃例外，非正轨也。陈澧曰：“作门法者，本欲补救等韵之病，而适足以显等韵之病，其不敢议古人不合，是其谨慎。”然如《广韵》书中不改旧切，但于卷末记所当改之字，亦何尝非谨慎乎？使等韵家解此，当自知其立法之为多事矣。

等韵家又有射字之法，即俗所传空谷传声法也。其法先定母韵声之次，或击鼓，或拍案，或拊掌，击至第几字为某母，第几字为某韵，第几字为某声，即成一字之音。宋赵与时《宾退录》有一则云：“俗间有击鼓射字之伎，莫知所始，盖全用切字。该以两诗，诗皆七言。一篇六句，四十二字，以代三十六字母，全用五支至十二齐韵，取其声相近，便于诵习。一篇七句，四十九字，以该平声五十七韵，而无侧声。如一字字母在第三句第四字，则鼓节前三后四，叶韵亦如之。又以一二三四为平上去入之别，亦有不击鼓而挥扇之类，其实一也。诗曰：‘西希低之机诗资，非卑妻欺痴梯归。披皮肥其辞移题，携持齐时依眉微。离为儿仪伊锄尼，醯鸡篦溪枇毗迷。’此字母也。‘罗来瓜篮斜凌伦，思戈交劳皆来论。流连王郎龙南关，卢甘林峦雷聊邻。帘栊羸娄参辰阑，楞根湾离驴寒间，怀横荣鞋庚光颜。’此叶韵也。”明陶宗仪《辍耕录》亦载射字法，其法与《宾退录》略同，而母韵字数有异，以七字诗十二句，逐句排写，前四句括定字母，凡二十八字，后八句括定叶韵，凡五十六字。字母诗曰：“轻轻牵兵兵边平平便明明眠逢〇〇兴兴掀征征煎，经经坚迎迎年俜俜偏停停田应应烟成成涎声声膻。清清千澄澄缠星星鲜睛睛涎丁丁颠檠檠虔盈盈延，能能〇称称千非〇〇精精煎零零连汀汀天橙橙缠。”叶韵诗曰：“东蒙钟江支兹为，微鱼胡模齐乖佳。灰咍真谆臻匡亏，元魂痕寒欢关山。先森萧宵爻豪歌，戈麻阳唐耕斜荣。青蒸登尤侯车侵，潭谭盐添模光凡。”如欲切“春”字，清谆清清千春，“清”字在第三行第一字，“谆”字在第七行第四字，拊掌则前三后一，少歇又前七后四。“夏”字平声为霞，盈麻盈盈延霞，“盈”字在第三行第七字，“麻”字在第十行第二字，拊掌则前三后七，少歇又前十后二，少歇又三，盖“夏”字去声，所以又三也，若入声则四矣。案此盖游戏之事，后之治等韵者，以为可借之以熟母韵。故书中每具此一门，实则苟明清浊开合之理，此等皆为蛇足，以其传之自古，而又为等韵家所乐道，故附述于门法之后。

六 合声切法

反切之法，门法缴绕难理，固可置而不论。然旧来切语，上字不拘呼等，但取同声，下字不拘清浊，但取同韵，是其定例然也。

若其变例，则尚有上字不同声、下字不同韵者：不同韵者，多取邻韵，犹可归摄；不同声者，则非转纽不能得音，宋人《广韵》于卷末附“新添类隔今更音和切”者，盖以此也。至《集韵》则径于书中改之，《集韵·韵例》云：“凡字之反切，旧以武代某、以亡代茫，谓之类隔，今皆用本字。”元人《韵会举要》亦从《集韵》之例，《韵会举要》例云：“孙愐《唐韵》《礼部韵略》与许慎《说文》、陆德明《释文》所注之字，反切互异，其音则同。惟司马文正公诸儒所作《集韵》，重定音切，最为简明，今从《集韵》。”自是类隔之切，遂不复有。其正例虽不必转纽，然因上字等呼不同、下字清浊不同之故，切出之音，终不甚谐。故后人又有合声反切之说，即谓上字亦宜以开切开，以合切合，更宜用平声之阴声字；下字亦宜以清切清，以浊切浊，更宜用喉音字。喉音字者，取其声直出也，阴声字者，取其收音与本声相似也。其上不收，其下直接，缓读之为二字，急读之即成一音，是之谓合声也。其用此法以改旧切者，始于明吕坤《交泰韵》，吕于平声之字，各以阴阳相切；如“同”字旧用徒红切，“通”字旧用他红切，今以“他红”二字切“同”字，改“通”字为他翁切。上去二声，各以本声为母；如“宠”字用楚陇切，“送”字用素瓮切之类。平入二声则互相为母。如“空”字用酷翁切，“酷”字用空屋切之类。《四库提要》谓其：“因古来合声之法，更加以辨别，故不用字母摄法，而于字母摄法相辅而不相碍。”惟其书未及成，但于序例中得其体要耳。其后潘耒《类音》亦用合声切字，而李光地所定《音韵阐微》条理尤为密察，其凡例云：“世传切韵之书，用法繁而取音难，今依合声切法，则用法简而取音易。盖翻切之上一字定母，下一字定韵。今于上一字择其能生本音者，下一字择其能收本韵者。凡字之同母者，其韵部虽异，而呼法开合相同，则翻切但换下一字而上一字不换，如姑翁切‘公’字，姑威切‘归’字，姑弯切‘关’字，姑汪切‘光’字，此四字皆见母合口呼，俱生声于‘姑’字。又如基因切‘巾’字，基烟切‘坚’字，基腰切‘骄’字，基优切‘鸠’字，此四字皆见母齐齿呼，俱生声于‘基’字。由此以推，凡翻切之上一字，皆取支微鱼虞歌麻数韵中字，辨其等母呼法，其音自合，以此数韵能生诸部之音也。凡字之同韵者，其字母虽异，而平仄清浊相同，则翻切但换上一字，而下一字不换，如基烟切‘坚’字，欺烟切‘牵’字，梯烟切‘天’字，卑烟切‘边’字，此四字皆先韵之清声，俱收声于‘烟’字。如奇延切‘虔’字，池延切‘缠’字，弥延切‘绵’字，齐延切‘钱’字，此四字乃先韵之浊声，俱收声于‘延’字。由此以推，凡各韵清声之字，皆收声于本韵之影母，各韵浊声之字，皆收声于本韵之喻母。盖影喻二母，声有清浊，乃本韵之喉音，天下之声皆出于喉而收于喉，故翻切之下一字，用影喻二母中字收归喉音，其声自合也。”又李氏《榕村韵书》论翻切法亦云：“自东冬江阳庚青蒸真文元寒山先佳灰萧肴豪尤侵覃盐咸诸部，皆可以合声为切法，如都翁为‘东’，希阳为‘香’，几莺为‘惊’，之因为‘真’，孤湾为‘官’，沙安为‘山’，低烟为‘颠’，呼隈为‘灰’，西腰为‘萧’，溪忧为‘邱’，妻阴为‘侵’，他谙为‘贪’之类，皆两声合成一声。不用寻其等母韵部，便可晓然。但上一字惟支微齐鱼虞歌麻七韵，乃首摄之字，生天下之万音者，故可以切他部而他部不能切七部。盖七部之字，皆天然独音，非两声合成故也。下一字则归其韵之影母字，乃得两声谐叶，若如古人切法则远矣。”案依此合声之法，信为反切之捷径，虽曰更张旧规，自不背于音理。等韵至此，方可谓有成学，虽有时遇所当用者或有音无字，或有字而隐僻难识，不能不归之于借用、协用，然视门法诸例之道入于迷者，此固善于彼也。

卷下 | 义篇

字义起源第一

一　义起于声

未有文字，先有语言，未有语言，先有声音。感于物而动，则形于声，故声者，所以宣志而道情，情志所寄，而义起焉。仓、史造字，虽依于形，有一形必有一名。名者声也，声为天而天名立，声为地而地名立，声为人而人名立。而命名之始，则皆以意为之主，故有一名必有一义。义起于声，乃造字之原则，莫之或易也。其后形声相益，由独体之文，进而为合体之字，或合两体，或合三体、四体。凡其体之成文者，亦皆各有其声与义，非徒形也。惟相合之后，则某体取形，某体取声，某体取义，不能并其本体之形声义而皆取之。盖合体之字，与独体之文之即形、即声、即义者固有殊也。然而两体相合之形声字，则义犹多寓于声。故宋王子韶因之演为“右文”，以为凡字其类在左，其义在右。清儒黄春谷亦谓字义皆起于右旁之声，任举一字，闻其声即可知其义，凡同声之字，但举右旁之声，不必举左旁之迹，皆可通用；又谓明乎声音通用之例，则凡同音之字，多可通用。焦循作《易通释》亦谓：“古者命名辨物，近其声即通其义，如豹礿为同声，与虎连类而言，则借礿为豹；与祭连类而言，则借豹为礿。羊祥为同声，兑有吉义，则借羊为祥；大壮失道不吉，则借祥为羊。借狗为拘，以拘狗皆句声；借硕为鼫，以硕鼫皆石声；借蚌为邦，蚌邦皆丰声也；借鲋为附，鲋附皆付声也。反复辩论，得义数十条。”如言蔑与篾同，獲与穫同，蕃与藩同，祇与羝同，弟与娣稊涕三字同，轮与纶同，宠与龙同，角与桷同，頄与仇九同，宫与躬同，茀与拂同，攻与工同，巳与祀同，颡与桑同，立与泣同，幹与翰同，连与斓蘭涟三字同，晖与挥同，形与刑同，无不以声义之通为字形之借。姚文田作《说文声系》、朱骏声作《说文通训定声》亦用此例，皆衍右文之绪者也。而刘师培更推其说，谓：“造字之初，先有右旁之声，后有左旁之形，声起于义，故右旁之声既同，则义象必同。及事物浩繁，乃以右旁之声为纲，而增益左旁之形，许君以左旁字形立部首，乃后儒析字之例，非古人造字之本义也。”案声起于义，义寓于声，理固甚确，然如刘氏之言，则又未免过当，不悟形与名实同时并起。所谓先有右旁之声者，此表声之体，固亦自有其形也。且字义起于右旁之声，亦从其多者言之耳，非可施之一切。故章先生曰：“王子韶创作右文，以为字从某声，便得某义，若句部有‘鉤笱’，臤部有‘緊堅’，丩部有‘纠茻’，𠂢部有‘衇覛’，及诸会意形声相兼之字，信多合者，然以一致相衡，即令形声摄于会意。夫同音之字，非止一二，取义于彼见形于此者，往往而有。若‘农’声之字，多训厚大，然‘农’无厚大义；‘支’声之字，多训倾邪，然‘支’无倾邪义。盖同韵同纽者，别有所受，非可望形为谂，况复旁转对转，音理多涂，双声驰骤，其流无限，而欲于形内牵之，斯子韶所以为荆舒之徒。”案此则语有分别，可为定论。所举“农”声之字训厚大者，盖不取义于“农”而取义于农之双声“隆”字也；“农”与“隆”同属舌声。《说文》：“隆，丰大也。”“支”声之字训倾邪者，盖不取义于“支”而取义于“支”之双声“差”字也。“支”与“差”同属齿声。《广韵》：“差，不齐等也。”

可见义起于声，不能沾滞本声，专取本声，则会意、形声无以别，六书残而为五矣。

二 义起于形

义起于声固已，然形立谓之文，造字之序，形在最先。仰观象于天，俯观法于地，近取诸身，远取诸物，此其形皆由体察而得，非由意想所造。及乎形立文成，则有即形而生义者，是乃义起于形也。故“日”之训实，取义于日形之圆实不亏也；“月”之训阙，取义于月形之半缺不满也；“𠂤”之训厚，取义于土山之形层累而高也；“水”之训准，取义于水流之形盈科而进也。“屯”象艸木初生尾曲，故训曰难；“出”象艸木益兹上达，故训曰进；“非”从飞下翅相背，故训曰违；“卂”从飞而羽不见，故训曰疾；“釆”象兽指爪分别形，故有辨义；“亚”象人局背之形，故有丑义；“幺”象子初生之形，故有小义；“臣”象屈服之形，故有牵义。牛性喜卧，故作卧形。没其足而大其角与封者，牛能任事在封，故有封牛之名。封者，顶上隆起者也。牛角有鰓理，且本白中青丰末，三色不失理，谓之牛戴牛。牛戴牛者，牛之戴理者也，故云“牛，事也，理也”。马性喜行，故作立形，象髦尾又作其四足，文较牛繁，特丰其形，欲以见其壮武也，官之名司马者，司武怒者也，故云“马，怒也，武也”。上二字用黄以周说。“高”象台观高之形，故曰崇也；亯象进熟物形，故曰献也；“乚”象迟曲隐蔽形，故曰匿也；“云”象云气回转形，故曰旋也；“片”从半木，故义为判，“𠬶”从反𠬜，故义为引；“文”象交文，故训为错画；“工”象人有规矩，故训为巧饰。凡兹所举，大抵初文，皆造字之时有所取象，而义即因缘而生。盖文字之本，不外形与声两大端。声出于内，意所欲言者，假声以达，故义之从声生者，意在先而声在后；形取自外，睹形而后起意，故义之从形生者，形在先而意在后。是故形与声皆为义之起源，而又有宾主之分焉。至若会意之字，固亦可以见义，然最初之义，不由是起，因其所合之体，又各自有本义也。故合体成形，乃制字之形，非取象之形，若纯冯制字之形以求义，而不返其始，则不徒形声为会意所棁，即象形、指事之本体，亦将溷不理析。流弊所极，则有如王荆公之《字说》者矣。荆公《字说》今不传，叶大庆《考古质疑》曰："近世王文公其说经亦多解字，如曰人为之谓'伪'，曰'位'者人之所立，曰'讼'者言之于公，与夫五人为'伍'，十人为'什'，歃血自明而为'盟'，二户相合而为'门'，以兆鼓'鼗'，与邑交则曰'郊'，曰同田为'富'，分贝为'贫'，至理自明，人亦何议。有如中心为'忠'，如心为'恕'，朱晦庵亦或取之。惟是不可解者，亦必从而为之说，遂有勉强之患，所以不免诸人之议也。"《邵氏闻见后录》曰："荆公晚说字。客曰：'霸字何以从西。'荆公以西在方域主杀伐，累言数百不休。或曰：'霸从雨，不从西也。'荆公随辄曰：'如时雨化之耳。'其无定论如此。"袁文《瓮牖闲评》曰："王介甫解'伶'字，乃云伶非能自乐也，非能与众乐也，为人所令而已。似乎穿凿。"杨慎引："刘贡父曰：'《易》之观卦，即是老鹳，《诗》之小雅，即是老鸦。'荆公不觉欣然，久乃悟其戏。又问东坡：'鸠字何以从九？'东坡曰：'鸤鸠在桑，其子七兮，连娘带爷，恰是九个。'又自言：'波者水之皮。'坡公笑曰：'然则滑是水之骨也。'"其他见于杨龟山《字说辨》所引者，尚有数十条。

三 义起于用

书契之作，本以统事，惟上世事寡，故文不必多，一文而函一义，一义施于一用，是其恒也。渐则庶事繁兴，文字亦日以孳乳，孳乳不胜，乃以一字为数用，而六书之假借，由是而生。既以一字为数用，遂亦由本义引申为他义。故始之一字一义者，后则一字而数义，是盖造字之权法，亦即义之所为又起于用也。然义寓于声，义之所在，声亦寄焉，此与同声通用意义绝远者，其趣则殊。故如“日”字本义则太阳之精也，因太阳之出没，历十二辰一周为一日，即借“日”字以表时日之日；“月”字本义则太阴之精也，因太阴之盈亏，历三十日一周为一月，即借“月”字以表岁月之月；“季”字本义则谷熟也，因谷须一岁一熟，即借“季”字以表年岁之年。此为借实字作实用，其例尚少。又如攻玉之“理”，引伸为义理之理；道路之“道”，引伸为道德之道；子孙之“孙”，引伸为孙让之孙；纲纮之“纲”，引申为纲维之纲。此类借实字作虚用者，其例尤多。故章先生曰：“六书初造，形、事、意、声，皆以组成本义，惟言语笔札之用，则假借为多。夫号物之数曰万，动植金石械器之属，已不能尽为其名。至于人事之端，心理之微，本无体象，则不得不假用他名以表之。若动静形容之字，诸有形者，已不能物为其号，而多以一言概括，诸无形者，则益不得不假借以为表象，是亦执也。若言雨降、案降下也，本谓人自陵阜而下。风吹，案吹嘘也，本谓人口出气息。皆略以人事表象，由是进而为抽象思想之言，则其特征愈著。若言思想之深远，度量之宽宏，深者所以度水，远者所以记里，宽宏者所以形状中空之器，莫非有形者也，而精神见象，以此为表矣。若言宇宙为理性，此以人之材性表象宇宙也。若言真理，则主观客观，初无二致，此以主观之忍许，客观之存在，而表象真理也。言语如此，文益离质，则表象益多。”节《检论·正名杂义》。观此，则知字之施用多途，义亦随之而日广矣。其有后制正文者，本可渐离表象之义，而施于文辞者，犹习用旧文而怠更新体，斯本义之所以日荒，而循名责实之必有资于训诂也。

词类分析第二

一 词性之分

古无词类之书，《尔雅》则训诂之书也，《方言》则语言之书也，《说文解字》则文字之书也，继是有作，不离三宗。至若《两汉博闻》《文选双字》《班马字类》、程氏《诲蒙》、洪氏《缀法》、《汉隽》、《史腴》诸作，近于词书矣，则又但摘奇字，用资华藻，仅供文士之挦撦，无补小学之豪末。明朱谋㙔作《骈雅》，联二为一，骈异而同，依《尔雅》体例，分章训释，征引详博，颇具条例，然其所录，大抵形容之词，词类之一端耳。清儒王引之作《经传释词》，始搜讨九经三传及周秦西汉书中助语之文，分字编次，是则因字类而兼及文法，于以讽籀古籍，冰解壤分，无所凝滞，可谓善式古训者已。而刘淇所作《助字辨略》，则更析助字为三十类：曰重言，如“庸何”“滋益”是也。曰省文，如“虽悔可追”“不曰坚乎”是也。曰助语，如“无宁菑患”之“宁”、“尹公之佗”“庚公之斯”二“之”字是也曰断词，如“信”“必”“也”“矣”是也曰疑词，如“乎”“哉”“邪”“欤”是也曰咏叹词，同上。曰急词，如“则”“即”是也曰缓词，如“斯”“乃”是也曰发语词，如“夫”“盖”“繄”“维”是也。曰语已词，如“而”“思”是也。曰设词，如“虽”“纵”是也。曰别异之词，如“其于”“若乃”是也。曰继事之词，如“爰乃”“于是”是也。曰或然之词，如“容或”“傥使”是也。曰原起之词，如“先”“前”“初”“始”是也。曰终竟之词，如“毕”“已”“终”“卒”是也。曰顿挫之词，如“孝弟也者”“其为仁矣”是也曰承上，如“是故”“然则”是也。曰转下，如“然而”“抑又”是也。曰语词，如“夥颐”“馨那”是也。曰通用，如“无亡”“犹由”是也。曰专词，如“独”“唯”是也。曰仅词，如“稍”“略”是也。曰叹词，如“乌呼”“噫嘻”是也。曰几词，如“将”“殆”是也。曰极词，如“殊”“绝”“尽”“悉”是也。曰总括之词，如“都凡”“无虑”是也。曰方言，如“不成”“格是”是也。曰倒文，如“与其及也”“及可数乎”是也。曰实字虚用。如“吾今召君”之“今”，“时见理出”之“时”，皆即辞是也。观此所分，虽过于繁碎，然专著一书以分析词类者，要以刘氏为嚆矢。惟王、刘两氏之书，皆偏于虚字，盖以实字实义，昔之训诂文字诸书，已明著之，无劳释辨也。大抵词类虽多，就其性而言之，大别不过虚实两种。而所谓虚字，又皆由实字假用，造字之初，断无有专造一字以作虚用者。假之既久，本义渐废，或再别造一字以代本义，而假用之字，遂得据有虚字之位。后人因有实字虚用，虚字实用之目。湘乡曾文正公尝与人书论之云：“何以谓之实字虚用？如‘春风风人，夏雨雨人’‘解衣衣我，推食食我’‘春朝朝日，秋夕夕月’‘入其门无人门焉者，入其闺无人闺焉者’，以上字同者，上一字皆实字也，下一字则虚用矣。何以谓之虚字实用？如‘步’行也，虚字也，然韩文之‘步有新船’，《诗经》之‘国步’‘天步’，则实用矣；‘薄’迫也，虚字也，然因其丛密而林曰‘林薄’，因其不厚而帘曰‘帷薄’，以及《尔雅》之‘屋上薄’，《庄子》之‘高门县薄’，则实用矣；‘覆’败也，虚字也，然《左传》设伏以败人之兵，如‘郑突为三覆以待之’‘韩穿设七覆于敖前’，是虚字而实用矣。”案此所举虚字实用之字，其本固皆实字也。晚世西学东渐，彼土分析词类，较吾国为密，日本儿岛献吉郎，因本之而作《汉文典》，其说曰：“凡合文字以成句读者，是为文辞。”文辞之构成，其辞有四种，一曰体辞，二曰用辞，三曰状辞，四曰助辞。又类别之为名词、代名词、动词、形容词、副词、前置词、助动词、转接词、感应词、歇尾词之十种。体辞者，示事物之实体，名词、代名词属之；用辞者，示事物之动作，动词属之；状辞者，示事物及动作之性质状态，形容词、副词属之；助辞者，助体、用、状之三辞，以完全文章上之意义，前置词、助动词、转接词、感应词、歇尾词属之。而国人用其法以著书者，则有马建忠之《马氏文通》，仍以虚实两类为纲，谓凡字有事理可解者曰实字，无解而惟以助实字之情态者曰虚字，实字之类五，虚字之类四。凡实字以名一切事物者曰名字，凡实字用以指名者曰代字，凡实字以言事物之行者曰动字，凡实字以肖事物之形者曰静字，凡实字以貌动静之容者曰状字，凡虚字以联实字相关之义者曰介字，凡虚字用以为提承展转字句者统曰连字，凡虚字用以煞字与句读者曰助字，凡虚字以鸣人心中不平之声者曰叹字。此与汉文典所分者略同，其以九类分隶虚实，则尤为简括而不背于旧例，《助字辨略》所分之三十类，皆可纳于其中。虽其书为文法而作，然藉其类例以钩稽故训，则小学文学，可以沟通。许叔重尝称“字例之条”，陆士衡尝称“选义按部，考词就班”。夫字有条，义有部，词有班，三者固一以贯之者也。《文心雕龙·论说篇》云：“注释为词，解散论体，杂文虽异，总会是同。”彦和信可谓能知类者，故能言之及此。后世字类、文法，区为二派，而论文之书，复不根于小学，此文学之所以日趋陵迟也。

二 辞例之分

辞例与词性有殊，词性所以定词之质，辞例乃为修辞之术。词性属于体，辞例属于用，体虽虚实交互，而位不可乱，用则挥斥任意，而变动无方。故章先生曰：“辞气不殊，名物异用，于是乎辞例作焉，辞例者即又不可执也。”见《检论·正名杂义》虽然，《易》称“修辞立其诚”，《书》称“辞尚体要”，是则辞之至者，仍须扶质以立榦。董子《春秋繁露》云："《春秋》辨物之理以正其名，名物如其真，不失秋毫之末，故名'霣石'则后其'五'，言'退鹢'则先其'六'。圣人之谨于正名如此。君子于其言，无所苟而已。'五石''六鹢'之辞是也。"观此可悟修辞之法。盖《春秋》以属辞比事为教，故尤为谨严矣。《管子》曰："义也、名也、时也、似也、类也、比也、状也，谓之象。"注谓："义者所以合宜，名者所以命事，时者名有所当。"是《管子》此言，亦与正名、立诚之旨相符。其在名家，则辞辨是其专门，立例更为密察。《墨子·经上》云："名，达、类、私。谓，移、举、加。"《经说》解之曰："名，物、达也。有实必待文多也。言物为万物之通名，物有是实，名以文之。文者，实之加，故曰多。命之马，类也，若实也者，必以是名也。马而命之马，是类也，凡马之实，皆得名之马。命之臧，私也，是名也，止于是实也。臧即臧获之臧，言于人之贱者而命为臧。则臧非人之通名，故曰私。灑谓狗犬命也。此句不可解。孙诒让曰："以经推之，疑当作鹿，谓狗犬移也。灑、鹿形近而误。言移他名以谓此物，犹言指鹿为马。"狗犬，举也。谓正举物名，举彼实也。叱狗，加也。"谓以恶语相加。章先生曰："移、举、加谓言词分移、举、加三性，盖直指形质谓之举，意存高下谓之加。"此盖以经定词性，经说则其辞例也。而《尹文》更明定名有三科：一曰命物之名，方圆白黑是也；二曰毁誉之名，善恶贵贱是也；三曰况谓之名，贤愚爱憎是也。以此三科为属辞之准。《尹文·大道上》曰："语曰'好牛'，又曰不可不察也。好则物之通称，牛则物之定形，以通称随定形，不可穷极者也。设复言'好马'，则复连于'马'矣，则'好'所通无方也；设复言'好人'，则彼属于'人'矣，则'好'非'人'，'人'非'好'也，则'好牛''好马''好人'之名自离矣。"案此可略见《尹文》之辞例。然所言皆莫若《荀子》详。

《荀子·正名篇》曰："名闻而实喻，名之用也；累而成文，名之丽也；用丽俱得，谓之知名。名也者，所以期累实也。辞也者，兼异实之名以论一意也。辨说也者，不异实名以喻动静之道也。”是则词性定于名，而辞辨缘名而起，意尤显确。惟其以名定词性，故又曰：“异形离心，交喻异物，名实玄纽。故知者为之分别制名以指实。形体色理以目异，声音清浊调竽奇声以耳异，甘苦咸淡辛酸奇味以口异，香臭芬郁腥臊洒酸奇臭以鼻异，疾养凔热滑铍轻重以形体异，说故喜怒哀乐爱恶欲以心异。然后随而命之：同则同之，异则异之，单足以喻则单，单不足以喻则兼，单与兼无所相避则共，虽共不为害矣。知异实者之异名也，故使异实者莫不异名也，不可乱也。犹使异或说此“异”字，当作“同”。实者莫不同名也。”词性定矣，辞例如何？则又曰：“万物虽众，有时而欲遍举之，故谓之物。物也者，大共名也。推而共之，共则有共，至于无共然后止。有时而欲遍王念孙曰：“此遍字当作别字。”举之，故谓之鸟兽。鸟兽也者，大别名也。推而别之，别则有别，至于无别然后止。”此则与《墨子·经说》大抵相同，共名即《墨》所谓达也，别名即《墨》所谓类也，别则有别，即《墨》所谓私也。然辞例究不可执。故又曰：“名无固宜，约之以命，约定俗成谓之宜，异于约则谓之不宜。”惟无固宜，故又曰：“刑名从商，爵名从周，文名从礼。散名之加于万物者，则从诸夏之成俗曲期。远方异俗之乡，则因之而为通。”斯又荀子之达识，异于其他名家之惟析辞诡辨是务，而极至于纷不可理也。董子之学，亦出于荀，故辞例以名号为区，谓：“名众于号，号其大全。名也者，名其别离分散也。号凡而略，名详而目。目者，遍辨其事也，凡者独举其大也。享鬼神者号一曰祭，祭之散名，春曰祠，夏曰礿，秋曰尝，冬曰烝。猎禽兽者号一曰田，田之散名，春苗秋蒐冬狩夏狝。物莫不有凡号，号莫不有散名。”此其言殆可为《荀子》作注脚矣。

要之，共名、别名为属辞之公例，不解是者，辞不能达。征之《尔雅》《说文》，率由是道。如《尔雅》列《释天》《释地》

《释草》《释木》各篇，天、地、草、木皆共名也，立以为界，所以标一名所涵之义及所包之物也。凡事物之属于天、地、草、木者，则列之天、地、草、木四类之中，即以共名统别名也。《说文》分别部居，不相杂厕，凡某之属皆从某，其例亦同。段玉裁曰："《说文》分别其部为五百四十，每部各建一首，而同首者则曰'凡某之属皆从某'，于是形立而音义易明。凡字必有所属之首，五百四十字，可以统摄天下古今之字。"又曰："颜黄门称其书'隐括有条例，剖析穷根源'，此最为知许者。盖举一形以统众形，所谓'隐括有条例'也；就形以说音义，所谓'剖析穷根源'也。"他若夏曰岁，商曰祀，周曰年，唐虞曰载，见于《尔雅》；夏曰校，商曰序，周曰庠，见于《孟子》；楚人谓乳为穀，谓虎于菟，见于《左传》；吴人谓缓为善，谓伊为稻，见于《公羊》。此又《荀子》从商、从周、从礼、从诸夏远方之例也。而刘师培复引《管子》"义、名、时、似、类、比、状"七列以释《尔雅》，如"肉曰脱之，鱼曰斮之""淫谓之霖，济谓之霁"，义也；"宫谓之重，商谓之敏""邑外谓之郊，郊外谓之牧"，名也；"春为苍天，夏为昊天""月在甲曰毕，在乙曰橘"，时也；"纶似纶，组似组，帛似帛，布似布""狻麑如虦猫"，似也；"雀，鳥丑，其飞也翔；鹰，隼丑，其飞也翚"，类也；"黄金谓之璗，其美者谓之镠""䮝，如马一角，不角者骐"，比也；"狭而修曲曰楼""圜弇上谓之鼒，附耳者谓之釴，款足者谓之鬲"，状也。可见古人著书立言，咸各有其辞例。《诗》曰："维号斯言，有伦有脊。"兹之谓矣。辞例不明，则古义不通，不通古义，执今人寻行数墨之文法，而以读三代秦汉之书，譬犹对山野之夫，而与谈建章、甘泉之巨丽，庸有当乎！

古书辞例，清代诸经师多能通者，而以高邮王氏父子为最精。《经传释词》一书，虽以字分类，而辞例亦由是兼明。若专释辞例之书，则以俞曲园之《古书疑义举例》为集大成。其书七卷，卷五以下主于正误，与辞例本身无关。卷一至卷四，皆古书固有之辞例，读古书者所当知也，今录其目：曰上下文异字同义例，如《孟子·公孙丑篇》："有仕于此而子悦之，不告于王而私与之吾子之禄爵；夫士也，亦无王命而私受之于子。""仕""士"两字义同，"士"正字，"仕"假字。曰上下文同字异义例，如《论语·公冶长篇》："子路有闻，未之能行，唯恐有闻。"上"有"字乃有无之"有"，下"有"字乃"又"字也。曰倒句例，如《诗·桑柔篇》："大风有隧，有空大谷。"言大风则有隧矣，大谷则有空矣，今作"有空大谷"，乃倒句也。曰倒序例，如《周官·大宗伯》："以肆献祼享先王。"若以次第而言，则"祼"最在先，"献"次之，"肆"又次之也，乃不曰"祼献肆"而曰"肆献祼"，此倒序也。曰错综成文例，如《论语》"迅雷风烈"、《楚词》"吉日兮辰良"之类。曰参互见义例，如《礼记·文王世子篇》："诸父守贵宫贵室，诸子诸孙守下宫下室。"又曰："诸父诸兄守贵室，子弟守下室，而让道远矣。"郑注曰："上言父子孙，此言兄弟，互相备也。"曰两事连类而并称例，如《孟子》："禹稷当平世，三过其门而不入。"考之《书》"启呱呱而泣，予弗子"，此禹事也，而稷亦因之受名，此连类而及也。曰两事传疑而并存例，如《穀梁传·隐二年传》："或曰纪子伯莒子而与之盟。或曰年同、爵同，故纪子以伯先也。"是并存两说也。曰两语似平而实侧例，如《诗·荡篇》："侯作侯祝。"传曰："作、祝，诅也。"段玉裁曰："'作祝诅也'，四字一句，与'乃宣乃亩''爰始爰谋'句法同。"曰两句似异而实同例，如《礼记·表记篇》："仁有数，义有长短小大。"郑注曰："数与长短小大互言之耳。"案数即长短小大，质言之则是仁有数，义亦有数耳。曰以重言释一言例，如《礼记·乐记》："肃肃，敬也，雍雍，和也。"顾氏《日知录》曰："《诗》本'肃''雍'一字，而引之二字者，长言之也。"曰以一字做两读例，如《孟子·告子上篇》："异于白马之白也。"上"白"字当重读，盖先折之曰"异于白"，乃曰"白马之白也，无以异于白人之白也"。曰倒文协韵例，如《诗·既醉篇》："其仆维何？厘尔女士。厘尔女士，从以孙子。”案“女士”者士女也，“孙子”者，子孙也，皆倒文以协韵。曰变文协韵例，如《诗·柏舟篇》：“母也天只，不谅人只。”传曰：“天谓父也。”案母则直曰“母”，而父则称之为“天”，此变文协韵也。曰古人行文不嫌疏略例，如《论语》云：“沽酒市脯，不食。”使后人为之，必曰“沽酒不饮，市脯不食”。曰古文行文不避繁复例，如《孟子·梁惠王篇》：“故王之不王，非挟泰山以超北海之类也，王之不王，是折枝之类也。”两“王之不王”，若省其一，读之便索然矣。曰语急例，古人语急，有以“如”为“不如”者。《隐元年·公羊传》：“如勿与而已矣。”注曰：“如即不如也。”曰语缓例，古人语缓，则一字可引为数字。《襄三十一年·左传》：“缮完葺墙，以待宾客。”急言之则止是“葺墙”耳。曰一人之辞而加曰字例，如《论语·阳货篇》：“怀其宝而迷其邦，可谓仁乎？曰：不可。好从事而亟失时，可谓知乎？曰：不可。”两“曰”字仍是阳货语。曰两人之辞而省曰字例，如《孟子》：“臣请为王言乐。”孟子之言也，而无“曰”字。“敢问何谓浩然之气。”公孙丑之言也，而无“曰”字。文义易明，故省之也。曰文具于前而略于后例，如《诗·大叔于田篇》：“叔善射忌，又良御忌。”其下云“抑罄控忌，抑纵送忌”，则专承“良御”而言。曰文没于前而见于后例，如《孟子·公孙丑篇》：“孟子之平陆，谓其大夫曰。”不言平陆大夫为何人，下文云：“王之为都者，臣知五人焉，知其罪者惟孔距心。”则知平陆大夫为孔距心矣。曰蒙上文而省例，如《尚书·禹贡篇》：“终南惇物，至于鸟鼠。”正义曰：“三山空举山名，不言治意。”蒙上“既旅”之文也。曰探下文而省例，如《尧典》：“舜生三十征庸，三十在位，五十载。”因下句有“载”字，而上二句皆不言“载”。曰举此以见彼例，如《礼记·王制篇》：“大国之卿，不过三命，下卿再命，小国之卿与下大夫一命。”郑注曰：“不著次国之卿者，以大国之下互明之。”曰因此以及彼例，如《礼记·文王世子篇》：“养老幼于东序。”因“老”而及“幼”，非谓养老兼养幼也。《玉藻篇》：“大夫不得造车马。”因“车”而及“马”，非谓造车兼造马也。曰古书传述亦有异同例，古曰在昔，昔曰先民，古人之书，亦未必不更本于古，然其传述或有异同。如《论语》“杞”“宋”并不足征，《中庸》易其文曰“有宋存”是也。曰古人引书每有增减例，《日知录》曰：“《书·泰誓》：‘受有亿兆夷人，离心离德，予有乱臣十人，同心同德。’《左传》引之则曰：“《大誓》所谓‘商兆民离，周十人同’者，众也。”曰称谓例，古人称谓，或与今人不同。有以父名子者，《左传·成十年》“潘尫之党”、《襄廿三年》“申鲜虞俟之傅挚”是也。有以夫名妻者，《左传·昭元年》“武王邑姜”是也。有以母名女者，《左传·襄十九年》齐侯娶于鲁曰“颜懿姬”，其侄“鬷声姬”，杜注曰：“‘颜’‘鬷’皆二姬母姓，因以为号。”是也。有以子名母者，《隐元年》“惠公仲子”是也。至于礼经所称，则有以事目其人者，《特牲馈食礼》：“三献作止爵。”郑注云：“宾也，谓三献者，以事命之。”是也。曰寓名例，《史记·万石君传》：长子建，次子甲，次子乙，次子庆。“甲”“乙”非名，失其名而假以名之也。庄、列之书多寓名，读者以为悠谬之谈，不知古立言者自有此体也。曰以大名冠小名例，如《礼记》言“鱼鲔”，“鱼”其大名，“鲔”其小名也。《左传》言“鸟乌”，“鸟”其大名，“乌”其小名也。曰以大名代小名例，《春秋》之例，通都大邑得以名通，则不系以国，若小邑不得以名通，则但书其国而不书其地，如“盟于宋”“会于曹”，必有所在之地，而其地小，名亦不著，故以国书之。曰以小名代大名例，如《诗·采葛篇》：“一日不见，如三秋兮。”三秋即三岁也，岁有四时而独言秋，是举小名以代大名也。曰以双声叠韵字代本字例，“集”与“就”双声，而《诗·小旻篇》“集”与“犹”“咎”“道”为韵，是即以“集”为“就”也。“笃”与“毒”、“亡”与“荒”皆叠韵。《尚书·微子篇》：“天毒降灾荒殷国。”《史记·微子世家》作“天笃下灾亡殷国”，是以叠韵字代本字也。曰以读若字代本字例，《周易·鼎象传》曰：“鼎，象也。”案六十四卦皆观象系词，而独于鼎言象，义不可通。《说文》：“像，象也。读若养字之义。”然则“鼎，象也”犹曰“鼎，养也”。曰美恶同辞例，如“岂弟君子，民之父母”，诗人之所美也。而《齐风》云：“鲁道有荡，齐子岂弟。”传曰：“言文姜于是乐易。”则“岂弟”又为不美矣。曰高下相形例，如《孟子·离娄篇》曾子养曾皙一节，乃举曾元之养口体以形曾子之养志也。曰叙论并行例，古人之文无定法，多于叙事中入议论。曰实字活用例，以女妻人即谓之女，以食饲人即谓之食，古人用字类然。曰语词叠用例，如《诗·大雅·緜篇》：“迺慰迺止，迺左迺右。迺疆迺理，迺宣迺亩。”四句叠用八“迺”字。曰语词复用例，古人用助语词有两字同义而复用者。《左传》：“一薰一莸，十年尚犹有臭。”尚即犹也。曰句中用虚字例，“螽斯羽”言“螽羽”也，“兔斯首”言“兔首”也。《毛传》以“螽斯”为“斯螽”，《郑笺》以“斯首”为“白首”，均误以语词为实义。曰上下文变换虚字例，古书有叠句成文而虚字不同者。《尚书·洪范篇》：“水曰润下，火曰炎上，木曰曲直，金曰从革，土爰稼穑。”上四句用“曰”字，下一句用“爰”字，“爰”即“曰”也。曰反言省乎字例，如《尚书·西伯戡黎篇》：“我生不有命在天？”据《史记》则句末有“乎”字，经文从省。曰助语用不字例，如《诗·车攻篇》：“徒御不警，大庖不盈。”《传》曰：“不警，警也；不盈，盈也。”曰也邪通用例，《论语》中以“也”为“邪”者甚多，“子张问十世可知也”“井有人焉，其从之也”“岂若匹夫匹妇之为谅也”，诸“也”字并当读为“邪”。曰虽唯通用例，《论语·子罕篇》：“虽覆一篑，进吾往也。”此“虽”字当读为“唯”。又《乡党篇》：“肉虽多，不使胜食气，唯酒无量，不及乱。”此“唯”字当读为“虽”，与上“肉虽多”一例。曰句尾用故字例，凡经传用“故”字多在句首，然如《礼记·礼运篇》：“则是无故。先王能修礼以达义，体信以达顺故。”此“故”字在句尾者也。曰句首用焉字例，凡经传用“焉”字多在句尾，乃亦有在句首者，如《孟子·离娄篇》：“圣人既竭目力，焉继之以规矩准绳。”一连三“焉”字，皆当属下读，“焉”犹于是也。曰古书发端之词例，“乃”者承上之词，而古人或用以发端，《尧典》“乃命羲和”是也。“故”者承上之词，而古人亦或用以发端，《礼运》“故圣人参于天地”以下数节，每节皆以“故”字发端是也。“若夫”转语之词，而古人或用以发端，《孝经》“曾子曰‘若夫慈爱恭敬、安亲扬名’”是也。“今夫”为发端，今所习用，乃或变其文为“今是”，又或假“氏”为“是”，《墨子·天志下》：“今氏大国之君。”“今氏”即“今是”，亦即“今夫”也。曰古书连及之词例。凡连及之词，或用“与”字，或用“及”字，此常语也。乃有用“于”字者，《尚书·多方篇》“不克敬于和”是也。有用“若”字者，《礼记·投壶篇》“矢用柘若棘”是也，又或变其文曰“如”，《论语·先进篇》“方六七十，如五六十”是也，亦有用“之”字者，《文十一年·左传》“皇父之二子”是也。《礼记·中庸篇》：“知远之近，知风之自，知微之显。”此三“之”字亦连及之词。又有用“惟”字者，《禹贡篇》“齿革羽毛惟木”是也。凡兹所举五十余例，学者引而伸之，触类而长之，自不至以文害辞，以辞害意矣。

训诂举要第三

一 训诂述略

训者，道也，说教也。诂者，故也，故者，古也。道物之貌顺其意以告人谓之训，古今异言通之使人知谓之诂。钱大昕曰：“有文字而后有诂训，有诂训而后有义理。诂训者，义理之所由出，非别有义理出乎训诂之外者也。”《经籍纂诂序》是故《书》称“粤若稽古”，《诗》称“古训是式”，古训即诂训也。孔子之“信而好古”“好古敏求”，亦自谓诂训是信、诂训是求也。其学虽发端于《尔雅》，其例则经传本文中已自有之。秦汉以还，其绪益宏，师弟相传，各为家法，依经而释，遂成专学。略别其名，则有传、有注、有故、有微、有通、有笺、有学、有述、有章句、有集解。

传者，传也，传通其义也，如《书》有《孔氏传》，《诗》有《毛诗故训传》是也。注者，注义于经下，若水之注物，亦名为著，言为之解说，使其义著明也，如《诗》有马融注，《礼》有郑玄注，《易》有王肃注是也。刘知几曰："昔《诗》《书》已成，而毛、孔立传，传之时义，以训诂为主，亦犹《春秋》之传，配经而行也。降及中古，始名传曰注。盖传者转也，转授于无穷，注者流也，流通而靡绝。惟此二名，其归一揆。"子元此言，亦足备说。成伯瑜谓传承师说谓之为传，出自己意即为注，则不尽然。乃或又谓前汉称传，于后皆称注，误矣。孔颖达《尚书疏》云："马融、王肃亦称注名为传，传何有例乎？"故者通其指义也，如《书》有大、小《夏侯解故》，《诗》有《鲁故》《齐后氏故》《齐孙氏故》《韩故》是也。微者释其微旨也，如《春秋》有《左氏微》《铎氏微》《张氏微》《虞卿微传》是也。通者通其大义也，如洼丹《易通论》，名为《洼君通》，班固有《白虎通》，应劭有《风俗通》是也。笺者表也，识也。如郑氏《毛诗笺》，因《毛传》义有隐略，则更表明，如有不同，即下己意，使可识别是也。汉儒他书无名笺者，《四库书目提要》云："《博物志》曰：'毛公尝为北海郡守，康成是此郡人，故以为敬。'推张华所言，盖以为公府用记、郡将用笺之意，然康成生于汉末，乃修敬于四百年前之太守，殊无所取。"康成特因《毛传》而表识其旁，如今人之签记，积而成秩，故谓之笺，无容别曲说也。学者谦词，谓受学于师，乃宣此义，不出于己也，如《春秋·公羊传》何氏解诂亦称何休学是也。述者，纂人之言而申说之也，如《周易》有陆绩述是也。章句者具载本文，章别其旨也，如赵岐《孟子章句》、蔡邕《月令章句》是也。集解者，其例有二：有聚集经、传为之作解者，如杜预《春秋左氏传集解》是也；有撰集诸子之言以为解者，如范宁《春秋穀梁传集解》、何晏《论语集解》是也。尚有称"解诂""解谊"者，陆德明《经典释文叙录》载有贾逵《左氏解诂》、服虔《春秋左氏解谊》。是皆晋魏以前诸儒训诂之大凡。至唐则兼经注而明之，称为义疏。惟注虽依经立说，时得抉而扬之，自抒已见，疏家之体，则注文外不欲有所出入。皇侃《礼疏》，或乖郑义，孔颖达至斥为“木落不归其根，狐死不首其丘”。盖注主阐明，疏主墨守，此其所不同也。

二　经传本文之训诂例

阎百诗尝言：“十三经，经皆有传。传即在经之中，如《十翼》传《易》，《三传》传《春秋》，皆不待言。《尔雅》，《书》《诗》传也；《戴记》，《仪礼》传也。《仪礼》又自有子夏《丧服传》，《孟子》即谓《论语》之传也。《孝经》内有经有传。其无传者，独《周官》耳。”见《潜邱劄记》然金仁山谓《周官》一篇，《周礼》之经也，《周礼》其犹《周官》之传欤？据此，则《周礼》亦非经也，传也。夫传本为解经而作，后世始并尊之曰经，则其本文之有诂训，自无可疑，故如“和，会也。”“勤，劳也。”《周书谥法》“基，始也。”“命，信也。”《国语·周语下》“需，须也。”“师，众也。”《易彖上传》“畜君者，好君也。”《孟子·梁惠王下》“亲之也者，亲之也。”《大戴记·哀公问于孔子》“敬，文之恭也；忠，文之实也。”“正，德之道也；端，德之信也。”并《周语下》“忠，德之正也；信，德之固也。”《左氏·文元年传》“礼，身之幹也；敬，身之基也。”《成十三年传》“元，体之长也；亨，嘉之会也。”《襄九年传》“陈，水属也；火，水妃也。”《昭九年传》“黄，中之色也；裳，下之饰也。”《昭十二年传》“汉，水祥也。”“水，火之牡也。”《昭十七年传》“春曰祠，夏曰礿。”《公羊·桓八年传》“春曰田，夏曰苗。”《穀梁·桓四年传》“师众以顺为武。”《左氏·襄三年传》

“经纬天地曰文。”《昭廿八年传》“咨才为诹。”《鲁语下》“咨亲为询。”《左氏·襄四年传》“止戈为武。”《宣十二年传》“皿蟲为蠱。”《昭元年传》“无患曰乐，乐义曰终。”《大戴记·小辨》“约信曰誓，涖牲曰盟。”《礼记·曲礼下》“以及乾为天。”《易说卦传》“震为土。”《左氏·闵元年传》“乾刚坤柔。”《易杂卦传》“屯固、比入”《左氏·闵元年传》之类，以上所引见《经籍纂诂·凡例》遽数之不能终其物，皆诂训之典型也，而《尔雅》尚不与焉。且其间即有引经以为解者，是以经注经也。故陈寿祺曰：“以经注经，为汉学之先河。六艺指归，具见《尔雅》。博文明事，首推《孟子》。《坊》《表》二记，动引《诗》《书》。《燕》《聘》诸义，本诠《仪礼》。《春秋左氏传》，说经尤夥。元亨利贞之辨，黄裳元吉之解，夏后之九功九歌，文武之九德七德。《卷耳》能官人，则《大戴记》《逸周书》具之，《虞书》数舜功，则四凶十六相详之。岂徒王应麟所举《外传》叔向、单穆公、闵马父、左史倚相、观射父、白公子张诸人其言有功圣学在汉儒训故之前哉？”

而刘师培更分析其例：有以本字训本字者，《易经》：“蒙者，蒙也。比者，比也。剥者，剥也。”《孟子》：“彻者，彻也。”有以音近之字训本字者，《易经》：“咸，感也。”“共者，洪也。”《论语》：“政者，正也。”《孟子》：“庠，养也。”《左传》：“楛，耗也。”《礼记》：“春之言蠢也。”有数字递相为训者，《易经》：“易者，象也。象也者，像也。”《礼记》：“刑者，侀也。侀者，成也。”有一字不仅一义者，《射义》云：“射之谓言绎也，或曰射也。”有以字形解字者，《左传》：“正反为乏。”《穀梁》：“人言为信。”有以字义解字者，《易经》：“震，动也。巽，入也。艮，止也。”《左传》：“正曲为直，参和为仁。”有本文甚简，其义难明，增字释之，然后本义乃可见者，《左传》：“星陨如雨，与雨偕也。”《射义》云：“射侯者，射为诸侯也。”有以俗语释雅言者，《孟子》：“泄泄犹沓沓也。”有举一字而伸其用者，《礼记》："礼者，因人之情而为之节文，以为民坊者也。"有举一字而穷其义者。《左传》："夫武，禁乱、戢兵、保大、定功、安民、和众、丰财者也。"是知经传中不惟有训诂，细寻绎之，其条理亦毕具矣。又不惟有条理也，其解释经旨之简明，尤非后儒所及。如《孟了》称《公刘》之诗"乃积乃仓，乃裹糇粮，于橐于囊，思戢用光。弓矢斯张，干戈戚扬，爰方启行"而释之，之词但云："故居者有积仓，行者有裹粮也，然后可以爰方启行。"其称《烝民》之诗"天生烝民，有物有则。民之秉彝，好是懿德"而引孔子之语以释之，但曰："故有物必有则，民之秉彝也，故好是懿德。"用两"故"字、一"必"字、一"也"字，而四句之义昭然。见《容斋随笔》视训"曰若稽古"三万言者，岂可同日而语哉！

三　训诂书之训诂例

训诂之书，以《尔雅》为最古，训诂之例，亦以《尔雅》为最备。其书十有九篇，《释诂》第一，《释言》第二，《释训》第三，《释亲》第四，《释宫》第五，《释器》第六，《释乐》第七，《释天》第八，《释地》第九，《释丘》第十，《释山》第十一，《释水》第十二，《释艸》第十三，《释木》第十四，《释虫》第十五，《释鱼》第十六，《释鸟》第十七，《释兽》第十八，《释畜》第十九。各篇有各篇之例。合而观之，又有其总例，错而观之，又有其通例。总例者何？孔颖达《诗疏》曰："《尔雅》序篇云：'《释诂》《释言》，通古今之字，古与今异言也。《释训》言形貌也。'然则诂训者，通古今之异辞，辨物之形貌，则解释之义，尽归于此。《释亲》已下皆指体而释其别，亦是诂训之义。故唯言诂训，足总众篇之目。"案此言虽为解释《毛诗诂训传》用"诂训"二字立名之意，而《尔雅》全书之例，实即尽具于首三篇之中。盖诂之为言古也。观《释诂》一篇，皆博举古人之语而以今语释之。孔子曰："《尔雅》以观于古，足以辨言。"《汉书·艺文志》曰："古文读应《尔雅》，故解古今语而可知。"是则以今语释古语，为《尔雅》之总例者一也。言之为言衍也。观《释言》一篇，皆约取常行之字而以异义释之。刘熙《释名》曰："尔，近也；雅，正也。五方之言不同，皆以近正为主。"阮元曰："正者，虞、夏、商、周建都之地之正言也。近正者，各国近于王都之正言也。"刘台拱亦曰："子所雅言，《诗》《书》、执礼。雅言者，诵《诗》、读《书》，从周之正言，不为鲁之方言也。执礼者，诏相礼仪，亦以周音说礼仪也。《小雅》《大雅》，皆周诗之正言也。"是则以方言释雅言，为《尔雅》之总例者二也。训之为言驯也，驯之为言顺也。观《释训》一篇，多列形容之词而以单词释之。形容之词，词之文者也；单词，词之质者也。司马迁曰："文不雅驯，缙绅先生难言之。"难言者，谓其不顺也，雅驯则顺矣，然通俗则文不如质，是则以质言释文言，为《尔雅》之总例者三也。俞曲园曰："《尔雅》首三篇之名，《释诂》一篇所说，皆字之本义，故谓之诂。诂者，古也，言古义本如此也。《释言》一篇所说，则字之本义不如此，而古人之言有如此者，即以篇首'般、齐，中也'言之，'般'本不训'中'，而《书》云'以般仲春'，此'般'字则训为'中'；'齐'本不训'中'，而《释地》云'距齐州以南'，此'齐'字则训为'中'，故曰'般、齐，中也'。此《释言》所以异于《释诂》也。至《释训》一篇所说，则直是后世笺注之祖，所以解释经文，如'斤'字并不训'察'，而《周颂》云'斤斤其明'，合二字为文，则有'察'义，故云'斤斤，察也'。'秩'字并不训'智'，而《小雅》云'左右秩秩'，合二字为文，则有'智'义矣，故曰'秩秩，智也'。本篇所释多重言，皆本经文，并有举全句而释之者。此《释训》所以异于《释言》也。"案此论甚精，可正邢疏之失。总斯三例，以统其余。若其分例，则《释诂》所释"始也""君也""大也"，其义相承，余皆错举。《释言》所释，皆单文起义，多不过二三言，与《释诂》之篇动连于余文而为一义者殊。《释训》所释，兼意、义二端，“明明、斤斤”之类为释义，“子子、孙孙”之类为释意。其余断文零句，则杂释事物。《释亲》所释，首宗族，次母党，次妻党，次婚姻，皆亲属也。《释宫》所释，上至栋桴，下穷瓴甋，旁及连簃，别为台榭，以至扆序、位宁、途路、堤梁，靡不依类而释之。《释器》所释，皆正名辨物，依类象形，先言礼器，次及用器，礼以定民心，而后可以利用出入民咸用之也，若乃衣服、饮食，非可以器言，而杂见兹篇者，以本器用之原也。《释天》所释，自四时至星名，皆天所运转列陈，而为敬授、庶征之本，故以次诠释，祭名以下，盖附见焉。翟灏《尔雅补郭》云：“祭名与讲武、旌旗三章俱非天类，谓当更有《释礼》篇与《释乐》篇相随，此其残文。”《释地》所释，自九州以讫四极，其间陵薮异名，原野异势，五方异气，莫不备载。《释丘》《释山》《释水》皆地之属，故并以次焉。《释草》所释，或别其异名，或详其形状，或以类相从，或前后互见，品罗众卉，实多识之资也。《释木》所释，凡山林、川泽、丘陵、坟衍之所植，乔者、条者、荥者、核者，皆为之正其名，名正然后能辨其所宜也。《释虫》所释，凡外骨内骨、却行仄行、连行纡行，以脰鸣者、以注鸣者、以旁鸣者、以翼鸣者、以股鸣者、以胸鸣者，皆为之载，博其名也。《释鱼》所释，兼包鳞、介之属，然鱼种善变，故于大小之异名，俯仰之状，与夫种类之异者，晰而别之，俾人不以暂变者失其本真也。《释鸟》所释，兼包长尾、短尾而言，并及蝙蝠者，《夏小正》云：“凡有翼者为鸟也。”鼯鼠为鼠类而亦及之者，以其能飞，是亦鸟之类也。《释兽》所释，牝牡之名，毛角之状，其性各殊，则有善登、善顾；其形互异，则为迅头、短脰；其与畜相似，则“驨”如马，“羱”如羊，“兕”如牛，“犀”如豕，所为辨其名物也。《释畜》所释本亦兽类，而异其名者，畜是畜养之名，兽是毛虫总号，故《释畜》

唯论马、牛、羊、鸡、犬也。分例周详如此，故郭璞曰：“博物不惑，莫近于《尔雅》也。”郑樵曰：“古人语言于今有变，生今之世，何由识古人语，此《释诂》所由作。五方言语不同，生于夷，何由识华语，此《释言》所由作。物有可以理言者，以理言之；有不可以理言，但喻其形容而已；形容不可明，故借言之训以为证：此《释训》所由作。宗族、婚姻称谓不同，宫室、器乐命名亦异，此《释亲》《释宫》《释器》《释乐》所由作。人之所用者人之事耳，何由知天之物，此《释天》所由作。生于此土识此土而已，九洲之远，山川丘陵之异，何由历，此《释地》《释丘》《释山》《释水》所由作。动物、植物五方所产各有名，古今所名亦异谓，此《释草》《释木》《释虫》《释鱼》《释鸟》《释兽》《释畜》所由作。”案此论《尔雅》篇次，亦颇得作者之旨。至于通例，则《释诂》以下三篇，有共具之例八：一曰文同训异，即一字数义也；如：“尸，主也，宗也，陈也。”“崇，高也，充也，重也。”二曰训同义异，即王引之所谓二义不嫌同条，严元照所谓一训兼两义也；如“林、丞、天、帝、皇、王、后、辟、公、侯，君也。”“君”字有二义，一为君上之“君”，“天”“帝”“皇”“王”“后”“辟”“公”“侯”是也，一为群聚之“群”，“林”“丞”是也，古者“君”与“群”同声，故相通用。又如：“台、朕、赉、畀、卜、阳，予也。”“台”“朕”“阳”为予我之“予”，“赉”“畀”“卜”为赐予之“予”。三曰递训，即郭氏所谓转相训也；如“舒、业、顺，叙也；舒、业、顺、叙，绪也。”“矢，弛也；弛，易也。”“宨，肆也；肆，力也。”四曰互训，即郭氏所谓反复相训也；如“亮，右也；右，亮也。”“勤，劳也；劳，勤也。”“遐，远也；远，遐也。”五曰反训，即郭氏所谓义相反而兼通者；如“徂，存也。”“故，今也。”“茅，明也。”“在，终也。”六曰双声相训，即同声纽也；如“康，苛也。”“仍，乃也。”“樊，潘也。”“奘，驵也。”七曰叠韵相训，即同韵部也；如“粻，粮也。”“燬，火也。”“遹，述也。”“甲，狎也。”八曰同字为训，即古今字之异也。如：“迺，乃也。”郭注谓：“廼即乃。”“辅，俌也。”郭注：“俌犹辅也。”《释亲》以下诸篇，皆释事物之名，有共具之例三：一曰以共名统别名，即归纳法也；如《释亲》之分族党、婚姻，《释天》之分岁时、灾祥，《释地》之分薮、陵、方、野，《释兽》之分寓、鼠、齸、须，《释畜》之分马、牛、羊、狗。二曰以定名系私名，即演绎法也；如同一隅也，“西南谓之奥，西北谓之屋漏，东北谓之宧，东南谓之窔”。同一豆也，“木豆谓之豆，竹豆谓之笾，瓦豆谓之登”。同一天也，“春为苍天，夏为昊天，秋为旻天，冬为上天”。同一木句也，“下句曰朻，上句曰乔”。三曰因此名及彼名，即连类法也。如“舟”“泭”本器也，而“杨舟”“造舟”“维舟”“公舟”“特舟”“泭”则附于《释水》，以其皆涉水之器也。又如《释草》云：“木谓之华，草谓之荣。”则因草而及木。《释木》云：“瓜曰华之，桃曰胆之。”则因木而及草。《释鸟》云：“二足而羽谓之禽，四足而毛谓之兽。”则因鸟而及兽。《释兽》云：“牛曰齝，羊曰齥，鸟曰嗉，寓鼠曰嗛。”“兽曰衅，鱼曰须，鸟曰臭。”则因兽而及鱼、鸟与畜。而释草以下七篇，或物异名同，或物同名异，推其由来，皆有所自，使一一为之例，盖累纸所不能尽也。《尔雅》以降，诸训诂之书，如《小尔雅》《广雅》等，皆仿《尔雅》而作，以《尔雅》之例比而观之可矣。

四　传注家之训诂例

传注所以解经也。鲁丕有言：“说经者传先师之言，非从己出。难者必明其据，说者务立其义。浮华无用之言，不陈于前，故精思不劳，而道术愈章。”是知经训贵简而不尚繁，重师法而不矜立异。郑康成曰：“述谓训其义也。”又曰：“述谓述其古事。”又曰：“就原文字之声类，考训诂，捃秘逸。”此所谓训义述事，盖即郑君自道说经之例，从而推之，诸儒说经之例，大抵亦不相远。故今从传注中考之，训诂之法，约略可观。虽出众家，殆若一契。试别其类，则有云“某，某也”，《易乾》子夏传：“元，始也。”《丰》子夏传：“芾，小也。”《诗·关雎》传：“淑，善；逑，匹也。”有云“某者，某也”，《书》大传：“颛者，事也。禹者，辅也。”有云“某者，某也，某也”，《书》大传：“尧者，高也，饶也。舜者，推也，循也。”有云“某尤某也”，《周礼·天官·序官》注：“体犹分也。佐犹助也。”有云“某谓某某”，《冢宰》注：“郑司农云：士谓学士，两谓两丞。”有云“某之言某也”，《诗·召南》笺：“苹之言宾也，藻之言澡也。”有云“某某曰某”，《论语》郑注：“同门曰朋，同志曰友。”有云“以某为某，曰某”，《周礼·醢人》注：“郑大夫、杜子春皆以拍为膊，谓胁也。”有云“某某，某某貌”，《论语》郑注：“恂恂，恭顺貌。便便，言辨貌。”有云“某某，某某之词”，《仪礼·士冠礼》注：“吾子，相亲之辞。”有云“某某，某某之称”，《仪礼·士冠礼》注：“子，男子之美称。伯仲叔季，长幼之称。甫是丈夫之美称。”有云“某读为某”，《论语》郑注：“纯读为缁。厉读为赖。”有云“某读曰某”，《礼记·曲礼》注：“扱读曰吸。缮读曰劲。”有云“某读如某”，《吕览·季夏》注：“饬读如敕。”《士容》注：“胕读如疛。”有云“某读如某某之某”，《考工记》注：“郑司农云：函读如国君含垢之含。”“泐读如再扐而后卦之扐。”有云“某读若某某之某”，《仪礼·乡饮酒礼》注：“如读若今之若。”《聘礼》注：“薮读若不数之数。”有云“某古某字”，《诗·鹿鸣》笺：“视，古字也。”《礼记·曲礼》注：“或者攘古让字。”有云“古曰某，今曰某”，《周礼·外史》注：“古曰名，今曰字。”《论语》郑注：“古者曰名，今世曰字。”有云“古声某、某同”，《诗·东山》笺：“古者声栗、裂同也。”《常棣》笺：“古声填、寘、尘同。”有云“古字某、某同”，《论语》郑注：“古字材、哉同耳。”《周礼·外府》注：“齎、资同耳，其字以齊、次为声，从贝变易，古字亦多或。”有云“故书作某”，《周礼·天官·序官》注：“嫔，故书作宾。”《典枲》注：“故书齎作资。”有云“古文某为某，今文某为某”，仪礼·士冠礼》注：“今文扃为铉，古文鼏为密。”“古文紒为结，今文礼作醴。”《礼记·缁衣》注：“吉当为告，告古文诰，字之误。”有云“某某，或为某某”，《周礼·小宰》注：“杜子春云：廉辨或为廉端。”《掌舍》注：“杜子春云：棘门或为材门。”有云“某误为某”，《大戴记·保傅》卢注：“瞽与鼓声误也，夜史为字误。”有云“某当为某”，《周礼·醢人》注：“齐当为齍。”《内司服》注：“狄当为翟。”有云“某声近某”，《内司服》注：“郑司农云：屈者音声与阙相似，襢与展相似。康成谓襌、揄、狄、展声相近。”有云“长言”“短言”，《公羊·庄廿八年传》注：“伐人者为客，读伐长言之；见伐者为主，读伐短言之。”有云“内言”“外言”，《公羊·宣八年传》注：“言‘乃’者内而深，言‘而’者外而浅。”有云“急言”“缓言”，《淮南·本经》注：“䲢读近殆，缓气言之。”《地形》注：“旄读近绸缪之缪，急气言乃得之。”凡此数十例，声音诂训，一以贯之，以上引见《经籍纂诂·凡例》。皆训诂之正例也。其中直训其义者，人所易知，若以音为训而义即寓其中者，则非通其条贯，莫由识其指㧑。而汉儒之注此类最多，故段玉裁特作《周礼、仪礼汉读考》，陈寿祺亦有《汉读举例》。段氏之言曰：“汉人作注，于字发疑正读，其例有三，一曰读如、读若，二曰读为、读曰，三曰当为。‘读如’‘读若’者，拟其音也，古无反语，故为比方之词。‘读为’‘读曰’者，易其字也，易之以音相近之字，故为变化之词。比方主乎同，音同而义可推也；变化主乎异，字异而义憭然也。比方主乎音，变化主乎义。比方不易字，故下文仍举经之本字；变化字已易，故下文辄举所易之字。注经必兼兹二者，故有‘读如’、有‘读为’，有言‘读如某’‘读为某’而某仍本字者，‘如’以别其音，‘为’以别其义。‘当为’者，定为字之误、声之误而改其字也，为救正之词。形近而伪，谓之字之误；声近而讹，谓之声之误。字误、声误而正之，皆谓之‘当为’。凡言‘读为’者，不以为误，凡言‘当为’者，直斥其误。三者分而汉注可读，而经可读。三者皆以音为用，六书之形声、假借、转注于是焉在。”陈氏之言曰：“汉儒音读之法，凡言读如、读若、读为、读曰、读与某同，皆别举一字以定其音，此常例也。亦有即本字为音者，盖字包数音，音包数义，字同而音异者别其音，字同而义异者别其义。故或举经典习见之文以证之，或举方俗易晓之语以征之。字虽不改，而音与义已判矣，此又一例也。复有字止一音一义，难为比况之词，但就本义为本音者，此又一例也。”合段、陈二氏之说以观汉注，自豁然矣。

五　《说文解字》之训诂例

《说文解字》，本文字之书，分部以字形为纲，非为训诂而作。然其说解之例，必先字义而后字形，即字义不待说而自明者，亦必说之，若两形合体之字，则必视某形与字义相近，然后以此字属某部，故《说文》一书，亦训诂学之津筏也。今略释之，得例如下：

有直解其义者，如：“元，始也。”“丕，大也。”

有以字形说字义者，如：“禷，以事類祭天神。”“類”为右半，神则左半之“示”也。

字有不能直解，则分情状说之者，如“怏”下云“不服怼也”，“不服”其情也，“怼”其状也；“懆”下云“愁不安也”，“愁”其情也，“不安”其状也。

有不直解其意而牵连它义者，如：“伍，相参伍也。”“什，相什保也。”“佰，相什佰也。”使人知“伍”“什”“佰”即“五”“十”“百”而微分动静也。

有即用本字而加偏旁以为训者，如：“帝，谛也。”“走，趋也。”“正，是也。”“丩，相纠缭也。”

有即以本字所从之声为训者，如：“佼，交也。”“佮，合也。”“儥，賣也。”“僻，辟也。”

有两字互训而实为一字者，如“併”下云“竝也”，“竝”下云“併也”。

有引方言说字形，而于所隶之部见本义者，如“莽”下云“南昌谓犬善逐兔艸中为莽”，然不隶诸犬部而隶茻部者，盖艸莽为本义，以从犬难解，故以方言证之也。

有据本物之性释之者，如“盐”下云“咸也”，“酸”下云“酢也”，“咸”乃“盐”之味，“酢”乃“酸”之质也。

有据本物之形释之者，如“丵”下云“丛生艸也”，“黑”下云“火所熏之色也”。

有据本物之用释之者，如：“户，护也。”“门，闻也。”“政，正也。”“箕，簸也。”

有说在字意之外者，如：“臣，牵也。”“父，矩也。”言臣心当牵系于君，父当立矩矱于子也。

有两字为一物一事，则于上字详说之者，如“琅玕”一物也，则“琅”下云“琅玕，似珠者”，“玕”下第云“琅玕也”。

有此字必合两字乃为一物一事，而彼一字即为一物一事，则别立一例者，如“苏”有“桂荏”之名，不可单名“荏”也，故“荏”下云“桂荏苏”，而“桂”下则云“江南木，百药之长”，不复及“桂荏”之名矣。

有以双声字为训者，如：“旁，溥也。”“识，常也。”

有以叠韵字为训者，如：“䜌，乱也。”“士，事也。”

有以假借字为训者，如“莜”下云“蚍虾也”，“蚍虾”乃蚁也，“莜”则艸也，此假“蚍虾”为“芘芣”也。

字有数义，则加“一曰”以明之者，如：“禋，洁祀也。一曰精意以亨为禋。”“遽，传也。一曰窘也。”“端，数也。一曰相让也。”

有以今训古者，又可区为四类：一曰其字属物，以汉名说古名，如：“为，母猴也。”“为”则古名，“母猴”则汉名也；“戟，长枪也。”“枪”亦汉名，故加“长”字以别于“歫”之本义也。二曰其字属事，以汉语释古语，如“报”下云“当罪人也”，《汉书》“奏当之成”，所谓论报也；“佁”下云“癡也，读若騃”，是知“佁”为正字，“騃”为汉时行用字。“騃”者马行仡仡，本无“癡”义也。三曰以汉时借字说古之专字，如“瓛”下云“桓圭”，经典皆作“桓”，不作“瓛”也；“义”下云“己之威仪也”，古书“仪”但为“义”，今时所谓“义”为“谊”，自郑司农已言之，故许君以“人所宜”说“谊”，以“威仪”说“义”，存古训也。四曰直以汉字说古字，如“籍”下云“簿书也”，不出“簿”篆；“笄”下云“簪也”，先部云“笄也，俗先作簪”，俗者汉时风俗也。

有引经为训者，又可区为六类：一曰引经证本义，如“禔”下云“安福也，《易》曰禔既平”，“諴”下云“嘉善也，《诗》曰諴以溢我”。二曰引经正读，如“芆”下云“读若《诗》標有梅”，“惢”下云“读若《易》旅琐琐”。三曰引经证偏旁，如：“麗，旅行也。”旅者，侣也，谓鹿之结队而行者也，而附麗之义生焉，“蘼”下引《易》“百谷艸木麗于土”，特以本句有“艸”字，明“艸”亦得言“麗”也。“豐，豆之豐满者也。”而豐盛之义生焉，“寷”下引《易》“豐其屋”，屋即宀也，以见“宀”之得言“豐”也。四曰引经为本字广一义，如“詵”下引《诗》“诜诜兮”，传“众多也”，非“致言”之本义也；“斁”下引《诗》“服之无斁”，又申之曰“斁，猒也”，非“解也”之本义也。五曰引经为它部字广一义，如“蕨”下引《书》“厥艸惟蕨”，此《尔雅》“厥，其也”之义，非“发石”之本义也；“臾”下引

《论语》“荷臾”，此儋何之“何”之借字也。六曰引经以明假借，如“甹”下引《书》“若颠木之有甹枿”，“若”择菜也，此本无其字之借，“槙”仆木也，“颠”则有字之借也。

以上所举二十例，《说文》训诂之法，约具于斯。《说文》之训诂明，则于字之本义得其根株，假借引申会其脉络。其于通经入古，犹涉海之有航，登山之有梯矣。